Sozialpsychologie und Sozialtheorie

Oliver Decker
(Hrsg.)

Sozialpsychologie und Sozialtheorie

Band 1: Zugänge

 Springer VS

Herausgeber
Oliver Decker
Universität Leipzig
Leipzig, Deutschland

ISBN 978-3-531-19563-6   ISBN 978-3-531-19564-3 (eBook)
https://doi.org/10.1007/978-3-531-19564-3

Die Deutsche Nationalbibliothek verzeichnet diese Publikation in der Deutschen Nationalbibliografie; detaillierte bibliografische Daten sind im Internet über http://dnb.d-nb.de abrufbar.

Springer VS
© Springer Fachmedien Wiesbaden GmbH, ein Teil von Springer Nature 2018
Das Werk einschließlich aller seiner Teile ist urheberrechtlich geschützt. Jede Verwertung, die nicht ausdrücklich vom Urheberrechtsgesetz zugelassen ist, bedarf der vorherigen Zustimmung des Verlags. Das gilt insbesondere für Vervielfältigungen, Bearbeitungen, Übersetzungen, Mikroverfilmungen und die Einspeicherung und Verarbeitung in elektronischen Systemen.
Die Wiedergabe von Gebrauchsnamen, Handelsnamen, Warenbezeichnungen usw. in diesem Werk berechtigt auch ohne besondere Kennzeichnung nicht zu der Annahme, dass solche Namen im Sinne der Warenzeichen- und Markenschutz-Gesetzgebung als frei zu betrachten wären und daher von jedermann benutzt werden dürften.
Der Verlag, die Autoren und die Herausgeber gehen davon aus, dass die Angaben und Informationen in diesem Werk zum Zeitpunkt der Veröffentlichung vollständig und korrekt sind. Weder der Verlag noch die Autoren oder die Herausgeber übernehmen, ausdrücklich oder implizit, Gewähr für den Inhalt des Werkes, etwaige Fehler oder Äußerungen. Der Verlag bleibt im Hinblick auf geografische Zuordnungen und Gebietsbezeichnungen in veröffentlichten Karten und Institutionsadressen neutral.

Redaktion: Barbara Handke, Leipzig, www.centralbuero.de

Gedruckt auf säurefreiem und chlorfrei gebleichtem Papier

Springer VS ist ein Imprint der eingetragenen Gesellschaft Springer Fachmedien Wiesbaden GmbH und ist ein Teil von Springer Nature
Die Anschrift der Gesellschaft ist: Abraham-Lincoln-Str. 46, 65189 Wiesbaden, Germany

Inhalt

Einleitung 1
Oliver Decker

I Theoretische Zugänge

Kritische Theorie 13
Oliver Decker und Michael Schwandt

Governmentality Studies. Gouvernementalität – die Regierung
des Selbst und der anderen 31
Ulrich Bröckling

Die Systemtheorie 47
Stefan Beher und Eric Fischer

Die Theorie rationalen Handelns 61
Karl-Dieter Opp

Feministische Wissenschaft und Geschlechterforschung 77
Regina Becker-Schmidt

II Sozialpsychologien

Symbolischer Interaktionismus 93
Christian Gudehus und Sebastian Wessels

Kritische Psychologie 107
Morus Markard

Psychoanalytische Sozialpsychologie 123
Markus Brunner, Jan Lohl, Rolf Pohl und Sebastian Winter

Sozialer Konstruktionismus und Sozialpsychologie 141
Wolfgang Frindte und Susanne Jacob

Sozialisation und soziales Lernen 155
Sophie Roupetz

Soziale Kognition 173
Immo Fritsche

Neurowissenschaftliche Sozialpsychologie oder Soziale
Neurowissenschaften 189
Grit Hein

III Empirische Zugänge

Qualitative Forschung 205
Günter Mey und Paul Sebastian Ruppel

Quantitative Forschung 245
Gunnar Lemmer und Mario Gollwitzer

Index 281
Die Autorinnen und Autoren 290

Einleitung

Oliver Decker

Das Lehrbuch für Sozialpsychologie und Sozialtheorie: eine Gebrauchsanweisung

Dieses Lehrbuch richtet sich an Studierende, die sich einen ersten Überblick über die Theorien und empirischen Methoden der Sozialpsychologie verschaffen wollen. Als Zielgruppe sind Studierende angesprochen, die im Hauptfach Psychologie studieren, sowohl in Bachelor- als auch Masterstudiengängen. Angesprochen sind aber auch jene, die sich in anderen Studiengängen mit der Sozialpsychologie beschäftigen. Das Lehrbuch will einen Einstieg in einzelne Theorien geben und gleichzeitig den Zugang zur Breite des Faches ermöglichen. Sozialpsychologie kann nämlich – je nach Perspektive – entweder als sehr fruchtbares oder sehr unübersichtliches Fach erscheinen. Das spiegelte sich lange Zeit in den Lehrbüchern zur Sozialpsychologie wider. Das ist heute anders, viele der Theorien finden nur noch selten Erwähnung – wenn überhaupt.

Nun dienen Lehrbücher nicht nur der Einführung, in ihnen bilden sich auch Veränderungen im Fach ab. In den neueren Lehrbüchern findet sich die Vielfalt der sozialpsychologischen Zugänge nicht mehr wieder, weil deren Verfasser dem Ziel folgen, einen bündigen Einstieg zu gewährleisten, wozu sie die Darstellung widerstreitender Theorien außen vor lassen. Das geht nicht nur auf Kosten vieler Theorien oder Methoden, die dadurch kaum Erwähnung finden und auch im Studium nicht mehr vertreten sind, es geht auch auf Kosten der Forschung, die von der kritischen Prüfung ihrer Ergebnisse lebt. Seit der Aufklärung ist Kritik ein Erkennungsmerkmal der modernen Wissenschaft. Die eigene Arbeit mit der notwendigen Distanz zu prüfen, ist allerdings für die Forschenden schwierig, denn wissenschaftliche Kritik ist selten Selbstkritik. Doch eine solche Prüfung ist auch für jene Kolleg/innen kaum zu leisten, die von denselben Annahmen ausgehen und sich derselben Methoden bedienen. Kritik kann am fruchtbarsten aus anderer

© Springer Fachmedien Wiesbaden GmbH, ein Teil von Springer Nature 2018
O. Decker (Hrsg.), *Sozialpsychologie und Sozialtheorie*,
https://doi.org/10.1007/978-3-531-19564-3_1

wissenschaftlicher Perspektive vorgebracht werden. Deshalb will dieses Lehrbuch möglichst viele der immer noch präsenten Ansätze aufnehmen und ihnen damit wieder einen Raum im Studium geben. Und es besteht sogar die leise Hoffnung, dass auch die mit den Hauptlinien des Faches vertrauten Sozialpsychologinnen und Sozialpsychologen in diesem Lehrbuch noch Material finden können.

Lehrbücher geben auch Auskunft darüber, welche Theorien sich zwischen den Forschenden und Lehrenden gerade durchsetzen und welche keinen Eingang mehr in die Lehre finden. Das mag gerechtfertigt erscheinen: Theorien, die sich in der Wissenschaft nicht bewähren, werden aussortiert. Tatsächlich aber wird allzu oft aussortiert, was aus ganz anderen Gründen nicht mehr gefragt ist. So wichtig es ist, dass Wissenschaft ihre Eigenständigkeit gegenüber außerwissenschaftlichen Einflüssen behauptet, so falsch ist es zu glauben, dieser behauptete Idealfall wäre immer der Regelfall. Wissenschaft und universitäre Lehre sind vielmehr mit zahlreichen Fäden in die Gesellschaft eingebunden. Eine Disziplin wie die Sozialpsychologie ist auf das Engste mit der Gesellschaft und ihrer Geschichte verwoben, welche die Bedingungen von Forschung und Lehre stärker bestimmen, als es im Hochschulalltag sichtbar wird. Zum Beispiel entscheidet die Vergabe von Forschungsmitteln darüber, welche Fragen mit welchen empirischen und theoretischen Mitteln gerade beforscht werden sollen. Studienordnungen entscheiden darüber, welche Kompetenzen von den Studierenden am Ende ihres Studiums erwartet werden. Und neben der Studienordnung gibt es auch noch einen „hidden curriculum", wie es der US-amerikanische Bildungsforscher Philipp Jackson nannte (Jackson 1975): die Art und Weise, wie studiert wird, beeinflusst durchaus die inhaltliche Auseinandersetzung. Die Veränderungen im Universitäts- und Hochschulstudium haben in den letzten Jahren eine deutliche Tendenz zur Verschulung der Studiengänge erkennen lassen. War das Studium früher bis zu den Abschlussprüfungen kaum reglementiert, ist es seit Einführung der Master- und Bachelorstudiengänge von regelmäßigen Klausuren und Zwischenprüfungen durchzogen. Die Prüfungen sind eng getaktet. Dadurch müssen Studierende das Wissen in relativ kurzer Zeit aufnehmen und präsentieren. Unabhängig von den Ursachen für diese Veränderungen kann man einige der Folgen konkret beobachten; dazu gehört auch der gestiegene Bedarf an komprimierten Zusammenfassungen und Überblicksarbeiten. Doch kurzfristig auf Wissenspräsentation zu lernen, hat Nebeneffekte, unter anderem den, dass es schwieriger wird, sich die Eigenlogik von Theorien selbst zu erschließen, denn das braucht Zeit und Geduld. Ein Lehrbuch kann beides nicht ersetzen; es kann nur neugierig machen. Deshalb ist es wichtig, gerade bei einer Sammlung einführender Texte ihre Besonderheit im Bewusstsein zu haben. Was können sie leisten und was nicht? Wie ein Fremdenführer, der auf zentrale Orte einer Stadt hinweist, können sie auf grundlegende Texte aufmerksam machen und für ihre Lektüre eine erste Hilfestellung geben.

Die ist auch notwendig. Wer „Klassiker" liest, merkt schnell, dass diese Grundlagentexte oft Patina angesetzt haben. Sie haben einen Zeitkern, sind weder in Stil noch Inhalt ganz von der Epoche abzulösen, in der sie entstanden sind. Das macht es den Lesenden oft so schwer, einen Zugang zu ihnen zu finden. Jeder Text richtet sich – egal wann er entstanden ist – an einen Kreis von Adressatinnen und Adressaten, den sich die Autorin oder der Autor beim Verfassen vorstellte. Darin ist ein Hinweis für Leserinnen und Leser enthalten, die selbst im Laufe ihres Studiums Referate, Hausarbeiten oder Abschlussarbeiten verfassen: Wer ein konkretes Gegenüber vor Augen hat, findet leichter Worte. Es ist aber auch ein Hinweis auf die Aufgabe der Lesenden: Ein Text – sei es nun ein Buch, ein wissenschaftlicher Aufsatz oder ein Essay – liefert nie alle Informationen mit, die es zu seinem Verständnis braucht. Er kann es nicht, denn dann würde er nie fertig. Wer schreibt, muss auslassen und verdichten, vieles bei den Lesenden voraussetzen, an geteiltes Wissen anknüpfen. Deshalb bereitet es oft so große Mühe, sich ein neues Wissensfeld zu erschließen oder – schlimmer noch – einen „Klassiker" zu lesen. Man macht die Erfahrung, eigentlich nicht gemeint zu sein. Entweder noch nicht, weil man sich das Wissen erst erarbeiten muss, das doch zum Verständnis des Textes zwingend ist; oder nicht mehr, weil der vor Jahrzehnten geschriebene Text buchstäblich aus der Zeit gefallen ist. Beide Bedingungen, die ersten Erkundungen und der Zeitkern, sorgen dafür, dass die Lektüre vor allen Dingen Arbeit ist und gerade zu Anfang selten lustvolle.

Die Aufsätze in diesem Lehrbuch sollen diesen Einstieg erleichtern, das Spannende der jeweiligen Zugänge schnell erschließen helfen und – wenn das gelingt – Lust machen auf mehr. Denn obwohl die Wurzeln fast aller Sozialpsychologien und Sozialtheorien lange zurückreichen, sind die wichtigsten Schriften als Reaktion auf gesellschaftliche Herausforderungen entstanden, die oft brandaktuell sind. Und selbst da, wo die Klassiker eng umrissene Fragen als Ausgangspunkt für eine Untersuchung oder Erörterung wählten, werden sie heute noch gelesen, weil sie einen Blick auf die Gesellschaft gestatten, der weit über den eigenen Fokus hinausreicht. Max Weber etwa wollte den Zusammenhang von Protestantismus und Kapitalismus verstehen, Sigmund Freud die Neurosen. Und dann taten beide mehr, als sie wollten, und liefern so bis heute Ansatzpunkte für die Analyse der Gesellschaft und der Individuen.

Dieses Lehrbuch will erlebbar und nachvollziehbar machen, wie sich die Wissensgebiete entwickelt haben. Die Autorinnen und Autoren der Beiträge berichten dabei aus erster Hand von ihren Gegenständen, denn als Forschende und Lehrende wenden sie die Methoden und Theorien selbst an. Das ist die beste Voraussetzung,

um deren Bedeutung zu vermitteln. Die Kapitel sind alle ähnlich aufgebaut und orientieren sich an folgender Gliederung:
1. Zusammenfassung: Was wird in diesem Kapitel thematisiert?
2. Ausarbeitung des Themas
3. Zu wichtigen Personen und/oder Schlüsselwerken werden kurze Exkurse in einem „Kasten" hervorgehoben
4. Am Ende steht eine kurze Zusammenfassung der Ergebnisse
5. Einige Verständnisfragen beschließen die Kapitel; sie fordern zur Entwicklung eigener Fragestellungen aus dem Gelesenen auf
6. Literaturverzeichnis
7. Weiterführende Literatur für die vertiefende Lektüre

Bestimmt wird auch bei diesen Texten die Geduld der Leserinnen und Leser manchmal auf die Probe gestellt. Obwohl sich das Lehrbuch die Aufgabe gestellt hat, einen leichten Einstieg in die aufgezeigten Themenfelder zu bieten, muss hier etwas vorausgesetzt oder dort auf eine vertiefende Lektüre vertröstet werden. Das Ziel des Lehrbuches ist erreicht, wenn es gelingt, den jeweiligen Inhalt zu vermitteln und zur weiteren Beschäftigung anzuregen.

Ist es Sozialpsychologie und wenn ja: wie viele?

Eines ist bereits deutlich geworden: Streng genommen existiert die „eine" Sozialpsychologie nicht, der Singular führt schnell in die Irre. Folgt man dem Wissenschaftstheoretiker Thomas S. Kuhn, ist die Sozialpsychologie eine „vorparadigmatische" Wissenschaft (Kuhn 1962, S. 32): Statt eines gemeinsamen Paradigmas (d.h. einer gemeinsamen Grundauffassung) existieren viele konkurrierende Theorien. Dieses Schicksal einer *Protowissenschaft*, einer Disziplin also, die sich noch nicht auf einen gemeinsamen Kanon verständigen konnte (Kuhn 1974), teilt die Sozialpsychologie mit der Psychologie wie mit den Sozialwissenschaften generell. Das muss kein Makel sein. Wo der Gegenstand einer Wissenschaft in so unterschiedlichen Phänomenen erscheint wie in der Sozialpsychologie – sie beforscht zum Beispiel physiologische und soziale, individuelle und Intergruppenphänomene –, ist es auch eine Stärke, die Methoden und Theorien an die jeweiligen Phänomene anpassen zu können. Nur gibt es innerhalb des Faches keine Einigkeit darüber, welche Theorie und welche Methode zu welchem Phänomen passt. Um diese Vielgestaltigkeit zu erfassen, ist eine möglichst weite und integrative Definition der Sozialpsychologie notwendig.

Definition Sozialpsychologie

Sozialpsychologie ist die wissenschaftliche Disziplin, die mit empirischen Mitteln versucht, menschliches Erleben und Verhalten in sozialen Kontexten zu erklären und zu verstehen. Dabei geht es sowohl um die soziale Entstehung von individuellen Phänomenen als auch um deren Rückwirkung auf die soziale Umwelt. Die zur Verfügung stehenden empirischen Methoden sind vielschichtig und reichen vom Experiment und fragebogengestützten Erhebungen über teilnehmende Beobachtung und Forschungsinterviews bis hin zu Montage und Kompilation. Unabhängig von der gewählten Methode lässt sich die Sozialpsychologie unterteilen entlang von erklärenden, verstehenden und emanzipativen Erkenntniszielen. Erklärende Zugänge versuchen, allgemeine Funktionsweisen des psychischen Geschehens in sozialen Kontexten zu erfassen. Sie beschäftigen sich mit Individuen mit dem Fokus auf allgemeine Funktionsprinzipien des Psychischen. Die verstehenden Sozialpsychologien versuchen dagegen, den individuellen Sinn und die soziale Bedeutung gesellschaftlicher Ereignisse nachzuvollziehen. Die so gewonnenen Erkenntnisse gelten für bestimmte historische Momente. Mit dem emanzipativen Erkenntnisziel sind Sozialpsychologien verbunden, deren Forschung auf die Veränderung von Gesellschaften ausgerichtet ist. Durch Forschung soll die individuelle und allgemein menschliche Handlungsfähigkeit erweitert werden.

Diese Vielfältigkeit führt dazu, dass Diskussionen zwischen Sozialpsychologen manchmal eher wie ein misstönendes Stimmengewirr klingen und nicht wie ein vielstimmiger Chor – wenn es denn überhaupt zum Gespräch kommt. Das liegt nicht nur am „Narzissmus der kleinen Differenzen", wie der Begründer der Psychoanalyse Sigmund Freud es einmal nannte (Freud 1930, S. 474). Die gegenseitige Abgrenzung der theoretischen und empirischen Zugänge erfolgt nicht etwa in eifersüchtiger Abschottung der einen Wissenschaftlerin vom anderen Forscher. Vielmehr resultiert die Vielstimmigkeit der Sozialpsychologie daraus, dass ihre Gegenstände – das Individuum und die Gesellschaft – in sich mehrschichtig, sogar widersprüchlich sind.

Jeder und jede von uns erlebt alltäglich, wie schwer es ist, das Verhalten unserer Freunde, Mitstudierenden oder Verwandten mit einfachen, in sich schlüssigen Erklärungen nachzuvollziehen. Selbst unsere eigenen Wünsche, Reaktionen und Empfindungen sind uns oft undurchschaubar, stecken zu unserem Leidwesen sogar manchmal voller Gegensätze. Auch die Gesellschaft ist von unterschiedlichen Vorstellungen bestimmt, was wichtig und wünschenswert ist. Das wissenschaftliche Erkenntnisinteresse ist von den Interessen, die in der Gesellschaft herrschen, nicht einfach zu trennen: In den widersprüchlichen Theorien der Sozialwissenschaften spiegeln sich also die widersprüchlichen Interessen der Gesellschaft wider. Noch komplizierter wird es, wenn man bedenkt, dass auch das Verhältnis von Individuum zur Gesellschaft strittig ist: Ist der Mensch zum Beispiel das Produkt der Gesellschaft oder das seiner Anlagen? Wissensbildung ist dabei kein linearer Prozess, sondern von Brüchen, Verwerfungen und manchmal – erfreulicherweise – von plötzlichen Erfolgen geprägt. Doch lassen sich, wie in der eben gegebenen Definition, die unterschiedlichen Ansätze zumindest einigen Grundlinien zuordnen.

Oft wird zwischen psychologischen und soziologischen Sozialpsychologien unterschieden. Psychologische Sozialpsychologie und soziologische Sozialpsychologie – das wirkt wie eine Wortklauberei. Doch ist die Unterscheidung berechtigt, weil sich die Sozialpsychologie in zwei unterschiedlichen Fächern entwickelt hat und diese Traditionslinien bis heute erkennbar sind. Die soziologische Sozialpsychologie bringt aus ihrem Herkunftsfach das theoretische Handwerkszeug zur Auseinandersetzung mit der Sozialstruktur und Funktion der Gesellschaft mit. Sie entwickelte sich Ende des 19. Jahrhunderts beispielsweise aus den Theorien und Untersuchungen von Karl Marx, Émile Durkheim, Georg Simmel oder Max Weber. Damit lässt sich das Forschungsfeld der soziologischen Sozialpsychologie abstecken zwischen dem Interesse am Einfluss von Strukturen, Funktionen und sozialen Positionen auf das individuelle Verhalten und Erleben auf der einen Seite und der Rückwirkung des individuellen oder Gruppenverhaltens auf diese gesellschaftlichen Prozesse auf der anderen Seite. Mit den Worten Max Webers versucht die soziologische Sozialpsychologie ein „historisches Individuum" idealtypisch aus der Fülle der geschichtlichen Wirklichkeit „zu komponieren" (Weber 1920, S. 25). Dagegen betreibt die psychologische Sozialpsychologie ihr Geschäft aus ihrem psychologischen Erbteil, etwa von Wilhelm Wundt, Jean Piaget, Ivan Pavlov und Sigmund Freud. Die Gegenstände der psychologischen Sozialpsychologie sind die Motivation und das Denken, Fühlen und Verhalten von Individuen, aber auch der Einfluss anderer auf diese psychischen Phänomene. Bemühungen, das Trennende zwischen den beiden Sozialpsychologien zu überbrücken, gab und gibt es immer wieder (Stephan, Stephan & Pettigrew 1991), doch ist ihnen wahrscheinlich auch deshalb kein Erfolg beschieden, weil die Ausgangslage noch unübersichtlicher ist.

In den 1970er-Jahren begann man nämlich, die Sache noch genauer zu nehmen, und formulierte den Verdacht, dass es sogar mehr als zwei Sozialpsychologien geben könnte (House 1977). Weil schon die Herkunftsfächer Soziologie und Psychologie keinesfalls einheitlich sind, sind es die aus ihr hervorgehenden Sozialpsychologien auch nicht. Das in ihnen verwendete methodische Handwerkszeug und ihre Erkenntnisziele unterscheiden sich zum Teil so fundamental, dass man nochmals unterscheiden müsse zwischen hermeneutisch-verstehenden, analytisch-erklärenden und emanzipativ-kritischen Ansätzen: „In den Ansatz der empirisch-analytischen Wissenschaften geht ein technisches, in den Ansatz der historisch-hermeneutischen Wissenschaften ein praktisches Interesse und in den Ansatz kritisch-orientierter Wissenschaften [ein] emanzipatorische[s] Erkenntnisinteresse ein" (Habermas 1968, S. 155). So gibt es auch in der Sozialpsychologie große Differenzen, sowohl im Ziel der Forschung als auch in ihren Methoden. Die Differenzierung zwischen qualitativen und quantitativen Methoden ist mittlerweile auch für die Psychologie grundlegend geworden. Qualitativ ist ein Forschungsdesign zum Beispiel, wenn teilnehmende Beobachtung oder Interviews eingesetzt werden, unter quantitative Designs dagegen fallen das Experiment oder Fragebogenuntersuchungen. Das sind aber nicht nur Unterschiede in der Wahl der Methoden; im Hintergrund stehen unterschiedliche Erkenntnisinteressen. Qualitative Methoden zielen darauf ab, die Bedeutung und Funktion beobachteter Phänomene zu verstehen, weshalb diese Methode auch hermeneutisch (auslegend) genannt wird. Sie wollen konkrete sozialpsychologische Erscheinungen in bestimmten historischen Momenten *verstehen*. Werden dagegen quantitative Methoden gewählt, ist das analytische und an den Naturwissenschaften orientierte Ziel, allgemeine Gesetzmäßigkeiten der Psyche und der Gesellschaft zu *erklären*. Die Bedingungen des Verhaltens oder Erlebens von Individuen sollen in ihrer Besonderheit erfasst werden (Dilthey 1894). Die kritisch-emanzipativen Sozialpsychologien schließlich zielen mit ihrer Forschung auf die Kritik der Gesellschaft und die Emanzipation der Individuen. Sie bauen auf qualitativ und quantitativ gewonnenen Erkenntnissen auf, um Machtverhältnisse und Ideologie zu kritisieren und die Gesellschaft zu *verändern*. Obwohl Karl Marx einer ihrer Gründerväter ist, lässt sie sich nicht umstandslos der soziologischen Sozialpsychologie zuschlagen, denn zu ihrem Wissensbestand gehören spätestens seit dem 20. Jahrhundert auch die Theorien des Psychoanalytikers Sigmund Freuds und des Kognitionspsychologen Jean Piaget.

Wissenschaften existieren nicht im luftleeren Raum, sind von der Gesellschaft und ihrer Geschichte nicht zu trennen. Jede Wissenschaft entwickelt sich an den Herausforderungen und Problemen, vor der die Gesellschaft im jeweiligen Moment steht, und wirkt ihrerseits auf ihren Forschungsgegenstand zurück. Auch die Sozialpsychologie verändert die Gesellschaft und die in ihr lebenden Menschen, zum Beispiel durch die Forschung zu autoritären Reaktionen oder Vorurteilen, die nicht ohne Wirkung auf die Gesellschaftsmitglieder bleibt. Auch die Befragungen oder Experimente selbst sind Teil der sozialen Realität. Durch sie lernen die Menschen etwas darüber, wer sie sind und nach welchen Kategorien sie ihre Ansichten formulieren. Forschung ist auch in diesem Sinne ein sozialer Prozess. Welche Wissensbestände veralten und welche weiterhin Gültigkeit besitzen, das hängt in der Sozialpsychologie stark von deren Relevanz für die Gesellschaft ab.

Dieses Lehrbuch ist weder die summarische Darstellung eines in sich geschlossenen Kanons noch ein kritischer Überblick, der die unterschiedlichen Ansätze der Sozialpsychologie miteinander verbindet. Auch soll hier nicht der Versuch einer widerspruchsfreien Darstellung der Sozialpsychologie unternommen werden. Dieses Lehrbuch erhebt vielmehr den Anspruch, die Fragen der Sozialpsychologie durch die jeweiligen Vertreterinnen und Vertreter selbst stellen zu lassen und ihnen den Raum für ihre Antworten zu geben. Geboten wird ein Panorama. Ziel ist es, eine Übersicht des in sich oft widersprüchlichen Faches zu bieten, ohne Vollständigkeit anzustreben. Im Schwerpunkt stellt der erste Band des Lehrbuches die Grundlagen der erklärenden, verstehenden und kritischen Sozialpsychologien vor. Er enthält deshalb auch eine Auswahl an Sozialtheorien, auf welche sich Sozialpsychologien mal ausdrücklich, mal stillschweigend beziehen. Darüber hinaus führt er in die methodischen Grundlagen der qualitativen und quantitativen Methoden ein. Im zweiten Band werden anwendungsorientierte Forschungsfelder vorgestellt, indem die Autorinnen und Autoren aus ihrer Perspektive zum Stand der sozialpsychologischen und soziologischen Forschung berichten.

Erkenntnisziel	Sozialpsychologien	Sozialtheorien
nomothetisch-erklärend	Lerntheorie, Soziale Kognition, neurowissenschaftliche Sozialpsychologie	Rational Choice
sinnrekonstruktiv-verstehend	Sozialkonstruktivistische Sozialpsychologie, Symbolischer Interaktionismus	Systemtheorie
kritisch-emanzipativ	Kritische Psychologie, psychoanalytische Sozialpsychologie	Kritische Theorie, Gouvernementalitätsstudien, Feministische Theorie

(modifizierte Darstellung nach Rock, Irle & Frey 1993)

Mein Dank gilt den Autorinnen und Autoren, deren Arbeit und Geduld das Entstehen dieses Lehrbuches erst ermöglicht haben. Für die kontinuierliche strukturierte wie inhaltliche Begleitung, für Lektorat und Redaktion bin ich auch Barbara Handke mit großem Dank verbunden. Ute Rosner danke ich für das sorgfältige Korrektorat.

Literatur

Dilthey, W. (1894). Ideen über eine beschreibende und zergliedernde Psychologie. In ders. (Hrsg.), *Gesammelte Schriften, Bd. 5* (S. 139–175). Frankfurt am Main: Klostermann.
Freud, S. (1930). Das Unbehagen in der Kultur. In A. Freud (Hrsg.), *Sigmund Freud – Gesammelte Werke Bd. XIV* (S. 419–506). Frankfurt am Main: Fischer.
Habermas, J. (1968). Erkenntnis und Interesse. In ders. (Hrsg.), *Technik und Wissenschaft als „Ideologie"*, Frankfurt am Main: Suhrkamp.
House, J. S. (1977). The Three Faces of Social Psychology. *Sociometry, 40*, 161–177.
Jackson, P. W. (1975). Einübung in eine bürokratische Gesellschaft. Zur Funktion der sozialen Verkehrsform im Klassenzimmer. In J. Zinnecker (Hrsg.), *Der heimliche Lehrplan* (S. 19–34). Weinheim: Beltz.
Kuhn, T. S. (1962). *Die Struktur wissenschaftlicher Revolutionen*. Frankfurt am Main: Suhrkamp (1973).
Kuhn, T. S. (1974). Reflections on my critics. In I. Lakatos & A. Musgrave (Hrsg.), *Criticism and the Growth of Knowledge* (S. 231–278). London: Cambridge University Press.
Rook, M., Irle, M. & Frey, D. (1993). Wissenschaftstheoretische Grundlagen sozialpsychologischer Theorien. In D. Frey & M. Irle (Hrsg.), *Theorien der Sozialpsychologie. Bd. I: Kognitive Theorien* (S. 13–47). Bern: Hans Huber.
Stephan, C. W., Stephan, W. G. & Pettigrew, T. F. (Hrsg.) (1991). *The Future of Social Psychology*. Wiesbaden: Springer.
Weber, M. (1920). Die protestantische Ethik und der Geist des Kapitalismus. In ders. (Hrsg.), *Gesammelte Aufsätze zur Religionssoziologie I*. Tübingen: Mohr.

I
Theoretische Zugänge

Kritische Theorie

Oliver Decker und Michael Schwandt

Zusammenfassung

Die Kritische Theorie, die auch als Frankfurter Schule bezeichnet wird, beschäftigt sich mit dem Verhältnis von Individuum und Gesellschaft und bezieht sowohl philosophische als auch erfahrungswissenschaftliche Methoden ein. Ihre wesentlichen Einflüsse sind der dialektische Materialismus von Karl Marx einerseits und die Psychoanalyse von Sigmund Freud andererseits. Die Theoriebildung lässt sich in zwei Phasen unterteilen. Begründet in den sozialen Kämpfen der späten 1920-Jahre, strebte die Kritische Theorie zunächst die Emanzipation der Menschen von Herrschaft und die vernünftige Organisation der Gesellschaft an. Unter dem Eindruck des Zweiten Weltkriegs und des von Deutschen organisierten Massenmordes an den europäischen Juden, der Shoha, wandelte sich der Fokus: Die Gesellschaftskritik wurde nun um die Kritik der Vernunft erweitert, welche diese industriell organisierte Barbarei erst ermöglicht hatte.

Zentrale Begriffe

Max Horkheimer, der Begründer der Kritischen Theorie, grenzte seine „dialektische Theorie der Gesellschaft" von „traditionellen Theorien" ab und verband sie mit einer „Kritik der politischen Ökonomie" (Horkheimer 1937, S. 180, Fn 14). Grundsätzlich ist Kritik zwar ein Kennzeichen jeder modernen Wissenschaft, doch Horkheimers Gegenüberstellung traditioneller und kritischer Ansätze schloss explizit an Karl Marx an. Gesellschaften waren für Marx grundsätzlich durch die Art und Weise geprägt, wie Menschen gemeinsam hervorbringen, was sie zum Leben brauchen und wie sie das Produzierte untereinander verteilen. Bei allem, was bisherige

Gesellschaften unterscheidet, ist ihnen gemeinsam, dass sie bei der Produktion auf Zwang und bei der Verteilung auf Ausbeutung setzen. Dass Gesellschaften mit „kapitalistischer Produktionsweise" auch so funktionieren, wollte Marx nicht einfach nur beschreiben – er wollte die Gesellschaft verändern. Seine kritische Auseinandersetzung folgte dem Imperativ, „alle Verhältnisse umzuwerfen, in denen der Mensch ein erniedrigtes, ein geknechtetes, ein verlassenes, ein verächtliches Wesen ist" (Marx 1844, S. 378).

Marx stellte Tausch und Warenproduktion ins Zentrum seiner Gesellschaftsanalyse. Hieran schloss Horkheimer an. Auch für ihn kam im Tausch und in der Ware etwas vom Wesen der Gesellschaft zur Erscheinung. Und auch seine Kritische Theorie folgte dem Ziel, die sozialen Verhältnisse theoretisch zu erfassen, um sie zu verändern. Anders als Marx aber stellte er die Erfahrung ins Zentrum der Untersuchung: Weil Menschen in den Produktionsprozess eingebunden sind, bestimmt er auch ihr Denken, Fühlen und Handeln, ihre Wahrnehmung der Welt. Für Horkheimer galt das auch für die Wissenschaftlerinnen und Wissenschaftler, denn auch sie sind mit ihrer Arbeit und ihren Erkenntnissen in die Gesellschaft verstrickt, in der sie leben. Doch halten sie einen Schlüssel in der Hand, die Gesellschaft zu verstehen. Während die traditionelle Theorie versucht, die Mannigfaltigkeit der Welt widerspruchsfrei zu beschreiben, will die Kritische Theorie die Widersprüche für die Gesellschaftskritik fruchtbar machen. Widersprüchliche Erfahrungen und Beobachtungen können Wahrheitsmomente enthalten, weil sich in ihnen ein Konflikt der Gesellschaft zeigt. Zur Illustration: Der Gleichheitsgrundsatz im Grundgesetz der Bundesrepublik Deutschland gesteht allen Menschen gleiche Rechte zu. Diese Norm steht aber oft im Widerspruch zur gesellschaftlichen Realität – zur tagtäglich erfahrenen Ungleichheit. Die Kritische Theorie versteht ihre Aufgabe darin, aufzuzeigen, warum die Gesellschaft nicht anders kann, als mit ihrem eigenen Gleichheitsgrundsatz beständig in Konflikt zu geraten. Ungleichheit, so ließe sich argumentieren, ist nun einmal eine notwendige Konsequenz der Marktökonomie. Solche Bedingungen will die Kritische Theorie mit dem Ziel erfassen, in die Gesellschaft einzugreifen. Gesellschaft wird von Menschen gemacht und ist daher auch veränderbar. Oder anders gesagt: Der Mensch stellt seine Geschichte selbst her, und die Theorie kann ihm helfen, sie bewusst zu gestalten. Kritische Theorie heißt deshalb, in Widersprüchen zu denken. Der Widerspruch wird damit zu einer Methode, über die einzelnen Erscheinungen der Realität die ihnen zugrunde liegenden Bewegungsgesetze dieser Gesellschaft besser zu verstehen. Dieser Zugang zur Gesellschaft wird mit dem Begriff *Dialektik* bezeichnet. Die Kritische Theorie ist also eine „dialektische Theorie", welche die Gesellschaft und ihre Wirkung auf die Individuen verstehen möchte.

Dialektik

Das Denken im Widerspruch geht auf den Philosophen Friedrich Hegel (1770–1831) zurück, der den Begriff Dialektik für sein Verständnis der Geschichte prägte. Damit bezeichnete er einerseits eine Methode zur Rekonstruktion von Gesetzmäßigkeiten im Geschichtsverlauf, andererseits eine bestimmte Form des Denkens. Ausgehend von der Annahme, dass die Geschichte Gesetzmäßigkeiten unterliegt, kann dialektisches Denken diesen geschichtlich-gesellschaftlichen Prozess rekonstruieren. Denken wie Geschichte vollziehen sich in einem Dreischritt aus einer Setzung *(Position)*, einem gegen sie gerichteten Widerspruch *(Negation)* und einer Aufhebung dieses Widerspruchs *(Negation der Negation*; Schwandt 2009, S. 40). Das Denken und die Geschichte unterliegen demnach drei Gesetzen:

Das Gesetz vom Umschlagen von Quantität in Qualität

Eine quantitative Veränderung führt an einem bestimmten Punkt zu einer qualitativen Veränderung. Zum Beispiel führte Joseph-Marie Jacquard 1805 in seiner Manufaktur Lochkarten ein, mit denen komplexe Webvorgänge gesteuert werden konnten. Durch diese Erfindung wurde der Übergang von der Agrar- zur Industriegesellschaft befeuert, der Arbeiter zum „lebendigen Anhängsel der Maschine" (Marx 1867, S. 445). Die heutigen Computer sind eine konsequente Vermehrung (Steigerung der Quantität) dieser Produktionsform, obwohl sie in nichts mehr an die lochkartengesteuerten Webstühle erinnern. Auch die sprunghaft angestiegene Verbreitung von Computern hat neue Arbeitsbedingungen zur Folge, die ihrerseits die Gesellschaft und die Menschen verändern (etwa durch ein neues Maschine-Körper-Verhältnis). Die Erhöhung oder Reduzierung einer Anzahl (Quantität) kann also eine Veränderung der Beschaffenheit (Qualität) zur Folge haben, kann einen sogenannten qualitativen Sprung bewirken.

Das Gesetz von der Durchdringung der Gegensätze

Bertolt Brecht formulierte dieses Gesetz anschaulich so:
Reicher Mann und armer Mann
Standen da und sahen sich an.
Und der Arme sagte bleich:
Wär ich nicht arm, wärst du nicht reich. (Brecht 1933–1938, S. 513)
Gegensätze dialektisch denken heißt, sie nicht als logische Widersprüche zweier sich gegenseitig ausschließender Aussagen zu begreifen. So bestehen Armut und Reichtum nicht unabhängig voneinander, vielmehr können beide Zustände nur aufeinander bezogen verstanden werden. Gegensätze müssen demnach als „notwendige" Widersprüche begriffen werden. „Notwendig" heißt, dass sie nur

zusammen mit der gesellschaftlichen Situation, aus der sie sich ergeben, ein Ende finden können. Armut lindern zu wollen – zum Beispiel durch Wohltätigkeit –, ist zwar ehrenhaft und geboten, kann aber nur begrenzt helfen, solange die Warenproduktion Armut und Reichtum zwingend hervorbringt. Die Gegensätze können deshalb auch nicht zugunsten einer Seite negiert, sondern nur aufgehoben werden.

Das Gesetz von der Negation der Negation

In der geschichtlichen Entwicklung lösen sich solche Gegensätze auf und etwas Neues entsteht. Entwicklung kommt nicht durch einen Kompromiss zwischen Setzung (Position) und Widerspruch (Negation) zustande, sondern aus der Aufhebung des Widerspruchs (Negation der Negation). Auf unser Beispiel bezogen, ginge es also nicht um Umverteilung des vorhandenen gesellschaftlichen Reichtums, sondern um die Veränderung der Art und Weise, wie die Menschen ihre Lebensgrundlage produzieren. Negation der Negation bedeutet also die „Aufhebung der Gegensätze", wobei mit Aufhebung nicht das Verschwinden des Vergangenen, sondern dessen Aufgehen in etwas Neuem gemeint ist.

Vertreterinnen und Vertreter

Als wichtigster Vertreter der ersten Generation Kritischer Theorie ist Max Horkheimer (1895–1973) zu nennen, der 1929 die Kritische Theorie begründete, in dem Jahr also, in dem er die Leitung des Frankfurter *Instituts für Sozialforschung* (IfS) übernahm. Horkheimer legte nicht nur die theoretischen Grundlagen der Kritischen Theorie, sondern war auch Anfang der 1930er-Jahre an den wegweisenden *Studien zu Autorität und Familie* beteiligt. Noch während des Zweiten Weltkriegs verfasste er zusammen mit Theodor W. Adorno die *Dialektik der Aufklärung* (1950). Unter dem Eindruck der Shoah verschob sich darin der Fokus Kritischer Theorie: Nun stand nicht mehr die Emanzipation von Herrschaft im Zentrum, sondern die Frage, ob es überhaupt berechtigte Hoffnung auf eine humane Gesellschaft geben konnte.

Horkheimer verfolgte das Ziel, ein möglichst breites Spektrum wissenschaftlicher Disziplinen an das IfS zu binden, denn das Arbeitsprogramm des Instituts erforderte Interdisziplinarität. Gemeinsam war ihnen das Interesse an der Marx'schen Theorie und besonders, warum sie in der Praxis nicht wie erwartet fruchtbar geworden war. In der Weimarer Republik untersuchten die Mitglieder des Instituts zudem das Erstarken des Nationalsozialismus.

Erich Fromm (1900-1980) kam über seine spätere Frau Frieda Reichmann früh mit der Psychoanalyse in Kontakt, wurde 1929 Psychoanalytiker und entwickelte sich durch die Lektüre religionssoziologischer und Marx'scher Schriften zum Linksfreudianer. Wie Wilhelm Reich (1897-1957) und Siegfried Bernfeld (1892-1953) versuchte er, die Freud'sche Triebtheorie mit der Marx'schen Wertformanalyse zu verbinden. Als das *Frankfurter Psychoanalytische Institut* (FPI) 1929 ins Leben gerufen wurde, gehörte er zu dessen ersten Dozenten. Fromm legte den Grundstein für eine psychoanalytische Sozialpsychologie und initiierte zusammen mit Horkheimer und Marcuse die ersten empirischen Arbeiten des IfS. Obwohl er das Institut Ende der 1930er-Jahre während des Exils verließ, blieb Fromm als Autor sehr wirkungsvoll und erreichte mit seinen Büchern weltweit ein breites Publikum (z. B. *Haben oder Sein* 1976).

Herbert Marcuse (1898-1979) arbeitete an den *Studien zu Autorität und Familie* mit und ging 1933 ins Exil, zunächst in die Schweiz, dann in die USA, wo er nach dem Krieg blieb und zusammen mit anderen Mitgliedern des IfS zum Vordenker der 1968er-Bewegung in Deutschland wurde. Seine Schriften, etwa der *Der eindimensionale Mensch* (1964), haben die Veränderungen der Subjektivität und die Möglichkeit einer gesellschaftlichen Utopie zum Gegenstand.

Theodor W. Adorno (1903-1969) wurde wie Marcuse erst spät Mitglied des Instituts, doch ist er heute wohl sein prominentester Vertreter. Mit Horkheimer verband ihn eine enge Freundschaft, die sich im Exil festigte und die im Gemeinschaftswerk der *Dialektik der Aufklärung* ihren Höhepunkt fand. Nach Adornos Rückkehr aus dem Exil entstanden zentrale Arbeiten, mit denen er an diese Überlegungen anschloss (z. B. *Negative Dialektik* 1966).

Walter Benjamin (1895-1940) gehörte zu den Wissenschaftlern, die eng mit dem Institut assoziiert waren, ihm aber nicht angehörten. Er begann erst im Schweizer Exil mit vereinzelten Rezensionen für die vom IfS herausgegebene *Zeitschrift für Sozialforschung* (ZfS). Zeitlebens gelang es Benjamin nicht, in Institutionen beruflich Fuß zu fassen. Seine Existenz blieb daher prekär, auch wenn etliche seiner Werke für die Entwicklung der Kritischen Theorie unverzichtbar sind. Benjamin nahm eine neuartige Perspektive ein, indem er mithilfe von Einzelmomenten des Alltags – wie Interieur, Architektur, Mode oder Reklame – und Verhaltensweisen – wie flanieren oder spielen – die gesamte Gesellschaft in den Blick nahm. Seine Montagetechnik, die auch sein Freund Bertolt Brecht (1898-1956) verwendete, führte über diese Erscheinungen zu plastischen Einsichten in die Gesellschaft. Sein nie abgeschlossenes *Passagen-Werk* (1927-1940) ist ein Kaleidoskop der Moderne.

Die Entwicklung der Kritischen Theorie, ihre klassischen Untersuchungen und Hauptwerke

Etliche der am IfS entstandenen Arbeiten sind heute Klassiker der Philosophie und der empirischen Sozialforschung. Sie sind geprägt durch die politischen Auseinandersetzungen des 20. Jahrhunderts. Auch heute werden kritisch-theoretische Studien zu zentralen zeitgenössischen Konflikten durchgeführt.

Frühe Phase bis zum Exil

Der Wirkungsort der Kritischen Theorie war vor und nach dem Zweiten Weltkrieg Frankfurt am Main, weshalb sich auch der Name *Frankfurter Schule* eingebürgert hat. Horkheimer übernahm 1929 als Direktor die Leitung des IfS. Nach Vorstellung des Gründers Felix Weil sollte es mit den Mitteln der Soziologie „dem Studium und der Vertiefung des wissenschaftlichen Marxismus dienen" (zit. n. Wiggershaus 1988, S. 28). Max Horkheimer legte den Schwerpunkt auf die Forschung zur Gegenwartsgesellschaft. Das Ziel war die „fortwährende dialektische Durchdringung und Entwicklung von philosophischer Theorie und einzelwissenschaftlicher Praxis" (Horkheimer 1931, S. 29). Er wollte also die Gesellschaft ausdrücklich mit empirischen Mitteln untersuchen. Das war neu in der damaligen Soziologie, die sich noch auf eine spekulativ-theoretische Herangehensweise ohne empirische Absicherung beschränkte.

Für Horkheimer galt weiterhin, dass die Gesellschaft ohne den Markt und die ihm innewohnenden Gesetzmäßigkeiten nicht zu verstehen sei. Doch die wirtschaftlichen Krisen der 1920er-Jahre vor Augen, stellte er sich nun die Frage: Wann hätte es zu einer sozialistischen Revolution kommen müssen, wenn nicht jetzt? Von einer solchen Revolution aber war weit und breit nichts zu sehen. Die Menschen dachten nicht daran, die Herrschaft des Kapitals zu beenden. So ging es am IfS darum, eine „Theorie der ausgebliebenen Revolution" zu bilden (Wiggershaus 1988, S. 347). Die empirischen Untersuchungen des IfS begannen mit den *Studien zu Autorität und Familie,* die bereits 1929 gestartet, aber erst im Exil publiziert wurden (Horkheimer, Fromm & Marcuse 1936). Durch sie wurde *Autorität* zu einem Schlüsselbegriff der kritischen Sozialforschung.

Warum hielten die Menschen an Verhältnissen fest, die ihren Interessen zuwiderliefen? So neu war die Frage nicht. Schon der Nestor der deutschen Soziologie Max Weber (1864–1920) hatte sich die Frage gestellt, warum Menschen machen, was sie sollen, und das, als ob sie nie etwas anderes im Sinn gehabt hätten. Auch Weber stieß dabei auf die Autorität – eine Größe, über die schon der Soziologe

Georg Simmel (1858–1918) bemerkt hatte, sie basiere „nicht auf ein(em) bloße(n) Sich-Fügen-Müssen" (Simmel 1908, S. 102). An diese Überlegungen schlossen die Institutsmitglieder an. Durch Autorität, so die Annahme, werde Herrschaft im Inneren der Menschen verankert (Horkheimer 1936, S. 357). Um die Bereitschaft zur Unterwerfung unter eine Autorität zu erforschen, nahm Horkheimer die Hilfe der „modernen Tiefenpsychologie" in Anspruch (ebd., S. 398) – der Psychoanalyse Sigmund Freuds. Dass die „erzieherische Agentur" im frühen 20. Jahrhundert die Familie war und in ihr besonders der Vater, der häufig den „Autoritären Charakter" repräsentierte und weitergab, ging aus dieser Analyse hervor (ebd., S. 388f.). Die Wirkung dieser Autorität wurde unter Leitung von Erich Fromm empirisch untersucht.

Die Freud'sche Psychoanalyse und der Autoritäre Charakter

Mithilfe der Psychoanalyse wollte Horkheimer Erkenntnisse über die Wirkung der Gesellschaft auf die in ihr lebenden Individuen gewinnen (Horkheimer 1937, S. 199). Freuds Psychoanalyse zeichnete jenen Prozess der Vergesellschaftung nach, der dem Kind vermittelt, wer es ist bzw. sein soll, denn die Ausbildung der Individualität ist untrennbar mit dem Transport der Normen und Rollenerwartungen verbunden, welche in einer Gesellschaft gelten. In seinen Beziehungen – zunächst zu den Eltern, dann in all den unübersehbaren Beziehungen, die das Kind und später der Erwachsene eingeht – entsteht die Persönlichkeit, jener „Charakter", von dem die Psychoanalyse spricht. Er bestimmt das Selbsterleben des Erwachsenen und seine Interaktion mit der Umwelt. Aus Sicht der kritischen Theoretiker war der Einfluss der Familie auf die Heranwachsenden im späten 19. und frühen 20. Jahrhundert besonders prägend. Die Eltern sind demnach „Sozialisationsagenten", die es übernehmen, den Kindern die Regeln der kapitalistischen Zwangsgesellschaft zu vermitteln. Demnach ist auch ein „Autoritärer Charakter" Ergebnis einer Beziehungserfahrung, der nämlich, dass sich das Kind der Gewalt und Ordnung des Vaters unterwerfen musste. Hat es keine Wahl, verinnerlicht es die Regeln und kommt zu jener ambivalenten „Identifikation mit dem Aggressor", die die autoritäre Dynamik bestimmt. Zwar kann das Kind durch die Identifikation mit der Autorität an ihrer Macht teilhaben, erfährt also eine Teilentschädigung in der „narzißtischen Ersatzbefriedigung" (Fromm 1936, S. 179). Da aber die Aggression, die die gewaltvolle Unterwerfung weckt, nicht gegen Autorität selbst gerichtet werden kann, müssen andere, Schwächere gefunden werden, gegen die sich die aufgestaute Wut ungehindert richten kann. Fromm vermutete Anfang der 1930er-Jahre, dass das kein Einzelschicksal, sondern die Regel war. Wer als Kind diese Erfahrung machte, suchte sie auch als Erwachsener. Besonders in der

> Masse, die durch die idealisierte Autorität vereint ist, wird der Aggression gegen Schwächere freien Lauf gelassen.

Die *Studien zu Autorität und Familie* untersuchten Anfang der 1930er-Jahre neben der politischen Einstellung auch den Wunsch der Befragten nach Autorität und ihre Fähigkeit, die Interessen anderer Menschen wahrzunehmen, zum Beispiel die von Partnern, Kindern oder Kollegen. Der „Charakter" der Zeitgenossen wurde mittels Fragebogen erhoben; die Stichprobe setzte sich aus deutschen Arbeitern und Angestellten jeder politischen Richtung zusammen. Die Ergebnisse waren erschreckend: Von lediglich 15 % der Befragten „konnte in kritischen Zeiten" überhaupt eine Verteidigung der Demokratie erwartet werden, resümierte Fromm (1930, S. 188). Die meisten Befragten maßen der Gleichheit aller und der Freiheit des Einzelnen keinen Wert bei. Sie konnten den Wunsch nach Autorität im kollektiven Kampf gegen die „schwache" Weimarer Republik kanalisieren und waren leichte Beute für den sich formierenden Nationalsozialismus.

Die Institutsmitglieder nahmen diese Forschungsergebnisse sehr ernst und bereiteten das Exil vor. Sie – Marxisten, Psychoanalytiker und zumeist Juden – wurden sich der aufziehenden Gefahr bewusst, eröffneten eine Zweigstelle des IfS in der Schweiz und legten das Vermögen des Instituts 1931 in den Niederlanden an (Wiggershaus 1988, S. 127f.). Die aufmerksame Beobachtung der Entwicklung in der Weimarer Republik ermöglichte es fast allen von ihnen, rechtzeitig und vorbereitet ins Exil zu gehen. Als Max Horkheimer nach der Machtübernahme durch die NSDAP am 13. April 1933 offiziell Frankfurts verwiesen wurde, war kein Institutsmitglied mehr vor Ort (Jay 1973, S. 48).

Die Jahre im Exil

Die systematische Vorbereitung und finanzielle Absicherung machten es möglich, dass die Arbeit des IfS im Exil fortgesetzt werden konnte. Die wissenschaftliche Auseinandersetzung mit dem Faschismus gab der Theorieentwicklung aber eine neue Richtung. Unter dem Eindruck des Angriffs- und Vernichtungskrieges, mit dem Nazi-Deutschland von 1939 bis 1945 Europa überzog, entwickelte sich die Kritische Theorie zur „Theorie der ausgebliebenen Zivilisation" (Wiggershaus 1988, S. 347).

Das IfS siedelte 1934 in die USA über und fand in New York, später in Kalifornien, neue Anbindung. Dort konnte sich eine Forschungsgruppe etablieren, die später unter dem Namen *Berkeley-Group* bekannt wurde. Sie begann eine neue Studie, die methodisch wie konzeptionell an die *Studien über Autorität und Familie* anschloss und die bekannter werden sollte als ihre Vorgängerin: *The Authoritarian Personality* (1950). Diesmal stützten sich die Sozialforscher weit stärker auf Interviews. Mit qualitativen Methoden wurde die unbewusste Dynamik aus Unterwerfung und Aggression rekonstruiert, die die Ressentiments hervorrief. Diesmal wurden sechs Typen und Syndrome des Autoritären Charakters identifiziert, darunter das „Konventionelle Syndrom" und das „Autoritäre Syndrom", der „Rebell" oder der „Manipulative Typus" (Adorno 1950, S. 744ff.).

Langsam aber kehrte sich das IfS von empirischen Arbeiten ab, die enge Verbindung von Empirie und Sozialphilosophie, die Horkheimer bei der Institutsgründung vor Augen gehabt hatte, wurde loser. Stattdessen nahmen Horkheimer und Adorno unter Mitwirkung von Gretel Adorno ein Projekt in Angriff, das theoretisch ausgerichtet war und oft als Hauptwerk der Kritischen Theorie angesehen wird: Die *Dialektik der Aufklärung* (1944). Angesichts der Verwüstungen des Zweiten Weltkriegs und der aus Europa dringenden Nachrichten über die Katastrophe der Shoah mussten die vertrauten Kategorien auf ihre Tauglichkeit hin überprüft werden, was sie noch beizutragen hätten zur „Erkenntnis, warum die Menschheit, anstatt in einen wahrhaft menschlichen Zustand einzutreten, in eine neue Art von Barbarei versinkt" (Horkheimer & Adorno 1944, S. 11). Horkheimer und Adorno zufolge begrub dieser Rückfall in die Barbarei die Aussicht auf eine kommende, befreite Gesellschaft unter sich: Mit den Mitteln einer instrumentellen Vernunft wurden industriell Menschen vernichtet – der höchste Stand der Produktivkraftentwicklung diente der Verwirklichung ungeahnten Grauens. Unter den Scherben der Zivilisationsgeschichte machten sich die Autoren auf die Suche nach den Ursachen des Massenmordes. Hatten sie anfänglich „vernünftige Zustände" angestrebt, machten sie nun die Vernunft selbst zum Gegenstand der Kritik. Die Autoren griffen dafür auf einen Philosophen zurück, der als radikaler Vernunftkritiker schon Sigmund Freuds Denken stark beeinflusst hatte: auf Friedrich Nietzsche (1844–1900). Die Formulierung vom „Eingedenken der Natur im Subjekt" (Horkheimer & Adorno 1944, S. 47) illustriert den Gedanken, denn die Vernunft ist nicht etwa der Gegenpart der Natur, sondern sie *ist* Natur. Das gibt sie durch ihren gewaltförmigen und zurichtenden Charakter zu erkennen, der ordnet, festhält, kategorisiert und damit gegenüber den Objekten gewaltvoll agiert. Das menschliche Bewusstsein und die Vernunft sind Adorno und Horkheimer zufolge Versuche, den gewaltvollen Naturzwang zu überwinden. An diesen Projekten der Versöhnung der Natur mit sich selbst und der Aufklärung müsse man festhalten, doch sind sie auch immer in Gefahr. Was so mühselig erarbeitet werden muss, ruft die Phantasie wach, dass es ohne diese und vor dieser Anstrengung leichter gewesen wäre: „Die Angst, das Selbst zu verlieren und mit dem Selbst die Grenze zwischen sich und anderen Leben aufzuheben, die Scheu vor Tod und Destruktion, ist einem Glücksversprechen verschwistert, von dem in jedem Augenblick die Zivilisation bedroht ist" (Horkheimer & Adorno 1944, S. 40). Welche Hoffnung auf ein Ausbrechen aus der Dialektik der Aufklärung besteht, haben die Autoren offengelassen. Nicht umsonst bezeichneten sie die Schrift auch als „Flaschenpost", deren Beförderungsdauer ebenso unklar war wie der Adressat (Reijen & Schmid Noerr 1987).

In ihren Spätwerken schlossen beide an diese Analyse an, Horkheimer mit der *Kritik der instrumentellen Vernunft* (1947), Adorno mit der *Negativen Dialektik* (1966). Beide Bücher sind von einer tiefen Skepsis gegenüber der Möglichkeit von Aufklärung geprägt. Dennoch versuchten sie, dem drohenden Ausbruch neuer Gewalt mit den Mitteln der Vernunft zu begegnen. Nun galt Adornos Imperativ, das „Denken und Handeln so einzurichten, dass Auschwitz nicht sich wiederhole, nichts Ähnliches geschehe" (Adorno 1966b, S. 356).

Rückkehr und Versuch der Liberalisierung Deutschlands

Während die meisten Vertreter der Kritischen Theorie nach dem Krieg in den USA blieben, unternahm Horkheimer 1948/1949 „Erkundungsreisen" nach Frankfurt (Kingreen 2009). Trotz anfänglicher Vorbehalte nahm er Anfang der 1950er-Jahre die Einladung der Universität Frankfurt an und kehrte an den alten Wirkungsort zurück. Am 14. Oktober 1951 wurde das IfS feierlich in Frankfurt am Main wiedereröffnet. Ziel war es nun, an der „Entideologisierung der deutschen Atmosphäre" mitzuarbeiten, wie Adorno später notierte (Adorno 1968a, S. 580). Die Kritik des Kapitalismus wurde von den Mitgliedern zwar nicht ad acta gelegt, die Ökonomie und ihre kritische Analyse bildeten fortan aber ein „ausgespartes Zentrum" (Johannes 1995).

Die empirisch-sozialpsychologische Forschung zu den Widersprüchen der Vergesellschaftung unter den aktuellen Bedingungen der Marktgesellschaft blieb fortan am IfS randständig. Zwar entstanden gelegentlich empirische Untersuchungen wie etwa das *Gruppenexperiment* (Pollock 1955), aber die Aufmerksamkeit galt den theoretischen Werken und dem gesellschaftlichen Eingriff. Durch die beharrliche Weiterführung seiner Arbeit wurde das IfS auf neue Art fruchtbar und wirkte dem restaurativen Klima der 1950er- und 1960er-Jahre entgegen. Die „Mitarbeit an der Erziehung", das von Horkheimer 1949 formulierte Ziel für die Rückkehr aus dem Exil (zit. n. Drummer & Zwilling 2009, S. 19), brachte früh Erträge. Die zweite Generation kritischer Theoretiker umfasste zahlreiche, später auch international prominente Forscherinnen und Forscher wie etwa Hermann Schweppenhäuser, Rolf Tiedemann, Helge Pross, Alfred Schmidt, Alexander Kluge, Oskar Negt, Jürgen Habermas oder Regina Becker-Schmidt. Zur großen Wirkung der Kritischen Theorie hat mit Sicherheit beigetragen, dass in den 1960er-Jahren mit „einem Knall" der Korken von der Flaschenpost der Kritischen Theorie flog (Löwenthal 1980, S. 86): Die westdeutschen Studierenden begannen, sich für Gesellschaftskritik, Marxismus und Psychoanalyse zu interessieren, und stießen auf die Kritische Theorie. Doch während sich der Kampf der „68er" gegen den Vietnam-Krieg der USA zu einer internationalen Protestbewegung formierte, wurde die massenhafte Mobilisierung der Studenten von Horkheimer und Adorno mit großer Skepsis betrachtet, waren sie doch nur wenige Jahre zuvor vor deutschen Massen geflohen. Zudem war ihnen die Bedeutung der USA als Exilland bewusst; außerdem hätte dem Zweiten Weltkrieg und der Shoah ohne ihr militärisches Eingreifen kaum Einhalt geboten werden können. Das Verhältnis zwischen den aus dem Exil zurückgekehrten Theoretikern und der Studentenbewegung, die sich mithilfe ihrer Theorie gegen das restaurative Klima in Deutschland stellte, blieb immer widersprüchlich. Nutzbar in einem theoretischen Sinne wurde dieser Widerspruch und die sich abzeichnende ökonomische Krise nicht mehr. Bedingt auch durch Adornos und Horkheimers Tod blieb die Aufgabe unerledigt, sich mit der gesellschaftlichen Krise und dem eigenen theoretischen Rüstzeug erneut auseinanderzusetzen. So begann das „Nachsitzen" der Kritischen Theorie (Türcke 1998, S. 8).

Gegenwärtige Auseinandersetzungen und Fragestellungen

In den Folgejahren entstanden verschiedene Rezeptionsformen Kritischer Theorie, die mehr oder weniger an die Themen und Theorien der ersten Generation anknüpften. Zwar wurde und wird die Tradition Kritischer Theorie immer wieder aufgegriffen, wie etwa in Hannover mit Oskar Negt, Regina Becker-Schmidt und Detlev Claussen oder in Frankfurt mit Andreas Gruschka, aber die Lage der folgenden Generationen bleibt oft prekär und isoliert – nur wenige kritische Theoretiker können an Hochschulen Fuß fassen. In Frankfurt selbst wurden eigene Wege eingeschlagen – wie etwa durch den wohl prominentesten Vertreter der zweiten Generation, Jürgen Habermas. In den 1960er- und 1970er-Jahren beschrieb er den Beginn der bis heute anhaltenden Transformationsprozesse der Öffentlichkeit und des Spätkapitalismus. Seine *Theorie des Kommunikativen Handelns* (1981) wird aber oft als Abkehr von der Kritischen Theorie verstanden.

Das „kleine Exil" in Lüneburg: Vergegenwärtigung zur Unzeit?

Christoph Türcke beschrieb den Zustand der Kritischen Theorie als „abgeschnitten", was akademisch, theoretisch, aber sicherlich auch räumlich gedacht war. Über den Verlust des Zentrums Frankfurt schrieb Helmut Dubiel (1946–2015), selbst von 1989 bis 1997 Direktor des IfS, die „Frankfurter Schule (ist) nirgendwo, sie hat keinen Ort" (Dubiel 1988, S. 15). Trotzdem bildeten und bilden sich immer wieder Zentren kritisch-theoretischer Auseinandersetzung heraus. Türcke gehörte zu jenem Lüneburger Kreis um Hermann Schweppenhäuser (1928–2015), der von seinen Mitgliedern als „kleines Exil" zu Frankfurt beschrieben wurde. Schweppenhäuser, der nach dem Krieg zur ersten Schülergeneration am IfS gehörte, wurde 1962 an die *Pädagogische Hochschule Lüneburg* berufen. Obwohl die Rückkehr nach Frankfurt fest geplant war, blieb Lüneburg das Zentrum seiner akademischen Tätigkeit. Sein Denken war von Adorno und Benjamin geprägt. Der Titel eines seiner Bücher kann als Arbeitsauftrag verstanden werden: *Vergegenwärtigung zur Unzeit* (1986). Die „Unzeit" ist jene Vergangenheit, die in die Gegenwart hineinreicht und deshalb von dringlicher Aktualität ist. Die Kritische Theorie findet ihre Aufgaben in der Vergangenheit, weil die Gesellschaft noch von ihr durchzogen ist. Die Vergegenwärtigung kennzeichnete die Auseinandersetzung des Lüneburger Kreises. Zu ihm gehörten Günter Mensching und Renate Wieland, aber auch Hans-Ernst Schiller, Wolfgang Bock oder Gerhard Bolte, Dietrich zu Klampen und Gerhard Schweppenhäuser. Mit der *Zeitschrift für Kritische Theorie* ging aus diesem Kreis ein bis heute institutionalisiertes Forum hervor.

Die wohl prominentesten Namen dieses Kreises sind Wolfgang Pohrt und Christoph Türcke. Pohrt wurde besonders in den 1980er-Jahren durch seine Polemiken bekannt, denn ihm gelang es nicht nur, seine kritisch-theoretischen Analysen prägnant zu formulieren, sondern auch sehr prominent zu publizieren. Als der Hamburger Kaufmannserbe und Literaturwissenschaftler Jan-Philipp Reemtsma es 1984 Felix Weil gleichtat und das nicht ganz zufällig so benannte *Hamburger Institut für Sozialforschung* gründete, führte Pohrt in dessen Auftrag die Studie *Der Weg zur inneren Einheit – Elemente des Massenbewußtseins BRD 1990* durch. Eng an die *Studien zum Autoritären Charakter* angelehnt, gelang hier die dichte Beschreibung westdeutscher Mentalität in einer historischen Umbruchszeit. Während sich Pohrt nach 1990 langsam aus der Öffentlichkeit zurückzog, erhielten die Arbeiten von Türcke zunehmend Aufmerksamkeit. 1992 als Professor für Philosophie nach Leipzig berufen, entfaltete er eine intensive publizistische Tätigkeit. Als Angelpunkt kann sein Buch *Erregte Gesellschaft – Philosophie der Sensation* (2002) gelten, in dem Türcke, angelehnt an SigmundFreud, die Idee des traumatischen Wiederholungszwangs als Kulturstifter entwickelt. Dabei wendet er die Suche nach der Unzeit nicht nur auf den Inhalt an, sondern auch auf die physische Grundlage und Funktionsweise der menschlichen Psyche. Er argumentiert, dass die Menschheit in ihrer Frühzeit den Schrecken der Natur in Eigenregie genommen habe. Ihr Kunstgriff habe darin bestanden, das, was man von der Natur befürchtete, selbst auszuführen, und zwar im Menschenopfer, das gegeben wurde in der Hoffnung, dadurch das Ganze – die Gemeinschaft – zu erhalten. Diese Übernahme des Naturschreckens, so Türcke weiter, führe zwar durch beständige Ersetzung und Milderung zur Zivilisationsentwicklung, aber den Zivilisationsprodukten wohne diese Geschichte noch inne: Sie sind der Versuch, den Schrecken zu ersetzen, und bestätigen dadurch die Kraft, die er noch immer über das Kollektiv hat (Türcke 2002).

Das „Nachsitzen" der Kritischen Theorie ist noch nicht abgeschlossen. Von Horkheimers Ziel einer gegenseitigen Durchdringung von empirischer Forschung und philosophischer Spekulation ist heute wenig geblieben. In der Regel sind kritisch-theoretische Studien theoretischer, deutlich seltener empirischer Natur. Das hat sicherlich auch damit zu tun, dass die Kritische Theorie akademisch heute eher in geistes- als in gesellschaftswissenschaftlichen Studiengängen präsent ist. Festgelegt ist sie allerdings weder auf das eine noch auf das andere. Entschließt sie sich zur empirischen Forschung, muss sie sich für „unreglementierte Erfahrung" öffnen (Adorno 1968b, S. 91), die in einer Fragebogenerhebung genauso ertragreich werden kann wie in einer Interviewstudie oder einer Montage im Sinne Benjamins.

Anlässe zur Untersuchung gibt es genug. Manch gesellschaftlicher Konflikt kommt als Produkt von Krisen oder technischer Entwicklung in der Medizin oder Kommunikation neu hinzu. Andere Konflikte, um deren Verständnis sich die Kritische Theorie in ihren Anfangsjahren bemühte, sind aktuell geblieben, wie die autoritäre Dynamik oder rechtsextreme Bewegungen. Zahlreiche Forschungsprojekte gruppieren sich um das Unerledigte des Autoritarismus und Antisemitismus. So arbeitete beispielsweise Detlev Claussen heraus, inwiefern Antisemitismus als „Alltagsreligion" zu verstehen ist. Prominent ist bis heute zudem die Beschäftigung mit Musik, Kunst und Ästhetik, die von der ersten Generation angestoßen wurde.

Nur noch selten wird der Versuch unternommen, mit empirischen Mitteln Auskunft über die Gesellschaft zu erhalten. Eine Ausnahme bildet eine Studienreihe, die 2002 begann, rechtsextreme und autoritäre Einstellungen in Deutschland zu untersuchen. Die als *Leipziger „Mitte"-Studien* bekannt gewordene Reihe schließt ausdrücklich an die Tradition der Studien von Erich Fromm und Theodor W. Adorno an. Sie erklärt gegenwärtige Ressentiments – zum Beispiel fremdenfeindliche oder antisemitische – als Produkt eines *sekundären Autoritarismus*, der auf eine konkrete Autoritätsperson verzichten kann. Denn als Ideal, mit welchem die ambivalente Beziehung von Selbstaufwertung und Unterwerfung eingegangen werden kann, taugen nicht nur Führer, sondern alles, was es den Gruppenmitgliedern gestattet, ihren Selbstwert aufzurichten. Das kann eine religiöse Idee sein oder: die deutsche Wirtschaft. Seit den 1930er-Jahren, spätestens aber seit dem deutschen Nachkriegswirtschaftswunder wirkt sie, das haben die Leipziger „Mitte"-Studien zum Autoritarismus gezeigt, als ein solches idealisiertes Selbstobjekt oder, in anderen Worten, als „narzisstische Plombe" (Decker 2015). Warum die Ökonomie diese Funktion erfüllen kann, welche Rolle dabei Markt und Waren spielen, das gilt es herauszufinden.

Die Kritische Theorie eignet sich aber auch, um die Subjektivierung und Vergesellschaftung anhand ganz anderer Phänomene empirisch wie theoretisch zu erforschen. Hier ist eine Schnittstelle zu den Gouvernementalitätsstudien zu finden. Beispielsweise lässt sich Vergesellschaftung auch am menschlichen Körper ablesen, an seiner Gestaltung in der Medizin oder an Kulturpraktiken, die den Körper und das Naturverhältnis betreffen. Auch wenn die Exponenten der Kritischen Theorie, wie Adorno oder Horkheimer, der politischen Praxis reserviert begegneten, stand und steht doch die politische Bildung und Erziehung an prominenter Stelle politischer Intervention. „Erziehung nach Auschwitz" (Adorno 1966a) ist bis heute wichtig, nicht nur für die Rekonstruktion der Vergesellschaftung, sondern auch für den Versuch, frühe Erfahrungen der Emanzipation zu ermöglichen.

Fazit

Die Kritische Theorie war von Anfang an durch soziale Kämpfe geprägt und prägte diese auch selbst mit. Zwar wahrte sie gegenüber der politischen Praxis Distanz, aber ihr Interesse richtete sich immer parteiisch auf die emanzipative Veränderung der Gesellschaft. Ihrem Selbstverständnis nach besteht ihr Beitrag in einer kritischen und selbstreflexiven Analyse der Gesellschaft mit dem Ziel der Emanzipation der Menschen von gewaltvollen sozialen Verhältnissen. Das theoretische Rüstzeug bestand in erster Linie aus der Psychoanalyse und der Marx'schen Wertformanalyse, die herangezogen wurden, um ein Verständnis des Verhältnisses von Individuum und Gesellschaft zu erarbeiten. Das Projekt der Kritischen Theorie der Gesellschaft ist nicht abgeschlossen; vielmehr stellt sich entlang von politischen und sozialen Konflikten noch immer die Aufgabe, aus Einzelphänomenen Auskunft über die Bewegungsgesetze der Gesellschaft insgesamt zu erhalten. Kritische Theorie der

Gesellschaft heißt, Unerledigtes zu bearbeiten und gleichzeitig die aktuellen gesellschaftlichen Entwicklungen vor dem Hintergrund dieses Unerledigten zu verstehen.

Verständnisfragen

▶ Benjamin nahm architektonische Neuerungen – etwa Passagen – oder bestimmte Verhaltensweisen in der Öffentlichkeit zum empirischen Ausgangspunkt seiner Analysen. Fällt Ihnen ein vergleichbares Phänomen ein, mit dem die Position des Einzelnen in der Gesellschaft untersucht werden könnte?

▶ Horkheimer und Adorno vertraten die Ansicht, dass die Autonomie des Individuums zu ihrer Zeit stark eingeschränkt war. Sie schien sogar immer weiter abzunehmen und nur noch ein Ideal des 19. Jahrhunderts, kaum mehr ihrer Zeitgenossen zu sein. Wenn Sie sich Ihr soziales Umfeld ansehen, was spricht dafür, dass die Menschen im Verhältnis zur Gesellschaft geschwächt sind und mehr ihre individuellen Wünsche leben können, was spricht dagegen?

Literatur

Adorno, T. W. (1950). Types and Syndroms. In T. W. Adorno, E. Frenkel-Brunswik, D. J. Levinson & R. N. Sandford (Hrsg.), *The Authoritarian Personality* (pp. 744–783). New York: Harper.
Adorno, T. W. (1966a). Erziehung nach Auschwitz. In R. Tiedemann (Hrsg.), *Theodor W. Adorno – Gesammelte Schriften Bd. 10.2* (S. 674–690). Frankfurt am Main: Suhrkamp (1997).
Adorno, T. W. (1966b). Negative Dialektik. In R. Tiedemann, R. (Hrsg.), *Theodor W. Adorno – Gesammelte Schriften Bd. 6*. Frankfurt am Main: Suhrkamp.
Adorno, T. W. (1968a). Diskussionsbeitrag zu „Spätkapitalismus oder Industriegesellschaft". In R. Tiedemann (Hrsg.), *Theodor W. Adorno – Gesammelte Schriften Bd. 8* (S. 578–587). Frankfurt am Main: Suhrkamp.
Adorno, T. W. (1968b). *Einleitung in die Soziologie. Nachgelassene Schriften, Abteilung IV: Vorlesungen. Bd. 15*. Frankfurt am Main: Suhrkamp (1993).
Brecht, B. (1933–1938). Gedichte. In ders. (Hrsg.), *Gesammelte Werke Band 9*. Frankfurt am Main: Suhrkamp (1967).
Decker, O. (2015). Narzisstische Plombe und sekundärer Autoritarismus. In O. Decker, J. Kiess & E. Brähler (Hrsg.), *Rechtsextremismus der Mitte und sekundärer Autoritarismus* (S. 21–34). Gießen: Psychosozial.
Drummer, H. & Zwilling, J. (2009). „Die Krönung unserer eigenen Wiedergutmachungspflicht". Die Stadt Frankfurt am Main und das Institut für Sozialforschung. In M.

Boll & R. Gross (Hrsg.), *Die Frankfurter Schule und Frankfurt. Eine Rückkehr nach Deutschland. Begleitbuch zur Ausstellung im Jüdischen Museum Frankfurt* (S. 18–29). Göttingen: Wallstein.
Dubiel, H. (1988). *Kritische Theorie der Gesellschaft. Eine einführende Rekonstruktion von den Anfängen im Horkheimer-Kreis bis Habermas.* Weinheim: Juventa (1992).
Fromm, E. (1930). Arbeiter und Angestellte am Vorabend des Dritten Reiches. Eine sozialpsychologische Untersuchung. In ders. (Hrsg.), *Gesamtausgabe Bd. 3* (S. 1–224). Stuttgart: DVA (1980).
Fromm, E. (1936). Studien über Autorität und Familie. Sozialpsychologischer Teil. In ders. (Hrsg.), *Gesamtausgabe Bd. 1* (S. 139–187). Stuttgart: DVA.
Horkheimer, M. (1931). Die gegenwärtige Lage der Sozialphilosophie und die Aufgaben eines Instituts für Sozialforschung. In G. Schmid Noerr (Hrsg.), *Max Horkheimer – Gesammelte Schriften Bd. 3 – Schriften 1931–1936* (S. 20–35). Frankfurt am Main: Fischer.
Horkheimer, M. (1936). Autorität und Familie. In G. Schmid Noerr, G. (Hrsg.), *Max Horkheimer – Gesammelte Schriften Bd. 3 – Schriften 1931–1936* (S. 336–417). Frankfurt am Main: Fischer.
Horkheimer, M. (1937). Traditionelle und Kritische Theorie. In G. Schmid Noerr (Hrsg.), *Max Horkheimer – Gesammelte Schriften Bd. 4* (S. 162–216). Frankfurt am Main: Fischer.
Horkheimer, M. & Adorno, T. W. (1944). Dialektik der Aufklärung. In R. Tiedemann (Hrsg.), *Theodor W. Adorno – Gesammelte Schriften Bd. 3.* Frankfurt am Main: Suhrkamp.
Horkheimer, M., Fromm, E. & Marcuse, H. (1936). *Studien über Autorität und Familie.* Springe: zu Klampen (Reprint der Originalauflage, 1987).
Jay, M. (1973). *Dialektische Phantasie. Die Geschichte der Frankfurter Schule und des Instituts für Sozialforschung 1923–1950.* Frankfurt am Main: Fischer (1976).
Johannes, R. (1995). Das ausgesparte Zentrum. Adornos Verhältnis zur Ökonomie. In G. Schweppenhauser (Hrsg.), *Soziologie im Spätkapitalismus. Zur Gesellschaftstheorie Theodor W. Adornos* (S. 41–67). Darmstadt: WBG.
Kingreen, M. (2009). Max Horkheimers „Erkundungsreisen" an die Universität Frankfurt 1948 und 1949. In M. Boll & R. Gross (Hrsg.), *Die Frankfurter Schule und Frankfurt. Eine Rückkehr nach Deutschland. Begleitbuch zur Ausstellung im Jüdischen Museum Frankfurt* (S. 30–39). Göttingen: Wallstein.
Löwenthal, L. (1980). *Ein autobiographisches Gespräch mit Helmut Dubiel.* Frankfurt am Main: Suhrkamp.
Marx, K. (1844). Zur Kritik der Hegelschen Rechtsphilosophie. Einleitung. *Karl-Marx/Friedrich-Engels-Werke Bd. 1* (S. 378–391). Berlin: Dietz.
Marx, K. (1867). Das Kapital. Kritik der politischen Ökonomie. Erster Band. *Karl-Marx/Friedrich-Engels-Werke Bd. 23.* Berlin: Dietz.
Pollock, F. (Hrsg.) (1955). *Gruppenexperiment. Ein Studienbericht.* Frankfurt am Main: Europäische Verlagsanstalt.
Reijen, W. V. & Schmid Noerr, G. (Hrsg.) (1987). *Vierzig Jahre Flaschenpost: ‚Dialektik der Aufklärung' 1947 bis 1987.* Frankfurt am Main: Fischer.
Schwandt, M. (2009). *Einführung in die Kritische Theorie.* Stuttgart: Schmetterling.
Simmel, G. (1908). *Soziologie. Über die Formen der Vergesellschaftung.* Frankfurt am Main: Suhrkamp.
Türcke, C. (1998). Das Altern der Kritik. *Pädagogische Korrespondenz, 22,* 5–13.
Türcke, C. (2002). *Erregte Gesellschaft.* München: Beck.

Wiggershaus, R. (1988). *Die Frankfurter Schule. Geschichte, Theoretische Entwicklung, Politische Bedeutung.* München: dtv.

Weiterführende Literatur

Benjamin, W. (1938). *Das Kunstwerk im Zeitalter seiner technischen Reproduzierbarkeit. Dritte Fassung.* In R. Tiedemann & H. Schweppenhäuser (Hrsg.), *Gesammelte Schriften Bd. I.2 Abhandlungen* (S. 474–508). Frankfurt am Main: Suhrkamp (2015).
Jay, M. (1973). *Dialektische Phantasie. Die Geschichte der Frankfurter Schule und des Instituts für Sozialforschung 1923–1950.* Frankfurt am Main: Fischer (1976).
Fromm, E. (1976). *Haben oder Sein.* Stuttgart: dtv.
Marcuse, H. (1963). Das Veralten der Psychoanalyse. In ders. (Hrsg.), *Schriften Bd. 8.* Springe: zu Klampen (2004).
Reijen, W. van & Schmid Noerr, G. (Hrsg.) (1990). *Grand Hotel Abgrund. Eine Photobiographie der Frankfurter Schule.* Hamburg: Junius (2. Aufl.).
Schwandt, M. (2009). *Kritische Theorie. Eine Einführung.* Stuttgart: Schmetterling.
Türcke, C. & Bolte, G. (1997). *Einführung in die Kritische Theorie.* Darmstadt: Primus.
Wiggershaus, R. (1988). *Die Frankfurter Schule. Geschichte – Theoretische Entwicklung – Politische Bedeutung.* München: dtv.
Walter-Busch, E. (2010). *Geschichte der Frankfurter Schule.* München: Wilhelm-Fink-Verlag.

Governmentality Studies
Gouvernementalität – die Regierung des Selbst und der anderen

Ulrich Bröckling

Zusammenfassung

Gouvernementalitätsanalysen bezeichnen eine Forschungsperspektive, die im Anschluss an Michel Foucault soziale Beziehungen im Hinblick auf Mechanismen des Regierens und Sich-selbst-Regierens untersucht. Sie fragen nach dem planvollen Einwirken auf eigenes und fremdes Handeln und untersuchen dafür Rationalitäten, Technologien und Subjektivierungsweisen der Menschenführung. Grundlegende Annahme ist, dass die untersuchten gouvernementalen Programme stets Anleitungen zur Selbstführung implizieren. Sie lenken nicht in erster Linie durch unmittelbaren Zwang oder disziplinierende Zurichtung, sie strukturieren Handlungsmöglichkeiten, setzen Anreize, modifizieren Kontexte und sorgen so dafür, dass bestimmte Verhaltensweisen wahrscheinlicher werden als andere. Gouvernementalitätsanalysen zielen nicht auf eine Theorie des Subjekts, sie präparieren vielmehr heraus, wie Individuen subjektiviert werden und sich subjektivieren und wie dabei die Hervorbringung und die Unterwerfung des Subjekts miteinander verbunden sind.

Was ist Gouvernementalität?

Der Begriff *Gouvernementalität*, abgeleitet vom französischen *gouvernemental* (die Regierung/das Regieren betreffend), wurde von dem französischen Historiker und Philosoph Michel Foucault (1926–1984) in seinen Vorlesungen *Sicherheit, Territorium, Bevölkerung* (1977/78) und *Die Geburt der Biopolitik* (1978/79; dt. 2004a, 2004b) am Collège de France eingeführt. Foucault bezeichnet damit zunächst einen Typus neuzeitlicher politischer Machtausübung und den historischen Prozess, der zu dessen Vorrang gegenüber anderen Machtmechanismen geführt hat. Gouvernementale Strategien zielen darauf ab, die Bevölkerung durch Regulation – zum Beispiel hinsichtlich ihrer Generativität (Geburts- und Sterblichkeitsraten), Gesundheit, Produktivität und Mobilität – zu verwalten. Sie operieren auf der Ebene von Populationen, nicht von Individuen, nutzen Dispositive der Sicherheit, d. h. strategische Arrangements von Diskursen und Praktiken, die Risiken minimieren sollen, und folgen dem Postulat ökonomisch zu kalkulierender Interventionen. Für die Gegenwart sind das beispielsweise die Sozialversicherung, familienpolitische Maßnahmen oder eine politisch-ökonomische Ordnung wie die soziale Marktwirtschaft. Weiter gefasst, bestimmt Foucault (2004c, S. 314) Gouvernementalität als „strategisches Feld beweglicher, veränderbarer und reversibler Machtverhältnisse" in einem allgemeinen und nicht nur politischen Sinn. Der Begriff der Regierung bezieht sich dann auf „die Gesamtheit von Prozeduren, Techniken, Methoden, welche die Lenkung der Menschen untereinander gewährleisten" (Foucault 2005a, S. 116). Regiert werden neben dem politischen Gemeinwesen auch Seelen, Kinder, Haushalte, Unternehmen, Arbeitslose oder Kranke, regiert wird schließlich der Einzelne durch sich selbst. Analysen von Gouvernementalitäten erstrecken sich deshalb auch auf Steuerungsregime jenseits staatlicher Institutionen und auf Programme und Praktiken der Selbstführung. Regieren und Sich-selbst-Regieren in diesem Sinne bezieht sich auf alle Formen des planvollen Einwirkens auf andere wie auf sich selbst.

Bis zu seinem Buch *Überwachen und Strafen* (1976), das den Aufstieg moderner Disziplinierungspraktiken am Beispiel des Gefängnisses analysiert, beschrieb Foucault soziale Beziehungen vor allem in den Kategorien von Kampf und Konfrontation. Im Fokus standen die Wissensformen, die Ein-, Ausschluss- und Zurichtungspraktiken, mit denen menschliche Körper normiert, normalisiert und so zergliedert und wieder zusammengesetzt werden, dass am Ende „eine gesteigerte Tauglichkeit und eine vertiefte Unterwerfung" (Foucault 1976, S. 177) stehen. Macht fasste Foucault dabei strikt relational als eine soziale Beziehung, die durch das Verhältnis von Kraft und Gegenkräften gekennzeichnet ist.

Der Begriff der Regierung, der Ende der 1970er-Jahre ins Zentrum seiner Arbeiten rückt, ermöglicht es ihm, die Analyse von Machtmechanismen und Herrschaftstechniken mit der Frage nach der Subjektivierung zu verknüpfen. Während das Subjekt bis dahin ausschließlich als Ergebnis von Zurichtungs- und Unterwerfungspraktiken erschien, kommt jetzt verstärkt die Frage der Selbstkonstitution in den Blick. Foucault vermeidet Bestimmungen, wer oder was ein Subjekt *ist*, er fragt vielmehr danach, mithilfe welcher Verfahren Menschen als Subjekte angerufen und zu Subjekten gemacht werden bzw. wie sie sich zu sich selbst in ein Verhältnis der Selbsterkenntnis, -formung und -expression setzen. Den Status eines Subjekts zu erlangen, d. h. subjektiviert zu werden und sich zu subjektivieren, bedeutet, wie er schreibt, zum einen „der Herrschaft eines anderen unterworfen", zum anderen „durch Bewußtsein und Selbsterkenntnis an seine eigene Identität gebunden" zu sein (Foucault 2005b, S. 275). Weil die Prozesse des Regierens und Sich-selbst-Regierens niemals abgeschlossen sind, können es auch die Anstrengungen der Subjektivierung nicht sein. Statt auf eine Ontologie des Subjekts richtet sich Foucaults Augenmerk auf die „Geschichte der verschiedenen Formen der Subjektivierung des Menschen in unserer Kultur" (ebd., S. 269).

Den Ausgangspunkt für die Historie der gouvernementalen Führungstechniken bildet ein Machttypus, dessen Ursprünge Foucault im antiken Orient situiert: das Pastoral. Das Verhältnis zwischen Regent (Gott, König, Familienoberhaupt) und Regierten orientiert sich dabei an der Beziehung zwischen dem Hirten und seiner Herde. Die Sorge des Hirten ist gleichermaßen auf jeden Einzelnen wie auf die Gesamtheit gerichtet. Die pastorale Macht individualisiert, vor allem aber ist sie eine sorgende und wohltätige Macht, die ausschließlich durch ihren unermüdlichen, aufopferungsvollen und wachsamen Eifer für das Heil der Herde definiert ist. Der gute Hirte ist kein furchtgebietender Herrscher, sondern Diener der ihm Anvertrauten (Foucault 2004a, S. 185ff.; Bröckling 2017, S. 15–44). Das Christentum transformierte diese Form der Machtausübung. In der spannungsreichen Koexistenz von weltlicher und kirchlicher Macht bildete sich im 15. und 16. Jahrhundert dann jene Regierungskunst heraus, deren Geschichte Foucault bis in die 1970er-Jahre verfolgt.

Maßgeblich für das Verständnis von Gouvernementalitäten ist die Verbindung dreier Untersuchungsachsen: Das Konzept liefert erstens ein analytisches Raster, mit dem Begründungen, Zielsetzungen, Rechtfertigungsordnungen und Plausibilisierungsstrategien, kurzum die *Rationalitäten des Regierens* untersucht werden können. Das Augenmerk richtet sich zweitens auf die *Technologien der Menschenführung*, jene Verfahren also, mit denen planvoll auf das Handeln von Individuen oder Gruppen eingewirkt wird oder diese auf ihr eigenes Handeln einwirken. Drittens schließlich geht es um die *Subjektivierungsweisen*, darum, wie die Programme des Regierens und Sich-selbst-Regierens die Einzelnen adressieren, auf welche Weise diese sich selbst begreifen, für sich sorgen und an sich arbeiten sollen und nicht zuletzt, welche affektiven Dispositionen und welche Agency ihnen zugeschrieben werden.

Eine von dieser Forschungsperspektive geleitete Untersuchung zeitgenössischer Krankheitsprävention würde beispielsweise herausarbeiten, wie aktuelle Programme der Vorbeugung Gesundheit und Krankheit nicht als einander ausschließende Zustände, sondern als Pole eines Kontinuums begreifen und folglich auf umfassende Gesundheitsförderung anstelle bloßer Krankheitsverhütung abzielen (Rationalität). Sie würde sich mit Screeningverfahren beschäftigen, mit deren Hilfe Risikofaktoren identifiziert und gewichtet werden, an denen dann die vorbeugenden Maßnahmen ansetzen; ferner würde sie gesetzliche Maßnahmen wie das Rauchverbot in öffentlichen Räumen oder Aufklärungskampagnen zur gesundheitsbewussten Ernährung einbeziehen (Technologien). Schließlich würde sie zeigen, wie die Präventionsprogramme den Einzelnen einerseits als gefährdeten und gefährlichen Risikoträger modellieren, dessen Lebensäußerungen transparent sein sollen und der zu umfassender Wachsamkeit gegenüber äußeren wie inneren Bedrohungen angehalten werden muss, und wie sie ihn andererseits als flexiblen und eigenverantwortlichen Selbstoptimierer ansprechen, der seine Stärken und Schwächen kennt und Gesundheitsvorsorge als Investment ins eigene Leben betreibt (Subjektivierungsweisen).

Die Untersuchung von Rationalitäten, Sozial- und Selbsttechnologien sowie Subjektivierungsweisen impliziert eine Konzentration auf Strategien und Taktiken, auf Programme und Mechanismen der Menschenführung. Darin liegt auch eine Selbstbeschränkung der Gouvernementalitätsanalysen: Sie fragen nicht danach, wie in dieser oder jener Situation tatsächlich regiert wird, sondern sie interessieren sich für die Regierungs*kunst*, „d. h. die reflektierte Weise, wie man am besten regiert, und zugleich auch das Nachdenken über die bestmögliche Regierungsweise" (Foucault 2004b, S. 14). Eine solche Perspektive erlaubt keine Aussage darüber, wie sich die Adressaten der Regierungsanstrengungen diesen gegenüber tatsächlich verhalten. Welchen Regeln und Regelmäßigkeiten (auch in Bezug auf das Abweichen von den Regeln) ihr Handeln folgt, das gerät nur insofern in den Blick, als die Regime des Regierens darauf Einfluss nehmen. Gouvernementalitätsanalysen untersuchen Grammatiken des Regierens und Sich-selbst-Regierens, sie rekonstruieren nicht subjektive Sinnwelten, Handlungsorientierungen oder Verschiebungen in der Sozialstruktur. Bildlich ausgedrückt: Untersucht werden die Strömungen, welche die Menschen in bestimmte Richtungen ziehen, und nicht, inwieweit sie sich von ihnen treiben lassen, sie nutzen, um schneller voranzukommen, oder versuchen, ihnen auszuweichen oder gegen sie anzuschwimmen. Diese Strömungen sind ein Effekt von Diskursen, aber sie erschöpfen sich nicht darin. Erzeugt wird der Sog auch durch institutionalisierte Praktiken: Organisationsstrukturen und Verwaltungsakte, Arbeits- und Versicherungsverträge, Zuweisung oder Entzug finanzieller Ressourcen, Trainingsprogramme und Therapiekonzepte, technische Apparaturen und architektonische Arrangements, mediale Inszenierungen und Alltagsroutinen.

Analytik der Macht

Im Bild des Sogs verdichtet sich das Verständnis von Macht, das den Gouvernementalitätsanalysen eigen ist: Macht ist demnach weder eine persönliche Eigenschaft, über die der eine verfügt und der andere nicht, noch eine besondere Art von Kapital, von dem manche mehr besitzen als andere. Macht ist vielmehr *erstens* strikt relational: Sie hat kein Zentrum, sondern bildet eine Konstellation von Kräften, „etwas, was sich von unzähligen Punkten aus und im Spiel ungleicher und beweglicher Beziehungen vollzieht" (Foucault 1984, S. 115). Diese Kräftekonstellationen kann man beschreiben, aber man kann Macht nicht zählen wie das Geld auf einem Konto oder messen wie eine physikalische Kraft.

Weil Macht ein Kräfteverhältnis darstellt, ist jede Machtausübung *zweitens* konfrontiert mit Gegenkräften, die sie bremsen, neutralisieren, umlenken oder blockieren. „Wo es Macht gibt, gibt es Widerstand" (Foucault 1984, S. 116). Das hat unmittelbare Konsequenzen für ihre Untersuchung: Um Machtwirkungen beschreiben zu können, muss man wissen, wogegen sie sich richten. In welcher Weise sich die Gegenkräfte äußern, ist so vielgestaltig wie die Machtausübung selbst. Es kann die offene Revolte sein, aber auch die Trägheit des Aussitzens, die Flucht vor dem Zugriff der Macht ebenso wie die Listen des braven Soldaten Schwejk, der seine Vorgesetzten ins Leere laufen ließ, indem er ihre Befehle allzu wörtlich nahm.

Drittens ist Macht produktiv. Es wäre verkürzt, sie ausschließlich als etwas zu begreifen, das verbietet, bestraft, verhindert oder Handlungsspielräume beschneidet. Macht schafft Neues, sie eröffnet Möglichkeiten, die zuvor nicht da waren. Sie ist erfinderisch, produziert Kompetenzen, sie ermutigt, fördert und fordert. Einen Rekruten zu drillen, ist zweifellos eine Machtprozedur, die den angehenden Soldaten einem strikten Regime von Befehl und Gehorsam unterwirft und Fehlverhalten rigoros bestraft. Doch dieselbe Prozedur macht aus ihm auch jenen technisch versierten, kampfbereiten Gewaltexperten, den das Militär benötigt.

Macht setzt *viertens* Freiheit voraus. Das bedeutet jedoch keinesfalls, sie ausschließlich der Welt der freiwilligen Bindung und des Vertrags zuzuschlagen und die Seite der Repression und des Zwangs auszublenden. Selbstverständlich kann durch Machtausübung die Freiheit derjenigen, über die Macht ausgeübt wird, eingeschränkt, im Extremfall sogar negiert werden. Aber gäbe es diese Freiheit nicht, wäre auch die Ausübung von Macht unmöglich. Übrig bliebe dann nur ein gleichsam mechanischer Zwang. Könnten die Menschen nicht immer auch anders, wäre ihr Verhalten vollständig determiniert, dann brauchte es keine Machtanwendung, und es könnte auch keine geben. Nur weil menschliches Handeln kontingent ist, ist Machtausübung möglich und unvermeidlich. Mit der Macht verhält es sich insofern ähnlich wie mit der Kommunikation. Ebenso, wie man nicht nicht kommunizieren kann, weil auch das Schweigen einen kommunikativen Akt darstellt, kann man auch nicht nicht Macht ausüben, weil auch das Nichtstun oder der freiwillige Gehorsam das Gefüge der Machtbeziehungen verändert. Die Parole „Keine Macht für niemand!" mag radikal klingen, aus Foucaultscher Perspektive ist sie eine logische Unmöglichkeit und nicht einmal eine wünschenswerte Utopie, weil ohne Macht auch die Möglichkeit des Widerstands entfallen würde.

Machtbeziehungen, so eine *fünfte* Grundannahme von Gouvernementalitätsanalysen, sind unauflösbar mit Wissensformationen verwoben. Der Wille zu wissen ist selbst ein Versuch, Macht über die Welt, über andere oder über sich selbst zu gewinnen. Wissen, insbesondere wissenschaftliches Wissen, tritt mit dem Anspruch auf Wahrheit auf, und sei es nur einer Wahrheit auf Widerruf, die so lange gilt, bis eine neue, bessere Wahrheit die alte widerlegt. Damit etwas als wahr gelten kann, müssen bestimmte Regeln eingehalten werden. Ein naturwissenschaftliches Experiment beispielsweise muss unter kontrollierten, d. h. wiederholbaren Bedingungen stattfinden, andere Forscher müssen unter gleichen Versuchsbedingungen zu den gleichen Ergebnissen gelangen, und der Verlauf des Experiments muss lückenlos dokumentiert sein. Nur wenn diese Voraussetzungen erfüllt sind, können die Ergebnisse Anspruch auf wissenschaftliche Geltung erheben. Dafür gibt es gute Gründe, aber es handelt sich zweifellos um ein Machtspiel – eine Machtausübung ohne Machthaber, die darin besteht, die Bedingungen für die Produktion wahrer Aussagen festzulegen. Die Gleichung „Wissen ist Macht" ist nicht nur in dem Sinne zu verstehen, dass Wissen zu Macht verhilft und dass diejenigen, die Macht ausüben, dazu auf Wissen angewiesen sind. Vielmehr ist Wissen selbst immer auch ein Machteffekt, das Produkt von sozialen Spielregeln, die bestimmte Aussagen als wahr anerkennen und andere eben nicht. Und es sind diese Spielregeln wie auch die Mechanismen ihrer Durchsetzung, die Gouvernementalitätsanalysen herauspräparieren.

Gouvernementale Formen der Machtausübung gehen *sechstens* meist indirekt vor und setzen auf Strategien der Führung zur Selbstführung. Statt unmittelbar vorzugeben, was zu tun und zu lassen ist, nutzen sie Feedbackschleifen und verändern Kontexte: Sie schaffen Anreize oder definieren einen Rahmen, um so bestimmte Verhaltensweisen wahrscheinlicher zu machen als andere. Foucault spricht in diesem Zusammenhang von der „Führung der Führungen", wobei „führen" im Doppelsinn des französischen *(se) conduire* einerseits bedeutet, „andere (durch mehr oder weniger strengen Zwang) zu lenken, und andererseits, sich (gut oder schlecht) aufzuführen, also sich in einem mehr oder weniger offenen Handlungsfeld zu verhalten" (2005b, S. 286). Indirekte Formen der Menschenführung senken nicht nur den Kontroll- und Interventionsaufwand, sie steigern ihre Wirksamkeit vor allem dadurch, dass sie nicht gegen die Autonomie der Adressaten operieren, sondern durch diese hindurch. Man kann zwar gegen einen Sog anschwimmen, und manch einer tut dies auch, aber viel leichter ist es, ihm nachzugeben.

Solche Kontextsteuerung kann viele Formen annehmen: Man erhöht das Kindergeld oder baut neue Kindergärten und hofft so, die Geburtenrate zu steigern und dem demografischen Wandel entgegenzuwirken. Man platziert die Süßigkeiten im Supermarkt unmittelbar vor der Kasse, weil genervte Eltern in der Warteschlange ihren quengelnden Kindern am ehesten nachzugeben bereit sind. Oder man misst täglich Blutdruck, Schlafdauer, Kalorienverbrauch und andere Körperparameter wie die Anhänger der *Quantified-Self*-Bewegung und hofft, sich selbst auf diesem Wege zu einer gesundheitsförderlichen Lebensführung zu motivieren.

Dass Macht relational ist, bedeutet *siebtens*, dass die Machtausübung auch scheitern, verpuffen oder nicht beabsichtigte Effekte zeitigen kann. Die Geschichte der Macht besteht nicht nur aus den Triumphgesängen der Sieger und den Klageliedern der Besiegten und nicht nur aus den kleinen und großen Dramen des Widerstands – die Geschichte der Machtausübung ist auch eine Geschichte der Pleiten und Pannen.

Genealogie der Subjektivierung

An die Stelle einer Theorie des Subjekts setzt Foucault die Untersuchung von Subjektpositionen, das heißt „die historische Analyse der Pragmatik des Selbst und der Formen, die diese angenommen hat" (Foucault 2009, S. 18). Was ein Subjekt ist, das steht demnach nicht ein für alle Mal fest, sondern lässt sich nur über die historischen Semantiken und Wissenskomplexe erschließen, die Selbst- und Sozialtechnologien, die zu seiner theoretischen Bestimmung und praktischen Formung aufgerufen wurden und werden. Die Vorstellung eines Selbst, das angehalten wird, sich selbst zu führen, unterscheidet sich von interaktionistischen Sozialisationstheorien in der Tradition von George Herbert Mead (1968) oder Peter L. Berger und Thomas Luckmann (1969). Diese heben zwar ebenfalls die konstitutiv gesellschaftliche Natur des Menschen hervor und rekonstruieren die Prozesse der Vergesellschaftung als kommunikative Übernahme und Anpassung gesellschaftlicher Symbolsysteme, Normen und Wissensordnungen. Dabei halten sie aber an der Vorstellung eines einheitlichen Subjekts fest, das gesellschaftlich überformt wird und in modernen, ausdifferenzierten Gesellschaften seine Identität als Balancekünstler widersprüchlicher Rollenerwartungen findet.

Von dieser Vorstellung verabschiedet sich Foucault. Für ihn ist das Subjekt weder der letzte Zurechnungspunkt des Denkens, Wollens und Fühlens noch ein imaginäres „Personzentrum", in dem sich aller Entfremdung zum Trotz ein authentisches Ich kristallisiert, noch gar ein potenzieller Souverän, der sich nur erst von allen möglichen Kolonialisierungen befreien muss. Jenes Selbst, das geformt wird und sich selbst formt, ist vielmehr selbst schon ein Effekt von Praktiken der Subjektivierung. Es erscheint nicht länger als Ausgangspunkt und Essential, sondern als Fluchtpunkt und Produkt von unhintergehbaren und unabschließbaren Definitions- und (Selbst-)Modellierungsanstrengungen. Somit ist es keine Substanz, sondern eine Form, die unterschiedliche Beziehungen des Selbst zu sich erlaubt (vgl. Stäheli 2000, S. 50). Ein solcher Zugang hebt sich von der Tradition der Bewusstseinsphilosophie, die das Subjekt als *Cogito* fasst und das Moment der Selbstreflexion ins Zentrum rückt, ab, aber auch von der kontraktualistischen Sozialphilosophie und ihren Weiterführungen in der *Rational-Choice*-Theorie, die das Subjekt als autonomen und interessegeleiteten Akteur zeichnen, und von ästhetischen Subjektkonzepten in der Tradition der Romantik, in denen das Selbst als authentische Ausdrucksinstanz figuriert (vgl. Reckwitz 2008, S. 75f.).

Die „Genealogie der Subjektivierung", wie der britische Soziologe Nikolas Rose (1996, S. 23) im Anschluss an Foucault das Forschungsprogramm nennt, zielt weder auf eine Ideengeschichte des Individuums noch auf eine historische Rekonstruktion der Humanwissenschaften. Ebenso wenig handelt es sich um eine Variante der Psychohistorie oder der historisch-genetischen Psychologie, die dem Wandel etwa der Körperlichkeiten, Emotionen, Vorstellungswelten, kognitiven Schemata oder Pathologien nachginge. Schließlich werden auch keine individuellen Lebensgeschichten und Selbstbilder nachgezeichnet, wie es eine biografisch orientierte Sozialforschung versucht. So aufschlussreich die Ergebnisse all dieser Disziplinen und Subdisziplinen sind, die Genealogie der Subjektivierung richtet ihren Fokus auf anderes: Sie untersucht, auf welche Weise das Subjekt in bestimmten historischen Momenten zum Problem wurde und welche Lösungen für dieses Problem gefunden wurden. Anders ausgedrückt: Sie fragt nicht, was das Subjekt *ist*, sondern welches Wissen zur Beantwortung dieser Frage mobilisiert und welche Verfahren in Anschlag gebracht werden, um es entsprechend zu modellieren.

Eine Subjektposition stellt etwa die Figur des *Homo oeconomicus* dar, die der kapitalistische Wettbewerb gleichermaßen voraussetzt wie fortwährend produziert. Zweifellos handelt es sich bei diesem Modell des rationalen Nutzenmaximierers um eine Abstraktion der Wirtschaftswissenschaften, aber was dabei als Verhaltensannahme unterstellt wird, markiert zugleich einen höchst wirksamen Imperativ: Es ergibt nicht nur deswegen Sinn anzunehmen, wir seien rationale Akteure, weil diese Annahme realistische Verhaltensprognosen erlaubt, sondern auch, weil wir rationale Akteure werden sollen. Diese Norm verschafft sich mit der Unerbittlichkeit eines Sachzwangs Geltung. Dem Gebot, seine Kosten zu senken und seinen Nutzen zu maximieren, entzieht man sich in einer kapitalistischen Gesellschaft nur um den Preis des Untergangs. Der *Homo oeconomicus* ist also kein bloßes Konstrukt, sondern ein spezifisches Anforderungsprofil, das definiert, wie sich Menschen als Akteure zu begreifen und wie sie zu agieren haben, um am Wirtschaftsgeschehen partizipieren zu können.

Weil sich Subjektivierung in einem strategischen Feld vollzieht, in dem sich der Einzelne gezielten und planvollen Zurichtungsanstrengungen ausgesetzt sieht und zugleich gezielt und planvoll selbst zurichtet, widmet sich ihre Untersuchung zunächst den Programmen, die dem Selbstverhältnis Form und Richtung aufprägen. Das bedeutet keinesfalls zu unterschlagen, dass den Einzelnen ihre Antriebe und Handlungen nur partiell bewusst und folglich nur begrenzt verfügbar sind. Mit der Psychoanalyse weiß die Genealogie der Subjektivierung, dass das Ich nicht Herr im eigenen Haus ist, doch anders als jener geht es ihr weder mit Freud darum, wo Es war, Ich werden zu lassen, noch mit Lacan darum, dem anderen einen Raum jenseits der Spiegelkabinette des Imaginären zu geben. Die Genealogie der Subjektivierung rekonstruiert vielmehr, in welchen sozialen Settings, von welchen Experten, im Rückgriff auf welche Theorien und mithilfe welcher Techniken der Selbsterkundung und Selbstoffenbarung das Unbewusste kommunizierbar gemacht wird. Die psychoanalytische Hermeneutik ist damit selbst prominenter Gegenstand genealogischer Untersuchung.

Foucault zieht von der psychoanalytischen *talking cure* eine Linie zurück zu den Bekenntnisritualen der christlichen Beichte und weiter zu den antiken Techniken der Sorge um sich, jenen Verfahren, „mit denen der Einzelne seine Identität festlegen, aufrechterhalten oder im Blick auf bestimmte Ziele verändern kann oder soll" (Foucault 2005c, S. 259). In der antiken Pädagogik, in Ratgebern zur Lebensführung, in spirituellen Anleitungen oder Anweisungen für ein vorbildliches Leben erscheint das Problem der Gouvernementalität unter dem Blickwinkel der Herrschaft über sich selbst. Um diese zu erlangen, braucht es fortwährende Selbstbeobachtung und -kontrolle. Dazu wiederum benötigt der Einzelne Vermittler, die ihn durch ihr Vorbild, aufgrund ihrer Kompetenz oder auf dem Wege der Verunsicherung und Infragestellung leiten und anleiten. Die Aufgabe des Seelenführers übernahmen in der griechisch-römischen Tradition die Philosophen, während das Christentum sie in veränderter Form dem Seelsorger, Beichtvater und Abt übertrug. Heute sind Psychotherapeuten, Coaches und Berater an ihre Stelle getreten. Unabdingbar sind die heterogenen Figuren des anderen, weil sie genau jenen Akt der Subjektivierung durch Objektivierung leisten, die der Einzelne in der Folge selbst leisten soll: Indem die philosophischen, religiösen oder therapeutischen Seelenführer ihm als eine externe Instanz gegenübertreten und in diesem Sinne objektivieren, helfen sie ihm, sich einerseits zum Subjekt, andererseits zum Objekt seiner Arbeit an sich zu machen. Sich selbst zu führen, bedeutet, eine Beziehung zu sich einzugehen, in welcher der eine Teil des Selbst führt und der andere geführt wird. Die Gestalt des Seelenführungsexperten ist gekennzeichnet durch einen performativen Widerspruch: Einerseits tritt er im appellativen Gestus einer Autorität auf, die weiß, was gut ist für die, zu denen er spricht. Andererseits nährt er das Misstrauen gegenüber jeglicher Fremdbestimmung und predigt nichts als „Werde du selbst!" Um herauszufinden, wer man ist, braucht man jemanden, der es einem sagt; um dazu zu werden, braucht man jemanden, der einem dabei hilft. Zugleich steckt in jedem noch so guten Rat das demütigende Urteil, man habe ihn nötig, und daher konstruiert jedwede professionelle Hilfe zuallererst Hilfsbedürftige. Das Subjekt, das sich erkennt, sich formt und als eigenständiges Ich agiert, bezieht seine Handlungsfähigkeit von ebenjenen Instanzen, gegen die es seine Autonomie behauptet. Seine Hervorbringung und seine Unterwerfung fallen zusammen (Butler 2001, S. 22).

Wenn sich die Genealogie der Subjektivierung auf die Untersuchung von Subjektivierungsprogrammen konzentriert, so bedeutet das nicht, die Prozesse der Aneignung bzw. Verwerfung dieser Programme, ihre Brüche und die Widerstände, die sich ihnen entgegenstellen, auszublenden. Programme übersetzen sich niemals bruchlos in individuelles Verhalten. Sie müssen praktisch vollzogen werden, und das nicht nur ein einziges Mal, sondern immer wieder. Diese wiederholten Performanzen eröffnen Möglichkeiten der Variation und Umdeutung, worauf insbesondere die US-amerikanische Philosophin Judith Butler (1991; 1993; 2001) hingewiesen hat. Sich Regeln anzueignen und ihnen zu folgen, heißt immer auch, sie zu modifizieren. Der Eigensinn menschlichen Handelns insistiert in Gestalt von Gegenbewegungen, Trägheitsmomenten und Neutralisierungstechniken. Die Regime der Selbst- und Fremdformung liefern keine Blaupause, die lediglich umzusetzen wäre, sondern verlangen ein beständiges Experimentieren, Erfinden, Korrigieren, Kritisieren und Anpassen. Umgekehrt gehen die Gegenkräfte, welche die Programme des Regierens und Sich-selbst-Regierens herausfordern, unterlaufen, bremsen und sie im Extremfall blockieren, selbst wiederum in deren Konstruktion und Veränderung ein.

Von Foucaults Analysen der Gouvernementalität zu den Studies of Governmentality

Foucaults Forschungsprogramm einer „Geschichte der Gouvernementalität" ist fragmentarisch geblieben. Sein früher Tod im Jahre 1984 verhinderte die weitere Ausarbeitung. Aufgenommen wurden seine Überlegungen seit den 1990er-Jahren durch die interdisziplinäre Forschungsrichtung der *Governmentality Studies*, welche die Perspektive der Gouvernementalität für die kritische Analyse zeitgenössischer Selbst- und Sozialverhältnisse fruchtbar macht (vgl. Bröckling, Krasmann & Lemke 2000; 2011; Dean 2009; Miller & Rose 2008). Im Vordergrund stehen dabei Arbeiten, die an Foucaults Auseinandersetzung mit den deutschen und amerikanischen Schulen des Neoliberalismus anschließen, denen der Hauptteil seiner Vorlesungen zur *Geburt der Biopolitik* (vgl. 2004b) gewidmet ist.

In Auseinandersetzung insbesondere mit den Schriften der deutschen Ordoliberalen wie der Chicagoer ökonomischen Schule hatte Foucault eine Ratio des Regierens entziffert, die den Markt als „eine Art von ständigem ökonomischen Tribunal" (ebd., S. 342) einsetzt, vor dem sich alles Handeln zu verantworten hat. In den Reflexionen dieser Ökonomen war eine neue Form gouvernementaler Vernunft aufgetaucht, die sich gleichermaßen vom klassisch liberalen Prinzip des *laissez faire* wie auch von den Regierungsrationalitäten des Keynesianismus und den nationalsozialistischen und sowjetischen Totalitarismen absetzte. Die Regierungskunst dürfe sich nicht länger darauf beschränken, so das in immer neuen Varianten vorgetragene Argument, die Sphäre des Marktes von staatlichen Einflüssen freizuhalten. Notwendig seien vielmehr kontinuierliche Eingriffe zur Stärkung des Wettbewerbs – der Staat des Neoliberalismus war zugleich ein aktivistischer und ein aktivierender Staat. Als Kern der Ratio neoliberaler Gouvernementalität hatte Foucault die Figur des unternehmerischen Selbst (vgl. Bröckling 2007) herauspräpariert. Insbesondere in der Humankapitaltheorie figuriert das Individuum als ökonomische Institution, deren Bestand wie bei einem Unternehmen von ihren Wahlhandlungen abhängt. Der Mensch der Humankapitaltheorie ist vor allem ein Mensch, der sich unentwegt zu entscheiden hat. Das erschließt ihn zugleich dem gouvernementalen Zugriff: Wenn der Einzelne stets seinen Nutzen zu maximieren sucht, kann man seine Handlungen steuern, indem man deren Kosten senkt oder steigert und so das Kalkül verändert. Das unternehmerische Selbst ist deshalb auch ein Mensch, „der in eminenter Weise regierbar ist" (Foucault 2004b, S. 372). Die neoliberale Regierung des Selbst wirkt indirekt über Anreizstrukturen auf das Verhalten ein. Sie schafft einen Rahmen, der bestimmte Verhaltensweisen wahrscheinlicher macht als andere, und hält die Individuen im Übrigen dazu an, sich aktiv, eigenverantwortlich und flexibel selbst zu führen.

Wie in seiner Rekonstruktion der pastoralen Seelenführung stellte Foucault in den Ausführungen zur Humankapitaltheorie die subjektivierende Dimension in den Vordergrund. Die konsequente Ökonomisierung des menschlichen Verhaltens impliziert für jeden Einzelnen eine konsequente Arbeit an der eigenen Wettbewerbsfähigkeit. Foucault konzentrierte sich darauf, den Rationalitätstypus der neoliberalen Regierungskunst freizulegen. Welche Strategien der Führung zur Selbstführung ihr im Einzelnen eingeschrieben sind, welche Ansatzpunkte und Verfahren sie vorschlägt, das bleibt in den Vorlesungen zur Geschichte der Gouvernementalität indes nur angedeutet.

Hier setzten Anfang der 1990er-Jahre zunächst britische Sozialwissenschaftler an, die nach theoretischen Instrumenten suchten, um den massiven Abbau wohlfahrtsstaatlicher Steuerungsinstrumente und ihre Ersetzung durch neoliberale Regierungsformen in der Ära Thatcher zu analysieren.[1] Seither haben sich die Gouvernementalitätsanalysen international als eine eigenständige Forschungsperspektive etabliert. Es handelt sich jedoch nicht um eine festgefügte Theorieschule, sondern um mehr oder weniger lose miteinander verbundene Wissenschaftlerinnen und Wissenschaftler unterschiedlicher sozial- und kulturwissenschaftlicher Disziplinen – das Spektrum reicht von der Soziologie, den Politikwissenschaften, der Geografie, den Medien- und Geschichtswissenschaften, den Gender Studies bis zur Pädagogik und Sozialen Arbeit –, die sich in unterschiedlicher Weise auf das Konzept der Gouvernementalität beziehen. Neben dem mehr oder minder expliziten Bezug auf Foucaults Vorlesungen verbindet diese Forschungsarbeiten eine analytische Perspektive, die nach den Menschenregierungskünsten fragt. Sie alle untersuchen Mechanismen der Fremd- und Selbstführung in unterschiedlichsten Bereichen: im Personalmanagement von Unternehmen, in den alltäglichen Kontrollpraktiken in öffentlichen Räumen, bei Impfprogrammen und Präventionskampagnen, bei der Regierung von Gesellschaften und transnationalen Institutionen wie der Europäischen Union oder den Vereinten Nationen.

Bezeichnenderweise entfaltete sich das Forschungsprogramm einer Genealogie der Subjektivierung in einer Zeit, als das Zusammenspiel von Technologien der Freiheit und Technologien der Macht offensichtlicher wurde: Mit dem Umbau der Gesellschaft im Zeichen neoliberaler Marktorientierung wurde Freiheit selbst zum Programm erhoben. Insbesondere die Anrufungsfigur des unternehmerischen Selbst, das sich als frei, eigenverantwortlich und risikobereit begreifen sollte, figurierte als Protagonist dieses politischen Projekts, die Selbst(vor)sorge der Gesellschaftsmitglieder zu fördern und den Einsatz staatlicher Ressourcen an diesem Ziel zu messen. Konzepte wie lebenslanges Lernen, Partizipation und Empowerment sind zu Synonymen für Technologien geworden, die ein neues Verhältnis zwischen Bürger und Staat etablierten – der aktivierende Staat, das aktivierte Subjekt.

---

1 In die folgenden Ausführungen sind Überlegungen eingeflossen, die der gemeinsam mit Susanne Krasmann und Thomas Lemke verfassten Einleitung des Sammelbandes *Governmentality. Current Issues and Future Challenges* (Bröckling, Krasmann & Lemke 2011) entnommen sind.

Die zeitgenössischen Regierungstechnologien halten die Menschen dazu an, sich so zu begreifen und so zu agieren, als seien sie selbstverantwortliche und selbstbestimmte Subjekte. Umgekehrt sollen individuelle Risikobereitschaft und Nutzenmaximierung – dank der unsichtbaren Hand des Marktes – nicht nur das Glück der Einzelnen, sondern auch die allgemeine Wohlfahrt befördern. In dieser Perspektive fällt tendenziell zusammen, was die Individuen wollen und was sie sollen. Das *selbstbestimmte* Subjekt ist vom *sozialisierten* Gesellschaftsmitglied kaum zu unterscheiden.

Probleme und Perspektiven

Bisweilen werden die Gouvernementalitätsanalysen als ein ausgearbeiteter sozialwissenschaftlicher Ansatz (miss)verstanden. Während Foucault sein Analyseinstrumentarium jeweils im Hinblick auf die von ihm konkret untersuchten historischen Objekte (wie Wahnsinn, Delinquenz, Sexualität) bildete, ohne daraus eine allgemeine Theorie zu entwickeln, wird das Konzept der Gouvernementalität nicht selten als theoretisches Passepartout für beliebige Untersuchungsgegenstände und -ziele eingesetzt, ohne das Konzept einer Überarbeitung, Weiterentwicklung oder Korrektur zu unterziehen. Damit überfrachtet man die Gouvernementalitätsstudien. Sie beanspruchen weder, eine umfassende Gesellschaftstheorie zu leisten, noch verfügen sie über ein eigenständiges Methodeninventar. Sie bezeichnen vielmehr eine Forschungs*perspektive* im wörtlichen Sinne: eine Art und Weise hinzuschauen, eine spezifische Blickrichtung. Ihr analytisches Potenzial zu nutzen und weiterzuentwickeln, bedeutet deshalb gerade nicht, sie als eigenständigen Ansatz zu formalisieren (und so für den akademischen Betrieb zu normalisieren), sondern sie kritisch als Korrektiv sozialwissenschaftlicher Theorien und Forschungsstrategien zu verwenden. Fruchtbar zu machen wäre gerade das Irritationspotenzial der Randständigkeit und disziplinären Grenzgängerschaft. Die Chance der Gouvernementalitätsanalysen liegt im heuristischen Experimentieren statt in perfektionierten Gebrauchsanweisungen, in lokalen Kartografien statt in lehrbuchfähigen Großtheorien.

Verständnisfragen

▶ Welche Untersuchungsachsen kennzeichnen Gouvernementalitätsanalysen?
▶ Was unterscheidet eine Theorie des Subjekts von der Analyse von Subjektivierungsweisen?
▶ Erläutern Sie Foucaults Aussage: „Wo es Macht gibt, gibt es auch Widerstand"!
▶ In welcher Weise sind Unterwerfung und Selbstkonstitution in Subjektivierungsprozessen miteinander verknüpft?

Literatur

Berger, P. & Luckmann, Th. (1969). *Die gesellschaftliche Konstruktion der Wirklichkeit. Eine Theorie der Wissenssoziologie.* Frankfurt am Main: S. Fischer.
Bröckling, U. (2007). *Das unternehmerische Selbst. Soziologie einer Subjektivierungsform.* Frankfurt am Main: Suhrkamp.
Bröckling, U. (2017). *Gute Hirten führen sanft. Über Menschenregierungskünste.* Frankfurt am Main: Suhrkamp.
Bröckling, U., Krasmann, S. & Lemke, Th. (Hrsg.) (2000). *Gouvernementalität der Gegenwart. Studien zur Ökonomisierung des Sozialen.* Frankfurt am Main: Suhrkamp.
Bröckling, U., Krasmann, S. & Lemke, Th. (Hrsg.) (2011). *Governmentality. Current Issues and Future Challenges.* New York: Routledge.
Butler, J. (1991). *Das Unbehagen der Geschlechter.* Frankfurt am Main: Suhrkamp.
Butler, J. (1993). *Körper von Gewicht.* Frankfurt am Main: Suhrkamp.
Butler, J. (2001). *Psyche der Macht. Das Subjekt der Unterwerfung.* Frankfurt am Main: Suhrkamp.
Dean, M. (2009). *Governmentality. Power and Rule in Modern Society.* London: Sage.
Foucault, M. (1976). *Überwachen und Strafen. Die Geburt des Gefängnisses.* Frankfurt am Main: Suhrkamp.
Foucault, M. (1984). *Sexualität und Wahrheit 1. Der Wille zum Wissen.* Frankfurt am Main: Suhrkamp.
Foucault, M. (2004a). *Sicherheit, Territorium, Bevölkerung. Vorlesungen am Collège de France 1977/78.* Frankfurt am Main: Suhrkamp.
Foucault, M. (2004b). *Die Geburt der Biopolitik. Vorlesungen am Collège de France 1978/79.* Frankfurt am Main: Suhrkamp.
Foucault, M. (2004c). *Hermeneutik des Subjekts. Vorlesungen am Collège de France 1981/82.* Frankfurt am Main: Suhrkamp.
Foucault, M. (2005a). Gespräch mit Ducio Trombadori. *Schriften IV, Nr. 281* (S. 51–119). Frankfurt am Main: Suhrkamp.
Foucault, M. (2005b). Subjekt und Macht. *Schriften IV, Nr. 306* (S. 269–294). Frankfurt am Main: Suhrkamp.

Foucault, M. (2005c). Subjektivität und Wahrheit. *Schriften IV, Nr. 304* (S. 258–264). Frankfurt am Main: Suhrkamp.
Foucault, M. (2009). *Die Regierung des Selbst und der anderen. Vorlesungen am Collège de France 1982/83*. Frankfurt am Main: Suhrkamp.
Mead, G.H. (1968). *Geist, Identität und Gesellschaft aus der Sicht des Sozialbehaviorismus*. Frankfurt am Main: Suhrkamp.
Miller, P. & Rose, N. (2008). *Governing the Present*. Cambridge: Polity Press.
Reckwitz, A. (2008). Subjekt/Identität. Die Produktion und Subversion des Individuums. In St. Moebius & A. Reckwitz (Hrsg.), *Poststrukturalistische Sozialwissenschaften* (S. 75–93). Frankfurt am Main: Suhrkamp.
Rose, N. (1996). *Inventing Our Selves. Psychology, Power and Personhood*. Cambridge: Cambridge UP.
Stäheli, U. (2000). *Poststrukturalistische Soziologien*. Bielefeld: Transcript.

Weiterführende Literatur

Alkemeyer, Th., Bröckling, U. & Peter, T. (Hrsg.) (2018). *Jenseits der Person. Zur Subjektivierung von Kollektiven*. Bielefeld: Transcript.
Bargetz, B., Ludwig, G. & Sauer, B. (Hrsg.) (2015). Gouvernementalität und Geschlecht. Politische Theorie im Anschluss an Michel Foucault.
Bröckling, U., Krasmann, S. & Lemke, Th. (Hrsg.) (2004). *Glossar der Gegenwart*. Frankfurt am Main: Suhrkamp.
Burchell, G., Gordon, C. & Miller, P. (Hrsg.) (1991). *The Foucault Effect. Studies in Governmentality*. Chicago: University of Chicago Press.
Gelhard, A., Alkemeyer, Th. & Ricken, N. (Hrsg.) (2013). *Techniken der Subjektivierung*. München: Wilhelm Fink.
Holmer Nadesan, M. (2008). *Governmentality, Biopower, and Everyday Life*. London: Routledge.
Krasmann, S. & Volkmer, M. (Hrsg.) (2007). *Michel Foucaults „Geschichte der Gouvernementalität" in den Sozialwissenschaften. Internationale Beiträge*. Bielefeld: Transcript.
Lemke, Th. (1997). *Eine Kritik der politischen Vernunft. Foucaults Analyse der modernen Gouvernementalität*. Berlin/Hamburg: Argument.
Lemke, Th. (2007). *Gouvernementalität und Biopolitik*. Wiesbaden: VS.
Moebius, St. & Reckwitz, A. (2008). *Poststrukturalistische Sozialwissenschaften*. Frankfurt am Main: Suhrkamp.
Mühlhoff, R. (2018). *Immersive Macht. Affekttheorie nach Spinoza und Foucault*. Frankfurt am Main: Campus.
Reckwitz, A. (2008). *Subjekt*. Bielefeld: Transcript.
Rose, N. (1999). *Powers of Freedom. Reframing Political Thought*. Cambridge: Cambridge UP.
Rose, N. (2007). *The Politics of Life Itself. Biomedicine, Power, and Subjectivity in the Twenty-First Century*. Princeton, Oxford: Princeton University Press.
Traue, B. (2010). *Das Subjekt der Beratung. Zur Soziologie einer Psycho-Technik*. Bielefeld: Transcript.

Die Systemtheorie

Stefan Beher und Eric Fischer

Zusammenfassung

Systeme werden auch außerhalb der Systemtheorie identifiziert. Sie beschreiben dort meist größere Zusammenhänge – so etwa in der seit dem Aufkommen der Finanzkrise 2008 geläufigen Warnung vor den „systemischen Risiken"– oder besonders planvolle und widerspruchsfreie, d. h. genuin „systematische" (und nicht etwa: chaotische) Phänomene. Das neuere systemtheoretische Verständnis des Begriffs unterscheidet sich von diesen beiden Verwendungsweisen. Denn Systeme bilden sich ihrerseits innerhalb von größeren Zusammenhängen, der sogenannten Umwelt, und sie lassen sich in der Regel kaum als widerspruchsfrei oder konsistent beschreiben, auch wenn sie eine eigene Ordnung produzieren: Sie sind komplex.

Nach einem kurzen Rückblick auf die Geschichte systemtheoretischen Denkens werden die zentralen Begriffe System und Umwelt definiert. Anschließend daran werden die sozialtheoretisch wichtigsten Bedingungen und Konsequenzen von Systembildung diskutiert – im Allgemeinen bezugnehmend auf das Problem von Komplexität für psychische und soziale Systeme, im Besonderen auf die Strukturbildung über Erwartungen und Erwartungserwartungen sowie deren nicht-reduzierbare Eigenlogik.

Geschichte

Anfangs wurden Systemtheorien in der Absicht entwickelt, komplexe Einheiten in ihrer Ordnung, die charakteristischerweise als Gleichgewicht verstanden wurde, zu begreifen und zu beeinflussen. Die sogenannte Kybernetik (deutsch: „Steuerungslehre") hat sich dieser Aufgabe – vor allem in Bezug auf technische und später auf soziale Systeme – gewidmet und das Ziel verfolgt, in ausgewählten Teilbereichen Abweichungen vom Gleichgewicht zu minimieren. Das Prinzip der Differenzminderung wird in seiner simpelsten Form etwa durch ein Heizthermostat verwirklicht, das nach dem Absinken der Raumtemperatur unter eine definierte Schwelle mit dem Heizvorgang beginnt. Dadurch wird die Differenz zwischen Ist- und Soll-Temperatur vermindert und so für eine konstante Raumtemperatur gesorgt. Kybernetische Steuerungsversuche komplexer Systeme bleiben auch in anspruchsvolleren Fällen stets auf die Variation weniger Variablen beschränkt.

Seit den 1980er-Jahren etablierte sich die Einsicht, dass komplexe Systeme einer nicht vorhersehbaren und nicht planbaren, zuweilen irreversiblen Eigenlogik folgen und nur sehr begrenzt durch Einflüsse von außen gesteuert werden können. An die Stelle von Gleichgewichtsvorstellungen traten nun Überlegungen zur Veränderung in Systemen, deren Selbstorganisation und Abgeschlossenheit im Vordergrund standen – begleitet von vorrangig naturwissenschaftlichen Erkenntnissen über die Entwicklung von sich selbst vollziehenden Ordnungen, sogenannten dissipativen Strukturen in der Chemie (Prigogine & Stengers 1981), Synergetik (Haken 1987) und Chaostheorie (Gleick 1990) in der Physik sowie Theorien über Autopoiesis, d. h. der Herstellung von Strukturen aus sich selbst heraus in der Biologie (Maturana 1982). Diese wurden auch in den Geistes- und Sozialwissenschaften rezipiert und warfen die zentrale Frage auf, wie Systeme eigentlich aus eigener Kraft in ihrer Umwelt bestehen und fortbestehen können. Auch in dieser zweiten Phase der Theoriebildung, die gelegentlich unter dem Schlagwort „Kybernetik 2. Ordnung" zusammengefasst wird, gab es ein starkes Bemühen um eine Meta- oder Universaltheorie, die zur Anwendung in sehr heterogenen Wissenschaften geeignet war. Der Biologe Ludwig von Bertalanffy (1901–1972), dessen *Allgemeine Systemtheorie* (1946) neben der Kybernetik (Ashby 1956) und der Informationstheorie (Shannon & Weaver 1949) als grundlegend für das systemtheoretische Paradigma gilt, war bereits der Meinung, „dass es Modelle, Prinzipien und Gesetze gibt, die für verallgemeinerte Systeme zutreffen, unabhängig von der Natur dieser Systeme" (Bertalanffy 1957, S. 8f.).

System und Umwelt

Systemtheoretisch ist mit einem System zunächst *eine in sich abgeschlossene Einheit von Elementen* gemeint, *die sich innerhalb des Systems zueinander in Relation setzen und außerhalb des Systems gegen eine Umwelt abgrenzen.* Dieser Begriff kann – von der biologischen Zelle bis zur Weltgesellschaft – grundsätzlich auf eine Vielzahl von unterschiedlichen Phänomenen angewendet werden. Deswegen gibt es mechanische (z. B. eine Maschine), physische (z. B. ein Organismus oder Gehirn), psychische (z. B. ein Bewusstsein) oder soziale Systeme (z. B. ein Gespräch zwischen Zweien oder ein Krankenhaus).

Jede Systemtheorie beginnt mit einer Unterscheidung – der Unterscheidung zwischen *System* und *Umwelt*. Zusammenhänge werden nicht in ihrer Einheitlichkeit gesehen, sondern immer in der Differenz einer Einheit zu dem, was sie nicht ist. Damit werden Aussagen über das „Wesen" oder über feste Eigenschaften von Dingen oder Personen durch deren Relation zu anderem ersetzt. Vieles von dem, was in der Psychologie etwa als (fixes) Merkmal einer Person beschrieben wird, ergäbe aus dieser Perspektive nur Sinn über die (variablen) Beziehungen dieser Person zu anderen oder anderem. Dieser Ausgangspunkt wird gelegentlich als *differenzialistischer Ansatz* bezeichnet. Die Welt im Ganzen (die als Einheit der Differenz für die Summe von System und Umwelt steht) wird in zwei Komponenten zerlegt, in ein „Innen" und ein „Außen": in ein System, das sich durch Abgrenzung von und in Relation zu seiner Umwelt definiert. Das lenkt, ganz gleich, ob mit dem System nun ein Atom, ein Gehirn oder ein Teilbereich der Gesellschaft gemeint ist, das Augenmerk auf das Verhältnis zwischen diesen beiden Seiten; auf Konzepte wie *Regeln* (nach innen) und *Grenzen* (nach außen).

Die Umwelt bildet stets den größeren Zusammenhang als das System: Sie ist die Welt im Übrigen, die das System umgibt und in der es seine Existenz sichern muss, ohne dabei auf die dafür optimalen Bedingungen hoffen zu können. Die Umwelt stimmt sich, in anderen Worten, nicht auf das einzelne System ab. Für das System ist sie daher potenziell feindlich, widersprüchlich, in jedem Fall übermächtig und ohne Rücksichtnahme auf die eigenen Besonderheiten. Aus der Sicht eines psychischen Systems ist dieser Gedanke sofort einleuchtend: Weder die physikalische noch die soziale Welt im Übrigen sind in der Regel auf unser persönliches Wohlergehen eingestellt, fordern uns aber umgekehrt sehr weitreichende Rücksichtnahmen ab. Das gilt insbesondere auch für unsere primären Bezugspersonen in Familien und Intimbeziehungen, denen wir doch eine insgesamt wohlwollende Haltung uns gegenüber unterstellen können.

Komplexität als Bezugsproblem von Systembildung

In jedem Fall muss man davon ausgehen, dass zwischen System und Umwelt ein *Komplexitätsgefälle* besteht, da die Umwelt – als „Rest der Welt" – stets komplexer ist als das System selbst. *Komplexität* meint dabei eine nicht übersehbare Fülle an Möglichkeiten, in der sich – technisch gesprochen – die Elemente im System zueinander relationieren und anders relationieren können, während in einer fixen Situation immer nur eine sehr kleine Auswahl dieser Möglichkeiten realisiert werden kann.

Komplex ist ein System einerseits nach innen, für sich selbst. Ein psychisches System kann dies bereits daran bemerken, dass es für sich selbst nie völlig transparent ist, sich nie ganz versteht, immer auch von sich selbst überrascht werden kann, anders handelt und erlebt, als es zuvor vermutet hätte. So stellen Menschen oft erstaunt fest, dass sie Dinge kaufen, die sie gar nicht benötigen, Sympathie für andere entwickeln, die ihnen zunächst abstoßend erschienen, oder plötzlich aggressiv auf etwas reagieren, das sie zuvor nicht berührte. Ein System ist andererseits über seine Umwelt mit Komplexität als einer schlechthin unübersehbaren Fülle an Möglichkeiten konfrontiert. In dieser Konfrontation mit Komplexität und deren Verarbeitung liegt ein entscheidender Bezugspunkt für die Systembildung selbst.

Auch dieser Gedanke ist am Beispiel von psychischen Systemen gut nachvollziehbar. Es gibt eine unendliche Zahl möglicher Gedanken, mit denen ich mich beschäftigen könnte; eine unendliche Zahl von Verhaltensweisen, zu denen ich mich entschließen könnte. Ich könnte als nächstes aus dem Haus gehen, meinen Blick auf den Boden richten, einen Freund anrufen oder den Fernseher einschalten. Ich kann aus 25 Programmen wählen, mich bei der Kochsendung an meinen Hunger erinnern und selbst etwas zum Essen zubereiten, über den Wandel von Unterhaltungsshows sinnieren, die Frisur des Studiogastes bewerten oder mich dazu verleiten lassen, eine alte Bekannte zum Abendessen einzuladen. Zu jedem Erleben und zu jedem Handeln gibt es unendlich viele Alternativen, von denen nur eine oder wenige gleichzeitig umgesetzt werden können, und jede Umsetzung führt wiederum zu einer weiteren Fülle von Anschlussmöglichkeiten, aus denen ihrerseits weiter ausgewählt werden muss und deren Auswahl schließlich in Differenz zu dem sonst noch Möglichen seinen spezifischen *Sinn* erhält.

Diese Limitierung des schier unendlich Möglichen über die Aktualisierung von wenigen Alternativen und das damit verbundene temporäre Ausblenden aller anderen Optionen ist charakteristisch für das Prozessieren sinnverarbeitender (d. h. psychischer und sozialer) Systeme. Dabei ist es nicht entscheidend, besonders konsistent, widerspruchsfrei oder systematisch zu selektieren. Bereits die beschriebene Alltagssituation spricht eher für ein assoziatives, zufallsgesteuertes Vorgehen, doch auch in wichtigen Entscheidungssituationen gibt es seit Langem eine breite wissenschaftliche Evidenz dafür, dass Menschen gerade nicht rational und systematisch, sondern irrational und unsystematisch zu ihren Urteilen gelangen (Kahnemann & Tversky 1979; Simon 1955), auch wenn sie dabei selbst zuweilen charakteristischen Mustern folgen. Selektionen sind also weniger hinsichtlich ihrer Rationalität, sondern einfach deswegen notwendig, um in einer Umwelt handlungsfähig zu sein, deren Komplexität uns sonst völlig überfordern würde. Die *Reduktion von Komplexität* über Sinn als Aktualisierung von (wenigen) Möglichkeiten ist deshalb ganz grundsätzlich eine wichtige Systemleistung, und auch nicht-sinnverarbeitende Systeme wie etwa einfache Organismen, die überhaupt nur auf eine sehr begrenzte Zahl von Reizen schematisch zu reagieren in der Lage sind, reduzieren Umweltkomplexität in einer noch viel restriktiveren Weise, um erst dadurch einen hochindividuellen Zugang zur Welt im Übrigen zu eröffnen.

Erwartungen und Erwartungserwartungen als Reduktion von Umweltkomplexität

In sinnverarbeitenden Systemen wird die Selektion von Möglichem und damit die Reduktion von Umweltkomplexität zentral über die Ausbildung von *Erwartungen* gesteuert. Erwartungen werden häufig als die *Strukturen* sinnverarbeitender Systeme beschrieben, und das ist in diesem Zusammenhang insofern passend, als das wichtigste Merkmal von Strukturen darin gesehen werden kann, dass sie anderes ausschließen. Über Erwartungen wird das Bild der Umwelt vereinfacht, wodurch die Orientierung in ihr erleichtert wird – selbst wenn sich fallweise herausstellt, dass eine Erwartung nicht zutrifft. So erwartet man bei Betätigung eines Lichtschalters, dass es hell wird, und macht sich erst dann Gedanken über dessen Funktionsweise, den Zustand der Glühlampe oder den Weg zum Sicherungskasten, wenn er einmal nicht funktioniert.

Erwartet wird freilich nicht nur die physikalische Welt; erwartet werden auch andere Personen, Psychisches wie Soziales. In Bezug auf das Verhalten anderer können Erwartungen analog zu Dingen gebildet werden. Man erwartet, dass der andere den Hörer abnimmt und sich meldet, wenn man ihn anruft. Wenn der andere nicht abnimmt, kann man es dabei belassen – oder aber seinen Status als psychisches System selbst in Rechnung stellen und in diesem Sinn nach den Gründen fragen. Denn der andere ist genauso wie ich in der Lage, Erwartungen zu bilden, und dadurch werden im Kontakt mit ihm *Erwartungen über Erwartungen* möglich und notwendig. Muss ich erwarten, dass der andere erwartet, dass ich Unangenehmes zu berichten habe, und deshalb nicht ans Telefon geht?

Im sozialen Kontakt sind solche „sozialen Spiegelungen" der Erwartungserwartungen alltägliche Praxis: „Wer fremde Erwartungen erwarten kann – wer zum Beispiel voraussehen und berücksichtigen kann, wann eine Liebschaft Eheerwartungen kristallisiert und wessen Erwartungen es sein werden –, kann eine möglichkeitsreichere Umwelt haben und trotzdem enttäuschungsfreier leben" (Luhmann 1972, S. 34). Entgegen der Alltagsauffassung kommt es bei Erwartungen weniger auf die faktische Erfüllung der Erwartungen in jedem Einzelfall als auf den allgemeinen Vereinfachungs- und Sicherheitsgewinn durch die bloße Bildung von Erwartungserwartungen an.

In vielerlei Hinsicht zeigen Erwartungserwartungen oder sogar Erwartungen von Erwartungserwartungen (z. B. bei taktvollem Verhalten) nicht nur die Vielschichtigkeit und Vertracktheit in der gegenseitigen Bezugnahme, sondern sie erfüllen auch wichtige soziale Funktionen – gerade weil wir durch die Antizipation von Erwartungen auf aufwendige, riskante oder für unsere Selbstdarstellung ungünstige Kommunikationen verzichten bzw. mit diesen erst auf einer höheren Ebene des Aufeinanderbezugnehmens beginnen müssen. Weil ich von jedem anderen erwarten kann, dass er erwartet, dass ich mein Leben und Eigentum im Zweifelsfall mithilfe von Polizei und Richtern verteidigen werde, kann sich eine soziale Ordnung aufrechterhalten, in der ich das Risiko eingehen kann, ohne Waffen das Haus zu verlassen.

Während Erwartungserwartungen helfen, die Kommunikation im Kontakt mit Unbekannten auf das Nötigste zu reduzieren, regen sie in anderen Kontexten, etwa Intimbeziehungen, die Kommunikation geradezu an. Dort wird das Verhalten des anderen verschärft als Reaktion auf die eigenen Erwartungen und Erwartungserwartungen gedeutet: „Schau dir doch nur all die Dinge an, die Jill tut, um mir zu beweisen, dass sie mich liebt. Würde sie mich wirklich lieben, dann brauchte sie das nicht so demonstrativ zu zeigen und sich nicht so eifrig darum zu bemühen" (Laing et al. 1971, S. 38; vgl. auch Watzlawick et al. 1969). In jedem Fall erhält die Zurechnung von Motiven und Bereitschaften anderer hier eine entscheidende Bedeutung, und daher spielt auch die Attributionstheorie (Heider 1977) eine wesentliche Rolle im systemtheoretischen Denken.

Attributionstheorien beschreiben in der Sozialpsychologie die Art und Weise, in der Individuen Ursachen und Wirkungen aufeinander beziehen, d. h. Kausalität konstruieren. Dabei geht es explizit nicht um „wahre" Kausalverhältnisse, die ohnehin in der Regel zu komplex ausfallen, um von einem Alltagsbewusstsein adäquat erfasst werden zu können. Vielmehr geht es um die Frage, welche Wirkungen welchen Ursachen zugeschrieben, d. h. attribuiert werden. Ausgehend vom Konzept der Attribution, lassen sich dann bestimmte Attributionsstile finden, etwa dergestalt, wesentliche Ereignisse im Leben stark durch äußere Umstände *(externe Attribution)* oder durch sich selbst verursacht zu sehen *(interne Attribution)*. Auf einer noch höher generalisierten Ebene lassen sich auch typische Muster in solchen Zuschreibungen belegen: So liegt etwa der *fundamentale Attributionsfehler* in dem Umstand, dass Menschen dazu neigen, eigenes, spontanes Verhalten eher extern, also als Reaktion auf Umweltfaktoren, das Verhalten anderer dagegen eher intern, also als Ausdruck ihrer Persönlichkeit zu werten. Während man selbst meist als „Opfer der Situation" nur auf nicht selbst steuerbare Umstände reagiert, zeigen andere dann im selben Kontext ihre eigenen, situationsüberdauernden Strukturen und agieren als Täter, die kraft ihrer Persönlichkeit gar nicht anders können, als zu handeln, wie sie handeln.

Das Problem der doppelten Kontingenz

Sozialtheoretisch ergibt sich aus der Frage nach der Stabilisierung von Erwartungen in der gegenseitigen Bezugnahme ein Grundproblem von Sozialität schlechthin: das Problem der doppelten Kontingenz. Der Begriff der doppelten Kontingenz wurde von Talcott Parsons (1902–1979; Parsons & Shils 1951) als Beschreibung des Sachverhalts eingeführt, dass sich Ego und Alter, wenn sie aufeinandertreffen, jeweils auf irgendeine Weise verhalten *müssen*, aber auch auf ganz andere Weise verhalten *können* – und dies beiden klar ist. Darauf zielt der Begriff der Kontingenz: Das spätere Verhalten des anderen ist so weder notwendig noch unmöglich, es kann auftreten wie von Alter erwartet, wäre aber auch ganz anders denkbar. Jeder Teilnehmer an einer sozialen Situation realisiert so gesehen zu jedem Zeitpunkt eine einzige Verhaltensweise aus einer schier unendlichen Anzahl anderer möglicher Verhaltensweisen, die ebenso hätten realisiert werden können. Dies verleiht der sozialen Situation einen hohen Grad an Unberechenbarkeit, weil sie in jedem Moment neu bestimmt werden muss. Die Neubestimmung der Situation wiederum legt den Grundstein für den weiteren Fortgang, der an das Vergangene anschließt: „Alter bestimmt in einer noch unklaren Situation sein Verhalten versuchsweise zuerst. Er beginnt mit einem freundlichen Blick, einer Geste, einem Geschenk – und wartet ab, ob und wie Ego die vorgeschlagene Situationsdefinition annimmt" (Luhmann 1984, S. 150). So gewinnt die Situation nach und nach über die Erwartungen, die Ego und Alter wechselseitig ausbilden, die Struktur eines sozialen Systems. Damit stellt sich ein Zustand ein, der nicht mehr bündig auf das eine oder das andere psychische System zurückzuführen ist, sondern eine eigene Geschichte und eigene Erwartungsstrukturen aufweist, nach denen manches wahrscheinlicher wird als anderes.

Psychische und soziale Systeme

Charakteristischerweise beschreiben Systemtheoretiker den Menschen selbst nicht als System. In der Regel wird das Wort „Mensch" sogar vollständig vermieden – obwohl Menschen nach herkömmlicher Vorstellung nicht nur über ein Bewusstsein (und einen Organismus), sondern auch über soziale Kontakte verfügen. Für einen Systemtheoretiker liegt das Konzept des Menschen allerdings quer zu den Systemen. Am Menschen lassen sich verschiedene Systemtypen isolieren, die zueinander in einem System-Umwelt-Verhältnis stehen, d. h. durch Systemgrenzen voneinander getrennt werden. Von den einzelnen Systemen aus gesehen – wie Organismus (physisches System), Bewusstsein (psychisches System) und realisierbare Kontakte zu den Mitmenschen (soziales System) –, gehört der Mensch im Ganzen stets zur Umwelt, und zwar zu einer hoch relevanten. Als Oberbegriff eignet sich das Wort „Mensch" allerdings höchstens metaphorisch zur Bezeichnung von einer Art Container für heterogene Prozesse, die nicht nur über wissenschaftliche Disziplinen wie Biologie, Psychologie, Medizin und Soziologie voneinander unterschieden werden, sondern auch aus ihrer eigenen Logik heraus.

An dieser Stelle bietet systemtheoretisches Denken gerade für die Psychologie grundsätzliche Einsichten in ihren ureigenen Gegenstandsbereich. Denn dort, wo im Mainstream des Faches nicht selten ein mehr oder weniger verbrämter Reduktionismus angeboten wird, betont die Systemtheorie die Nicht-Reduzierbarkeit der verschiedenen Systemtypen. Während systemtheoretisch uninformierte Psychologen oft versuchen, Soziales aus Psychischem und Psychisches wiederum aus Physiologischem heraus zu erklären, wie sich vor allem am enormen Erfolg und ständig wachsenden Einfluss der Hirnforschung innerhalb der wissenschaftlichen Disziplin der Psychologie ablesen lässt, halten Systemtheoretiker diese drei Bereiche für eigenständige Realitätsebenen, die sich zwar gegenseitig voraussetzen und irritieren – ohne ein funktionierendes Gehirn gäbe es kein Bewusstsein, ohne Bewusstsein gäbe es keine Sozialität, vermutlich umgekehrt ohne Sozialität auch kein Bewusstsein und ohne Bewusstsein kein Gehirn –, aber nie aus einem fremden Systemtyp heraus in ihrer Eigenlogik erklärt werden können. Das liegt vereinfacht gesagt daran, dass sich jeder Systemtyp über eine eigene und unverwechselbare Operationsweise reproduziert: Während Organismen über biochemische Codes prozessieren („Leben"), reiht ein Bewusstsein einen Gedanken an den nächsten. Soziale Systeme wiederum müssen als ein Netz von Kommunikationen betrachtet werden, in denen eine Kommunikation an die nächste anschließt.

In der Psychologie wird diese operative Schließung, die auf die Theorie sozialer Systeme Niklas Luhmanns (1927–1998; 1984) zurückgeht, gelegentlich als die Differenz von *gelebtem Leben, erlebtem Leben* und *erzähltem Leben* bezeichnet (Retzer 2002). Nach dieser Vorstellung ist es unmöglich, dass die verschiedenen Operationsmodi durcheinandergeraten oder direkt aufeinander einwirken, da es sich um qualitativ verschiedene Phänomene handelt, die nicht ineinander konvertiert werden können. Ein Gedanke lässt sich weder als biochemischer Code noch als Kommunikation realisieren, sondern nur als Gedanke – und an ihn schließen immer nur weitere Gedanken desselben psychischen Systems an. Dieser Sachverhalt wird in der Systemtheorie als *Selbstreferenzialität* bezeichnet. Unter Bezugnahme auf ein in der Biologie entwickeltes Konzept (Maturana 1982) spricht man auch von *Autopoiesis* (altgriechisch *autos* = selbst; *poiein* = schaffen, bauen), wenn Systeme sich in ihren Operationen nicht nur auf sich selbst beziehen, sondern diese Operationen auch aus sich selbst heraus produzieren und reproduzieren. Wir wollen diesen Gedanken nun etwas ausführlicher an psychischen und sozialen Systemen erläutern.

Niklas Luhmann wird am 8. Dezember 1927 in Lüneburg geboren. Er studiert 1946 bis 1949 Rechtswissenschaften und arbeitet danach als Referendar am Oberverwaltungsgericht in Lüneburg und als Referent im niedersächsischen Kultusministerium. 1960 geht Luhmann an die Harvard University, wo er in wissenschaftlichen Austausch mit dem Soziologen Talcott Parsons kommt. 1966 wird er von der Universität Münster promoviert und für das Fach Soziologie habilitiert. 1968 wird er Professor an der neu gegründeten Universität Bielefeld, wo er bis zu seiner Emeritierung 1993 lehrt und forscht. Am 6. November 1998 stirbt Luhmann in Oerlinghausen.

Luhmanns soziologisches Interesse gilt einer umfassenden Theorie der Gesellschaft und somit dem kompletten Gegenstandsbereich der Soziologie. Dies zeigt sich sowohl in der Themenbreite wie auch in der Anzahl seiner Publikationen: Er veröffentlichte von Ende der 1950er-Jahre bis zu seinem Tod mehr als 70 Monografien und 500 Aufsätze. Über die Fachgrenzen hinaus wurde er vor allem durch sein 1984 erschienenes Werk *Soziale Systeme: Grundriß einer allgemeinen Theorie* bekannt.

Systeme als emergente Einheiten

Vielleicht ist die prinzipielle Unzugänglichkeit von Gedanken in sozialen Systemen besonders gut verständlich, wenn man sie sich an Zusammenhängen verdeutlicht, die auf ihre Zugänglichkeit abzielen. Dies ist zum Beispiel unter Liebenden der Fall. Hier werden das Erleben und die Gedankenwelt des anderen wie nirgendwo sonst zum Thema der Kommunikation, und doch ist gerade hier besonders spürbar, dass die Gedanken des anderen in der sozialen Situation nie erreicht werden können. Das gilt – ganz abgesehen von der Problematik der Aufrichtigkeit, die sich prinzipiell anzweifeln lässt und durch Beteuerungen nur umso verdächtiger wird – schon deshalb, weil die Gedanken, um vom anderen verstanden zu werden, in Kommunikation übersetzt und also sprachlich gefasst und expliziert werden müssen. Damit verändern sie aber ihre Qualität, denn Gedanken verwenden Sprache, wenn überhaupt, in einer anderen Weise als Kommunikationen. Ein kommunikativer Abzug der Gedankenwelt („Gedankenlesen") lässt sich grundsätzlich nicht erstellen, ohne die Gedanken in grundsätzlicher Weise zu verändern, und schon deshalb bleibt das, was ein einzelnes Bewusstsein denkt, in dieser Qualität nur ihm selbst zugänglich. Umgekehrt ist es aus systemtheoretischem Verständnis heraus nicht möglich, über Bewusstsein auf ein soziales System direkten Einfluss zu nehmen.

Ein Liebender mag zu seiner Angebeteten ein „Ich liebe dich" raunen. Je nachdem, wie sie reagiert, werden diese Worte eine von den Intentionen des Sprechers abweichende Bedeutung gewinnen. Die erwartete Reaktion, ein überzeugend vorgetragenes „Ich dich auch", eröffnet eine Situation reziproker Liebe und bestimmt die Ausgangskommunikation als passend, stimmig und resonanzfähig. Antwortet die Geliebte dagegen mit einem „Ich *mag* dich auch", gewinnt die Ausgangskommunikation eine neue Färbung: Nun hat ein Gemochter seine nicht oder nur halb erwiderte Liebe offenbart. Damit wird dem sozialen System ein deutliches Ungleichgewicht eingeschrieben, das sich so leicht nicht wieder auflösen lässt und das jede nun folgende Kommunikation mitbestimmen wird. Es ist wichtig zu sehen, dass die Bedeutungsgebung keiner der beteiligten Einzelpersonen allein zugerechnet werden kann und auch nicht als Summe oder Durchschnitt der beteiligten Intentionen verständlich wird. Der Liebende offenbart seine Liebe, ohne wissen zu können, wie die Geliebte darauf reagiert. Die Geliebte muss ihrerseits auf eine vorgegebene Situation reagieren, in der sich ein Liebender ihr offenbart hat, ohne dass sie selbst darüber disponieren konnte. Die kommunikative Bedeutung seines Liebesgeständnisses wird erst über die Anschlusskommunikation bestimmt, ebenso wie das „Ich mag dich auch" je nach Reaktion erst eine kommunikative Bedeutung erhalten wird. Für diese kommunikative Bedeutung ist ausschließlich das Zusammenspiel von Kommunikation und Anschlusskommunikation entscheidend, nicht das Bewusstsein der beteiligten Personen, die etwas ganz anderes im Sinn haben mögen, vom Gegenüber aber nur über Kommunikationen bestimmt werden können. Nach Luhmann handelt es sich daher bei Liebe auch nicht primär um ein Gefühl, sondern vielmehr um einen spezifischen Kommunikationscode.

Dieser Perspektive liegt die allgemeine systemtheoretische Auffassung zugrunde, dass soziale Systeme ausschließlich über Kommunikationen gebildet werden und darüber eine eigene Realität konstituieren, die sich qualitativ und über die Operationsweise von Psychischem abgrenzt. Dazu passt auch die geläufige Erfahrung, dass bestimmte Dinge, einmal ausgesprochen, eine mächtige soziale Eigendynamik entfalten können, ganz unabhängig davon, ob sie dem Inhalt nach mit dem Bewusstsein der Beteiligten übereinstimmen oder nicht.

Man spricht in diesem Zusammenhang von der *Emergenz* des Sozialen oder vom Sozialen als emergenter Ordnung. Damit ist gemeint, dass es sich beim Sozialen um eine eigene Realitätsebene handelt, die zwar bestimmte Gegebenheiten – in diesem Fall etwa: Gehirn und Bewusstsein – voraussetzt, die aber nie allein durch die Informationen, die sich aus diesen Gegebenheiten beziehen lassen, vollständig erklärt werden kann.

Ebenen sozialer Wirklichkeit aus systemtheoretischer Perspektive: Interaktion, Organisation, Gesellschaft

In diesem Sinn entsteht soziale Realität (und ein soziales System), sobald zwei oder mehr Personen aufeinandertreffen und sich wechselseitig wahrnehmen. In der Systemtheorie, wie in der Soziologie überhaupt, spricht man hier von *Interaktionen*, d. h. von Kommunikationen unter Anwesenden, die sich bereits über Gesten oder Blicke konstituieren können. *Organisationen* bestehen als zweiter Systemtypus nach Luhmann aus kommunizierten Entscheidungen. Die (Welt-)*Gesellschaft* wiederum bezeichnet das größte und inklusivste Sozialsystem, das sich intern in funktionale Teilbereiche wie zum Beispiel Wirtschaft, Politik, Recht, Massenmedien und Wissenschaft gliedern lässt.

Interaktion, Organisation und Gesellschaft gelten als die zentralen Ebenen von Systembildung im Bereich von Sozialität, auf denen die Gesamtheit der sozialen Wirklichkeit auch unter Anwendung der bisher dargestellten Konzepte beschrieben wird.

Resümee

Die Systemtheorie interessiert sich als interdisziplinäre Universaltheorie für die Produktion und Reproduktion von komplexen Einheiten verschiedenster Art, die in einer noch komplexeren Umwelt fortbestehen. Der Umgang und die Reduktion dieser Komplexität wird als konstitutiv für die Systembildung angesehen, die in sinnverarbeitenden, also psychischen und sozialen Systemen zentral über die Ausbildung von Erwartungen und Erwartungserwartungen abläuft, über die eigene Strukturen und Regeln ausgebildet werden. Psychische und soziale Systeme werden in der Systemtheorie streng voneinander getrennt. Sie setzen einander zwar wechselseitig voraus, grenzen sich aber über eigene Operationsweisen von ihrer jeweiligen Umwelt ab und bilden eine Realität sui generis, ohne direkt ineinanderzugreifen oder gar aus einer anderen Ebene heraus erklärt werden zu können.

Verständnisfragen

▶ Wie unterscheidet sich die systemtheoretische von der alltagssprachlichen Verwendung des Systembegriffs?

▶ Warum ist „der Mensch" kein System? Warum addieren sich viele psychische Systeme nicht zu einem sozialen System?

▶ Wie kann man – zum Beispiel bezogen auf einen Einkauf im Supermarkt – Verhaltenserwartungen und Erwartungserwartungen unterscheiden? Worin liegt der Nutzen dieser Unterscheidung?

Literatur

Ashby, W. R. (1956). *An Introduction to Cybernetics*. London: Methuen.
Bertalanffy, L. v. (1948). Zu einer allgemeinen Systemlehre. In *Biologia Generalis*, New York/Cambridge: MIT Press/Wiley & Sons, 114–129.
Bertalanffy, L. v. (1957). Allgemeine Systemtheorie. *Deutsche Universitätszeitung, 12*, 8–12.
Gleick, J. (1990). *Chaos, die Ordnung des Universums. Vorstoß in Grenzbereiche der modernen Physik*. München: Droemer Knaur.
Haken, H. (1987). Synergetik und ihre Anwendung auf psychosoziale Probleme. In H. Stierlin et al. (Hrsg.), *Familiäre Wirklichkeiten. Der Heidelberger Kongress* (S. 36–50). Stuttgart: Klett-Cotta.

Heider, F. (1977). *Psychologie der interpersonalen Beziehungen.* Stuttgart: Klett.
Kahneman, D. & Tversky, A. (1979). Prospect theory. An analysis of decision under risk. *Econometrica, 47, No. 2*, 263–291.
Laing, R. D. & Phillipson, H. & Lee, A. R. (1971). *Interpersonelle Wahrnehmung.* Frankfurt am Main: Suhrkamp.
Luhmann, N. (1972). *Rechtssoziologie, 2 Bände.* Hamburg: Rowohlt.
Luhmann, N. (1984). *Soziale Systeme. Grundriß einer allgemeinen Theorie.* Frankfurt am Main: Suhrkamp.
Maturana, H. (1982). *Erkennen. Die Organisation und Verkörperung von Wirklichkeit.* Braunschweig: Vieweg.
Prigogine, I. & Stengers, I. (1981). *Dialog mit der Natur.* München: Piper.
Retzer, A. (2002). *Passagen. Systemische Erkundungen.* Stuttgart: Klett-Cotta.
Shannon, C. & Weaver, W. (1949). *A mathematical theory of communication.* Champaign: University of Illinois Press.
Simon, H. (1955). A Behavioral Model of Rational Choice. *Quarterly Journal of Economics, 69*, 99–118.
Parsons, T. & Shils, E. (1951). *Towards a General Theory of Action.* Cambridge, MA: Harvard University Press.
Watzlawick, P. & Beavin, J. & Jackson, D. D. (1969). *Menschliche Kommunikation – Formen, Störungen, Paradoxien.* Bern: Huber.

Weiterführende Literatur

Luhmann, N. (1964). *Funktionen und Folgen formaler Organisation.* Berlin: Duncker & Humblot.
Luhmann, N. (1986). *Ökologische Kommunikation. Kann die moderne Gesellschaft sich auf ökologische Gefährdungen einstellen?* Opladen: Westdeutscher Verlag.
Luhmann, N. (2002). *Einführung in die Systemtheorie.* Heidelberg: Carl Auer.
Schneider, W. L. (2009). *Grundlagen der soziologischen Theorie. Band 2: Garfinkel – RC – Habermas – Luhmann.* Wiesbaden: VS.

Die Theorie rationalen Handelns

Karl-Dieter Opp

Zusammenfassung

Nach einer geschichtlichen Einführung wird der Rational-Choice-Ansatz dargestellt. Dabei handelt es sich um eine Vorgehensweise zur Erklärung sozialer Sachverhalte. Es folgt eine Darstellung der Theorie rationalen Handelns, die Bedingungen für soziales Handeln enthält. Im Anschluss wird die Rationalitätsannahme der Theorie ihrer großen Bedeutung wegen gesondert behandelt. Nach der Diskussion wichtiger Kritikpunkte der Theorie und einer Skizze von Anwendungen und empirischen Untersuchungen wird schließlich gezeigt, dass die Theorie große Ähnlichkeiten mit einer Reihe anderer sozialpsychologischer Theorien hat.

Zur Geschichte der Theorie rationalen Handelns und des individualistischen Erklärungsansatzes

Die Ideen der Rational-Choice-Theorie (RCT) und des individualistischen Erklärungsprogramms gehen zumindest auf den Anfang des 18. Jahrhunderts zurück (vgl. Bohnen 2000; Stigler 1950a, 1950b; Vanberg 1975). Von besonderer Bedeutung sind die Klassiker des ökonomischen Denkens, die schottischen Moralphilosophen. Hierzu gehört vor allem Adam Smith (1723–1790) mit seinem Hauptwerk *The Wealth of Nations* (1776). Smith erklärte Marktprozesse – also Prozesse auf der Makroebene – auf der Grundlage individueller Bedürfnisse und gesellschaftlicher Restriktionen. Stiglers Geschichte der Nutzentheorie (1950a, 1950b) beginnt mit Adam Smith. Daneben ist Daniel Bernoulli (1700–1782) einer der Begründer der Entscheidungs- bzw. Nutzentheorie (Stigler 1950b). Aber auch klassische Denker, die noch vor den schottischen Moralphilosophen wirkten, haben die hier zur Diskussion stehenden Ideen verwendet. Dies gilt beispielsweise für Thomas Hobbes (1588–1679), der in seinem Buch über den *Leviathan* (1651) die (egoistischen) Präferenzen als wichtige Variable für die Erklärung der Entstehung des Staates heranzieht. Die Restriktionen für das Handeln Einzelner sind beispielsweise die anderen Individuen; er nahm auch an, dass Individuen ihren Nutzen maximieren.

Der Rational-Choice-Erklärungsansatz

In der sozialwissenschaftlichen Literatur über *Rational Choice* wird zwischen der Rational-Choice-*Theorie* (RCT) und dem Rational-Choice-*Ansatz* unterschieden. Die RCT, die im nächsten Abschnitt dargestellt wird, befasst sich mit Bedingungen menschlichen Handelns. Auf eine kurze Formel gebracht, behauptet sie, dass zwei Faktoren menschliches Handeln bedingen. Zum einen beeinflussen die Präferenzen oder, gleichbedeutend, die Ziele von Individuen menschliches Handeln. Der zweite Faktor sind Handlungsmöglichkeiten bzw. -restriktionen. Dies sind zum Beispiel die sozialen Bedingungen – wie etwa staatliche Regulierungen oder generelle soziale Normen –, die unser Handeln mehr oder weniger einschränken. Wie handelt eine Person, wenn sie sich zwischen mehreren Handlungsalternativen entscheiden muss (z. B. zur Wahl gehen oder zu Hause bleiben) oder wenn sie nicht alle ihre Ziele erreichen kann? Die Annahme der RCT ist, dass die Person jeweils das Beste aus ihrer Situation macht (d. h. ihren Nutzen maximiert). Diese sehr grobe intuitive Darstellung wird später präzisiert.

Die RCT wird im Rahmen eines *Forschungsprogramms* verwendet. Dieses wird als Rational-Choice-Ansatz, individualistischer Erklärungsansatz, methodologischer oder struktureller Individualismus oder strukturell-individualistisches Forschungsprogramm bezeichnet (einführend Bohnen 1975; weiter insbesondere Boudon 1980; Buskens, Raub & van Assen 2012; Coleman 1990; Esser 1993; Kirchgässner 2013; Opp 1979, 1999, 2011; Udéhn 2002; Vanberg 1975). Hierbei geht es um die Vorgehensweise bei der Erklärung sozialer, d. h. kollektiver Sachverhalte (Makrovariablen) wie Revolutionen oder das Wirtschaftswachstum. Makrovariablen sind Eigenschaften von Kollektiven und nicht von individuellen Akteuren. Die grundlegende Idee ist, dass diese Sachverhalte als Ergebnis individuellen Handelns (oder – generell – individueller Eigenschaften) erklärt werden können. Versucht man beispielsweise, die Entstehung einer Revolution zu erklären, wird man das Verhalten der Akteure erklären, die an ihr beteiligt sind, wie Protestgruppen und

Regierungen. Wenn man das Verhalten dieser Akteursgruppen erklärt, hat man die Revolution erklärt.

In dieser Weise lassen sich auch *Beziehungen zwischen kollektiven Sachverhalten* (Makrovariablen) verstehen. Angenommen, es zeigt sich, dass mit steigendem Wohlstand das Entstehen von Revolutionen wahrscheinlicher wird – eine These, die Alexis de Tocqueville aufgestellt hatte. Der steigende Wohlstand könnte dazu führen, dass die Erwartungen der Bürger, Einkommenszuwächse zu erhalten, stärker steigen als der tatsächliche Wohlstand. Die *Erwartungen* sind Eigenschaften der Individuen. Eine Makrovariable hat also einen Effekt auf eine Mikrovariable. Dieses steigende Aspirationsniveau könnte nun zu Protesten der Bürger führen (Mikrovariable). Diese Proteste könnten den Rücktritt der Regierung und Veränderungen innerhalb der Machtelite zur Folge haben (Makrovariablen).

Abbildung 1 veranschaulicht diese Argumentation. Der Ausgangspunkt ist eine Korrelation auf der Makroebene (Kurve 1), die aber keine *kausale* Beziehung ist, da die Beziehung ja durch Prozesse auf der Mikroebene erklärt wird. Die unabhängige Makrovariable verursacht eine Veränderung einer Mikrovariablen (Pfeil 4), die wiederum individuelles Handeln beeinflusst (Pfeil 3). Wenn viele Personen protestieren, führt dies zu einer Revolution (Pfeil 2). Diese Erklärung ist vereinfacht, denn für die Entstehung von Revolutionen sind noch weitere Faktoren von Bedeutung. Auch sind die Beziehungen zwischen Mikro- und Makroebene nicht immer kausal. So ist die Beziehung zwischen der Kriminalität einzelner Personen und der Kriminalitätsrate analytischer (d. h. logischer) Art, da die Kriminalitätsrate durch die Kriminalität der Individuen *definiert* wird. Trotz dieser Vereinfachung verdeutlicht die Abbildung die Idee einer individualistischen Erklärung.

Abb. 1
Beispiel für eine Mikro-Makro-Erklärung

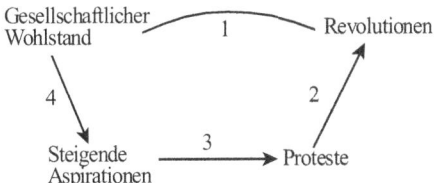

Der Soziologe James S. Coleman (1926–1995) ist mit seinem Werk *Foundations of Social Theory* (1990) einer der bedeutendsten Vertreter der Theorie rationalen Handelns und des individualistischen Erklärungsansatzes. Das Buch befasst sich mit einer Vielzahl grundlegender Fragen, die nicht nur Gegenstand der Soziologie, sondern auch anderer Sozialwissenschaften sind. Neben der Diskussion der Theorie rationalen Handelns und des individualistischen Forschungsprogramms befasst sich das Buch auch mit Rechten, Autoritätsbeziehungen, Vertrauen, Tausch, kollektivem Handeln, Normen, Sozialkapital, korporativen Akteuren, modernen Gesellschaften und sozialen Strukturen. Die hier vertretene Sozialwissenschaft verwendet einen rigorosen Argumentationsstil, bei dem klare und prüfbare Hypothesen (unter Verwendung formaler Verfahren) formuliert werden. Diese Art der Sozialwissenschaft unterscheidet sich von einem eher narrativen Stil, wie wir ihn beispielsweise bei Talcott Parsons oder Niklas Luhmann finden.

Die zwei Versionen der Theorie rationalen Handelns (RCT)

Die Theorie rationalen Handelns ist keine einzelne Theorie, sondern eine Familie von Theorien. Allen Versionen ist gemeinsam, dass sie das *Handeln* individueller Akteure erklären. Mit *Handeln* ist beobachtbares, gelerntes Verhalten gemeint, wie zum Beispiel die Übertretung sozialer Normen oder die Beteiligung an politischen Wahlen. Der Kniereflex ist dagegen kein Handeln.

Eine erste grundlegende Annahme der RCT ist, dass die *Handlungsalternativen* eines Akteurs die Wahl einer Handlung bestimmen. Die Frage lautet entsprechend: Welche Handlungsalternative wählt der Akteur? Zur Beantwortung dieser Frage werden zunächst die Annahmen beschrieben, die die verschiedenen Versionen der RCT gemeinsam haben. Wir bezeichnen diese als *Kernannahmen*. Die erste Hypothese („Annahme" und „Hypothese" werden synonym verwendet) lautet, dass die individuellen *Präferenzen* Handeln beeinflussen. Präferenzen sind Ziele oder Motivationen, wie zum Beispiel der Wunsch, die Arbeitsstelle zu wechseln oder umzuziehen.

Zweitens wird individuelles Handeln durch die vorhandenen *Handlungsrestriktionen* (oder *-möglichkeiten*) beeinflusst. Dies sind Sachverhalte, die die Zielerreichung einschränken oder ermöglichen. Wenn eine Person zum Beispiel einen Computer kaufen möchte, sind sowohl der Preis des Computers als auch das Einkommen der Person Sachverhalte, die die Zielerreichung einschränken oder ermöglichen. Die Preise von Waren und das Einkommen einer Person erlauben es nur, *bestimmte* Ziele zu realisieren. Auch Strafen fallen unter die Handlungsrestriktionen: So macht eine Gefängnisstrafe die Erreichung vieler Ziele unmöglich. Handlungsmöglichkeiten und Handlungsrestriktionen werden oft auch als *Nutzen* oder *Kosten* oder als positive oder negative *Anreize* bezeichnet. Die Stärke des Einflusses dieser Faktoren hängt von der Art der Situation ab. Verfügt eine Person beispielsweise über ein relativ hohes Einkommen, werden eher Präferenzen bestimmen, welche Wünsche sie sich erfüllt.

Wie handelt eine Person, wenn sie zwischen mehreren Handlungen wählen muss (z. B. eine Urlaubsreise antreten oder zu Hause bleiben) und ihre Ziele nicht gleichzeitig realisieren kann? Die RCT nimmt an, dass Personen ihren *Nutzen maximieren*, das heißt, sie tun, was in der Handlungssituation am besten ist. In unserem Beispiel wird die Person dann eine Urlaubsreise buchen, wenn dies für sie den höchsten Nutzen bringt.

Damit sind die *Kernannahmen* der RCT beschrieben. Darüber hinaus finden wir in der Literatur eine Reihe von *Zusatzannahmen*. Je nach der Art der getroffenen Zusatzannahmen unterscheiden wir eine *enge* und eine *weite Version* der RCT. Es ist wichtig zu beachten, dass beide Versionen von den genannten Kernannahmen ausgehen und sich lediglich in den Zusatzannahmen unterscheiden. Tabelle 1 fasst die Annahmen der beiden Versionen zusammen. Im Folgenden sollen sie kurz diskutiert werden.

Tab. 1 Unterschiedliche Annahmen der engen und weiten Version der Theorie rationalen Handelns (Grundlage: Opp 1999, S. 171–202)

Art der Annahmen	Annahmen der *engen* Version	Annahmen der *weiten* Version
(1) Art der Handlungsoptionen	*Objektiv* gegebene Handlungsmöglichkeiten bedingen die Handlungswahl.	*Wahrgenommene* Handlungsmöglichkeiten bedingen die Handlungswahl.
(2) Art der Präferenzen	Nur *egoistische* Präferenzen werden in Betracht gezogen.	*Alle Arten* von Präferenzen werden in Betracht gezogen.
(3) Objektivität der Handlungsrestriktionen	*Objektiv* gegebene Handlungsrestriktionen erklären Handeln.	*Wahrgenommene* Handlungsrestriktionen erklären Handeln.
(4) Inhalt der Handlungsrestriktionen	Nur *materielle* Handlungsrestriktionen erklären Handeln.	*Alle Arten* von Handlungsrestriktionen erklären Handeln.
(5) Art der Information	*Vollständige* Information ist gegeben.	*Unvollständige* Information ist möglich.
(6) Bedeutung von Handlungsrestriktionen	*Nur Restriktionen* erklären Handeln.	*Restriktionen und/oder Präferenzen* erklären Handeln.
(7) Art der Nutzenmaximierung	*Objektiver* Nutzen wird maximiert.	*Subjektiver* Nutzen wird maximiert.

1. Die enge Version nimmt an, dass die *objektiv* – d. h. aus der Sicht eines allwissenden Beobachters – vorliegenden Handlungsoptionen die Handlungswahl bestimmen, während für die weite Version die *Wahrnehmung* der Handlungsalternativen ausschlaggebend ist. Die enge Version geht also davon aus, dass der Akteur die ihm offenstehenden Handlungsmöglichkeiten korrekt wahrnimmt, was aber nicht immer der Fall ist. Wer gerade umgezogen ist, dürfte kaum über alle Verkehrsverbindungen informiert sein, die er nutzen könnte.
2. Vor allem in der Wirtschaftswissenschaft wird davon ausgegangen, dass Akteure nur egoistische Präferenzen haben, d. h. allein ihr eigenes Wohlergehen im Sinn haben. Dies gilt sicherlich für viele Situationen, etwa beim Kauf oder Verkauf von Gütern. In anderen Situationen – etwa in Mutter-Kind-Beziehungen – bestehen jedoch auch altruistische Präferenzen, d. h. ein intrinsisches Interesse am Wohlergehen anderer Personen. Darüber hinaus werden viele Verhaltensweisen durch internalisierte Normen beeinflusst, d. h. durch die intrinsische Präferenz zur Befolgung einer Regel.
3. Für die Handlungsrestriktionen gilt Ähnliches wie für die Handlungsoptionen: Die Annahme der engen Version, dass objektive Handlungsrestriktionen Verhalten bedingen, dürfte häufig nicht zutreffen. So zeigen Untersuchungen, dass geringe Wahrscheinlichkeiten oft überschätzt werden.
4. In vielen Situationen sind nicht nur materielle, sondern auch nicht-materielle Restriktionen von Bedeutung. Ein Beispiel sind soziale Belohnungen wie die Billigung eines Verhaltens im Freundeskreis.
5. In der Realität sind Personen oft unvollständig informiert und irren sich in vieler Hinsicht. Ein Beispiel sind Opfer von Internetbetrügern.
6. Ökonomen erklären Verhaltensänderungen oft durch Änderungen der Restriktionen, während sie die Präferenzen außer Acht lassen. Als Grund dafür geben sie an, dass die Präferenzen schwer messbar seien. Demnach könne man den Trend zum kleineren Auto mit der Erhöhung der Benzinpreise erklären. In der weiten Version werden dagegen auch Präferenzen in Betracht gezogen – es wäre also denkbar, dass die Bürgerinnen und Bürger Normen über umweltfreundliches Verhalten inzwischen stärker internalisiert haben und dies zum Trend zu kleineren Autos beigetragen hat.
7. In der weiten Version wird davon ausgegangen, dass der Akteur das tut, was *aus seiner Sicht* in der Handlungssituation am besten ist. Eine Maximierung einer objektiven Nutzenfunktion gibt es also nicht, wie die enge Version annimmt.

Auf den ersten Blick scheint es so, dass sich die beiden Versionen der RCT widersprechen. Dies ist jedoch nicht der Fall. *Vielmehr ist die enge Version ein Spezialfall der weiten Version.* So behauptet die weite Version nicht, dass egoistische Präferenzen irrelevant sind, sondern dass *auch* altruistische Präferenzen je nach Situation erklärungsrelevant sind. Auch die Frage, ob die RCT von *isolierten Individuen* ausgeht, ist zu verneinen: Gerade in der weiten Version werden alle Arten von Belohnungen (die ja Restriktionen sind) berücksichtigt, also auch Belohnungen der sozialen Umwelt.

Bei der Anwendung der RCT zur Erklärung und Überprüfung *müssen die Variablen gemessen werden*. Soll beispielsweise umweltfreundliches Verhalten erklärt werden, muss empirisch ermittelt werden, inwieweit etwa Umweltnormen oder die wahrgenommenen materiellen Vorteile umweltschädlichen Handelns eine Rolle spielen. Da die Theorie nicht spezifiziert, welche Anreize in einer konkreten Situation vorliegen, müssen sie empirisch gemessen werden. Nebenbei bemerkt: Keine Theorie kann solche konkreten Bedingungen enthalten, da diese je nach Situation variieren. Eine Theorie gibt jedoch an, welche *Arten* von Sachverhalten ursächlich sind. Dazu gehören bei der RCT die Anreize, nicht aber der Stand der Gestirne.

Die RCT impliziert nicht, dass Menschen *kalkulieren*. Beide Versionen behaupten lediglich, dass Personen auf Anreize reagieren, d. h., dass Präferenzen und Restriktionen Verhalten bedingen (vgl. bereits Becker 1976, S. 7). Ob dabei „spontan" oder mit Überlegung gehandelt wird, bleibt offen. Allerdings erklärt die RCT, unter welchen Bedingungen kalkuliert wird (z. B. Fazio 1990), denn *Kalkulation* ist eine Handlung, zu deren Erklärung die RCT angewendet werden kann.

Welche Version ist überlegen? Viele Spieltheoretiker und neo-klassische Ökonomen vertreten die enge Version. Eine wachsende Zahl von Sozialwissenschaftlerinnen und Sozialwissenschaftlern bevorzugen jedoch die weite Version (z. B. Opp 1999; Kirchgässner 2013; Kroneberg & Kalter 2012; Diekmann & Voss 2004). Wirtschaftswissenschaftliche Experimente zum Diktator- und Ultimatumspiel haben zum Beispiel gezeigt, dass eine Theorie, die allein egoistische Präferenzen zulässt, unzutreffend ist (z. B. Henrich et al. 2004). Beim Diktatorspiel erhält eine Person ein Guthaben und kann entscheiden, ob sie alles behält oder einen Teil abgibt. Die enge Version der RCT würde voraussagen, dass die Person alles behält, denn aus materieller Sicht wäre das die beste Entscheidung. Es zeigte sich jedoch, dass die Versuchspersonen bis zu 50 % ihres Guthabens abgaben. Hier spielen Fairnessnormen eine Rolle, die Bestandteil der weiten Version sind. Ökonomen befassen sich zunehmend mit Sachverhalten, die die herkömmlichen Grenzen ihres Faches überschreiten, zum Beispiel mit Identität (Akerlof & Kranton 2010) oder intrinsischer Motivation (Frey 1997). Auch die Verhaltensökonomik (Behavioral Economics) bezieht den weiten Bereich menschlicher Motivationen und Handlungsbeschränkungen in ihre Erklärungen ein (z. B. Thaler & Sunstein 2009; Kahneman 2011; Thaler 2015).

Die Rationalitätsannahme

Warum heißt die hier behandelte Theorie „Theorie *rationalen* Handelns"? Offensichtlich, so häufig die Annahme, wird behauptet, dass Personen „rational" handeln. Diese Behauptung sei, so wird weiter argumentiert, grundlegend falsch. Personen handeln vielmehr spontan, emotional und irren sich. Wie also kann eine Theorie eine so unsinnige Behauptung aufstellen?

So plausibel diese Kritik auf den ersten Blick erscheint, so wenig haltbar ist sie. Der grundlegende Fehler bei dieser Argumentation ist, dass Rationalität ein so unklarer Begriff ist, dass zunächst zu definieren ist, was damit gemeint ist. Erst wenn der Begriff der Rationalität präzisiert ist, lässt sich beurteilen, inwiefern die RCT rationales Handeln annimmt.

Leider wird Rationalität in der Literatur in vielfacher und zum Teil auch unklarer Weise definiert. Betrachten wir einige der Definitionen, die man in der Literatur findet. 1. Rationales Handeln heißt die bewusste Abwägung der Konsequenzen sozialen Handelns. 2. Rationales Handeln liegt vor, wenn Personen ihren subjektiven Nutzen maximieren, d. h. tun, was aus ihrer Sicht am besten ist. 3. Rationales Handeln ist gegeben, wenn Personen ihren Nutzen (aus der Sicht eines Beobachters) maximieren. Dies heißt unter anderem, dass sie sich nicht irren.

Geht die RCT nun von rationalem Handeln aus? Die Antwort auf diese Frage hängt davon ab, von welcher Rationalitätsdefinition man ausgeht. Behauptet die RCT, dass Menschen im Sinne der ersten Definition rational handeln? Die Antwort lautet klar „nein", wie wir bereits sahen. Hierüber sind sich Vertreter der engen und weiten Version einig.

Rationalität gemäß Definition 2 wird nur in der weiten Version angenommen. Die enge Version wiederum nimmt rationales Handeln gemäß Definition 3 an, nicht jedoch die weite Definition. In dieser wird zum Beispiel nicht von vollständiger Information ausgegangen.

Nimmt also die RCT an, dass Personen rational handeln? Wird die Frage so allgemein formuliert, dann lautet die Antwort „nein". Will man die Frage beantworten, ist so vorzugehen: 1. Es ist genau anzugeben, was unter „rational" verstanden wird. 2. Es ist zu prüfen, ob die weite oder enge Version der RCT gemäß der gewählten Definition rationales Handeln annimmt. Die Antwort hängt also entscheidend von der gewählten Definition von Rationalität ab. Auf die Frage, ob die RCT rationales Handeln annimmt, könnte man also antworten: „Sage mir, was du unter Rationalität verstehst, und ich sage dir, welche Version der RCT Rationalität annimmt" (vgl. im Einzelnen Opp 2018).

Zur Kritik der Theorie rationalen Handelns und des individualistischen Erklärungsansatzes

Bei der umfangreichen Kritik der RCT und des individualistischen Erklärungsansatzes (z. B. Coleman & Fararo 1992; Cook & Levy 1990; Diekmann & Voss 2004; Kroneberg & Kalter 2012; Green & Shapiro 1994) wird meist nicht angegeben, *welche Version der RCT zur Diskussion steht*. Wird etwa behauptet, die RCT sei falsch, weil Fehlwahrnehmungen nicht berücksichtigt werden, gilt dies zwar für die enge, nicht aber für die weite Version. Bei jeder Kritik der RCT ist also zunächst zu fragen, welche Version auf dem Prüfstand steht. Im Folgenden werden einige Kritikpunkte herausgegriffen und diskutiert, die besonders häufig vorgebracht werden.

Der *Tautologie-Vorwurf* unterstellt, dass die RCT Nutzen und Kosten nicht unabhängig von den zu erklärenden Handlungen ermittelt. Ein Beispiel Poppers illustriert dies: Jemand fragt, warum das Meer so stürmisch ist, und erhält als Antwort: weil Neptun zornig ist. Auf die Frage, woher man wisse, dass Neptun zornig sei, lautet die Antwort: Siehst Du denn nicht, dass das Meer stürmisch ist? Das Vorliegen der Explananda wird also als Evidenz für das Vorliegen der erklärenden Variablen angeführt.

Diese Kritik verwechselt *Tautologie* und *Zirkularität*, denn die beschriebene Argumentation ist *zirkulär*. Das bedeutet in diesem Zusammenhang, dass man beim Vorliegen des Explanandums (stürmisches Meer) annimmt, dass das Explanans (die erklärenden Faktoren) existiert. Dabei wird das Explanans nicht unabhängig vom Explanandum gemessen bzw. ermittelt. Die Frage, ob die RCT zirkulär ist, lässt sich dahingehend beantworten, dass zwar manche Vertreter der RCT zirkulär argumentieren, dass aber in der Theorie selbst keine Zirkularität enthalten ist. Wenn Vertreter der RCT zirkulär argumentieren, dann ist dies selbstverständlich zu verurteilen, aber kein Problem der Theorie, sondern der Theoretiker.

Unter einer *Tautologie* (oder einer analytisch wahren Aussage) versteht man in der formalen Logik eine Aussage, deren Wahrheit allein aufgrund einer Analyse der in ihr verwendeten Ausdrücke ermittelt werden kann. Ein Standardbeispiel ist der Satz: „Alle Junggesellen sind unverheiratet". „Unverheiratet sein" bedeutet „Junggeselle sein", sodass sich der Satz umformulieren ließe in: „Alle Junggesellen sind Junggesellen" – ohne Zweifel ein (logisch) wahrer Satz. Es kann keine Rede davon sein, dass die RCT tautologisch ist. Allein eine Analyse der Bedeutung der Ausdrücke reicht keineswegs aus, um festzustellen, dass die Theorie wahr ist. Dies ist allein schon deshalb nicht möglich, weil die Explananda Handlungen und die unabhängigen Variablen gänzlich andere Sachverhalte sind. Auch ein anderes Argument spricht gegen den Tautologie-Vorwurf: Da es Untersuchungen gibt, die zumindest die enge Version der RCT falsifizieren, kann keine Tautologie vorliegen, da eine Tautologie definitorisch nicht falsch sein kann. Eine weitere Kritik bezieht sich auf die vermeintlich *mangelnde Prüfbarkeit der RCT*. Dabei wird behauptet, dass subjektive Phänomene nicht direkt gemessen werden können, sodass die RCT nicht empirisch überprüft werden kann. Dagegen ist einzuwenden, dass die Sozialwissenschaften ein umfangreiches Instrumentarium zur Messung von subjektiven Phänomenen entwickelt haben. Insbesondere in der Sozialpsychologie werden Einstellungen, Motivationen und kognitive Überzeugungen in vielfältiger Weise gemessen. Diese Methoden können auch beim Test der RCT angewendet werden. Zur RCT gibt es mittlerweile eine Vielzahl empirischer Untersuchungen, in denen subjektive Phänomene gemessen werden. Dabei werden u. a. Umfragen durchgeführt (z. B. Blossfeld & Prein 1998; Kroneberg & Kalter 2012). Es ist nicht zu bestreiten, dass oft Schwierigkeiten bei der Messung sozialer Phänomene bestehen. Dies gilt aber dann für alle sozialwissenschaftlichen Theorien, für die niemand behaupten würde, die seien deswegen nicht prüfbar.

Auch die Offenheit der RCT im Hinblick auf die *Art* der Präferenzen und Restriktionen hat Kritik hervorgerufen. Angenommen, zur Erklärung von Protest wurde empirisch überprüft, ob bestimmte Faktoren wie Belohnungen der sozialen Umwelt und wahrgenommener Einfluss eine Rolle spielen. Nun zeige sich, dass keiner der gemessenen Faktoren eine Wirkung auf Protest hat. Die RCT ist „offen" in dem Sinne, dass die Art der Anreize nicht in der Theorie angegeben ist, da sie situationsspezifisch ist. Man könnte nun argumentieren: Wenn keine wirksamen Anreize gefunden werden, hat man nicht gründlich genug gesucht oder Pech mit der Suche gehabt. Eine solche Argumentation käme einer *Immunisierung* der Theorie gleich: Bei jeder Widerlegung der Theorie wird kurzerhand argumentiert, dass die falschen Anreize untersucht wurden. Wenn sich zeigt, dass die theoretisch erwarteten Ergebnisse nicht auftreten, muss die Theorie aber als widerlegt angesehen werden. Wenn nun argumentiert wird, dass andere Anreize von Bedeutung waren, muss eine neue Untersuchung durchgeführt werden. Zeigt sich dann, dass die neuen Anreize tatsächlich wirksam waren, liegt keine Falsifizierung der RCT vor.

Die Theorie wurde in einer Reihe von Studien widerlegt (z. B. Druwe & Kunz 1998; Frey & Eichenberger 1991; Kahneman 2011). Ein Beispiel sind die sogenannten Anomalien: „sunk costs", also Kosten, die in der Vergangenheit auftraten und entsprechend für gegenwärtige Entscheidungen irrelevant sind, beeinflussen dennoch die Entscheidung. So könnte das Verkehrsministerium den Bau eines Tunnels, der nicht gebraucht wird, mit dem Argument fortsetzen, dass bereits so viel investiert worden sei, dass ein Baustopp eine Verschwendung von Mitteln sei. Es ist bislang nicht geklärt, ob hier nur die enge Version oder auch die weite Version der RCT widerlegt wird. Bei den „sunk costs" würde ein Vertreter der weiten Version argumentieren, dass es auf die wahrgenommenen Kosten ankommt: Wenn die „sunk costs" als relevant für eine Entscheidung angesehen werden, dann sind sie eben Entscheidungskosten. Es wäre wichtig, im Detail zu analysieren, ob auch die weite Version durch die Anomalien widerlegt wird.

Selbst wenn man davon ausgeht, dass es Widerlegungen beider Versionen der RCT gibt, zeigt sich aber auch, dass die Theorie in einer Vielzahl von Situationen bestätigt werden konnte und plausible Erklärungen liefert. Vertreter der RCT argumentieren, dass es keine Theorie und keinen Erklärungsansatz gibt, der der RCT und dem individualistischen Ansatz klar überlegen ist. Somit ist es sinnvoll, die RCT weiter anzuwenden und an ihrer Verbesserung zu arbeiten.

Anwendungen der Theorie rationalen Handelns und empirische Untersuchungen

Die RCT und der individualistische Erklärungsansatz werden interdisziplinär angewendet, und zwar insbesondere in der Wirtschaftswissenschaft, der Politikwissenschaft und der Soziologie. So gibt es eine umfangreiche Literatur über Kriminalität, Fertilität, Entstehung und Wirkungen von Normen und Institutionen, Ursachen und Wirkungen von Strafen bzw. Sanktionen, Austauschverhalten, kollektives Handeln, Protest und Revolutionen, Wahlverhalten und Terrorismus.

Darüber hinaus sind zahlreiche Experimente durchgeführt worden, insbesondere in der Politikwissenschaft, der Wirtschaftswissenschaft und der Spieltheorie, die ebenfalls eine Version der RCT ist. Darüber hinaus wurde die RCT mittels Umfragen geprüft.

Sozialpsychologische Varianten der Theorie rationalen Handelns

Die Annahmen der weiten Version der RCT haben Ähnlichkeit mit einer Reihe sozialpsychologischer Theorien. So geht die *Wert-Erwartungs-Theorie* (WET) (z. B. Esser 1999, S. 247–293; Feather 1982) davon aus, dass die Konsequenzen von Handlungen für die Wahl einer (wahrgenommenen) Handlungsalternative von Bedeutung sind. So könnte die Entscheidung, an einer politischen Wahl teilzunehmen, unter anderem davon abhängen, ob ein Individuum glaubt, durch die Wahlteilnahme das Ergebnis der Wahl beeinflussen zu können, und ob die Wahlteilnahme den Erwartungen wichtiger Dritter entspricht. Zwei Eigenschaften von Konsequenzen sind wichtig: die Bewertung (oder der Nutzen) der Konsequenzen und das Ausmaß, in dem ihr Eintreten bei Ausführung der Handlung erwartet wird (d. h. die subjektive Wahrscheinlichkeit). Für jede Konsequenz wirken Nutzen und Wahrscheinlichkeit multiplikativ – die Wirkung des Nutzens hängt von den Werten der Wahrscheinlichkeit ab und umgekehrt. Wenn eine Konsequenz keinerlei Nutzen (und den Wert 0) hat, dann mag sie mit noch so hoher Wahrscheinlichkeit eintreten, sie beeinflusst das Verhalten nicht. Die Handlung wird ausgeführt, wenn die Summe der Produkte aus Nutzen und Wahrscheinlichkeiten je Konsequenz für eine Handlung am höchsten ist. In der Ökonomie wird diese Theorie häufig angewendet, sie heißt hier Nutzentheorie (z. B. Riker & Ordeshook 1973).

Die Präferenzen in der RCT entsprechen den Bewertungen bzw. dem Nutzen in der WET und die subjektiven Wahrscheinlichkeiten den wahrgenommenen Handlungsmöglichkeiten bzw. Handlungsrestriktionen. Je größer die Wahrscheinlichkeit einer Handlungskonsequenz (z. B., dass Freunde eine Handlung positiv bewerten), desto eher wird die Zielerreichung ermöglicht. Auch die Annahme der Nutzenmaximierung findet sich in der WET, denn auch sie geht davon aus, dass die Handlung mit dem größten Gesamt- bzw. Nettonutzen gewählt wird.

In der Sozialpsychologie entspricht die Art der Anwendung der WET der weiten Version der RCT. Sie geht von wahrgenommenen (und nicht von tatsächlich existierenden) Restriktionen aus, bezieht alle Arten von Nutzen ein und geht davon aus, dass der Akteur so handelt, wie es aus seiner Sicht in der Handlungssituation am besten ist. Die Arbeiten von Fishbein & Ajzen (z. B. 2010), die eine Version der WET anwenden, illustrieren dies.

Auch die *Lerntheorien* (z. B. Mazur 2006) gehen davon aus, dass Präferenzen (z. B. Deprivationen) bestehen, dass Handlungsrestriktionen existieren (Belohnungen) und dass die Akteure ihren Nutzen maximieren. Auch hier kommt die weite Version der RCT zum Tragen.

Die *kognitiven Gleichgewichtstheorien* (z. B. Festinger 1957; Heider 1958) enthalten ebenfalls Annahmen der RCT. Es wird angenommen, dass eine bestimmte Konstellation kognitiver Elemente Spannungen auslöst. Festinger (1957, S. 2) illustriert dies durch einen Raucher, der weiß, dass Rauchen gesundheitsschädlich ist, der aber dennoch gesund bleiben möchte. Diese Situation löst beim Raucher Spannungen aus, die er auf verschiedene Weise reduzieren kann. So könnte er das Rauchen aufgeben oder bestimmte kognitive Elemente ändern, wie die Präferenz, gesund zu bleiben. Die Person wird das tun, was für sie in dieser Situation am besten ist. Die kognitiven Elemente können als Restriktionen für die wünschenswerten Änderungen angesehen werden, da sie die Erfüllung bestimmter Wünsche beeinträchtigen oder fördern.

Schließlich ist die sozialpsychologische *Austauschtheorie*, die von dem Soziologen George C. Homans begründet wurde (Homans 1958), eine Version der RCT. Ihre grundlegenden Annahmen (s. Molm 2006) sind, dass Kosten und Nutzen verhaltensrelevant sind und dass eine Nutzenmaximierung stattfindet. Faktisch ist die Austauschtheorie die Anwendung der weiten Version der RCT auf bestimmte soziale Situationen.

Fazit

Im vorliegenden Beitrag werden die Rational-Choice-Theorie (RCT) und der Rational-Choice-Ansatz dargestellt und diskutiert. Generell geht die RCT davon aus, dass menschliches Handeln bestimmt wird durch die Ziele (oder Präferenzen) und die Handlungsrestriktionen bzw. -möglichkeiten der Individuen. Weiter wird angenommen, dass Personen ihren Nutzen maximieren, d. h. das tun, was für sie am besten ist. Es wird unterschieden zwischen einer engen und weiten Version der RCT: In der weiten Version sind alle Arten von Präferenzen zugelassen (z. B. nicht nur egoistische wie in der engen Version, sondern auch altruistische Ziele oder das Ziel, Normen zu befolgen). Diese Version geht ferner davon aus, dass die Wahrnehmung der Realität das Handeln beeinflusst, entsprechend sind Fehlwahrnehmungen zugelassen. In der engen Version dagegen wird „vollständige Information" angenommen. Darüber hinaus geht sie davon aus, dass Individuen solche Handlungen wählen, die ihren *subjektiven* Nutzen maximieren, d. h., Personen tun das, was aus ihrer Sicht am besten ist (und nicht, was aus der Sicht eines Beobachters am besten ist, was die enge Version annimmt). Welche Arten von Präferenzen und Restriktionen für eine bestimmte Erklärung von Bedeutung sind, wird empirisch ermittelt.

Der Rational-Choice-*Ansatz* ist ein *Forschungsprogramm,* in dem kollektive Sachverhalte (wie Revolutionen oder die Kriminalitätsrate) durch Rückgriff auf individuelles Handeln erklärt werden. Wie jede Theorie und wie jedes Forschungsprogramm sind sie umstritten. Eine Reihe von Problemen wird in diesem Beitrag behandelt. Ob eine Theorie oder ein Forschungsprogramm trotz Problemen angewendet wird, hängt davon ab, inwieweit korrekte und informative Erklärungen möglich sind und inwieweit deutlich bessere Alternativen vorliegen. Vertreter der RCT und des Rational-Choice-Ansatzes gehen davon aus, dass eine Vielzahl empirischer Bestätigungen und Anwendungen vorliegt und dass eine eindeutig bessere Alternative fehlt.

Verständnisfragen

▶ Was ist der Unterschied zwischen der Rational-Choice-*Theorie* und dem Rational-Choice-*Ansatz*?

▶ Wie unterscheidet sich die *enge* von der *weiten* Version der Rational-Choice-Theorie?

▶ Warum ist die Frage, ob Menschen *rational* handeln, nicht sinnvoll?

▶ Angenommen, es werde behauptet, dass die steigende Erwerbstätigkeit von Frauen zur Erhöhung der Scheidungsrate beigetragen hat. Dies ist also eine Makrohypothese. Wie könnte diese unter *Anwendung des Rational-Choice-Ansatzes* (siehe Abbildung 1) erklärt werden?

▶ Welche Ähnlichkeiten hat die (enge und weite) Version der Rational-Choice-Theorie mit sozialpsychologischen Theorien? Greifen Sie beispielhaft einige sozialpsychologische Theorien heraus und diskutieren Sie diese Frage.

Literatur

Akerlof, G.A. & Kranton, R. (2010). *Identity Economics: How Our Identities Shape Our Work, Wages, and Well-Being.* Princeton, N.J.: Princeton UP.
Becker, G.S. (1976). *The Economic Approach to Human Behavior.* Chicago/London: Chicago UP.
Blossfeld, H.-P. & Prein, G. (Hrsg.) (1998). *Rational Choice Theory and Large-Scale Data Analysis.* Boulder: Westview Press.
Bohnen, A. (1975). *Individualismus und Gesellschaftstheorie. Eine Betrachtung zu zwei rivalisierenden soziologischen Erkenntnisprogrammen.* Tübingen: J.C.B. Mohr.
Boudon, R. (1980). *Die Logik des gesellschaftlichen Handelns. Eine Einführung in die soziologische Denk- und Arbeitsweise.* Darmstadt: Luchterhand.
Buskens, V., Raub, W. & Van Assen, M.A.L.M. (2012). *Micro-Macro Links and Microfoundations in Sociology.* London/New York: Routledge.
Coleman, J.S. (1990). *Foundations of Social Theory.* Cambridge, Mass./London: Belknap Press of Harvard UP.
Coleman, J.S. & Fararo, T.J. (Hrsg.) (1992). *Rational Choice Theory. Advocacy and Critique.* Newbury Park: Sage.
Cook, K.S. & Levi, M. (Hrsg.) (1990). *The Limits of Rationality.* Chicago/London: University of Chicago Press.
Diekmann, A. & Voss, T. (Hrsg.) (2004). *Rational-Choice-Theorie in den Sozialwissenschaften. Anwendungen und Probleme.* München: Oldenbourg.
Druwe, U. & Kunz, V. (Hrsg.) (1998). *Anomalien in Handlungs- und Entscheidungstheorien.* Opladen: Leske+Budrich.

Esser, H. (1993). *Soziologie. Allgemeine Grundlagen*. Frankfurt am Main: Campus.
Fazio, R.H. (1990). Multiple Processes by Which Attitudes Guide Behavior: The Mode Model as an Integrative Framework. In M.P. Zanna (Hrsg.), *Advances in Experimental Social Psychology* (S. 75–109). San Diego: Academic Press.
Feather, N.T. (1982). *Expectations and Actions: Expectancy-Value Models in Psychology*. Hillsdale, N.J.: Lawrence Erlbaum.
Festinger, L. (1954). A Theory of Social Comparison Processes. *Human Relations*, 7, 117–140.
Fishbein, M. & Ajzen, I. (2010). *Predicting and Changing Behavior. The Reasoned Action Approach*. New York/Hove: Psychology Press.
Frey, B.S. (1997). *Markt und Motivation. Wie ökonomische Anreize die (Arbeits-)Moral verdrängen*. München: Vahlen.
Frey, B.S. & Eichenberger, R. (1991). Anomalies in Political Economy. *Public Choice*, 68(1), 71–89.
Friedman, J. (Hrsg.) (1995). *The Rational Choice Controversy. Economic Models of Politics Reconsidered*. New Haven/London: Yale UP.
Green, D.P. & Shapiro, I. (1994). *Pathologies of Rational Choice Theory. A Critique of Applications in Political Science*. New Haven and London: Yale University Press.
Heider, F. (1958). *The Psychology of Interpersonal Relations*. New York: Wiley.
Henrich, J., Boyd, R., Bowles, S., Camerer, C., Fehr, E. & Gintis, H. (Hrsg.) (2004). *Foundations of Human Sociality. Economic Experiments and Ethnographic Evidence from Fifteen Small-Scale Societies*. Oxford: Oxford UP.
Homans, G.C. (1958). Social Behavior as Exchange. *The American Journal of Sociology*, 63(6), 597–606.
Kahneman, D. (2011). *Thinking, Fast and Slow*. London: Allen Lanew.
Kirchgässner, G. (2013/1991). *Homo Oeconomicus. Das ökonomische Modell individuellen Verhaltens und seine Anwendung in den Wirtschafts- und Sozialwissenschaften* (3. Aufl.). Tübingen: J.C.B. Mohr.
Kroneberg, C. & Kalter, F. (2012). Rational Choice Theory and Empirical Research: Methodological and Theoretical Contributions in Europe. *Annual Review of Sociology*, 38, 73–92.
Mazur, J. E. (2006). *Lernen und Verhalten* (6. Aufl.). München: Pearson.
Molm, L.D. (2006). The Social Exchange Framework. In P.J. Burke (Hrsg.), *Contemporary Social Psychological Theories* (pp. 24–45). Stanford: Stanford University Press.
Opp, K.-D. (1979). *Individualistische Sozialwissenschaft. Arbeitsweise und Probleme individualistisch und kollektivistisch orientierter Sozialwissenschaften*. Stuttgart: Enke.
Opp, K.-D. (1999). Contending Conceptions of the Theory of Rational Action. *Journal of Theoretical Politics*, 11(2), 171–202.
Opp, K.-D. (2011). Modeling Micro-Macro Relationships: Problems and Solutions. *Journal of Mathematical Sociology*, 35(1–3), 209–234.
Opp, K.-D. (2018). Do the Social Sciences Need the Concept of "Rationality"? Notes on the Obsession with a Concept. In F. Di Iorio & G. Bronner (Hrsg.), *The Mystery of Rationality*. Wiesbaden: VS Springer (im Druck).
Riker, W.H. & Ordeshook, P.C. (1973). *An Introduction to Positive Political Theory*. Englewood Cliffs, N.J.: Prentice Hall.
Stigler, G.J. (1950a). The Development of Utility Theory. I. *Journal of Political Economy*, 58(4), 307–327.
Stigler, G.J. (1950b). The Development of Utility Theory. II. *Journal of Political Economy*, 58(5), 373–396.

Thaler, R. (2015). *Misbehaving. The Making of Behavioral Economics.* New York: Norton.
Thaler, R. & Sunstein, C.R. (2009). *Nudge. Improving Decisions About Health, Wealth, and Happiness.* London: Penguin.
Udéhn, L. (2002). The Changing Face of Methodological Individualism. *Annual Review of Sociology, 28,* 479–507.
Vanberg, V. (1975). *Die zwei Soziologien. Individualismus und Kollektivismus in der Sozialtheorie.* Tübingen: J.C.B. Mohr.

Weiterführende Literatur

Boudon, R. (1980). *Die Logik des gesellschaftlichen Handelns. Eine Einführung in die soziologische Denk- und Arbeitsweise.* Darmstadt: Luchterhand.
Friedman, J. (Hrsg.) (1995). *The Rational Choice Controversy. Economic Models of Politics Reconsidered.* New Haven/London: Yale UP.
Kahneman, D. (2011). *Thinking, Fast and Slow.* London: Allen Lanew.
Kirchgässner, G. (2013/1991). *Homo Oeconomicus. Das ökonomische Modell individuellen Verhaltens und seine Anwendung in den Wirtschafts- und Sozialwissenschaften* (3. Aufl.). Tübingen: J.C.B. Mohr.
Opp, K.-D. (1999). Contending Conceptions of the Theory of Rational Action. *Journal of Theoretical Politics, 11(2),* 171–202.
Vanberg, V. (1975). *Die zwei Soziologien. Individualismus und Kollektivismus in der Sozialtheorie.* Tübingen: J.C.B. Mohr.

Feministische Wissenschaft und Geschlechterforschung

Regina Becker-Schmidt

Zusammenfassung

In der sozialpsychologisch relevanten Geschlechterforschung wird untersucht, wie sich die soziale Zuordnung zu einem Geschlecht in die Textur von Subjektivität bis in ihre unbewussten Schichten hinein einschreibt. Der normative Druck, sich im Verlauf der Sozialisation als „weiblich" oder „männlich" zu erkennen zu geben, verleitet zur Anpassung an Geschlechtsstereotypien. Das Leiden an Identitätszwängen provoziert dagegen Widerstand, der solchen Konstruktionen den Boden entzieht. Darüber hinaus analysiert die Geschlechterforschung *Gender* als Kategorie, die in der Strukturierung von Sozialgefügen wirksam ist. Gesellschaftliche Transformationen werden daraufhin untersucht, ob und wo sich in geschlechtlichen Ungleichheitslagen etwas zum Besseren oder Schlechteren wendet. Alle diese Analyseebenen – Subjektgenese, Handlungsorientierungen, Gender und Gesellschaft – weisen die Geschlechterforschung als Konfliktforschung aus.

Gegenstand und Definitionen

Geschlechterforschung ist ein komplexes Untersuchungsfeld, das sich schwer auf einen Nenner bringen lässt. Das hängt mit der Mehrdeutigkeit ihres Kernbegriffs *Geschlecht* zusammen. Im Alltagsbewusstsein herrscht die Vorstellung vor, dass wir von Geburt an ein Geschlecht haben, das sich zweifelsfrei biologisch bestimmen lässt, so als kämen wir fertig als Mädchen oder Jungen zur Welt. Dagegen erhebt die Geschlechterforschung Einspruch: Geschlecht ist nichts Naturgegebenes – in seiner Benennung als „weiblich" oder „männlich" ist es immer schon gesellschaftlich-kulturell überformt (West & Zimmerman 1987).

In der angloamerikanischen Frauen- und Geschlechterforschung wird deswegen zwischen *Sex* und *Gender* unterschieden. Sex gilt als Kategorie, die biologische oder anthropologische Setzungen zum Fixpunkt von Geschlechterdifferenzen macht. Gender dagegen weist Geschlecht als *soziale Konstruktion* aus: Menschen entwickeln in ihren Lebenswelten Vorstellungen davon, was Frauen und Männer unterscheidet und welches Verhalten von ihnen zu erwarten ist. Solche Konstruktionen sind kulturabhängig und historisch veränderbar. Geschlechtsstereotypien entstehen in alltäglichen Interaktionen und fungieren im sozialen Verkehr zwischen Frauen und Männern als Vorgaben für soziales Handeln. Geschlecht ist somit eine Prozesskategorie, die sich herausbildet, indem wir sie praktizieren *(doing gender)*.

Im deutschsprachigen Raum bezeichnen wir die Kategorie Gender als *soziales Geschlecht*. Damit ist zweierlei gemeint: zum einen die Geschlechtszugehörigkeit, die durch Zuschreibungen gekennzeichnet ist, zum anderen der Status, der Frauen und Männern qua Gender im Sozialgefüge zugewiesen wird.

Die Geschlechterforschung bewegt sich auf mehreren Problemebenen. Ihre Untersuchungen beschäftigen sich mit Phantasiebildungen über „weibliche" und „männliche" Sexualität, mit der Typisierung der Geschlechter, mit Normensystemen, die das soziale Verhalten von Frauen und Männern beeinflussen, und mit institutionalisierten Zusammenhängen, die durch geschlechtliche Ungleichbehandlung (z. B. durch disparitäre gesellschaftliche Arbeits- und Machtverteilung) strukturiert sind.

Zu den erkenntniskritischen Forderungen eines feministischen Wissenschaftsverständnisses gehört, dass alle Forschenden – Frauen wie Männer – ihre Geschlechtszugehörigkeit reflektieren. Geschlechtssensibilität ist als Forschungsmethode so wichtig, weil es kaum Praxisfelder gibt, in denen Gender nicht Einfluss auf soziale Erfahrungen, Wahrnehmungen und Realitätsverarbeitungen nimmt. Auch die sogenannte objektive Wissenschaft ist nicht geschlechtneutral. Solange Wissen, vor allem gesellschaftlich verwertbares Wissen, ein Machtfeld ist, in dem traditionsgemäß Männer dominieren, ist damit zu rechnen, dass die Welt aus deren Blickwinkel gesehen wird. Achtsamkeit gegenüber männlichen Optiken in der Wissensproduktion – *Androzentrismus* genannt – gehört darum zur feministischen Wissenschaftskritik (Scheich 1996, S. 17ff.).

Geschlechterforschung ist transdisziplinär. Viele ihrer Standardwerke, die als sozialpsychologisch einschlägig gelten, sind von Philosophinnen, Ethnologinnen, Erziehungswissenschaftlerinnen, Soziologinnen, Historikerinnen und Psychoanalytikerinnen geschrieben worden. Für diesen Artikel wurden solche Ansätze ausgewählt, die klassischen Themenfeldern der Sozialpsychologie durch die systematische Berücksichtigung der Kategorie Geschlecht einen innovativen Schub gegeben haben. Dazu zählen die Vorurteils-, Ungleichheits- und Sozialisationsforschung, der Zusammenhang von Herrschaft und psychosozialer Subjektstrukturierung sowie die psychoanalytisch orientierte Sozialpsychologie.

Geschichte

Von der Frauen- zur Geschlechterforschung

Die Geschlechterforschung verdankt sich dem Aufbruch der transnationalen, neuen Frauenbewegung. Deswegen tritt sie anfangs als Frauenforschung in Erscheinung. Deutschsprachige Feministinnen greifen in den 1970er- und 1980er-Jahren Diskussionen aus den USA, Frankreich und Italien auf, die gegen Theorien zu Felde ziehen, die mit biologischen und anthropologischen Argumenten das weibliche Geschlecht gegenüber dem männlichen herabsetzen und damit die Ausbildung eines Selbstbewusstseins von Frauen zu verhindern suchen. Wegweisend für Forschungen darüber, auf welchen Mechanismen Frauendiskriminierung beruht, wird das Buch *Das andere Geschlecht* (1951) von Simone de Beauvoir (1908–1986), einer eng mit der Frauenbewegung verbundenen, dem Existentialismus zugehörigen Philosophin. Für sie liegt das Fundament der Frauenunterdrückung im Patriarchat. Männer machen Frauen zum „anderen Geschlecht", indem sie sich als absoluten Maßstab setzen und den Subjektstatus für sich allein reklamieren. Das „andere" Geschlecht zu sein, mutet Frauen zu, in der Gesellschaft eine passive, untergeordnete, vom Mann abhängige Rolle zu spielen. Sobald sie sich patriarchalischen Vorstellungen von „Weiblichkeit" nicht fügen, sondern beginnen, sich ebenfalls als Subjekte zu entwerfen und über ihre Aktivitäten selbst zu entscheiden, geraten sie in Konflikte: Sie reiben sich am Widerspruch zwischen Fremdbestimmung und Eigensinn auf. Das Einzige, was den Weg zu ihrer Emanzipation bahnen kann, ist die Auseinandersetzung mit den eigenen Erfahrungen. Beauvoir durchleuchtet den gesamten Lebenszusammenhang von Frauen und zeigt auf, was sie in der Abhängigkeit vom Mann gefangen hält – sexistische Bilder vom weiblichen Körper, Objektstatus in heterosexuellen Beziehungen, über sie verhängte Mutterschaft und Familienbindung sowie Begrenzung ihrer sozialkulturellen und politischen Bewegungsfreiheit.

In der Frauenforschung der 1980er-Jahre beginnt die Suche nach Sozialisationsstrategien, die Frauen zum „anderen Geschlecht" modellieren. 1977 erscheint das Buch von Ursula Scheu *Wir werden nicht als Mädchen geboren, sondern dazu gemacht*. Für alle Lebensphasen von Frauen fördert Scheu Erziehungsleitbilder und kulturelle Einflussnahmen zutage, die konventionelle Weiblichkeit zum Ziel haben. Im Eifer des Gefechts werden in ihrer Schrift allerdings Sozialisationsprozesse so eindimensional nachgezeichnet, dass kleine Mädchen nur als Opfer von Weiblichkeitsdressuren und Jungen nur als Produkte von Maskulinitätsritualen erscheinen. Dass Kinder und Heranwachsende beiderlei Geschlechts die offiziellen und heimlichen Lehrpläne, die sie auf die Zugehörigkeit zu einem Geschlecht festlegen wollen, in Phantasien, im Spiel, in der Identifikation mit weiblichen und männlichen Vorbildern unterlaufen, findet zu wenig Beachtung.

So nimmt es nicht Wunder, wenn Carol Hagemann-White in ihrer Studie *Sozialisation: Weiblich-Männlich?* (1984) nachweist, dass die Unterschiede *zwischen* den Geschlechtern weniger ausgeprägt sind als die *innerhalb* einer Genus-Gruppe. Sie fragt genauer nach, in welcher Weise die Kategorie Geschlecht Einfluss auf Individuations-, Sozialisations- und Enkulturationsprozesse nimmt. Welche Annahmen über geschlechtsspezifische Verhaltensdispositionen werden zugrunde gelegt, wenn zwischen den Geschlechtern diskriminiert wird? Lassen sie sich empirisch belegen oder entpuppen sie sich als Klischees, hinter denen Vorurteile stecken? Am Beispiel der Aggressivität macht Hagemann-White klar, dass die sozialen Stimuli untersucht werden müssen, die sich in geschlechtlichen Verhaltensdifferenzen zeigen. So wird von Jungen eher erwartet als von Mädchen, dass sie um ihren Platz in der peer-group rivalisieren, sich später im Beruf gegen Konkurrenz durchsetzen und Militärdienst leisten. Hagemann-White geht davon aus, dass scheinbar unveränderbare geschlechtsspezifische Handlungsmuster anerzogen sind. Es lässt sich nämlich zeigen, dass sich Frauen und Männer nicht bruchlos an vorgegebene Geschlechterordnungen anpassen, sondern dass sie auf soziale Identitätszwänge auch mit Ambivalenz und Widerstand reagieren.

Je stärker sozialer Zwang in weiblichen Lebensverhältnissen in den Blick der Frauenforschung rückt, desto sozialkritischer wird sie. Eine Vielzahl mikrologischer Untersuchungen in sozialen Sektoren, in denen Frauenunterdrückung und deren psychisch-soziale Auswirkungen besonders deutlich hervortreten, machen Herrschaft in Geschlechterarrangements zum zentralen Thema: zum Beispiel häusliche Gewalt gegen Frauen (Magrit Brückner 1988), mangelnde Bildungschancen für Mädchen (Helge Pross 1969), unbezahlte Hausarbeit (Ulla Bock & Barbara Duden 1972) und der Arbeitsalltag von Frauen (Elisabeth Beck-Gernsheim 1983). Gewalt liegt auch im kulturellen Schweigen, das sich über spezifische Probleme von heranwachsenden Mädchen legt. Das haben Karin Flaake und Vera King in ihrem Sammelband *Weibliche Adoleszenz. Zur Sozialisation junger Frauen* (1992) deutlich gemacht. So ist es verpönt, über Prozesse im Inneren des weiblichen Körpers, zum Beispiel bei der Menstruation, zu sprechen. Bis heute ist Innergenitalität ein Tabuthema. Zur Frauenforschung gehört zudem, den eigenen, aktiven Anteil an patriarchaler Unterdrückung – durch Allianzen oder Duldung – zur Reflexion zu bringen und sich der Mitverantwortung für historische Katastrophen wie dem Faschismus zu stellen (Christina Thürmer-Rohr 1989).

Mit dem Erscheinen des Buches von Robert W. Connell *Der gemachte Mann. Männlichkeitskonstruktionen und die Krise der Männlichkeit* (1999) schreitet die Männerforschung voran. Hierzulande greift Michael Meuser Connells Theorien zur männlichen Hegemonie auf und führt sie in einer soziologischen Perspektive weiter. Rolf Pohl (2004) hat aus psychoanalytischer Sicht die Konstitution von Männlichkeit untersucht und den Zusammenhang von Frauenfeindlichkeit, Gewalt und männlicher Sexualität herausgearbeitet. Eine wegweisende empirische Studie über *Männlichkeit und Gewalt* (2006), die sowohl gesellschafts- als auch subjekttheoretische Aspekte berücksichtigt, hat Mechthild Bereswill vorgelegt.

Mitte der 1980er-Jahre beginnt die Diskussion darüber, dass Geschlecht eine relationale Kategorie ist: Frauen und Männer werden in ihrer Bewertung und sozialen Positionierung aneinander gemessen. Wie verteilen sich soziale Privilegien und gesellschaftliche Machtmittel auf die Geschlechter? Nach welchen Prinzipien werden Unterschiede zwischen ihnen gemacht? Mit der Analyse sozialer Verhältnisse, in denen Frauen und Männern als soziale Gruppen (Genus-Gruppen) wechselseitig aufeinander bezogen werden, wandelt sich die Frauenforschung zur Geschlechterforschung.

Ausdifferenzierungen und Modifikationen in der Geschlechterforschung

Im Zentrum der Geschlechterforschung steht die Frage nach der Stellung und Bewertung der Geschlechter in sozialen Kontexten (im Normensystem der „symbolischen Ordnung", in Interaktionen, im gesellschaftlichen Statusgefüge). Auf dieses Beziehungsgeflecht zielt der Begriff *Relationalität*. Er gibt darüber Auskunft, in welcher Weise die beiden Genus-Gruppen einander gegenübertreten – als Gleiche oder Ungleiche, als Über- oder Unterlegene, als sozial Anerkannte oder Degradierte.

Im Geschlechtervergleich gibt es viele Bezugssysteme, in denen sich Unterschiede bemessen und mit sozialer Bedeutung aufladen lassen. Ein Fokus ist das System der Zweigeschlechtlichkeit, das in allen Ansätzen der Geschlechterforschung als Stützpfeiler der Diskriminierung und Ungleichstellung von Frauen ins Visier genommen wird. In sozialkonstruktivistischen Ansätzen ist das System der Zweigeschlechtlichkeit eine Normalitätsunterstellung, die im Alltagsverständnis kaum problematisiert wird. Für Regine Gildemeister und Angelika Wetter (1992), die an Erving Goffman anknüpfen, ist dieses System die unbewusste Basis, aus der sich Geschlechtskonstruktionen speisen. Die polarisierende Organisation der heterosexuellen Matrix – hier Frauen, da Männer – kehrt in den binären Stereotypisierungen von Weiblichkeit und Männlichkeit wieder. An ihnen orientiert sich das soziale Verhalten von Frauen und Männern im gesellschaftlichen Umgang miteinander. So transportiert das System der Zweigeschlechtlichkeit geschlechtsbezogene Klischees als normative Setzungen, die Rangordnungen zwischen den Genus-Gruppen zu legitimieren scheinen. Für die Sozialpsychologie ist dieser Ansatz von Bedeutung, weil er Auskunft über die Modalitäten gibt, nach denen Geschlechterkonstruktionen so hergestellt werden, dass sowohl Konstanz als auch Varianz gewährleistet sind. Es ist die unermüdliche Konstruktionsarbeit, Geschlechterdifferenzierungen voranzutreiben, die diese Doppelbewegung am Leben hält. Wo Klischees über Frauen und Männer im Zuge sozialen Wandels obsolet geworden sind, werden die Inhalte umgeschrieben bzw. durch Neuerfindungen von geschlechtsbasierten Unterschieden ausgewechselt. Ein Beispiel: „Auch Frauen können Ärztinnen werden, aber zum Klinikchef sollte man doch einen Mann machen, der durchsetzungsfähig ist." Damit bleibt die Gegenüberstellung der Geschlechter, an die sich Hierarchisierung anlehnt, als Konstruktionsprinzip latent erhalten, auch wenn sich manifeste Zuschreibungen verändern (Wetterer 2002, Gildemeister & Robert 2008).

In ihrem Buch *Gender-Paradoxien* (1999) hat Judith Lorber den Herrschaftscharakter des Systems der Zweigeschlechtlichkeit herausgearbeitet, der in allen gesellschaftlichen Bereichen wirksam ist. Obwohl sich die Rollenzuweisungen an Frauen und Männer im Zuge der gesellschaftlichen Modernisierung gewandelt haben, stoßen wir noch immer auf Bestrebungen in der Medizin, in der Familienpolitik, im Erziehungswesen, auf dem Arbeitsmarkt und in politischen Sphären, an den Prinzipien der Vergeschlechtlichung festzuhalten. Dabei werden die Geschlechter als in sich kohärente Gesamtheiten konzeptualisiert. Wo Heterosexualität als Norm gesetzt wird, werden alle Schwulen, alle Lesben, alle Transvestiten und Transsexuelle ausgegrenzt. Konsequenterweise spricht Lorber von Geschlecht als einer sozialen Institution: Es ist für sie ein Organisationsprinzip, das nicht nur die Lebensgestaltung der Menschen reguliert, sondern auch gesellschaftlich wirksame Machtgefälle konstituiert. Lorber fordert darum die Abschaffung von nicht-egalitären Sozialordnungen zugunsten von Alternativen, in denen es keine Ungleichheiten entlang der Trennlinien Geschlecht, Klasse und Rasse/Ethnie gibt. Mit diesem Appell erweitert Lorber den Horizont der Geschlechterforschung: Sämtliche Formen der Unterdrückung – nicht nur die, welche Frauen betreffen – bedürfen der Aufhebung.

Diese Auffassung des Geschlechterverhältnisses als Paradigma für Herrschafts- bzw. Machtformen überhaupt vertritt auch Judith Butler in ihren Werken *Das Unbehagen der Geschlechter* (1991) und *Psyche der Macht: Das Subjekt der Unterwerfung* (1997). Sie verbindet in ihrer Analyse des Zwangssystems der Zweigeschlechtlichkeit diskurstheoretische Positionen, die sich an Michel Foucault (1926–1984) anlehnen, mit einem kulturtheoretischen Ansatz der Subjektkonstitution, der Anleihen bei Sigmund Freud (1856–1939) macht. Sie erregte nicht zuletzt die Gemüter, weil sie sich gegen die Hegemonie der Heterosexualität verwahrt und Chancen aufzeigt, diese Norm durch die Konfrontation mit Formen des Begehrens zu durchkreuzen, die „quer" zur sogenannten Normalität liegen. In ihrer Auseinandersetzung mit der Queer-Bewegung lotet sie aus, wie in performativen Akten des Transvestismus, in denen Weiblichkeits- und Männlichkeitsklischees parodiert werden, starre Vorstellungen von eindeutigen Geschlechtsidentitäten ins Wanken gebracht werden können. In der lustvollen Zurschaustellung von Mischformen – maskulinen Frauen/ femininen Männer – wird das Phänomen „Transgender" durchgespielt und damit die Normalitätsunterstellung infrage gestellt, es gäbe nur zwei klar gegeneinander abgegrenzte Geschlechter (vgl. hierzu Hark 1996).

Für Butler ist Heterosexualität als „Gesetz" ein Effekt von Machtdiskursen, die Zweigeschlechtlichkeit als einzige gesellschaftliche Lebensform vorschreiben. Sie haben für Butler juridischen Charakter, d. h., sie geben vor, was erlaubt und was verboten ist. Ein Denkmuster, das behauptet, zu einem in sich stimmigen Körper gehöre ein in sich kohärentes Geschlecht und zwei differente Geschlechtskörper hätten sich in einer heterosexuellen Paarbeziehung zusammenzufinden, artikuliert eine androzentrische Logik. Männliche Autoritäten des öffentlichen Lebens monopolisieren ein Herrschaftswissen, mit dem sich Maskulinitätskonzepte in Geschlechterordnungen durchsetzen lassen. In ihnen geht es um die Etablierung phallokratischer Macht, der sich Frauen und Männer zu fügen haben. Alle Individuen, die sich dem Gebot der Heterosexualität widersetzen und ihr Leben nach eigenen Vorstellungen von libidinösen Beziehungen einrichten, werden als Subjekte negiert. Indem kategorisch ein Bezirk des sozial nicht Tragbaren abgesteckt wird, wird ein Regelsystem geschaffen, das Kontrolle ermöglicht. Diese Methode der Ausgrenzung hat exemplarischen Charakter: Nicht nur Homo-, Trans- und Bisexuelle werden in ihrem Anderssein diskriminiert und verfolgt, sondern auch Jüdinnen und Juden sowie Menschen aus fremden Kulturen und Ethnien. Die Mehrheit der Frauen und Männer unterwirft sich aus Angst vor Ächtung sozialen Identitätszwängen. In performativen Akten inszenieren sie selbst die Stilisierung, welche ihr jeweiliges Geschlecht zu fixieren sucht. Was den Selbst- und Körperbildern, die in Medizin, Sittenkodex, Mode und Medien vertreten werden, nicht entspricht, wird dem Vergessen anheimgegeben. Durch Körperpolitiken entsteht ein sozialer Corpus, in dem es kein eigenwilliges Begehren geben soll (dazu: Villa 2000).

Feministische Ansätze in der Psychoanalyse

Viele Feministinnen, die Ansätze der Psychoanalyse vertreten, haben wichtige Beiträge zur Subjektkonstitution im Spannungsfeld von Individuum und Gesellschaft, von Unbewusstem und Bewusstem, von sexuellem und narzisstischem Begehren, von Versagung und Kompensationsversuchen geleistet. Zu nennen sind vor allem – neben Judith Butler – Luce Irigaray, Teresa de Lauretis, Hélène Cixous und Julia Kristeva. Hier können nur einige Facetten aus der Forschung aufgezeigt werden, in der es um den komplexen Zusammenhang von Frauenunterdrückung, patriarchalischen Machtstrukturen und Formen der Selbstrepräsentation in einem männlichen Unbewussten geht, in dem „Weiblichkeit" nur als Abweichung von Männlichkeit vorkommt.[1]

Wenden wir uns noch einmal Butler zu. Ihre psychoanalytisch fundierte Untersuchung zur Genese einer männlichen Selbstermächtigung, die Verbote erteilt (Butler 2000), orientiert sich weitgehend an Freuds Arbeit über die Melancholie (Freud 1917/1997, GW X, S. 426ff.). Der Melancholiker ist seiner Theorie zufolge unfähig, auf den Verlust eines Liebesobjekts mit Trauer zu reagieren. Er ist in seinem Narzissmus so verletzt, dass er negieren muss, das Verlorene je geliebt zu haben. Gleichzeitig bleibt er jedoch dem Objekt verhaftet, das er nicht haben kann, indem er es sich durch Identifizierung einverleibt. Er richtet es in seinem Über-Ich auf und versucht so, den Verlust rückgängig zu machen. Diese Resurrektion des verleugneten Liebesobjekts im eigenen Inneren hat aber seinen Preis: Alle negativen Gefühle, die auf den Entzug des Begehrten folgen (Wut, Zerknirschung, Schuldgefühle) richten sich gegen ihn selbst.

Butler geht davon aus, dass beide Geschlechter einen Verlust hinnehmen müssen, den sie nicht zu verschmerzen vermögen. Unter dem Druck der gesellschaftlichen Tabuisierung von homosexuellen Neigungen löschen Mädchen und Jungen das libidinöse Begehren aus, das dem gleichgeschlechtlichen Elternteil gilt. In einer Kultur, die Homosexualität ächtet, kann eine solche Versagung nicht eingestanden und nicht betrauert werden (Butler 2000, S. 125ff.). Erotische Beziehungen, die als homosexuelle verfemt sind, werden verworfen. Frauen inszenieren sich als „feminin" und Männer als „maskulin", um dem Vorwurf der Abweichung und damit dem sozialen Ausschluss zu entgehen.

Vor allem beim Mann löst homosexuelles Begehren leicht Panik aus: Er fürchtet, nicht mehr als richtiger Mann zu gelten und damit zu einer verwerflichen Figur zu werden. Sein Triebschicksal ist durch Liebesverlust *und* „verweigerte Identi-

---

[1] Zu Luce Irigaray, deren Untersuchungen zur Frauenunterdrückung zu komplex sind, um sie hier vorzustellen, vgl. Soiland 2010.

fizierung" (Butler) charakterisiert. Die frühkindliche erotische Zuneigung zum Vater muss aufgegeben werden, weil sie gegen das Tabu gleichgeschlechtlicher Sexualbeziehungen verstößt. Als Entschädigung für diesen Verlust kann er zwar die väterliche Autorität verinnerlichen, aber sie bleibt eine erborgte. Den Verzicht auf die begehrte Mutter, den er unter dem Druck des Inzestverbots leistet, kann der Junge nicht wie das Mädchen auf dem Weg der Identifizierung kompensieren. Während es für das Mädchen sozial erwünscht ist, mütterliche Ideale zu beherzigen, bringt das den Jungen in heftige Konflikte. Sich die Mutter zum Vorbild seiner Ich-Bildung zu nehmen, würde bedeuten, sie in seinem Inneren aufzurichten. Das impliziert zwei Bedrohungen: erstens, Weiblichkeit zu internalisieren, und zweitens, von der Mutter abhängig zu bleiben. So errichtet der Mann ein Bollwerk gegen unbewusste Ängste vor gleichgeschlechtlichen Beziehungen, Feminisierung und Autonomieverlust. In seiner Homophobie richtet er seine Abwehrmechanismen gegen sich selbst, das eigene Geschlecht und Frauen.

Einem anderen wichtigen Aspekt einer psychoanalytischen Subjekttheorie, die für eine Psychologie des Sozialen zentral ist, geht Kristeva nach. In ihrer Schrift *Fremde sind wir uns selbst* (1990) untersucht sie die frühkindliche Genese von Abwehrformen, die sich gegen die Konfrontation mit „Alterität" (Andersheit) richten und die bis ins Erwachsenenalter wirkmächtig bleiben. Durch Verdrängung unkenntlich gemacht wird zum einen das, was wir *an uns selbst* nicht anzuerkennen vermögen: Das „andere" ist das, was wir in unserem Inneren nicht bewältigt haben. Aber auch das, was uns *von außen* als ungewohnt und befremdlich entgegentritt, wird als Abartiges und Feindliches verworfen. Unbewusst gemahnen uns die Fremden daran, dass wir uns selbst unheimlich sind. Auf diese Wiederkehr des Verdrängten reagieren wir mit Projektionen: auf das andere Geschlecht, auf Mitmenschen einer anderen Klasse, auf Außenseiter, auf ethnische Minderheiten.

Auch Kristeva knüpft mit diesem Theorem an Freud an. Er hatte bereits in seinem *Entwurf einer Psychologie* (1895/1987) Überlegungen zur lebensgeschichtlichen Entstehung von Fremdenfeindlichkeit angestellt. Seine Spur führt zur Mutter, der ersten Bezugsperson, die nicht nur Liebe, sondern auch Hass und Zorn weckt. Hier setzt Kristevas weiterführende Analyse an. Wenn sich im Zuge der Ich-Entwicklung die Symbiose des Kindes mit seinem ersten Liebesobjekt auflöst, weil Erfahrungen des Getrenntseins auftauchen, tritt dieses als eigenständiges Wesen in Erscheinung. Als andere, als Nicht-Ich wird die Mutter ein Stück weit zur Fremden. Als diejenige, die mächtiger ist als das Kind, wird sie zudem zur Widersacherin kindlicher Größenphantasien. Xenophobie lässt sich vor allem beim Jungen als unbewusste Reaktionsbildung auf verdrängte Mutterbilder verstehen: Die Wut auf die „böse Mutter", die sein Begehren nach unbegrenzter Zuwendung nicht befriedigt, die über Fähigkeiten verfügt, die ihm versagt sind (Kinder gebären und ernähren zu können) und von deren Macht er abhängig ist, lässt sich auf alle Frauen ausweiten. Doch solche Gefühle der Furcht und des Neides gegenüber „Weiblichkeit" sind als Zeichen der eigenen Schwäche für das männliche Selbstwertgefühl irritierend und kränkend. Deswegen werden sie verdrängt und im Unbewussten umgeschrieben. An die Stelle der Frauen treten die Fremden, denen gegenüber Überlegenheit und Stärke demonstriert wird. So gesehen, erscheint die Ablehnung von Fremden als Deckbild von Frauenfeindlichkeit (Kristeva 1982).

Geschlechterforschung und Gesellschaftstheorie

In den bisher vorgestellten Ansätzen der Geschlechterforschung fehlt ein dezidierter Bezug zur Gesellschaftstheorie: Sie zollen Verhaltensdispositionen und Verhaltensregulierungen mehr Beachtung als der Analyse sozialer Verhältnisse. Im Konzept der „doppelten Vergesellschaftung", das als „Hannoverscher Ansatz" in die Genderstudien einging, erhalten die sozialen Verhältnisse ein stärkeres Gewicht.[2] Hier werden die Unterschiede in den Lebensverhältnissen von Frauen und Männern in Beziehung zu divergenten Formen der Vergesellschaftung gesetzt, die auch Differenzen in der Sozialisation nach sich ziehen.

Das Theorem von der doppelten Vergesellschaftung und Sozialisation wurde mit dem Anspruch formuliert, Licht in die widersprüchliche Art und Weise zu bringen, in der Frauen in häusliche und marktvermittelte Arbeitsverhältnisse eingebunden sind (Becker-Schmidt 1987; 2010; Knapp 1990). Es geht den Veränderungen von Lebenslaufmustern nach, mit denen Frauen seit der Öffnung des Arbeitsmarktes für weibliche Beschäftigte konfrontiert sind. In ihrer Lebensplanung taucht neben der Ausrichtung auf eine Familiengründung die Perspektive auf Erwerbstätigkeit auf. Diese Doppelorientierung sorgt für Konflikte, die Männern fremd sind. Alte Weiblichkeitsbilder kollidieren mit neuen Vorstellungen von der „modernen Frau"; tradierte Leitbilder von geschlechtlicher Arbeitsteilung in der Familie werden für Frauen zum Problem. Der Wunsch, Heim und Kinder zu haben, und der Anspruch, einer Berufstätigkeit nachzugehen, disharmonieren, wenn die Vorstellung weiterbesteht, dass vorrangig Frauen für Hausarbeit und Nachwuchsbetreuung in die Pflicht zu nehmen sind. Die Option, ihren Lebensverlauf zweipolig anzulegen, wird durch die Zumutung konterkariert, für die Vereinbarkeit von Familie und Beruf

---

2 Dieser Ansatz wurde Mitte der 1970er-Jahre im Zusammenhang mit dem DFG-Projekt „Probleme lohnabhängiger Mütter: Frauen zwischen Familie und Fabrik" entwickelt (Projektleitung: Regina Becker-Schmidt, wissenschaftliche Mitarbeiterinnen: Uta Brandes-Erlhoff, Gudrun-Axeli Knapp, Mechthild Rumpf und Beate Schmidt).

selbst Sorge zu tragen. Das setzt Frauen – anders als Männer – immer wieder unter Entscheidungszwang. Was soll Vorrang haben: Kinderversorgung oder Erwerbstätigkeit, die Karriereambitionen des Ehemannes oder die eigenen, die Bedürfnisse der Angehörigen nach psychosozialer Unterstützung oder die Möglichkeit größerer Selbständigkeit und eigenständiger Existenzsicherung durch entlohnte Arbeit?

Gesellschaftstheoretisch besagt „doppelte Vergesellschaftung", dass Frauen sich in zwei *widersprüchlich strukturierten* Praxisbereichen bewegen. Die Aufspaltung der gesellschaftlichen Gesamtarbeit in marktvermittelte und private Tätigkeiten schlägt sich im Alltag von berufstätigen Müttern als Spagat zwischen zwei Sphären nieder, die in ihren jeweiligen Beanspruchungsprofilen, inhaltlichen Orientierungen, Verkehrsformen und Anforderungen im Umgang mit Zeit erheblich voneinander abweichen. Wenn Frauen zwischen ihrer häuslichen und ihrer Erwerbsarbeit hin- und herwechseln, haben sie also eine Reihe von Umstellungsproblemen zu bewältigen. Zwang und Motivation, Widerspruch und innere Ambivalenz liegen darum bei Frauen, die sich für Familie und Beruf entscheiden, dicht beisammen. Für den Gelderwerb gibt es einen wichtigen objektiven Grund, denn von nur einem Verdienst kann die Mehrzahl der Familien nicht leben. Hinzu kommt aber auch der Wunsch vieler Frauen, ihr Arbeitsvermögen nicht nur privat, sondern auch öffentlich einzubringen. Weder können sie von einer bezahlten Tätigkeit ablassen, die größere Unabhängigkeit und mehr Lebensqualität verspricht, noch auf eine Paarbeziehung mit Kindern verzichten. Das Dilemma, in dem sie stecken, lässt sich auf den Punkt bringen: „Eines ist zu wenig, beides ist zu viel." Frauen machen im Wechsel ihrer Praxisfelder die Erfahrung, dass ihnen in der Familie etwas fehlt, was sie im Berufsleben suchen: Bezahlung, Anerkennung, Kooperation und Einsatz von Kompetenzen, die sich zuhause weniger entwickeln können. Sie bekommen aber auch zu spüren, woran es im Erwerbsleben mangelt: an Beziehungen der Nähe, an Möglichkeiten, die Arbeit selbst zu organisieren und ihr einen persönlichen Sinn zu geben. In den strukturellen Widersprüchen und emotionalen Zerreißproben, die aus der gesellschaftlichen Dissoziation von Markt- und Privatsphäre erwachsen, verbirgt sich ein Paradox: Frauen halten zusammen, was gesellschaftlich getrennt ist. Aber diese Leistung wird nicht honoriert – im Gegenteil, Dauerstress ist der Preis, den sie zu zahlen haben.

Gegenwärtige Auseinandersetzungen

Gegenwärtige Kontroversen in der Geschlechterforschung beziehen sich vor allem auf die Frage nach der Wirkmächtigkeit der Kategorie Geschlecht. Sozialkonstruktivistische Ansätze gehen davon aus, dass ihr kaum noch gesellschaftsstrukturierende Bedeutung zukommt. Gleichheitssemantiken, so wird argumentiert, haben Geschlechterstereotypien tabuisiert. So gebe es nur noch wenige soziale Bereiche, in denen Frauen nicht Fuß gefasst haben. Wo die Orientierung an Geschlechterkonstruktionen noch zu beobachten ist, ist das an spezifische Situationen gebunden. Die gesellschaftstheoretisch orientierte Geschlechterforschung hält dagegen, dass die Abnahme von sexuierten Klischees im Alltagshandeln nicht besagt, dass auch die Unterschiede in der Verteilung von materiellen, kulturellen und politischen Ressourcen zwischen den Genus-Gruppen oder Diskriminierungen aufgehoben seien.

Verständnisfragen

- Unter welchen gesellschaftlichen Konstellationen kommt es zu einer Geschlechterdifferenzierung, in der nicht nur zwischen den Geschlechtern unterschieden wird, sondern in der die Unterschiede zu Ungleichheitslagen führen?
- Woran lässt sich ablesen, ob sich asymmetrische Geschlechterverhältnisse auflösen oder gegen Veränderungen als resistent erweisen?

Literatur

Beauvoir, S. de (1951). *Das andere Geschlecht. Sitte und Sexus der Frau*. Berlin: Rowohlt.
Becker-Schmidt, R. (1987). Die doppelte Vergesellschaftung – die doppelte Unterdrückung. Besonderheiten der Frauenforschung in den Sozialwissenschaften. In L. Unterkircher & I. Wagner (Hrsg.), *Die andere Hälfte der Gesellschaft* (S. 10–25). Wien: Verlag des Österreichischen Gewerkschaftsbundes.
Beck-Gernsheim, E. (1983). Vom „Dasein für andere" zum Anspruch auf ein Stück „eigenes Leben". *Soziale Welt, 1983, Heft 3*, 307–340.
Bereswill, M. (2006). Männlichkeit und Gewalt. Empirische Einsichten und theoretische Reflexionen über Gewalt zwischen Männern in Gefängnissen. *Feministische Studien, 24*, 242–255.

Bock, G. & Duden, B. (1972). Arbeit aus Liebe – Liebe als Arbeit. In Gruppe Berliner Dozentinnen (Hrsg.), *Frauen und Wissenschaft*. Berlin: ohne Verlag.
Brückner, M. (1988). *Die Liebe der Frauen – über Weiblichkeit und Misshandlung*. Frankfurt am Main: Fischer.
Butler, J. (1991). *Das Unbehagen der Geschlechter*. Frankfurt am Main: Suhrkamp.
Butler, J. (2001). *Psyche der Macht. Das Subjekt der Unterwerfung*. Frankfurt am Main: Suhrkamp.
Connell, R. W. (1999). *Der gemachte Mann. Männlichkeitskonstruktionen und die Krise der Männlichkeit*. Opladen: Leske & Budrich.
Gildemeister, R. & Wetterer, A. (1992). Wie Geschlechter gemacht werden. Die soziale Konstruktion der Zweigeschlechtlichkeit und ihre Reifizierung in der Frauenforschung. In G.-A. Knapp & A. Wetterer (Hrsg.), *TraditionenBrüche. Entwicklungen feministischer Theorie* (S. 201–254). Freiburg: Kore.
Gildemeister, R. & Robert, G. (2008). *Geschlechterdifferenzierungen in lebenszeitlicher Perspektive. Interaktion – Institution – Biographie*. Wiesbaden: VS.
Flaake, K. & King, V. (1992) (Hrsg.). *Weibliche Adoleszenz. Zur Sozialisation junger Frauen*. Frankfurt am Main/New York: Campus.
Freud, S. (1895/1987). *Entwurf einer Psych*ologie. In GW, Nachtragsband (S. 375–480). Frankfurt am Main: Fischer.
Freud, S. (1917/1997): *Trauer und Melancholie*. In GW X (S. 426–446). Frankfurt am Main: Fischer.
Hagemann-White, C. (1984). *Sozialisation. Weiblich-männlich?* Opladen: Leske & Budrich.
Knapp, G.-A. (1990). Zur widersprüchlichen Vergesellschaftung von Frauen. In E.H. Hoff (Hrsg.), *Die doppelte Sozialisation Erwachsener* (S. 17–52). Weinheim/München: Juventa.
Kristeva, J. (1982). *Powers of Horror. An Essay on Abjection*. New York: Columbia UP.
Kristeva, J. (2001). *Fremde sind wir uns selbst*. Frankfurt am Main: Suhrkamp.
Lorber, J. (1999). *Gender-Paradoxien*. Opladen: Leske & Budrich.
Pohl, R. (2004). *Feindbild Frau, männliche Sexualität, Gewalt und die Abwehr des Weiblichen*. Hannover: Offizin.
Pross, H. (1969). *Über die Bildungschancen von Mädchen in der BRD*. Frankfurt am Main: Suhrkamp.
Scheu, U. (1977). *Wir werden nicht als Mädchen geboren, wir werden dazu gemacht. Zur frühkindlichen Erziehung in unserer Gesellschaft*. Frankfurt am Main: Fischer.
Thürmer-Rohr, C. (1989) (Hrsg.). *Mittäterschaft und Entdeckungslust. Studienschwerpunkt „Frauenforschung" am Institut für Sozialpädagogik der Technischen Universität Berlin*. Berlin: Orlanda.
West, C. & Zimmerman, D.H. (1987). Doing Gender. *Gender and Society*, Heft 2/1, 125–151.
Wetterer, A. (2002). *Arbeitsteilung und Geschlechterkonstruktion. "Gender at Work" in theoretischer und historischer Perspektive*. Konstanz: UVK Verlagsgesellschaft.

Weiterführende Literatur

Becker, R. & Kortendiek. B. (Hrsg.) (2010³). *Handbuch der Frauen- und Geschlechterforschung*. Wiesbaden: VS.
Becker-Schmidt, R. (2010³). Doppelte Vergesellschaftung von Frauen. Divergenzen und Brückenschläge zwischen Privat- und Erwerbsleben. In R. Becker & B. Kortendiek (Hrsg.), *Handbuch der Frauen- und Geschlechterforschung* (S. 65–74). Wiesbaden: VS.
Becker-Schmidt, R. & Knapp, G.-A. (2000). *Feministische Theorien zur Einführung*. Hamburg: Junius.
Bilden, H. & Hurrelmann, D. U. (Hrsg.) (1980). *Handbuch der Sozialisationsforschung*. Weinheim: Beltz.
Degele, N. (2008). *Gender/Queer Studies. Eine Einführung*. Paderborn: Fink.
Hark, S. (2005). *Dissidente Partizipation. Eine Diskursgeschichte des Feminismus*. Frankfurt am Main: Suhrkamp.
Knapp, G.-A. (2012). Rückblickende Auseinandersetzung mit Weiblichkeit. In *Im Widerstreit. Feministische Theorie in Bewegung* (S. 201–254). Wiesbaden: Springer.
Lenz, I. (2008) (Hrsg.). *Die neue Frauenbewegung in Deutschland. Abschied vom kleinen Unterschied. Eine Quellensammlung*. Wiesbaden: VS.
Meuser, M. (2006). *Geschlecht und Männlichkeit. Soziologische Theorie und kulturelle Deutungsmuster*. Wiesbaden: VS.
Scheich, E. (1996) (Hrsg.). *Vermittelte Weiblichkeit. Feministische Wissenschafts- und Gesellschaftstheorie*. Hamburg: Hamburger Edition.
Soiland, Tove (2010). *Luce Irigarays Denken der sexuellen Differenz. Eine dritte Position im Streit zwischen Lacan und den Historisten*. Wien: Turia+Kant.
Villa, P. (2005). *Judith Butler. Einführung*. Frankfurt am Main/New York: Campus.
Villa, P. (2008). *Schön normal. Manipulationen des Körpers als Technologien des Selbst*. Bielefeld: Transcript.

II
Sozialpsychologien

Symbolischer Interaktionismus

Christian Gudehus und Sebastian Wessels

Zusammenfassung

Der Beitrag stellt im Überblick die theoretische Schule bzw. Denkrichtung des Symbolischen Interaktionismus von ihrer Entstehung und Entwicklung bis hin zu ihren heutigen Einflüssen in Sozialpsychologie, Soziologie und Geschichtswissenschaft dar. Von seinem bedeutendsten Urheber George Herbert Mead (1863-1931) wurde der Symbolische Interaktionismus zunächst als „Sozialbehaviorismus" bezeichnet, doch er unterscheidet sich wesentlich von derjenigen verhaltensorientierten Psychologie, die heute als „Behaviorismus" bezeichnet wird. Ausgehend von dieser Unterscheidung wird die Verwurzelung des Symbolischen Interaktionismus im Pragmatismus und in der Evolutionstheorie aufgezeigt, woraufhin mit *Geste, Geist, Bewusstsein, Selbst* und *signifikantes Symbol* zentrale Begriffe Meadscher Theorie vorgestellt werden. Im abschließenden Abschnitt gehen wir einigen bis heute wirksamen Einflüssen des Symbolischen Interaktionismus im sozialwissenschaftlichen Denken nach.

Geschichte

Symbolischer Interaktionismus ist ein Oberbegriff für eine sozialwissenschaftliche Denkrichtung und Theorie, die zu Beginn des 20. Jahrhunderts entstand. Maßgebende Beiträge dazu lieferten die Soziologen Charles H. Cooley (1864-1929) und William I. Thomas (1863-1947), die Philosophen und Psychologen John Dewey (1859-1952) und William James (1842-1910) sowie vor allem George Herbert Mead (1863-1931), dessen Werk sich aus Philosophie, Psychologie und Soziologie speiste und heute am ehesten der Soziologie oder Sozialpsychologie zugerechnet wird. Das akademische Zentrum dieser Entwicklung bildete die Universität von Chicago, an der Dewey, Mead und Thomas forschten und lehrten. Dort setzte auch der Soziologe Herbert Blumer (1900–1987) Meads Vorlesungen nach dessen Tod im Jahr 1931 fort. Er trug wesentlich zur Etablierung und späteren Ausarbeitung des Ansatzes bei (Helle 2001, S. 67, 93ff.) und prägte den Begriff des *Symbolischen Interaktionismus* (Blumer 1969, S. 1). Mead selbst hatte seine Lehre als *Sozialbehaviorismus* bezeichnet (Mead 1973, S. 44).

Symbolischer Interaktionismus und Behaviorismus

Aus heutiger Sicht ist der namentliche Bezug auf den Behaviorismus irreführend, denn der klassische Behaviorismus, von John B. Watson (1878–1958) begründet und von B. F. Skinner (1904–1990) popularisiert und radikalisiert, interessierte sich gerade nicht für die menschliche Subjektivität, die der Symbolische Interaktionismus in den Mittelpunkt stellte. Der Behaviorismus vertrat die Ansicht, dass Psychologie nur dann wissenschaftlich arbeite, wenn sie ihre Aussagen unmittelbar aus beobachtetem Verhalten herleiten und an ihm beweisen könne. Seine wichtigste Methode war das Experiment; sein wichtigstes theoretisches Konstrukt die Konditionierung, also die Verknüpfung von Reizen und Reaktionen durch Lernen. Im Prinzip ließ sich menschliches Verhalten für den Behaviorismus auf dieselbe Weise erforschen und erklären wie tierisches (Morris 1973, S. 20f.), und tatsächlich arbeiteten sowohl Watson als auch Skinner mit Tieren, etwa Ratten und Tauben. Behavioristen dieser Schule machten geltend, dass Aussagen über psychische Vorgänge „hinter" einem beobachteten Verhalten immer spekulativ seien. Daher betreibe nur der Behaviorismus Psychologie als objektive und positive – in abgrenzender Absicht würde man sagen: positivistische – Wissenschaft. Entscheidende Aspekte des Symbolischen Interaktionismus, nämlich die Besonderheit der symbolischen Kommunikation und Realitätsaneignung sowie die Kreativität, mit der Menschen ihre Handlungen entwerfen und gestalten, fanden im klassischen Behaviorismus daher grundsätzlich keinen Platz.

Als Mead aber schrieb und lehrte, war der Begriff des Behaviorismus noch nicht so fest mit der Psychologie Watsons und Skinners verbunden, wie er es heute ist, und Mead beanspruchte ihn in Abgrenzung zu Watson für seine eigene Sozialpsychologie. Der Begriff verspricht allgemein eine Psychologie, die sich möglichst vollständig aus Verhaltensbeobachtungen herleitet (amerikanisches Englisch für Verhalten: „behavior"). Für Watson bedeutete dies, grundsätzlich nichts in die Theorie einzuführen, was sich nicht unmittelbar am Verhalten beobachten ließ. Damit schloss er jegliche Introspektion, also direkte Wahrnehmung des Psychischen, die jedem Menschen nur bei sich selbst möglich ist, aus der Forschung aus. Für Mead war Watsons Haltung „die der Königin in *Alice im Wunderland* – ‚Herunter mit den Köpfen!' – so etwas gab es eben nicht. Es gab keine Vorstellungen und kein Bewusstsein" (Mead 1973, S. 41). Mead dagegen teilte zwar die Auffassung, dass Psychologie an beobachtbarem Verhalten ansetzen müsse, betonte aber den geistigen Charakter menschlichen Handelns. „Es gibt innerhalb der Handlung selbst einen nicht-äußerlichen Bereich, der aber zur Handlung gehört, und es gibt Merkmale dieses inneren organischen Verhaltens, die sich in unseren eigenen Haltungen, besonders den mit der Sprache verbundenen, verdeutlichen" (ebd., S. 44). Ein *sozialer* Behaviorismus war sein Ansatz für ihn deshalb, weil er „das Verhalten des Individuums im Hinblick auf das organisierte Verhalten der gesellschaftlichen Gruppe erklären" wollte; für den Sozialpsychologen sei „das Ganze (die Gesellschaft) wichtiger als der Teil (das Individuum)" (ebd., S. 45).

Pragmatismus und Evolutionstheorie

Die zweite wesentliche Denktradition, die neben dem Behaviorismus in den Symbolischen Interaktionismus einging, ist nach Horst Jürgen Helle der philosophische Pragmatismus (2001, S. 44ff.). Zu dessen Begründern zählen Charles S. Peirce (1839–1914), William James und John Dewey. Das „Pragmatische" an dieser Philosophie ist ihr Grundgedanke, dass Wahrheit durch die alltägliche gesellschaftliche Lebenspraxis entsteht und sich in ihr beweisen muss – „the truth is what works" (ebd., S. 44). Die Wahrheit hat „ihren Ursprung in William James' ‚stream of consciousness' […], im lebendigen Prozess des individuellen Bewusstseins, der subjektives Erfahren von vorgefundener Wirklichkeit ermöglicht, und aus dem durch das Handeln des Individuums im Leben selbst neue Wirklichkeit entsteht" (ebd., S. 45).

Außerdem war Charles Darwins (1809–1882) Evolutionstheorie für die Entstehung des Symbolischen Interaktionismus bedeutsam. Aus der Vorstellung vom Menschen als evolutionär entstandene biologische Spezies zogen die Behavioristen der Schule Watsons den radikalen Schluss, dass menschliches Verhalten in denselben Kategorien zu fassen sei wie tierisches, wobei das Lernen von Reiz-Reaktions-Verknüpfungen im Dienste des Überlebens als paradigmatisches Erklärungsmodell fungierte. Mead hingegen sah Geist und Sprache als menschliche Besonderheiten an und stellte sich die Frage, wie sie aus dem praktischen Leben heraus entstehen konnten, also wie und warum evolutionär entstandene Organismen sie hervorbringen (Morris 1973, S. 13). Hier bedeutete der pragmatische, sozialbehavioristische Ansatz Meads, nicht einfach hinzunehmen, dass Menschen nun einmal über Geist und Sprache verfügen, dies aber auch nicht wie Watson zu „bagatellisieren" (Mead 1973, S. 47), sondern ihr Entstehen an beobachtbarem Verhalten zu erklären und sie so in eine wissenschaftliche Theorie vom Menschen einzufügen.

Grundgedanken des Symbolischen Interaktionismus im Werk Meads

Kommunikation über Gesten

Als Beginn dieses Entstehungsprozesses stellte sich Mead die Kommunikation über Gesten vor. Sein Verständnis der Geste hatte er vom deutschen Psychologen Wilhelm Wundt (1832–1920) übernommen. Mead führt in seinem 1934 erstmals erschienenen Hauptwerk *Geist, Identität und Gesellschaft aus der Sicht des Sozialbehaviorismus* kämpfende Hunde als Beispiel an:

> Eben die Tatsache, dass der Hund zum Angriff auf einen anderen bereit ist, wird zu einem Reiz für diesen anderen, seine eigene Position oder seine eigene Haltung zu ändern. Kaum tritt dies ein, löst die veränderte Haltung des zweiten Hundes beim ersten wiederum eine veränderte Haltung aus. Hier werden Gesten ausgetauscht. (Mead 1973, S. 82)

Nicht anders sei es, wenn Menschen fechten oder boxen. „Der Begriff ‚Geste' kann mit jenen Anfängen gesellschaftlicher Handlungen gleichgesetzt werden, die als Reize für die Reaktionen anderer Wesen dienen" (ebd.). Dies ist Kommunikation, aber noch keine symbolische Kommunikation. Die Geste wird erst zum „signifikanten Symbol", wenn der einzelne „die Bedeutung seiner eigenen Geste erfassen" kann und fähig ist, „in sich selbst die Reaktion auszulösen, die seine Geste bei den anderen auslöst, und dann diese Reaktion des anderen zur Kontrolle seines eigenen weiteren Verhaltens einzusetzen" (Morris 1973, S. 24). Die Kommunikation über signifikante Symbole ist somit „die Hereinnahme des gesellschaftlichen Prozesses der Kommunikation in den Einzelnen" (ebd., S. 25), indem dieser voraussieht, welche Reaktion seine begonnene Handlung bei anderen auslösen wird, was er nur kann, indem er selbst auf die eigene Handlung reagiert. Nur so sind die öffentlichen oder objektiven Bedeutungen von Wörtern und anderen Symbolen möglich – sie bedeuten für alle Beteiligten mehr oder weniger das Gleiche, und das heißt: Meine Wortäußerung x wird die Reaktion y bei einem anderen auslösen.

Selbst und Bewusstsein

Auf die eigene Geste oder Handlung reagieren zu können, wie andere darauf reagieren (würden), bedeutet, über ein *Selbst* zu verfügen. Das *self* ist ein zentraler Begriff in der Theorie Meads, der für die deutschsprachige Ausgabe teilweise mit „Identität" übersetzt wurde. Wer über ein Selbst verfügt, kann sich in Gedanken selbst gegenübertreten und als Objekt unter anderen betrachten. Um einzuschätzen, wie meine Handlung auf andere wirken wird, betrachte ich mich selbst sozusagen von außen, als wäre ich für diesen Moment gleichzeitig ein anderer. Das Selbst in diesem Sinn ist eng verbunden mit Bewusstsein. Die kämpfenden Hunde kommunizieren über aggressive Gesten, aber ihnen ist nicht bewusst, dass eine Geste eine so und so geartete Reaktion beim anderen auslösen wird. Auch der Boxer oder Fechter macht sich die Reaktion des Gegenübers nicht bewusst: „Wenn ein Teilnehmer erfolgreich sein soll, darf ein Großteil seiner Angriffe und seiner Verteidigung nicht überlegt sein, sondern muss unmittelbar ablaufen. Er muss sich ‚instinktiv' auf die Haltung des anderen einstellen" (Mead 1973, S. 82).

Entstehung der signifikanten Symbole

Wie entstehen nun Bewusstsein und Selbst, wie entstehen signifikante Symbole aus der Kommunikation mit Gesten? Sie entstehen aus dem Auftauchen eines Handlungsproblems. Dies ist

> jenes Stadium der Erfahrung, innerhalb dessen wir ein unmittelbares Bewusstsein konfligierender Handlungsantriebe haben, die dem Objekt seinen Charakter als Reiz-Objekt nehmen und uns insofern in einer Haltung der Subjektivität zurücklassen, während derer aber aufgrund unserer rekonstruktiven Tätigkeit, die zum Begriff des Subjekts „Ich" (im Unterschied zum Begriff des Objekts „Mich") gehört, ein neues Reiz-Objekt entsteht. (Mead 1987, S. 143)

Das heißt, das Individuum handelt aufgrund unbewusster Antriebe in Bezug auf ein Reizobjekt, dem es sich beispielsweise nähert, um ein Bedürfnis zu befriedigen. Wenn dieses Objekt ein Mensch ist, stört er oder sie den reibungslosen Ablauf der beabsichtigten Handlung durch eigene Reaktionen. Das Reizobjekt, das mit seiner unerwarteten Reaktion den Handlungsvollzug gestört hat, muss rekonstruiert werden, damit weiteres Handeln möglich ist. Einfacher ausgedrückt: Das Bild des Handelnden von diesem Menschen ändert sich, und damit ändert sich auch sein Verhalten in Bezug auf ihn. Zugleich wird sich der Handelnde durch diese Handlungshemmung seiner selbst als desjenigen bewusst, der diese Reaktion ausgelöst hat. In Gestalt der Reaktion bekommt er oder sie sozusagen eine Außenansicht auf sich selbst vermittelt; diese Außenansicht ist das *Me* (je nach Übersetzung auch *Mich* oder *ICH*). Das *Selbst* wird aus zahlreichen *Mes* gebildet, die in verschiedenen Interaktionen mit anderen entstehen. Wie einem situativ entstehenden *Me* stets ein bestimmter Anderer gegenübersteht, so steht später dem reifen, relativ situationsunabhängigen Selbst nur ein gedachter, *generalisierter Anderer* gegenüber. Der Mensch stellt sich somit vor, wie unbestimmte Andere das eigene Verhalten deuten. So entsteht ein Bewusstsein von der Wirkung und der Bedeutung eigener Handlungen.

Dass aus Gesten signifikante Symbole werden, heißt, dass diese Gesten nicht nur in einer bestimmten Situation bestimmte Reaktionen provozieren, sondern Allgemeingut werden und generell geeignet sind, bei beliebigen anderen wie bei sich selbst bestimmte Reaktionen hervorzurufen. Der Mensch reagiert „auf die von ihm selbst hervorgebrachten Äußerungen und Handlungen wie ein Partner", und zwar „in einer antizipatorischen und damit das mögliche Antwortverhalten von Handlungspartnern innerlich repräsentierenden Weise. Durch diese Fähigkeit wird eigenes Verhalten an einem nur potenziellen Reaktionsverhalten von Partnern ausrichtbar" (Joas 1996, S. 274). Mit den signifikanten Symbolen, also vor allem der Sprache, entsteht als evolutionsgeschichtliche Neuheit der „Grundzug menschlicher Sozialität": eine „Verhaltenskoordination [...] über die gemeinsame Orientierung an Mustern wechselseitiger Verhaltenserwartungen" (ebd.).

Demnach spielen nicht nur im Behaviorismus, sondern auch im Symbolischen Interaktionismus Reiz-Reaktions-Verknüpfungen eine wichtige Rolle. Sie sind auf der Ebene signifikanter Symbole jedoch wesentlich anderer Art als bei der unbewussten Kommunikation über Gesten. Dadurch ist die Verknüpfung von Reiz und Reaktion im äußeren Verhalten gelockert. Da alle Kommunikationsteilnehmer sich vergegenwärtigen können, welche Reaktionen sie mit einer Handlung auslösen würden, können und müssen sie diese möglichen Reaktionen stets von vornherein in ihre Handlungsplanung einbeziehen. Das heißt, dass jeder einen Spielraum bei der Auswahl der Reize hat, die er oder sie den anderen überhaupt bietet. Andersherum setzen die anderen nicht automatisch und zwangsläufig ihre unmittelbare Reaktion in Handeln um, sondern auch sie nehmen innerlich vorweg, welche Reaktionen sie damit auslösen würden, und gestalten ihr Handeln mit Rücksicht darauf. Aus dieser Sicht ist Denken ein nach innen verlegtes, probeweises soziales Handeln (Mead 1973, S. 86). Denken heißt, in der Vorstellung durchzuspielen, was ich tun könnte und wie andere darauf reagieren würden. Die „im Zentralnervensystem vorgefundenen Strukturen [sind] Handlungsstrukturen – nicht Strukturen der Kontemplation, der reinen Anschauung" (ebd., S. 65). Natürlich werden andere nicht immer so reagieren, wie ich es vorhersehe – ständig tauchen Handlungsprobleme auf, die mich zwingen, mein Bild von mir selbst und der sozialen Welt zu reflektieren und zu modifizieren. Das Selbst ist ein Prozess.

Reizauswahl und selektive Aufmerksamkeit

Darüber hinaus reagieren Menschen auch nicht auf alle Reize, die sich bieten. Auch hier gibt es einen Spielraum, der nach Mead wesentlich durch die Selektivität der Aufmerksamkeit bedingt ist:

> Nicht nur öffnen wir uns bestimmten Reizen und verschließen uns anderen, sondern unsere Aufmerksamkeit ist ebenso ein organisierender Prozess wie ein selektiver. Wenn wir sie unserer zukünftigen Aktivität zuwenden, nehmen wir die ganze Gruppe von Reizen auf, die die nachfolgende Tätigkeit repräsentieren. Unsere Aufmerksamkeit ermöglicht es uns, jenen Bereich zu organisieren, in dem wir handeln werden. Hier haben wir den Organismus als einen, der handelt und seine Umwelt bestimmt. (Ebd., S. 63f.)

Wenn ich zum Beispiel eine Stelle zum Angeln suche, reagiere ich auf andere Reize, als wenn ich in derselben Umgebung spazieren gehen oder zu einem Termin eilen würde. Welche Reize wie auf mich wirken, hängt davon ab, wie ich vorab meinen Handlungsplan organisiert habe. Aus welchen *Objekten* die Umwelt eines Organismus besteht, entscheidet sich generell durch die Eigenstruktur des Organismus selbst. „Es gäbe z. B. keine Nahrung – keine essbaren Objekte –, wenn es keine Organismen gäbe, die sie verdauen können. Ebenso schafft der gesellschaftliche Prozess die Objekte, auf die er reagiert oder denen er sich anzupassen hat" (ebd., S. 117; Blumer 1986, S. 69). Diese Auffassung trägt einen spezifischen Konstruktivismus in den Symbolischen Interaktionismus hinein; eine Spielart der Auffassung, dass Menschen es immer mit einer von ihnen selbst konstruierten Welt bzw. Weltsicht zu tun haben. Dies hat weitreichende methodische Konsequenzen. Gleichgültig, ob psychologische oder soziologische Erkenntnisse über Menschen durch Experimente oder Feldforschung gewonnen werden sollen, ist ein Verständnis ihres Handelns nur mit genauem Wissen darüber möglich, aus welchen Objekten sich ihre jeweilige Welt zusammensetzt, worauf sich ihre Aufmerksamkeit richtet und welchen Sinn bestimmte Gesten für sie haben. Deswegen betont Blumer, dass Aussagen über bestimmte soziale Handlungszusammenhänge prinzipiell nur möglich seien, wenn man diese Handlungszusammenhänge intensiv von innen kennenlernt (Blumer 1986, S. 35ff.).

Grundgedanken des Symbolischen Interaktionismus in späteren Theorien

Erving Goffman: „Rahmen-Analyse" (1977)

Dieser Punkt sowie die Mead'sche Identitätstheorie insgesamt sind bis heute wichtiger Bestandteil sozialwissenschaftlicher Theorie- und Forschungstraditionen. Besonders interessant ist dabei weniger die explizite Weiterführung der „Schule" als vielmehr die Spurensuche nach Elementen dieser Sichtweise auf die soziale Welt. Der Soziologe Erving Goffman (1922–1982), der in der Sekundärliteratur mit dem Symbolischen Interaktionismus verbunden wird, reagierte freundlich ablehnend auf solche Zuordnungen (Helle 2001, S. 160f.). Seine Überlegungen zu *Rahmen* und *Rollen* weisen jedoch, was er keineswegs bestritt, eine spürbare Verwandtschaft zum Symbolischen Interaktionismus auf. Rahmen können als auf Erfahrung beruhende Erwartungen an soziale Interaktionen verstanden werden. Es handelt sich um zumeist nicht explizierte Spielregeln oder Skripte und Weisen, ein Vorkommnis zu deuten. Beispielsweise kann eine Angriffsgeste im Rahmen eines Spiels als Fortschreibung der Spielhandlung verstanden werden, während dieselbe Handlung außerhalb dieses Rahmens als Bedrohung gedeutet wird, mit entsprechend unterschiedlichen Konsequenzen für das je eigene Handeln. Jeder Rahmen, so Goffman,

> ermöglicht dem, der ihn anwendet, die Lokalisierung, Wahrnehmung, Identifikation und Benennung einer anscheinend unbeschränkten Anzahl konkreter Vorkommnisse, die im Sinne des Rahmens definiert sind. Dabei sind ihm die Organisationseigenschaften des Rahmens im Allgemeinen nicht bewusst, und wenn man ihn fragt, kann er ihn auch nicht annähernd vollständig beschreiben, doch das hindert nicht, dass er ihn mühelos und vollständig anwendet. (Goffman 1977, S. 31)

Während Mead vom Subjekt, der Art und Weise, wie es sich zur Welt ins Verhältnis setzt und der Rolle von Symbolen für die Kommunikation aller untereinander ausgeht, beschreibt Goffman die Welt, in der sich die Menschen bewegen, als eine bereits hochgradig formatierte. Demnach weiß grundsätzlich jeder von den sozialen Orientierungsmarken. Dieses Rahmenwissen, also die Kompetenz, sich auf Rahmen zu beziehen, zu wissen „‚was' man ‚wann', ‚wo' mit ‚wem' tut, reden und verabreden kann oder nicht kann" (Soeffner 1989, S. 143), erfüllt eine Reihe psychologischer Funktionen: „Es orientiert und versorgt mit ‚unproblematischen, gemeinsam und als garantiert unterstellten Hintergrundüberzeugungen'; es verschafft ‚ontologische Sicherheit', und es ermöglicht die angstabsorbierende Verarbeitung von Irritationen und Zurückführung auf bekannte und vertraute Muster" (Willems

1997, S. 51). Diese Art des Wissens ist zwar in vielen Fällen unbewusst, kann aber grundsätzlich kognitiv verfügbar gemacht werden. Ob allerdings Sozialtheoretiker oder Sozialpsychologinnen ihren Alltag besser oder immerhin anders bewältigen als jene, die weniger über die Funktionsweisen menschlicher Sozialität wissen, harrt noch der Untersuchung.

Rollen: Goffman, Popitz, (Milgram,) Joas und Lüdtke

Die Annahme einer formatierten Welt, in der sich Individuen im Wesentlichen zurechtfinden, drückt sich in einer ganzen Reihe sozial- und kognitionswissenschaftlicher Konzepte aus. Jenes der *Rolle* wurde von Erving Goffman in seinem Buch *Wir alle spielen Theater* von 1959 ausgearbeitet. Mit Rollen sind „Container" sozialer Funktionen gemeint, die bereits mit einem Verhaltensrepertoire, mit Gesten und Symbolen – und hier kommt Mead wieder ins Spiel – ausgestattet sind.

Heinrich Popitz hat Rollen als eine mögliche „Standardisierung des Handelns" (2006, S. 130f.) beschrieben, als „Bündel von Rollennormen, spezialisierte, aufeinander bezogene normative Subsysteme" (ebd., S. 124). Da Popitz „Gesellschaft als Beziehung zwischen sozial verallgemeinerten Personen" (ebd., S. 146) ansieht, werden Rollen und ihre Attribute für ihn zu entschlüsselbaren Zeichenkomplexen mit doppelter Funktion. Sie stecken den Bereich möglicher Handlungen zwischen diesen Abstraktionen ab, sodass tatsächliche Personen ihr Handeln daran orientieren können. Das gilt nicht nur für die Orientierung in spezifischen Situationen, sondern viel grundsätzlicher – Rollen bieten auch Ziele für die individuelle autobiografische Entwicklung.

Der Sozialpsychologe Stanley Milgram verweist in der Analyse des nach ihm benannten Experiments ausdrücklich auf Goffman und spricht von „situationsbedingten Verpflichtungen" (1974, S. 174), die den Versuchsteilnehmenden einen Abbruch des Experiments als „ernstes soziales Mißverhalten" (ebd., S. 175) erscheinen lassen. Im Sinne von Goffman ließe sich möglicherweise auch von einem Rollenkonflikt in dieser zwar ad hoc geschaffenen, aber auf eingeübte Muster zurückgreifenden Rollenkonstellation sprechen. Nun sind weder Rollen noch Rahmen fixiert, sondern in steter, wenn auch tendenziell träger Bewegung. Sie werden nicht bloß übergestreift, sondern ausgelegt und angeeignet. So entsteht eine Differenz zwischen abstrakter Rolle und konkreter Übernahme dieser Rolle; etwas, das bei Popitz als „Außerdem" erscheint, als Überschuss, der über die Rolle hinausgeht.

Hans Joas, dem wohl die profundeste Analyse des Mead'schen Denkens im deutschsprachigen Raum zu verdanken ist (u. a. Joas 1989, in didaktisierter Form Joas & Knöbl 2011, S. 183–219), hat eine Handlungstheorie entwickelt, die diesen

Aneignungsvorgang – und damit das Verhältnis von Individuum und Gesellschaft – in den Mittelpunkt rückt. Zwar sind Wahrnehmungs- und Deutungsweisen vorgeformt, was in Konzepten wie *Mentalität, Habitus, Figuration, sozialer Rolle* oder *mentalen Modellen* abgebildet ist. Welche Handlung aber „realisiert wird, entscheidet sich [...] durch eine reflexive Beziehung auf die in der Situation erlebte Herausforderung" (Joas 1996, S. 236). Nach Joas gibt es also ein systematisch zu berücksichtigendes Moment der Kreativität, des nicht bloß Erfüllens von oder Aufgehens in Rahmen und Rollen.

Der Historiker Alf Lüdtke hat dafür den Begriff des *Eigensinns* geprägt. Für die Alltagsgeschichte sei darüber hinaus nicht nur das „Übernehmen", sondern auch die Nuancierung und Veränderung bedeutsam (Lütdke 1989, S. 13). Akteure und Struktur sind für Lüdtke unmittelbar verbunden: „Individuen und Gruppen formen das Profil ihrer Wahrnehmungs- und Handlungsweisen nicht *jenseits*, sondern *in* und *durch* gesellschaftliche Beziehungen" (ebd.). Konsequenterweise bezeichnet er Alltagsgeschichte „als Rekonstruktion von Aneignungsformen und Aneignungspraxen" (Lüdtke 1997, S. 87). Entsprechend sind es weniger die vermuteten Motive oder Motivationen, die es zu beforschen gilt, als vielmehr die Beobachtung und anschließende Analyse von individuellen Deutungen und Praktiken. Intentionen – mehr oder minder ausformulierte Handlungsstrategien, die gewissermaßen nur noch ausgeführt werden – stehen dagegen nicht im Fokus der Aufmerksamkeit.

Hans Joas, dessen Konzept kreativen Handelns Verwandtschaft zur Arbeit Alf Lüdtkes aufweist, expliziert die Abwesenheit von Planung und Intentionalität folgendermaßen: „Handeln setzt [...] nicht notwendig Planung voraus, und selbst wenn Pläne vorliegen, ist der konkrete Handlungsablauf von Situation zu Situation konstruktiv zu erzeugen und offen für kontinuierliche Revision" (Joas 1996, S. 237).

Strauss und Glaser: Grounded Theory und interaktionistische Handlungstheorie

Anselm Strauss und Barney Glaser haben mit ihrer Grounded Theory unmittelbar an den Symbolischen Interaktionismus angeschlossen und sich der empirischen Untersuchung von Alltagsphänomenen angenommen. Ihre Schriften, besonders *Grounded Theory* von 1967, sind in der qualitativen Forschung bis heute einflussreich. Sie entwerfen eine Methode, die vom untersuchten Gegenstand aus operiert und diesen in einem differenzierten, auf vielfältige Materialien und Quellen zurückgreifenden Verfahren zu verstehen versucht. Im Idealfall entsteht so eine gegenstandsbezogene, empirisch reich gesättigte Theorie im Sinne einer Erklärung des untersuchten, sehr genau definierten Gegenstandbereichs (Glaser & Strauss 1967).

Anselm Strauss hat darüber hinaus eine interaktionistische Handlungstheorie vorgelegt, die zwar grundlegend jede Form menschlichen Handelns zum Thema hat, aber als Heuristik für die Erforschung konkreter Handlungsweisen gedacht ist (Strauss 1993). Strauss unterstellt den *Aktanten* – den Handelnden – grundlegende Handlungsziele oder Handlungsrichtungen, die er als „trajectory" (Englisch für Flugbahn, Kurve) bezeichnet. Auch wenn die Einzelnen Pläne verschiedener Reichweiten schmieden, mangelt es ihnen an Kontrolle über den weiteren Verlauf, da Handeln im Kern Interaktion ist: Diverse Akteure bringen eigene Interpretationen der Situation, eigene Vorstellungen über den weiteren Verlauf und ihre Ideen, wie weiter zu verfahren sei, in die Interaktion ein (Strauss 1994, S. 91).

Heinrich Popitz: Phänomene der Macht (1992)

Der Soziologe Heinrich Popitz (1925–2002) interessierte sich für die Herausbildung sozialer Ordnungen. In seiner theoretischen Schrift *Phänomene der Macht* von 1992 beschrieb und analysierte er die *performative Genese* sozialer Ordnungen – wie sie also *durch Handeln entstehen*. Anhand von Beispielen führt er vor, inwiefern Handlungen Machtverhältnisse und soziale Ordnungen massiv verändern können. Auf einem Schiff, so eines der Beispiele, gibt es eine begrenzte Menge von Liegestühlen, deren Verteilung sich aber problemlos regelt. Sie werden nach Bedarf genutzt, und da die Nutzungsweisen und -zeiten differieren, ergibt sich ein zwangloses Arrangement. Indem neue Personen an Bord kommen und andere das Schiff verlassen, ändert eine Minderheit die Praxis. Sie hält sich gegenseitig die ungenutzten Liegestühle frei. Schon diese Handlung erzeugt Recht: Es kommt zur gegenseitigen Bestätigung von Ansprüchen. Was man tut, ist richtig, da es auch andere tun, und zwar füreinander. Die Konsequenzen sind vielfältig. Zunächst werden zwei Gruppen geschaffen: die Privilegierten und die Ausgeschlossenen. Während die erste Gruppe mit ihrer Tat eine Organisationsstruktur schafft und ein Organisationsinteresse hervorbringt, fehlt dies der zweiten Gruppe, die sich organisiert, die Auseinandersetzung sucht und schließlich ihr gewonnenes Recht verteidigen müsste. Selbst im Falle eines Sieges hätten sich damit gänzlich neue soziale Ordnungen und soziale Normen qua Handeln, also performativ, etabliert (Popitz 1992, S. 185–200).

Dieses Beispiel zeigt auch die geringe Bedeutung intentionalen Handelns für das tatsächliche Ergebnis. Ausgangspunkt war ja lediglich der Wunsch, auf jeden Fall immer über einen Liegestuhl zu verfügen, mangelndes Vertrauen in die alte Ordnung oder einfach fehlende Kenntnis über die bisherige Praxis. Auch Situationsdefinitionen und Deutungen von Symbolen, Vorgänge der eigensinnigen und kreativen Aneignung einer formatierten Welt sind in diesem Beispiel enthalten. Sie ermöglichen das Verständnis der Herausbildung von Ordnungen unter den genannten Bedingungen und zugleich der Dynamiken sozialen Wandels.

Der *performative turn*

Nach Popitz sind Handlungen wirklichkeitskonstituierend. Damit lassen sich die Grundannahmen des Symbolischen Interaktionismus mit einem Ausblick auf jene erkenntnistheoretischen Strömungen verbinden, die in den Sozialwissenschaften als *performative turn* firmieren (Bachmann-Medick 2006, S. 104–143). Diese auch unter dem Begriff *Praxeologie* verhandelte Entwicklung ist als eine Schwerpunktverlagerung in der Betrachtung menschlicher Interaktion zu verstehen, die eine Richtung des Symbolischen Interaktionismus fortführt. Die Bedeutung von Ideen – konkret: Ideologien – für menschliche Handlungsvollzüge wird zugunsten einer Fokussierung auf Handlungen als Auslegungs-, Aneignungs-, und schließlich wirklichkeitskonstituierende Prozesse relativiert. Das allerdings wertet nicht den in der experimentellen Sozialpsychologie dominierenden Primat auf situative Aspekte des Handelns auf, sondern versteht das Verhältnis von Struktur und Individuum als ein zutiefst dynamisches.

Der Historiker Sven Reichhardt entwickelt auf Grundlage von Pierre Bourdieus Praxeologie – Bourdieu bezieht sich übrigens explizit und positiv auf Mead (z. B. Bourdieu 1976, S. 146) – für seine Disziplin eine all diese Elemente beinhaltende Epistemologie (Erkenntnistheorie): „Der Zusammenhang von körperlichen Verhaltensroutinen, kollektiven Sinnmustern und subjektiven Sinnzuschreibungen der historischen Akteure als auch die historische Verankerung ihrer Identitäten und Symbole wird zum zentralen Gegenstand der Analyse und Theoriebildung" (Reichardt 2007, S. 44).

Fazit

Die weitreichende Bedeutung der Grundgedanken des Symbolischen Interaktionismus für ein breites Spektrum sozialwissenschaftlicher Theorien steht in eigentümlichem Kontrast zu der Tatsache, dass Psychologie und Sozialpsychologie heute fast ausschließlich experimentell und quantitativ arbeiten, womit ihnen aus Sicht des Symbolischen Interaktionismus zwangsläufig wesentliche Aspekte menschlichen Handelns entgehen müssen. Die besondere Leistung des Symbolischen Interaktionismus, so diverse und komplexe soziale Vorgänge wie Identitätsbildung, Interaktion und Kommunikation bis hin zu Reproduktion und Wandel sozialer Ordnungen in einer konsistenten Theorie zusammenzuführen, scheint gleichzeitig ein Hemmnis für die Umsetzung seines Forschungsprogramms zu sein, denn es ist keine leichte Aufgabe, in einem Forschungsprojekt die von ihm aufgezeigte theoretische Komplexität voll zu berücksichtigen und dabei sichere Ergebnisse zu erzielen. Zudem verdankt sich der oft erhebliche Erkenntnisgewinn durch sozialpsychologische Experimente immer wieder gerade der Reduktion von Komplexität. Um aber die Aussagekraft experimenteller Daten einschätzen zu können, bedarf es deren theoretischer Verarbeitung, in der diese Reduktion rückgängig gemacht werden muss. Vereinfachungen können hilfreich sein, solange man dabei weiß, dass es sich um Vereinfachungen handelt. In Theorien wie der des Symbolischen Interaktionismus ist dieses wichtige Wissen artikuliert und nutzbar.

Verständnisfragen

▶ Bieten der Symbolische Interaktionismus bzw. die ihm verwandten Theorieentwürfe Erklärungsmöglichkeiten für radikalen sozialen Wandel an?

▶ Welche Bereiche, Methoden und Fragestellungen der Psychologie knüpfen an den Symbolischen Interaktionismus an bzw. könnten von seinen Grundüberlegungen profitieren?

Literatur

Bachmann-Medick, D. (2006). *Cultural Turns. Neuorientierungen in den Kulturwissenschaften*. Reinbek: Rowohlt.
Blumer, H. (1986). *Symbolic Interactionism. Perspective and Method*. Berkeley/Los Angeles/London: University of California Press.
Bourdieu, P. (1976). *Entwurf einer Theorie der Praxis auf der ethnologischen Grundlage der kabylischen Gesellschaft*. Frankfurt am Main: Suhrkamp.
Glaser, B. & Strauss, A. (1967). *The Discovery of Grounded Theory. Strategies for Qualitative Research*. Chicago: Aldine Publishing Company.
Goffman, E. (1977). *Rahmen-Analyse. Ein Versuch über die Organisation von Alltagserfahrungen*. Frankfurt am Main: Suhrkamp.

Helle, H. J. (2001). *Theorie der Symbolischen Interaktion. Ein Beitrag zum Verstehenden Ansatz in Soziologie und Sozialpsychologie*. Wiesbaden: Westdeutscher Verlag.
Joas, H. & Knöbl, W. (2011). *Sozialtheorie. Zwanzig einführende Vorlesungen*. Frankfurt am Main: Suhrkamp.
Joas, H. (1996). *Die Kreativität des Handelns*. Frankfurt am Main: Suhrkamp.
Joas, H. (1989). *Praktische Intersubjektivität. Die Entwicklung des Werkes von G. H. Mead*. Frankfurt am Main: Suhrkamp.
Lüdtke, A. (1997). Alltagsgeschichte. Aneignung und Akteure. Oder – es hat noch kaum begonnen! *werkstattgeschichte, 17,* 83–91.
Lüdtke, A. (1989). Was ist und wer treibt Alltagsgeschichte? In A. Lüdtke (Hrsg.), *Alltagsgeschichte. Zur Rekonstruktion historischer Erfahrungen und Lebensweisen* (S. 9–47). Frankfurt am Main/New York: Campus.
Mead, G. H. (1987). Die Definition des Psychischen (1903). In ders.: *Gesammelte Aufsätze. Band I* (S. 83–148). Herausgegeben von Hans Joas. Frankfurt am Main: Suhrkamp.
Mead, G. H. (1973). *Geist, Identität und Gesellschaft aus der Sicht des Sozialbehaviorismus*. Mit einer Einleitung herausgegeben von Charles W. Morris. Frankfurt am Main: Suhrkamp.
Morris, C. W. (1973). Einleitung: George H. Mead als Sozialpsychologe und Sozialphilosoph. In G. H. Mead (1973). *Geist, Identität und Gesellschaft aus der Sicht des Sozialbehaviorismus* (S. 13–38). Mit einer Einleitung herausgegeben von C. W. Morris. Frankfurt am Main: Suhrkamp.
Popitz, H. (2006). *Soziale Normen*. Frankfurt am Main: Suhrkamp.
Popitz, H. (1992). *Phänomene der Macht*. Tübingen: Mohr Siebeck.
Reichardt, S. (2007). Praxeologische Geschichtswissenschaft. Eine Diskussionsanregung. *Sozial.Geschichte 22,* 3, 43–65.
Soeffner, H.-G. (1989). *Auslegung des Alltags – Der Alltag als Auslegung*. Frankfurt am Main: Suhrkamp.
Strauss, A. (1994). An interactionist theory of action. In W. M. Sprondel (Hrsg.), *Die Objektivität der Ordnungen und ihre kommunikative Konstruktion* (S. 73–94). Frankfurt am Main: Suhrkamp.
Strauss, A. (1993). *Continual Permutations of Action*. New York: Aldine de Gruyter.
Willems, H. (1997). *Rahmen und Habitus. Zum theoretischen und methodischen Ansatz Erving Goffmans: Vergleiche, Anschlüsse und Anwendungen*. Frankfurt am Main: Suhrkamp.

Weiterführende Literatur

Berger, P. L. und Luckmann, Th. (1980). *Die gesellschaftliche Konstruktion der Wirklichkeit. Eine Theorie der Wissenssoziologie*. Frankfurt am Main: Fischer.
Elias, N. (2001). *Symboltheorie*. Frankfurt am Main: Suhrkamp.
Goffman, E. (Jahr). *Wir alle spielen Theater. Die Selbstdarstellung im Alltag*. München: Piper.
Schütz, A. (2004). *Der sinnhafte Aufbau der sozialen Welt. Eine Einleitung in die verstehende Soziologie*. Herausgegeben von Martin Endreß und Joachim Renn. Konstanz: UVK.
Schütz, A. und Luckmann, Th. (2003). *Strukturen der Lebenswelt*. Konstanz: UVK.
Willems, H. (1997). *Rahmen und Habitus. Zum theoretischen und methodischen Ansatz Erving Goffmans. Vergleiche, Anschlüsse und Anwendungen*. Frankfurt am Main: Suhrkamp.

Kritische Psychologie

Morus Markard

Zusammenfassung

Es war nicht zuletzt die Studentenbewegung, die darauf aufmerksam machte, dass gerade in der Sozialpsychologie darüber nachgedacht werden muss, was Wissenschaft mit Macht zu tun hat und welche Bedeutung Macht auch in unserem alltäglichen Zusammenleben hat. Selber Experimentalforscher, zeigte Klaus Holzkamp, warum dies in sozialpsychologischen Experimenten nur unzureichend erfasst werden kann. Wenn die Sozialpsychologie theoretisch und methodisch menschliche Lebensmöglichkeiten wie -behinderungen begreifen will, muss sie die konkreten Lebensumstände der Menschen mit berücksichtigen und diese selbst als Mitforschende einbeziehen – um gerade so den Anspruch auf wissenschaftliche Objektivität einzulösen. Wie dieses subjektwissenschaftliche Forschungsprogramm realisiert wird, wird an seinen Konzepten, Methoden und Geltungskriterien dargelegt, wobei immer wieder auf die experimentelle Sozialpsychologie Bezug genommen wird.

Definition

Kritische Psychologie ist die Bezeichnung für einen subjektwissenschaftlichen Ansatz, dessen zentrales Thema die Möglichkeiten und (Selbst-)Behinderungen der Entwicklung von Handlungsfähigkeit, verstanden als individuelle und gemeinsame Verfügung über die Lebensbedingungen, sind. „Kritisch" versteht sich dieser Ansatz erstens gegenüber gesellschaftlichen Machtverhältnissen, die die Entfaltung menschlicher Möglichkeiten behindern, und zweitens gegenüber jedweder Psychologie, die diese Machtverhältnisse nicht oder unzureichend thematisiert. Demgemäß kann sich Sozialpsychologie nicht allein auf die Analyse unmittelbarer sozialer Interaktionen oder Beziehungen konzentrieren, sondern sie muss interdisziplinär die gesellschaftlichen Verhältnisse so einbeziehen, dass deren Einfluss auf die Interaktionen und Beziehungen deutlich werden kann – für die wissenschaftlich Arbeitenden und für die von ihnen Untersuchten. Letztere als Subjekte ernst zu nehmen, bedeutet für die Kritische Psychologie methodisch, dass Menschen nicht beforscht, sondern soweit wie möglich als Mitforschende in die Forschung einbezogen werden.

Geschichte und Ausgangsfragestellung: Die Frage nach der Funktion der Psychologie

Generell steht die Sozialpsychologie in der Tradition „sozialen Denkens", dem Carl Friedrich Graumann (1923–2007) zwei Themen zuordnet: den „Einfluss der Gesellschaft auf ihre individuellen Mitglieder" und die „Rolle des Individuums als Bestandteil der Gesellschaft" (2002, S. 3). Wenn man nun zusätzlich bedenkt, wie die Mitglieder der Gesellschaft auch Einfluss auf die gesellschaftlichen Verhältnisse nehmen können, sind Grundprobleme und Funktion der (Sozial-)Psychologie aufgeworfen (Haug 1977; Markard 1984).

Die Sozialpsychologie ist die Teildisziplin, die am ehesten auf den Gesellschaftsbezug der Psychologie verweist, jedenfalls dann, wenn man davon ausgeht, dass unsere Handlungen, unsere sozialen Beziehungen und die Art und Weise, wie wir fühlen und über uns und die Welt denken, gesellschaftlich vermittelt sind. Wie wir unser Geschlecht wahrnehmen und definieren, ob und wie wir uns und anderen Eigenschaften zuschreiben oder wie wir uns welchen Gruppen zugehörig fühlen – das lässt sich kaum analysieren, ohne gesellschaftliche Verhältnisse in den Blick zu nehmen und damit Probleme von Macht, Herrschaft, Abhängigkeit, Anpassung und Widerstand mitzubedenken. Auch Wissenschaftlerinnen und Wissenschaftler bewegen sich in diesen gesellschaftlichen Widersprüchen. Wollen sie objektive Wissenschaft betreiben, müssen sie diese Zusammenhänge reflektieren.

Es waren Fragen und Probleme dieser Art, mit denen die „Studentenbewegung" in den 1960er- und 1970er-Jahren die Psychologie (und andere Wissenschaften) konfrontierte und die den Ordinarius für Sozialpsychologie an der FU Berlin, Klaus Holzkamp (1927–1995), dazu brachten, seine eigene experimentelle Arbeit in der Sozialpsychologie grundsätzlich zu überdenken (Holzkamp 1972).

Auseinandersetzung mit der experimentellen Forschung in der (Sozial-)Psychologie

Struktur des Experiments

Holzkamps Ausgangspunkt waren die folgenden Überlegungen zur Anlage einer experimentellen Untersuchung in der (Sozial-)Psychologie: Im Verhältnis von Versuchsleiter (Vl) und Versuchsperson (Vp) wird die Möglichkeit einer sozialpsychologisch eigentlich naheliegenden dialogischen Beziehung von vornherein unterlaufen (ebd., S. 47). Es ist der Vl, der die Bedingungen, den Ablauf des Experiments und die möglichen Reaktionen der Versuchspersonen (Vpn) festsetzt. Damit geht die experimentelle Forschung „von der Idee einer Art ‚Norm-Vp'" aus, die sich an experimentelle Situationen wie an undurchschaute „Umweltbedingungen" anzupassen hat (ebd., S. 59).

Holzkamp kritisierte hier also eine Forschungspraxis, die auf einem künstlich hergestellten kommunikativen Mangelzustand beruht und eine intersubjektive Verständigung zwischen den Beteiligten ausschließt.

Ersichtlich zielt diese Kritik darauf, dass in der experimentellen Anordnung nur erfasst werden kann, wie Menschen unter ihnen vorgegebenen Bedingungen (re)agieren, nicht aber, dass Menschen Bedingungen verändern können. Anders formuliert: Das für unsere Existenz wesentliche Verhältnis von objektiver Bestimmtheit und subjektiver Bestimmung wird um die subjektive Bestimmung verkürzt. Außerdem müssen die theoretischen Konzepte, um die es in den Experimenten geht, so gefasst („operationalisiert") werden, dass sie in dieses Schema passen.

Fallbeispiel „Solidarität"

Das sei an einem klassischen Experiment zu „prosozialem" Verhalten bzw. zu Solidarität (Batson et al. 1981; vgl. auch Bierhoff 2007, S. 317 f.) veranschaulicht.

Ein Experiment zur Solidarität

In diesem Experiment erfuhr die jeweilige Vp (eine Studierende), dass *Elaine*, eine Vertraute des Vls, in einem angeblichen Experiment zu „Lernen unter belastenden Bedingungen" in zufälliger Reihenfolge Elektroschocks erhielt, unter denen sie zunehmend litt, sodass sie nicht weiter an dem Experiment teilnehmen wollte. Die Frage war nun, ob die Vp für *Elaine* einzuspringen bereit war, wobei zwei

Variablen manipuliert wurden: 1. Die Vp war darüber informiert worden, dass sie mit *Elaine* eine hohe Einstellungsähnlichkeit oder -unähnlichkeit aufweise. 2. Der Vp war deutlich gemacht worden, dass sie das Labor zu jedem Zeitpunkt verlassen könne (oder Letzteres war ihr nicht deutlich gemacht worden). Das Ergebnis war, dass wahrgenommene *Un*ähnlichkeit bzw. gegebene Ausweichmöglichkeit zu geringerem „Einspringen" führten, als wenn die Vpn sich als *Elaine* ähnlich ansahen bzw. nicht ohne Weiteres weggehen konnten.

Wieso ist in dem *Elaine*-Experiment „Solidarität" dem experimentellen Schema angepasst? Weil „Solidarität" nicht so konzipiert ist, in die Bedingungen einzugreifen und sie zu ändern. Wäre ein Eingreifen in die Bedingungen mitgedacht, müsste „Solidarität" mit *Elaine* nicht darauf reduziert werden, dass die Vp sich an ihrer statt malträtieren lässt, sondern „Solidarität" könnte auch so gedacht werden, dass die Vp und *Elaine* sich mit dem Vl anlegen, das Experiment gemeinsam *ver*lassen oder es gegebenenfalls auffliegen lassen (vgl. Markard 2013). Was stattdessen in diesem Experiment operationalisiert und verhandelt wird, ist eine konzeptionelle Stummelvorstellung von Solidarität, die solidarisches Handeln auf wahrgenommene Ähnlichkeiten und situative Bedingungen verkürzt und mit der der gegebene Rahmen gerade *nicht* infrage gestellt werden kann.

Mit der Ähnlichkeitshypothese lässt sich zum Beispiel die Solidarität einer deutschen Professorin mit Kindersoldaten eines anderen Kontinents kaum begründen: Weder ist sie Bewohnerin des anderen Kontinents, noch ist sie ein Kind oder davon bedroht, mit Gewalt in den Kriegsdienst gepresst zu werden. Es ist offenkundig eine reduzierte Vorstellung, Solidaritätsmotive nur so aufzufassen, als seien sie allein auf ähnliche Individuen oder auf unmittelbare Gruppenbeziehungen zentriert (Markard 2006), aber es ist eine Vorstellung, die mit der experimentellen Untersuch*barkeit* von Solidarität harmoniert (inwieweit experimentelle Anordnungen dazu genutzt werden können, mit den „Vpn" deren Erfahrungen darin zu analysieren, vgl. Markard 2009, S. 53ff.).

Konsequenz: Die Bedeutung der Klärung psychologischer Begriffe

Aber: Zeigen die empirischen Resultate des *Elaine*-Experiments denn nicht, dass die hier kritisierten Annahmen und Konzepte zur „Solidarität" zutreffen? Ja, das zeigen die Ergebnisse in der Tat: Unter den genannten Bedingungen hat sich der theoretisch behauptete Zusammenhang zwischen empfundener Ähnlichkeit, die

die Vp zwischen *Elaine* und sich sieht, mit ihrer Hilfsbereitschaft gezeigt. Aber: Was aus den Ergebnissen, den empirischen Daten, nicht hervorgeht, ist, wie begrenzt die hier operationalisierte Fassung von Solidarität ist, welche Relevanz sie hat.

Allgemeiner formuliert: Mit empirischen Daten ist zu zeigen, ob ein theoretisch behaupteter Zusammenhang zutrifft oder nicht; nicht zu zeigen ist damit die Relevanz der Begriffe, in denen der theoretische Zusammenhang formuliert ist. Es ist also eine Frage der *begrifflichen* Klärung, welchen Geltungsbereich empirische Resultate haben. Man kann Probleme, die erforscht werden sollen, so formulieren bzw. umformulieren, dass sie experimentell untersuchbar sind; die Frage ist nur, um welchen Preis. (So könnte sich, wer das interpersonelle Geschehen bei einem Zungenkuss als gegenseitige Verstärkung bei kleinmotorischen Aktivitäten mit Austausch von Körperflüssigkeiten zu fassen versucht, schon rein methodologisch als Trockenschwimmer blamieren.)

Aus diesen Problemen ergibt sich die große Bedeutung begrifflicher Klärungen, zumal in der (Sozial-)Psychologie, in der ja verschiedene Ansätze unverbunden nebeneinanderstehen (Graumann 1994; Rijsman & Stroebe 1989).

Der Beitrag der Kritischen Psychologie zur Lösung dieses Problems besteht im Versuch, in einem an Marx angelehnten historisch-empirischen Verfahren (Holzkamp 1977, 1983; Maiers 1999) die Entwicklung des Psychischen von der Naturgeschichte über das Tier-Mensch-Übergangsfeld bis hin zu den menschlichen Gesellschaften zu rekonstruieren. Dabei besteht der Grundgedanke darin, dass das in der Geschichte des Psychischen früher Entstandene dem begrifflich Allgemeineren und dass das später Entstandene dem begrifflich Spezifischeren entspricht. So ist das Reiz-Reaktions-Lernen eine Art und Weise, sich der Umwelt anzupassen, die wir Menschen – als Möglichkeit – mit vielen Arten teilen. Es ist entwicklungsgeschichtlich früher und begrifflich allgemeiner als das bedeutungsvermittelte Lernen. Dieses – genetisch später und begrifflich spezifischer – kommt nur dem Menschen zu: Wenn das Aufleuchten eines Bremslichts ein bloßer *Reiz* wäre, müssten Fahrschülerinnen und Fahrschüler seine Funktion über eine Reihe von Auffahrunfällen lernen; erfreulicherweise kann man Menschen aber die *Bedeutung* des Bremslichts verbal vermitteln – und Fahrlehrerinnen und Fahrlehrer wissen und nutzen das.

Grundkonzepte der Kritischen Psychologie

Gesellschaftliche Natur

Im Zuge der Rekonstruktion des Psychischen hat sich unter anderem ergeben, dass der Mensch von Natur aus weder antigesellschaftlich noch prosozial ist (Holzkamp-Osterkamp 1976; Holzkamp 1983; Überblick bei Markard 2009, S. 128ff.; neuere Entwicklung: Lux 2012). Mit der Natur des Menschen ist Adolf Eichmann ebenso kompatibel wie Mutter Teresa. Wir haben insofern eine gesellschaftliche Natur, als wir grundsätzlich in der Lage sind, uns zu vergesellschaften, was subjektiv bedeutet, dass wir Verfügung über unsere Lebensumstände gewinnen, handlungsfähig und in diesem Sinne „frei" werden können. „Die in der gesellschaftlichen Natur des Menschen liegenden Bedürfnisse", schreibt Holzkamp, „realisieren sich [...] in der *Erweiterung der Handlungsfähigkeit*, d.h. sie *treten in Erscheinung als subjektive Erfahrung der Einschränkung der Handlungsfähigkeit*, was gleichbedeutend ist mit der *subjektiven Notwendigkeit der Überwindung* dieser Einschränkung" (1983, S. 241). Dies spricht auch dagegen, sozialpsychologische Fragen unter direktem Bezug auf natürliche bzw. biologische Tendenzen zu untersuchen.

Handlungsfähigkeit

Der Begriff der *Handlungsfähigkeit* soll die Aufmerksamkeit auf das Verhältnis von Handlungsmöglichkeiten und -behinderungen richten, und zwar vor allem unter dem Aspekt, wie diese mit Herrschafts- und Machtverhältnissen vermittelt sind. Dabei wird vor allem die Frage interessant, warum es subjektiv funktional sein kann, in einem „restriktiven" Arrangement auf die Erweiterung von Handlungsmöglichkeiten zu verzichten und sich mit beschränkenden Gegebenheiten abzufinden. Aufzuschlüsseln ist hier grundsätzlich, wie und warum die Betreffenden Handlungsmöglichkeiten nicht wahrnehmen, inwieweit ihnen Gefahren, die ein Sich-Wehren ja in sich birgt, größer erscheinen als die Perspektiven, die es eröffnen könnte. Wie werden renitente Handlungsimpulse abgewehrt? Welche sozialen Unterstützungen oder Hemmnisse liegen vor? Welche Kompromisse werden auf wessen Kosten geschlossen? Welche – gegebenenfalls lebensgeschichtlich frühen – Erfahrungen führten zu welchen Resignationen? Ist mir der Spatz in der Hand lieber als die Taube auf dem Dach? Welchen Emotionen fühle ich mich ausgeliefert, welche meine ich wie kontrollieren zu müssen, welche werden mir als (un)angemessen angedient?

Kritische Psychologie 113

Es liegt auf der Hand, dass viele der hier genannten Probleme den Individuen nicht ohne Weiteres bewusst sind (siehe unten); sie müssen sie sich, um sie lösen zu können, bewusst machen – gegen allfällige Abwehrmechanismen, wie sie Ute Holzkamp-Osterkamp (1976) unter Bezug auf Freuds Psychoanalyse zur Diskussion gestellt hat (aber ohne Freuds Triebtheorie zu übernehmen, die den Ergebnissen der Kritischen Psychologie zur gesellschaftlichen Natur des Menschen widerspricht).

Bedingungen, Bedeutungen, Prämissen und Gründe

Für die jeweils eigene Lebensführung sind die oben genannten Fragen nur unter Bezug auf die konkreten Lebensumstände zu beantworten. Dies will die Kritische Psychologie konzeptionell und methodisch so berücksichtigen, dass sowohl unmittelbare Situationen als auch die diese umfassenden gesellschaftlichen Verhältnisse einbezogen werden. Deswegen schlägt sie vor, zwischen Bedingungen, Bedeutungen und Prämissen zu unterscheiden: Bedingungen meinen die objektiv-ökonomischen Lebensumstände (die in ihren wesentlichen Bestimmungen natürlich je nach theoretischem Standpunkt unterschiedlich gefasst werden können: zum Beispiel Neoliberalismus, Patriarchat, soziale Markwirtschaft) bzw. bestimmte gesellschaftliche Bereiche (z. B. Bildungssystem, Bankenwesen). Bedeutungen verweisen darauf, inwieweit objektiv-ökonomische Bedingungen Handlungsmöglichkeiten und -behinderungen enthalten, während Prämissen schließlich diejenigen Bedeutungsaspekte meinen, die jeweils die einzelnen Individuen für sich aus ihren jeweiligen Gründen akzentuieren. Damit soll dem Umstand Rechnung getragen werden, dass wir uns zur Gesellschaft nie in Gänze, sondern nur in Ausschnitten ins Verhältnis setzen können: zum Beispiel in Beruf, Arbeitslosigkeit, Haushalt, ‚Freizeit', Liebesbeziehungen, Erziehung, ‚Hobby'. Deswegen ist einerseits die – interdisziplinäre – gesellschaftstheoretische Analyse der Lebensbedingungen psychologisch unverzichtbar, *„ihre konkrete psychologische Bedeutung hat sich aber vom Standpunkt des Subjekts aus zu erweisen"* (Markard 2009, S. 151).

Wenn man die Probleme menschlicher Handlungsmöglichkeiten und deren Einschränkungen im Mensch-Welt-Zusammenhang und ihre zum Beispiel sozial-, entwicklungs- und persönlichkeitspsychologischen Dimensionen sieht, stellt sich im Übrigen die Frage, wie trennscharf die psychologischen Subdisziplinen und Prüfungsfächer sind und inwieweit nicht jedwede Psychologie in gewisser Weise Sozial-Psychologie sein muss, wenn sie nicht a-sozial sein will. So heißt es denn auch in einem klassischen Lehrbuch der Sozialpsychologie (Krech, Crutchfield & Ballachey 1962), das „isolierte Individuum" sei „von vornherein" eine „Fiktion", denn „jeder Mensch [lebt] in einer sozialen Welt und kein Psychologe kann das Verhalten eines außerhalb des Sozialen stehenden Menschen studieren" (S. 7f.).

Begründungs- statt Bedingtheitsdiskurs

Wie oben skizziert, soll bei experimentellen Untersuchungen die Herstellung des kommunikativen Mangelzustandes zwischen Vl und Vpn der Sicherung wissenschaftlicher Objektivität dienen, für die subjektive Momente als Störung angesehen werden. Das heißt, dass dieser Methodik ein Denken zugrunde liegt, dass sich Objektivität und Subjektivität auch in der Psychologie grundsätzlich ausschließen. Die Frage ist nun, ob es nicht Erkenntnismöglichkeiten gibt, die der Besonderheit menschlicher Existenz und Subjektivität Rechnung tragen und die abstrakte Entgegensetzung von Objektivität und Subjektivität fachspezifisch überwinden können.

In eben dieser Perspektive untersuchte Holzkamp 1986 die Wissenschaftssprachen in der Psychologie. Er charakterisierte Formulierungen von Reiz-Reaktions-Beziehungen (oder von Bedingungs-Ereignis-Relationen bzw. Ursache-Wirkungs-Zusammenhängen) in der experimentellen Psychologie als einem *Bedingtheitsdiskurs* zugehörig. Dieser Diskurs wird beim Experiment zwar besonders deutlich, er ist aber überall da präsent, wo danach gefragt wird, wie Bedingungen auf Menschen „wirken". Von diesem Bedingtheitsdiskurs setzte er den *Begründungsdiskurs* ab, in dem – der Spezifik des Mensch-Welt-Zusammenhangs Rechnung tragend – Prämissen-Gründe-Zusammenhänge formuliert werden. Der Begründungsdiskurs schließt also die Analyse von Bedingungen mit ein, aber nicht als unmittelbar „wirkende", sondern als in subjektive Prämissen eingehende (siehe oben).

Die Kritische oder hier dezidiert subjektwissenschaftliche Psychologie ist entsprechend darauf aus, dem Begründungsdiskurs in der (Sozial-)Psychologie Geltung zu verschaffen (Holzkamp 1996).

Der Begründungsdiskurs lässt sich auch in sozialpsychologischen Wenn-Dann-Aussagen aufzeigen, die offiziell im Bedingtheitsdiskurs formuliert sind (Holzkamp 1986): Wenn die Beziehung zwischen dem Wenn- und dem Dann-Teil einer Hypothese oder Theorie *sinnvermittelt* ist, handelt es sich – aller nomothetischen oder Bedingtheitsrhetorik zum Trotz – nicht um eine Bedingungs-Ereignis-Konstellation, sondern um einen Prämissen-Gründe-Zusammenhang. Dies lässt sich über die Antwort auf die Frage klären, ob es möglich ist, zwischen den Wenn- und den Dann-Teil einer psychologischen Aussage ein „subjektiv vernünftigerweise" oder „subjektiv funktionalerweise" zu schieben. Nehmen wir als Beispiel eine Hypothese aus der „Selbstergänzungstheorie": Wenn Menschen „eine Bedrohung eines wertgeschätzten Aspekts ihrer Selbstkonzepte erfahren, werden sie motiviert, nach zusätzlicher Anerkennung für diesen Teil ihrer Identität zu suchen" (Aronson, Wilson & Akert 2004, S. 212). Wenn wir, was zwanglos möglich ist, hier ein „subjektiv vernünftigerweise" einfügen, steht dieses „subjektiv vernünftigerweise" *nicht* für ein externes Rationalitätskriterium, sondern allein für subjektive Begründetheit und Funktionalität. Inwieweit diese subjektive Begründetheit auch externen Rationalitätskriterien entspricht oder nicht (etwa bei spieltheoretischen Fragestellungen), ist für den Begründungsdiskurs eine nachgeordnete Frage: Dass menschliches Handeln in Prämissen begründet ist, hängt nicht davon ab, ob es auch nach subjekt-externen Kriterien rational ist. Ausschlaggebend ist die subjektive Sinnstiftung zwischen dem Wenn- und dem Dann-Teil der Zusammenhangsaussage.

Unter den genannten Voraussetzungen kann der Begründungsdiskurs nicht in eine hermeneutische Exklave abgeschoben werden, er zieht sich vielmehr durch die gesamte (Sozial-)Psychologie hindurch (zu den methodischen Folgen siehe unten).

Subjektive Funktionalität, Unbewusstes, „Irrationalität"?

Dabei müssen diese Sinnstiftungen bzw. Prämissen-Gründe-Zusammenhänge keineswegs bewusst sein; wohl aber sind sie bewusstseins*fähig*. Mehr noch, der Begriff des Unbewussten macht nur im Begründungsdiskurs Sinn: Lackmus-Papier färbt sich gewiss nicht bewusst rot oder blau, allerdings auch nicht unbewusst, sondern eben bedingt. (Die Grenzen des Begründungsdiskurses scheinen auf, wenn wir uns physiologie-nahen Bereichen nähern. So ist etwa der Zusammenhang von Alter und Gedächtnisleistung offenkundig nicht subjektiv funktional.)

Eine weitere Folge des Begründungsdiskurses ist die Absage daran, unverstandenes Handeln, Empfinden und Leiden als irrational abzuqualifizieren. Vielmehr ist, was *mir* irrational erscheint, in seiner Begründetheit, in seinem Prämissen-Gründe-Zusammenhang nicht aufgeklärt.

Beispiele für Themen und Projekte kritisch-psychologischer Forschung

Entsprechend den Charakteristika menschlicher Handlungsfähigkeit weisen kritisch-psychologische Forschungsprojekte immer eine sozialpsychologische Dimension auf. Das Projekt „Subjektentwicklung in der frühen Kindheit" (Ergebnisse bei Ulmann 1987) verknüpfte das lebenspraktische Interesse der teilnehmenden Eltern an der Lösung von Erziehungsproblemen mit dem Forschungsinteresse an der Subjektentwicklung und dem Weltverständnis von Kindern und deren Behinderung bzw. Förderung durch Erwachsene (vgl. Bandt 2014; Markard 2014). Die Forschungsgruppe „Lebensführung" (2004) wollte den Zusammenhang von Bedingungen, Bedeutungen und Begründungen gegen vielfältige lebenspraktische wie wissenschaftliche Formen seiner Verdrängung und die Einbezogenheit eigenen Handelns in bestehende Machtverhältnisse sowie die sich daraus ergebenden subjektiven Handlungsnotwendigkeiten auf den Begriff bringen. In unterschiedlichen Projekten zur psychologischen Berufspraxis (Markard & Holzkamp 1989; Markard & ASB 2000) wurde die Bedeutung der institutionellen Eingebundenheit der Psychologie für die Theoriebildung und damit verbundene berufspraktische Probleme analysiert. Dreier (2008) entwickelte diesen Praxisforschungsansatz in Richtung auf ein therapeutisches Handeln, das sich der vielfältigen Alltagsbezüge und Verbindungen („trajectories", S. 181 ff.) der eigenen Praxis wie der der Klientel bewusst sein will. Im Projekt „Rassismus und Diskriminierung" (Osterkamp 1996) wurden im Kontext eines Asylbewerberlagers Abwehr- und Rechtfertigungsfiguren herausgearbeitet, die gesellschaftliche Beschränkungen und Widersprüche in gegenseitige personalisierende Schuldzuschreibungen wenden und somit Solidarisierungen verhindern. Politisch konkreter wurden „rassistische" Orientierungen von Jugendlichen (Held & Sponda 1999) und Gewerkschaftsmitgliedern (Weber 2001) untersucht. Geschlechterverhältnisse wurden früh im Projekt „Frauenformen" (vgl. etwa Haug 1980) thematisiert.

Methodische Grundzüge subjektwissenschaftlicher Forschung

Um die methodischen Konsequenzen aus den bisher dargestellten Überlegungen der Kritischen Psychologie nachvollziehen zu können, muss man sich klarmachen, dass es sich bei einem Prämissen-Gründe-Zusammenhang formal um eine im weitesten Sinn definitorische Bestimmung subjektiv „vernünftigen" Verhaltens handelt

(Holzkamp 1986; Markard 2000). In diesem Sinne sind Prämissen-Gründe-Zusammenhänge implikativ. Eine *implikative* Wenn-Dann-Aussage ist etwa: „Wenn diese Tür rot ist, ist sie nicht weiß". Diese Aussage ist einer empirischen Prüfung weder bedürftig noch fähig. Bei einem Prämissen-Gründe-Zusammenhang wird vom Individuum zwischen Bedingungen, Bedeutungen, Prämissen und Handlungsintentionen ein Sinn hergestellt, der aus formalen Gründen ebenso einer empirischen Prüfung weder bedürftig noch fähig ist und der *nicht* in theoretischer Konkurrenz zu anderen Sinnstiftungen steht, die sich entsprechend gegenseitig weder bestätigen noch widerlegen können. Um auf unser Beispiel aus der Selbstergänzungstheorie zurückzukommen: Wenn jemand bei Bedrohung eines wertgeschätzten Teil seines Selbst überlegt, dass er diesen wertgeschätzten Teil seines Selbst vielleicht überschätzt hat, widerlegt diese Feststellung die im Kasten geschilderte nicht, wonach jemand anderes nach zusätzlicher Anerkennung für diesen Teil seines Selbst sucht. Oder, um auf das *Elaine*-Experiment zurückzukommen: Die Vpn, die für *Elaine* einspringen, wenn sie die im Experiment gesetzte Variable „Ähnlichkeit" in der eingeschränkten Situation, in der sie sich befinden, für sich als Prämisse übernommen haben, „widerlegen" nicht diejenigen, die das nicht tun und Elaine trotz ihrer Ähnlichkeit schmoren lassen.

Es handelt sich hier jeweils um unterschiedliche Fälle bzw. um unterschiedliche Prämissen-Gründe-Zusammenhänge, deren Verhältnis zueinander deutlich macht, dass nomothetische, also Gesetzes-Geltungsansprüche hier sinn-los sind, wie auch Brandstädter (1982, 1984), der aus einem anderen theoretischen Zusammenhang argumentiert, aufgewiesen hat.

Grundsätzlich haben bei einem Prämissen-Gründe-Zusammenhang empirische Daten nicht die Funktion, den betreffenden Zusammenhang zu prüfen; sie können ihn nur veranschaulichen bzw. konkretisieren. Das heißt weiter: Derartige Aussagen sind durch beliebig viele Fälle weder zu beweisen noch zu widerlegen, und es können damit keine Bestimmungen zur Häufigkeit bzw. Verbreitung der in ihnen behandelten Phänomene vorgenommen werden.

Einzelfälle können zueinander ins Verhältnis gesetzt, aber nicht gegeneinander „verrechnet" werden. Subjektwissenschaftlich gilt: *Subjekte existieren zwar im Plural, aber nicht im Durchschnitt.* Es sind die individuellen Spezifikationen, die interessieren, nicht die Nivellierungen des Durchschnitts. Die einzelnen, subjektiven Fälle sind keine Abweichungen, sondern der Gedanke der Abweichung weicht selbst vom Gedanken der Subjektivität ab.

Subjektwissenschaftliche Geltung und Verallgemeinerung beziehen sich auf praktische Lebensvollzüge der Individuen in historisch-konkreten Konstellationen, auf subjektive Möglichkeitsräume *oder Handlungsmöglichkeiten – nicht auf Merkmale.* Holzkamp (1983, S. 545) hat dazu den Begriff *Möglichkeitsverallgemeinerung* vorgeschlagen, in der die subjektive Befindlichkeit bzw. (begrenzte) Handlungsmöglichkeit als „*Verhältnis* zwischen *allgemeinen gesellschaftlichen Handlungsmöglichkeiten* und *meiner besonderen Weise ihrer Realisierung*" (S. 548) zu begreifen ist. Methodisch läuft dies auf qualitative, insbesondere auf Handlungsforschung hinaus, die, wie das Experiment, das Prinzip der Einheit von Erkennen und Verändern bedeutet, allerdings so, dass nicht von dem Vl Variablen verändert und deren Folgen beobachtet werden, sondern so, dass die Beteiligten selber als Mitforschende in ihre Lebensverhältnisse eingreifen und die dabei sich zeigenden Handlungsmöglichkeiten und -behinderungen reflektieren und auf den Begriff bringen.

Fazit

Dialog, soziale Selbstverständigung und aktives Eingreifen in gesellschaftliche Verhältnisse können, obwohl für Menschen wesentlich, in der experimentellen Anordnung mit deren vorgegebenen Reaktionsmöglichkeiten nicht modelliert werden. Wenn sich Sozialpsychologie nicht nur auf unmittelbare Interaktionen, sondern auch auf gesellschaftliche Verhältnisse beziehen will, braucht sie eine begriffliche Basis, auf der dies konzeptualisiert werden kann. Bedingungen wirken nicht auf Menschen, sondern sie haben für Menschen Bedeutungen, zu denen sie sich verhalten können. Auf dieser Grundlage lässt sich zeigen, dass viele Theorien der Sozialpsychologie (verborgene) subjektive Sinnstiftungen enthalten, die einer empirischen Prüfung weder fähig noch bedürftig sind. Aus diesen Überlegungen ergibt sich die Perspektive einer Sozialpsychologie, in der aus Vpn Mitforschende werden, mit denen Handlungsmöglichkeiten entwickelt werden.

Verständnisfragen

▶ Was bedeutet „Handlungsfähigkeit", und warum ist die Unterscheidung zwischen sozialen Beziehungen und gesellschaftlichen Verhältnissen wichtig?

▶ Was ist der Unterschied zwischen Bedingtheits- und Begründungsdiskurs, und warum ist die Rede von „Irrationalität" mit dem Begründungsdiskurs nicht zu vereinbaren?

▶ Welche methodischen Konsequenzen hat die Unterscheidung von Bedingungs-Ereignis-Relationen und Prämissen-Gründe-Zusammenhängen? Wie lassen sich Prämissen-Gründe-Zusammenhänge erkennen?
▶ Warum lässt sich mit empirischen Ergebnissen allein nicht über die Relevanz von Begriffen entscheiden?

Literatur

Aronson, E., Wilson, T. D. & Akert, R. M. (2004). *Sozialpsychologie*. München: Pearson (4. Aufl.).
Bandt, A. (2014). Kinder und Gesellschaft neu denken. Kritisch-psychologische Perspektiven auf Gesellschaftsverständnis und Vergesellschaftung von Kindern heute. In C. Kölbl & G. Mey (Hrsg.), *Gesellschaftsverständnis. Entwicklungspsychologische Perspektiven* (S. 41–65). Gießen: Psychozial.
Batson, C. D., Duncan, B. D., Ackerman, P., Buckley, T. & Birch, K. (1981). Is empathic emotion a source of altruistic motivation? *Journal of Personality and Social Psychology, 40,* 290–302.
Bierhoff, H. W. (2007). Prosoziales Verhalten. In K. Jonas, W. Stroebe & M. Hewstone (Hrsg.), *Sozialpsychologie. Eine Einführung* (S. 295–327). Heidelberg: Springer.
Brandtstädter, J. (1982). Apriorische Elemente in psychologischen Forschungsprogrammen. *Zeitschrift für Sozialpsychologie, 13,* 267–277.
Brandtstädter, J. (1984). Apriorische Elemente in psychologischen Forschungsprogrammen. Weiterführende Argumente und Beispiele. *Zeitschrift für Sozialpsychologie, 15,* 151–158.
Dreier, O. (2008). *Psychotherapy in everyday life*. Cambridge: Cambridge UP.
Forschungsgruppe Lebensführung (2004). Zum Verhältnis von Selbsterkenntnis, Weltwissen und Handlungsfähigkeit in der Subjektwissenschaft. *Forum Kritische Psychologie Nr. 47,* 4–38.
Graumann, C. F. (1994). Die Forschergruppe. Zum Verhältnis von Sozialpsychologie und Wissenschaftsforschung. In W. M. Sprondel (Hrsg.), *Die Objektivität der Ordnungen und ihre kommunikative Konstruktion* (S. 381–403). Frankfurt am Main: Suhrkamp.
Graumann, C. F. (2002). Eine historische Einführung in die Sozialpsychologie. In W. Stroebe, K. Jonas & M. Hewstone (Hrsg.), *Sozialpsychologie. Eine Einführung* (S. 3–24). Berlin: Springer.
Haug, F. (1977). *Erziehung und gesellschaftliche Produktion. Kritik des Rollenspiels*. Frankfurt am Main: Campus.
Haug, F. (Hrsg.) (1980). *Erziehung zur Weiblichkeit. Frauenformen 1*. Berlin (West): Argument.
Held, J. & Sponda, A. (1999). *Jugend zwischen Ausgrenzung und Integration. Ergebnisse eines internationalen Projekts*. Hamburg: Argument.
Holzkamp, K. (1972). Verborgene anthropologische Voraussetzungen der allgemeinen Psychologie. In *Kritische Psychologie. Vorbereitende Arbeiten* (S. 35–73). Frankfurt am Main: Fischer. Zitiert nach dem Nachdruck in Holzkamp, K. (2009), *Schriften, Bd. 5* (S. 41–82). Hamburg: Argument.

Holzkamp, K. (1977). Die Überwindung der wissenschaftlichen Beliebigkeit psychologischer Theorien durch die Kritische Psychologie. *Zeitschrift für Sozialpsychologie, 8*, 1–22 und 78–97.
Holzkamp, K. (1983, 2. Aufl. 1985). *Grundlegung der Psychologie.* Frankfurt am Main: Campus.
Holzkamp, K. (1986). Die Verkennung von Handlungsbegründungen als empirische Zusammenhangsannahmen in sozialpsychologischen Theorien: Methodologische Fehlorientierung infolge von Begriffsverwirrung. *Zeitschrift für Sozialpsychologie, 17*, 216–238.
Holzkamp, K. (1996, posthum). Psychologie: Selbstverständigung über Handlungsbegründungen alltäglicher Lebensführung. *Forum Kritische Psychologie Nr. 36*, 7–74.
Holzkamp-Osterkamp, U. (1976). *Grundlagen der psychologischen Motivationsforschung II. Die Besonderheit menschlicher Bedürfnisse – Problematik und Erkenntnisgehalt der Psychoanalyse.* Frankfurt am Main: Campus.
Krech, D., Crutchfield, R. S. & Ballachey, E. L. (1962). *Individual in Society.* New York: McGraw-Hill.
Lux, V. (2012). *Genetik und psychologische Praxis.* Wiesbaden: VS.
Maiers, W. (1999). Funktional-historische Analyse. In W. F. Haug (Hrsg.), *Historisch-kritisches Wörterbuch des Marxismus*, Bd. 4 (Sp. 1133–1140). Hamburg: Argument.
Markard, M. (2000). Verbale Daten, Entwicklungsfigur, Begründungsmuster, Theorienprüfung: Methodische Probleme und Entwicklungen in der Projektarbeit. In ders. & Ausbildungsprojekt Subjektwissenschaftliche Berufspraxis. Kritische Psychologie und studentische Praxisforschung (S. 227–250). Hamburg: Argument.
Markard, M. (2006). Wenn jede(r) an sich denkt, ist an alle gedacht. Zum Problem der Verallgemeinerbarkeit von individuellen Interessen/Handlungen zwischen kollektiver Identität und Universalismus. *Forum Kritische Psychologie Nr. 49*, 106–124.
Markard, M. (2009, 6. Aufl. 2016). *Einführung in die Kritische Psychologie.* Hamburg: Argument.
Markard, M. (2013). Ist Sozialismus mit „real existierenden Menschen" möglich? Zum anti-utopischen Gehalt psychologischer Konzepte. In K.-J. Bruder, C. Bialluch & B. Lemke (Hrsg.), *Sozialpsychologie des Kapitalismus – heute. Zur Aktualität Peter Brückners* (S. 387–402). Gießen: Psychosozial.
Markard, M. (2014). Gesellschaftsverständnis(se) und gesellschaftliche Widersprüche. Kommentar zu Anna Bandt. In C. Kölbl & G. Mey (Hrsg.), *Gesellschaftsverständnis. Entwicklungspsychologische Perspektiven* (S. 67–74). Gießen: Psychozial.
Markard, M. & Ausbildungsprojekt Subjektwissenschaftliche Berufspraxis (ASB, 2000). *Kritische Psychologie und studentische Praxisforschung. Wider Mainstream und Psychoboom. Konzepte und Erfahrungen des Ausbildungsprojekts Subjektwissenschaftliche Berufspraxis an der FU Berlin.* Hamburg: Argument.
Markard, M. & Holzkamp, K. (1989). Praxisportrait. Ein Leitfaden für die Analyse psychologischer Berufstätigkeit. *Forum Kritische Psychologie Nr. 23*, 5–49.
Osterkamp, U. (1996). *Rassismus als Selbstentmächtigung.* Hamburg: Argument.
Rijsman, J. & Stroebe, W. (1989). Introduction: The two Social Psychologies or whatever happened to the crisis. *European Journal of Social Psychology, 19*, 339–343.
Ulmann, G. (1987). *Über den Umgang mit Kindern.* Hamburg: Argument (2. Aufl.).
Weber, K. (2001). *Rechte Männer. Eine sozialpsychologische Studie zu Rassismus, Neofaschismus und Gewerkschaften.* Hamburg: Argument.

Weiterführende Literatur

Holzkamp, K. (1977). Die Überwindung der wissenschaftlichen Beliebigkeit psychologischer Theorien durch die Kritische Psychologie. *Zeitschrift für Sozialpsychologie, 8*, 1–22 und 78–97.
Holzkamp, K. (1986). Die Verkennung von Handlungsbegründungen als empirische Zusammenhangsannahmen in sozialpsychologischen Theorien: Methodologische Fehlorientierung infolge von Begriffsverwirrung. *Zeitschrift für Sozialpsychologie, 17*, 216–238.
Holzkamp, K. (1983, 2. Aufl. 1985). *Grundlegung der Psychologie*. Frankfurt am Main: Campus.
Holzkamp, K. (2005). *Schriften. Bd. V., Kontinuität und Bruch – Aufsätze 1970–1972*. Hamburg: Argument.
Holzkamp-Osterkamp, U. (1976). *Grundlagen der psychologischen Motivationsforschung II. Die Besonderheit menschlicher Bedürfnisse – Problematik und Erkenntnisgehalt der Psychoanalyse*. Frankfurt am Main: Campus.
Huck, L. (2008). *Jugendliche „Intensivtäter/innen" in Berlin – kriminelle Karrieren und Präventionsmöglichkeiten aus Sicht der betroffenen Subjekte*. Hamburg: Argument.
Huck, L., Kaindl, C., Lux, V., Pappritz, T., Reimer, K. & Zander, M. (Hrsg.) (2008). *„Abstrakt negiert ist halb kapiert." Beiträge zur marxistischen Subjektwissenschaft. Morus Markard zum 60. Geburtstag*. Marburg: BdWi.
Lux, V. (2012). *Genetik und psychologische Praxis*. Wiesbaden: VS.
Markard, M. (1984). *Einstellung – Kritik eines sozialpsychologischen Grundkonzepts*. Frankfurt am Main: Campus
Markard, M. (2009, 6. Aufl. 2016). *Einführung in die Kritische Psychologie*. Hamburg: Argument.
Vandreier, C. (2012). *Drogenkonsum als begründete Handlung*. Berlin: Verlag Wissenschaft und Bildung.

Psychoanalytische Sozialpsychologie

Markus Brunner, Jan Lohl, Rolf Pohl und Sebastian Winter

Zusammenfassung

Dieses Kapitel gibt einen Überblick über die psychoanalytische Sozialpsychologie – eine wissenschaftliche Perspektive, die sich in der ersten Hälfte des 20. Jahrhunderts entwickelt hat und seitdem die gesellschaftliche Relevanz und Produktion von Unbewusstheit untersucht. Hierzu werden zunächst zentrale Begriffe vorgestellt *(Unbewusstes, Ich, Es, Über-Ich, Abwehr, kollektive Projektion und kollektiver Narzissmus, Nachträglichkeit).* Um einen Überblick über verschiedene Fragestellungen, Themen und Ansätze der psychoanalytischen Sozialpsychologie zu geben, werden anschließend ihre Entwicklung ausgehend von ihren Anfängen bei Freud, den Freudomarxisten und in der Kritischen Theorie bis in die Gegenwart hinein skizziert und ausgewählte Hauptwerke kurz vorgestellt. Abschließend werden aktuelle Weiterentwicklungen und neuere Themenstellungen diskutiert.

Definition

Psychoanalytische Sozialpsychologie ist der Name eines transdisziplinären wissenschaftlichen Ansatzes, welcher die Psychoanalyse nutzt, um sozial- und kulturwissenschaftliche Themen auf eine spezifische Weise zu untersuchen: Ihr Fokus richtet sich auf die affektive Dimension gesellschaftlicher Phänomene und insbesondere auf deren unbewusste Anteile. Sie untersucht die gesellschaftliche Produktion und Relevanz von Unbewusstheit: Wie verarbeiten die Individuen die gesellschaftlichen Macht- und Herrschaftsverhältnisse, denen sie ausgesetzt sind, affektiv und kognitiv, bewusst und unbewusst? Welche Rolle spielen hierbei Ideologien, Diskurse oder die

Dynamik von Institutionen, Gruppen und Massen? Kurz: Der Erkenntnisgegenstand der psychoanalytischen Sozialpsychologie ist das vielfältige Wechselverhältnis von Individuum und Gesellschaft in seiner unbewussten und affektiven Dimension.

Begriffe

Es gibt nicht „die" psychoanalytische Sozialpsychologie und daher auch keine einheitliche Begriffssprache. Ihre verschiedenen Strömungen greifen neben geschichts-, kultur- und gesellschaftswissenschaftlichen Ansätzen aber allesamt auf ausgewählte Begriffe der Psychoanalyse Sigmund Freuds zurück. Dazu zählen die Theorie des *Unbewussten*, das Modell der psychischen Instanzen *Es, Ich* und *Über-Ich*, die Lehre von den psychischen *Abwehrmechanismen* sowie das Konzept der *Nachträglichkeit*. Damit knüpft die psychoanalytische Sozialpsychologie insbesondere an die Konzepte der Psychoanalyse an, die über die bloße Individualpsychologie mit entsprechenden therapeutischen Angeboten hinausgehen. Die psychoanalytische Sozialpsychologie hat eine doppelte Untersuchungsperspektive: Einerseits zeichnet sie die gesellschaftliche Formung von Subjektivität und des Unbewussten nach. Andererseits richtet sie ihren Blick darauf, wie dieses gesellschaftlich geformte Unbewusste wiederum auf gesellschaftliche Prozesse einwirkt.

Neben der Kategorie des Unbewussten eignen sich für die psychoanalytisch-sozialpsychologische Forschungsperspektive insbesondere Freuds Modellvorstellungen über die Instanzen des „psychischen Apparats". Das *Es* gilt als Kern des Unbewussten und Reservoir der Triebe. Damit ist es aber nicht vorgesellschaftliche „Natur": Zwar wurzelt das, was Freud Trieb nennt, im Somatischen (d. h. Leiblichen), ist aber in seinen Äußerungsformen durch soziale Interaktionen geformt. Außerdem ist das Es der Ort, in den die sozial verpönten und daher konflikthaften, aus dem Triebleben stammenden Wünsche und Vorstellungen durch Verdrängung hineingestoßen und umgeformt werden.

Der wichtigste Gegenpol zum Es ist neben der Außenwelt das *Über-Ich*. Hier ist der Einfluss der Gesellschaft am deutlichsten zu erkennen: Entstanden durch die Verinnerlichung der hauptsächlich durch die Eltern vermittelten gesellschaftlichen Regeln und kulturellen Verbote, nimmt das Über-Ich mit seinen Funktionen der Selbstbeobachtung, der Idealbildung und des Gewissens die Rolle eines Richters oder Zensors innerhalb des psychischen Apparats ein. Es trägt mit seiner rigiden Moralität häufig den Charakter einer unbewusst wirkenden „tyrannischen Instanz". Das *Ich* schließlich entsteht im konflikthaften Austausch mit der Außenwelt aus dem Es heraus. Es repräsentiert Rationalität, Vernunft und Besonnenheit und ist das Zentrum des Bewusstseins. Aber auch an der Konzeption dieser Instanz zeigen sich die Auswirkungen des Widerspruchs zwischen Individuum und Gesellschaft, denn das Ich scheitert regelmäßig an der unmöglichen Aufgabe einer reibungslosen, harmonischen Vermittlung von Triebwünschen (Es), Moral (Über-Ich) und Außenwelt (Gesellschaft). Teile des Ichs sind daher selbst unbewusst und halten die verpönten Triebimpulse, aber auch un(v)erträgliche Wahrnehmungen aus der Außenwelt durch Verdrängungen und andere Abwehrmechanismen von ihrer Bewusstwerdung ab.

Erich Fromm und die Sozialcharakterologie

Der Name „(psycho)analytische Sozialpsychologie" geht auf Erich Fromm (1900-1980) und seinen Versuch zurück, die Psychoanalyse mit der marxistischen Theorie der Gesellschaft zu verbinden. Im Mittelpunkt dieses Ansatzes, den er Anfang der 1930er-Jahre entwickelte, steht die These, dass gemeinsame seelische Haltungen und Charakterzüge, welche die Individuen für Ideologien der Ungleichheit und Herrschaft anfällig machen, aus den in den jeweiligen Klassen vorherrschenden Familienstrukturen herzuleiten seien. Dafür hat Fromm den Begriff des „sozialen Charakters" geprägt.

Diese Sozialcharakterologie ist nicht unwidersprochen geblieben. Ihren Kritikerinnen und Kritikern erschien die Annahme zu einfach, die Gesellschaft erzeuge über die Familie und ihren Einfluss auf die Individuen angepasste, sozial erwünschte Charaktere. Andere und spätere Sozialisationseinflüsse, zum Beispiel während der durch die Pubertät in Gang gesetzten Adoleszenz (Jugendphase), bleiben in diesem Modell ebenso außen vor wie die Existenz von nicht-angepassten, abweichenden und widerständigen Persönlichkeitsmerkmalen.

Ein Riss geht durch das Individuum, und die gesellschaftlichen Widersprüche spiegeln sich im Ich wider. Die repressive Gesellschaft und ihre Zumutungen für das Individuum machen die Idee einer Harmonie im seelischen Innenraum und zwischen „Innen" und „Außen" zu einer nicht erreichbaren Fiktion: „Das Ziel der ‚gut integrierten Persönlichkeit' ist verwerflich, weil es dem Individuum jene Balance der Kräfte zumutet, die in der bestehenden Gesellschaft nicht besteht" (Adorno 1955b, S. 65).

Die Arbeitsweise des psychischen Apparats ist in sich widersprüchlich. Deswegen ist ein systematischer Rückgriff auf die psychoanalytische Theorie der *Abwehrmechanismen* für die psychoanalytische Sozialpsychologie unverzichtbar.

Die Abwehrmechanismen sind selbst unbewusst und dienen der Entlastung von unerträglichen innerpsychischen Spannungen und der Vermeidung der damit einhergehenden Unlust und Angst. Der bekannteste Abwehrmechanismus ist die *Verdrängung*. Daneben spielt vor allem die *Projektion* eine wichtige Rolle. Dabei handelt sich um eine psychische Operation, durch die das Individuum eigene, nicht zugelassene, verpönte Selbstanteile aus sich ausschließt und unbewusst anderen Individuen oder Gruppen zuschreibt. Diese Anteile erscheinen in der Wahrnehmung dann so, als wären sie die Eigenschaften dieser anderen und eine äußere Bedrohung, welche im „Notfall" bekämpft werden muss. Freud erkannte diesen Abwehrmechanismus am Beispiel der Paranoia, des als Verfolgungswahn bekannten psychiatrischen Krankheitsbildes. Die Projektion ist in besonderer Weise geeignet, gruppen- und massenpsychologisch ausgeweitet und politisch ausgenutzt zu werden: Unerlässliche Bedingung für eine Selbststilisierung als „verfolgter Verfolger" ist hier die Möglichkeit einer *kollektiven Projektion* individueller seelischer Inhalte auf dafür geeignet erscheinende Fremdgruppen. Kollektive Feindobjekte werden mittels Ideologien nach dem Muster eines paranoiden Wahns konstruiert und insbesondere in Zeiten sozialer und ökonomischer Krisen zur seelischen Entlastung genutzt. Aber nicht nur Feindobjekte werden auf diesem Wege konstruiert, sondern auch idealisierte Kollektive: Eine Gruppe, der man sich zugehörig fühlt, kann mit individuell verpönten oder unerreichbaren Größenphantasien besetzt und so narzisstisch aufgeladen werden. Die gemeinsame Identifizierung mit der idealisierten Eigengruppe erzeugt das, was Adorno den *kollektiven Narzissmus* nennt, der zum Beispiel im Nationalismus eine zentrale Rolle spielt.

Vor dem Hintergrund dieser Dynamiken zeigt sich, dass die Abwehrmechanismen ihr Ziel, unerträgliche und rational nicht zu verarbeitende Konflikte zu „lösen", nicht erreichen können – bzw. nur um den Preis von Wahrnehmungsverzerrungen und auf Kosten kollektiver, mit Hass und Destruktivität aufgeladener Feindbildungen. Diese individual-, gruppen- und massenpsychologischen Pseudolösungen innerer und äußerer Konflikte werden von Freud treffend als „Schiefheilungen" bezeichnet. Dabei handelt es sich aber nicht um frühkindlich geprägte Charakterzüge, wie Fromm angenommen hatte, denn frühe Erfahrungen und Abwehrprozesse werden im Lichte aktueller Erfahrungen immer wieder *nachträglich* umgeschrieben. Zum Beispiel richtet sich die frühkindliche „Fremdenangst" nicht auf gesellschaftlich als fremd konstruierte Ausländerinnen und Ausländer, sondern auf alle Menschen außerhalb des engsten Umfeldes. In diesem frühen Umgang mit dem Nicht-Vertrauten werden aber Abwehrmechanismen und Wahrnehmungsstrukturen entwickelt, auf die später in Krisenzeiten zurückgegriffen werden kann. Erst dabei werden mittels Projektionen die Objekte der Angst vor dem Fremden im Zeichen rassistischer Ideologien neu konstruiert.

Geschichte

Schon der Begründer der Psychoanalyse, Sigmund Freud, versuchte, die Erkenntnisse seiner Theorie für ein besseres Verständnis gesellschaftlicher Prozesse nutzbar zu machen. In seinen kulturpsychologischen Schriften, insbesondere in *Das Unbehagen in der Kultur* (1930), zeigte er, dass jede Kultur auf Triebaufschub und -verzicht basiert. Ohne die Hemmung aggressiver Triebimpulse, ohne die Verwandlung von sexuellen Triebimpulsen in zärtliche Bindungen zwischen Menschen und an Kollektive wäre menschliches Zusammenleben nicht möglich. Die gesellschaftlich geforderten Verdrängungen und die damit einhergehenden innerpsychischen Konflikte führen aber entweder zu individuellen, psychischen oder psychosomatischen Erkrankungen oder werden auf die oben beschriebene Weise kollektiv und häufig destruktiv verarbeitet.

Für marxistische Theoretikerinnen und Theoretiker wurde die Auseinandersetzung mit der Psychoanalyse in den 1920er- und 1930er-Jahren attraktiv, weil sie versprach, historische Ereignisse verstehbar zu machen, die ihren Fortschrittsglauben erschüttert hatten: der Schrecken des Ersten Weltkrieges und die Kriegsbegeisterung der deutschen Massen, die ausbleibenden Revolutionen in Westeuropa oder die Transformation der russischen Oktoberrevolution in den Stalinismus. Sie stellten sich die Frage, weshalb große Teile der Bevölkerung Kriegstreibern in den Krieg folgten und nationalistischen Ideologien und Feindbildern verfielen, anstatt sich zu emanzipativen Bewegungen zusammenzuschließen und die Gesellschaft revolutionär zu verändern.

Mit dem Erstarken der nationalsozialistischen Bewegung und des Antisemitismus erhielten solche Fragen eine zusätzliche Brisanz. Autoritarismus, Nationalismus und Vorurteile wurden so zu den Kernthemen sowohl der sogenannten Freudomarxisten (z. B. Wilhelm Reich, Otto Fenichel, Siegfried Bernfeld, Ernst Simmel) als auch der Mitglieder des *Instituts für Sozialforschung* (z. B. Erich Fromm, Max Horkheimer, Theodor W. Adorno, Herbert Marcuse). Die Mitarbeiterinnen und Mitarbeiter des Instituts führten erst in Deutschland und später im amerikanischen Exil empirische Forschungsprojekte wie die *Studien zum autoritären Charakter* oder das *Gruppenexperiment* durch, in denen sie der Anfälligkeit der Bevölkerung für autoritäre Ideologien nachforschten (vgl. unten).

Während die Psychoanalyse in Ostdeutschland bis Ende der 1960er-Jahre verfemt war, konnte sich nach 1945 die psychoanalytische Sozialpsychologie in Westdeutschland mühsam neu etablieren. Dieser Aufgabe nahm sich vor allem Alexander Mitscherlich an, der mit seinen Schriften die kritischen Gesellschaftsanalysen von Adorno und Marcuse auf seine eigene Weise als klinisch tätiger Analytiker und als politischer Publizist fortsetzte. Die politischen Auseinandersetzungen in den

1960er- und 1970er-Jahren gaben auch dem psychoanalytisch-sozialpsychologischen Denken neuen Antrieb und führten zu erneuten grundlegenden theoretischen Debatten, Zeitdiagnosen sowie theoretischen und methodischen Weiterentwicklungen (vgl. z. B. Peter Brückner, Helmut Dahmer, Klaus Horn, Alfred Lorenzer, Margarete Mitscherlich, Paul Parin). Ausgangspunkt war eine Neuinterpretation der Psychoanalyse als „kritische Theorie des Subjekts". Für die psychoanalytische Sozialpsychologie waren in dieser Zeit Fragen nach den spätkapitalistischen gesellschaftlichen Integrationsmechanismen und die Auseinandersetzung mit den psychosozialen Folgen des Nationalsozialismus in der BRD wichtig. Außerdem wurden vermehrt auch die Neuen Sozialen Bewegungen (Studierendenbewegung, Friedens- und Anti-AKW-Bewegung, Frauenbewegung), aber auch die gesellschaftlichen Reaktionen darauf zum Gegenstand der psychoanalytischen Sozialpsychologie.

Ethnopsychoanalyse

Mit der maßgeblich von Paul Parin, Goldy Parin-Matthèy und Fritz Morgenthaler begründeten Ethnopsychoanalyse hat die psychoanalytische Sozialpsychologie ab den 1950er-Jahren eine kulturvergleichende Perspektive gewonnen. Ethnopsychoanalytische Studien wenden die psychoanalytische Methode auf „fremde Kulturen" an, um in Ergänzung zu ethnologischen Untersuchungen herauszufinden, was in diesen jeweils unbewusst *gemacht* wird und wie das geschieht. Das in Mitteleuropa entwickelte Konzept des psychischen Apparats als „Innenraum" der Individuen ließ sich hierbei nur bedingt übernehmen. So beobachtet Parin beispielsweise bei den Dogon aus Mali ein „Gruppen-Ich" und ein „Clan-Gewissen", die sich nicht nur *im* Individuum befinden. Mit diesen Begriffen bekommt er die psychischen Prozesse besser zu fassen als mit den Kategorien „Ich" und „Über-Ich". Ein besonderes Augenmerk liegt in der Ethnopsychoanalyse auf der affektiven „Verwicklung" der Forschenden in ihren „Gegenstand". Anders als im herkömmlichen Wissenschaftsverständnis klammert die Ethnopsychoanalyse die Subjektivität der Forschenden nicht aus, sondern versteht ihre Ängste, Aversionen und Faszinationen als reflexionsbedürftige Erkenntnisquelle zum Verständnis der untersuchten „fremden Kultur".

Nach dem Abflauen der Protestbewegungen zog sich die psychoanalytische Sozialpsychologie weitgehend in die Universitäten zurück, an denen sie sich im Zuge von Hochschulreformen etablieren konnte. Hier wurden einzelne Themenschwerpunkte wie zum Beispiel die Analyse des Rechtsextremismus vertieft und methodische

Instrumente wie die tiefenhermeneutische Kulturanalyse (weiter)entwickelt (s. u.). Dem akademischen Mainstream erschien die psychoanalytische Sozialpsychologie allerdings bald als unzeitgemäß und veraltet. Mitte der 1990er-Jahre war sie weitgehend von den Hochschulen verdrängt worden, doch gegenwärtig erwacht das Interesse an ihr wieder.

Hauptwerke

Sigmund Freud: Massenpsychologie und Ich-Analyse (1921)

In *Massenpsychologie und Ich-Analyse* untersuchte Freud das psychische Bindemittel, das aus einer losen Ansammlung vieler Menschen eine Masse macht, zum Beispiel ein Heer oder einen Mob. Freuds wichtigste Erkenntnis war, dass Gefühlsbindungen den Zusammenhalt unter Menschen stiften und nicht rationale (Arbeits-)Ziele oder kognitive Interessen. Die bedeutsamste Bindung war für Freud die hörige Verliebtheit in einen Massenführer (z. B. einen politischen Führer). Statt an eigenen Werten und Normen orientieren sich die Massenindividuen in ihrem Fühlen, Denken und Handeln an ihm und seinen politisch-moralischen Vorstellungen. Dies bedeutet jedoch nicht, dass Menschen vom Massenführer verführt werden und ihm willenlos unterworfen sind. Das Wählen des „Führers" als eigenes Ideal ist eine aktive Handlung.

Menschen in Massen haben ein Ich-Ideal, d. h. ein Idealbild von sich selbst, das sie sehnsüchtig zu erreichen hoffen. Das gelingt ihnen in ihrer aktuellen Situation jedoch meist nicht. Demnach beginnt die Massenbildung nicht mit Triumphgefühlen, sondern mit (gesellschaftlich bedingten) Gefühlen der Kleinheit, Bedeutungslosigkeit und Ohnmacht. Der Massenführer und seine Ideologie formulieren neue kollektive Idealbilder, die für alle erreichbar scheinen (z. B. durch die Teilhabe an einer grandiosen Nation, einer „einzig wahren" Religion oder einer bedeutenden Massenbewegung). Freud zufolge wird der Führer idealisiert „wegen der Vollkommenheit, die man für das eigene Ich angestrebt hat und die man sich nun auf diesem Umweg zur Befriedigung verschaffen möchte" (1921, S. 124). Sind die Massenindividuen mit großer Leidenschaft an den Massenführer gebunden, können sie sich auch miteinander identifizieren. Dadurch sind Konkurrenz und aggressive Emotionen wie Neid und Eifersucht innerhalb der Masse gemildert, treten aber in der Verfolgung von Sündenböcken, auf welche die Aggressionen nun projiziert werden, wieder zutage. Dieser Ansatz Freuds ist von verschiedenen Forschern aufgegriffen und weiterentwickelt worden: zum einen in der Arbeit mit

(Groß-)Gruppen und Organisationen, zum anderen bezogen auf politische Kollektive wie Nationen, ethnische und religiöse Kollektive (Volkan) und hier ganz besonders in Analysen der psychosozialen Struktur der nationalsozialistischen „Volksgemeinschaft" (Adorno, Mitscherlich).

Theodor W. Adorno: Studien zum autoritären Charakter (1950) und Schuld und Abwehr (1955)

Adornos *Studien zum autoritären Charakter*, die im Rahmen des Verbundprojekts *Studies in Prejudice* entstanden sind, gehören zu den Klassikern der Autoritarismusforschung. Sie schließen an Fromms „Sozialcharakter"-Konzept an. Gestützt auf empirische Ergebnisse aus Umfragen, psychoanalytisch inspirierte Interviews und psychologische Testverfahren, zeichnete Adorno die Entstehung eines historisch spezifischen autoritären Sozialcharakters nach. Affinitäten zu extrem rechten politischen Einstellungen entstehen demnach in herrschaftsförmigen Sozialisationserfahrungen, in denen Autoritäten dem Kind willkürlich und unangreifbar gegenübertreten: Getreu dem Motto „Nach unten treten, nach oben buckeln" werden diese Autoritäten vom ohnmächtigen Individuum geliebt, das an ihrer Glorie und Macht teilhaben möchte, während (auch durch die Autoritäten hervorgerufene) Aggressionen projektiv gegen Schwächere, Fremde und zum Feind Erklärte gerichtet werden. So entsteht der „Autoritäre Charakter", der zum Beispiel durch stereotypes Denken, autoritäre Unterwürfigkeit und Unfähigkeit zur Selbsteinfühlung gekennzeichnet ist.

Adorno führte zusammen mit verschiedenen Kolleginnen und Kollegen Anfang der 1950er-Jahre das sogenannte *Gruppenexperiment* durch. Zahlreiche Deutsche wurden in Gruppendiskussionen zu ihrer Haltung zur nationalsozialistischen Vergangenheit befragt. Die Frage, die die Forscher dabei bewegte, war die nach dem Verbleib der im autoritären Charakter wurzelnden und massenpsychologisch kanalisierten Begeisterung für den Nationalsozialismus *nach* dessen Niederlage. Ihre Analyse ergab, dass viele Diskussionsteilnehmer und -teilnehmerinnen ihre auf die deutschen Verbrechen bezogenen Schuldgefühle abwehrten, um ihre Identifikation mit Hitler als Massenführer und mit der virtuellen Masse der „nationalsozialistischen Volksgemeinschaft" unbewusst aufrechterhalten zu können. Die Attraktivität der Massenbindungen war demnach selbst nach Kriegsende nicht erloschen.

Die Arbeiten Alexander Mitscherlichs

Alexander Mitscherlich diagnostizierte in seinen Arbeiten eine „Ich-Entleerung" in der Gesellschaft, d. h. eine Schwäche der Menschen, die Realität bewusst und kreativ zu gestalten. Diese führte er gemeinsam mit Margarete Mitscherlich in *Die Unfähigkeit zu trauern* auf die bei vielen Deutschen vorherrschende Schuld- und Erinnerungsabwehr gegenüber den NS-Verbrechen zurück (Mitscherlich & Mitscherlich 1967). Diese Abwehr münde einerseits in politische Apathie. Andererseits sei ein manisches, die bewusste Erkenntnis verhinderndes „Ungeschehenmachen" der Vergangenheit zu verzeichnen, das sich in den hektischen Anstrengungen zeige, eine vor allem ökonomisch und technisch wiederhergestellte Gesellschaft aufzubauen. Diese Abwehr einer Auseinandersetzung mit ihrer NS-Vergangenheit diente vielen Deutschen dazu, die emotionale Ablösung von Hitler als Massenführer und dem Phantasma einer großen und mächtigen deutschen „Volksgemeinschaft" zu vermeiden. Weil die Deutschen nicht um die nationalsozialistischen Bindungen, Versprechen und Ideale getrauert hätten, schwelten sie unbewusst, aber hochwirksam in den deutschen Gesellschaften fort.

Kurz vor *Die Unfähigkeit zu trauern* publizierte Mitscherlich *Die vaterlose Gesellschaft* (1963). Damit lieferte er einen weiteren Erklärungsansatz für die Ich-Entleerung in der Gesellschaft, wobei er hier die Folgen der historischen Veränderungen der Arbeitsbedingungen für die familiäre und politische Sozialisation beleuchtete: Arbeiten die Väter außer Haus und sind die Mütter durch Haus- und Lohnarbeit doppelt belastet, ist die Gesellschaft elternlos. Die Kinder werden dann weitgehend durch Kindergarten, Schule und Medien sozialisiert. Der Mangel an persönlichen Bindungen führt bei den Heranwachsenden zu Verlassenheitsgefühlen sowie gesellschaftlicher Indifferenz und Orientierungslosigkeit. Dies mündet leicht in Ängste, Aggressionen und Vorurteile. Um diesen düsteren Aussichten der spätkapitalistischen Gesellschaft etwas entgegenzusetzen, forderte Mitscherlich einen „*konstruktiven Ungehorsam*" und trat engagiert für „die *Pflicht* zum Widerspruch, gar Widerstand" ein (Mitscherlich 1963, S. 356).

Peter Brückner: Zur Sozialpsychologie des Kapitalismus (1972) und Selbstbefreiung. Provokation und soziale Bewegungen (1970)

Stand bei Adorno und Mitscherlich die herrschaftsstabilisierende Funktion der gesellschaftlich geformten Psyche im Vordergrund, so lag Brückners Augenmerk auch auf deren „sprengendem" Potenzial: Die Sozialisation führe gerade im Spätkapitalismus nicht zur psychischen „Eindimensionalität", sondern produziere Widersprüchlichkeiten im Individuum. In der *Sozialpsychologie des Kapitalismus* beschrieb Brückner, wie die Differenzierung der gesellschaftlichen Sphären von Familie und Lohnarbeit im Kapitalismus zu widersprüchlichen Erfahrungen in der Sozialisation führe: Die familiären Beziehungen folgten anderen Mustern als diejenigen, die den „Ernst des Lebens" ausmachten. Diese Reibungen aber seien in der spätkapitalistischen Gesellschaft kaum noch ausdrucksfähig und wahrnehmbar, da in ihr das Verhalten nicht mehr durch äußere Gewalt, sondern scheinbar „gewaltlos zwangsgeregelt wird" und Konflikte nicht zu existieren scheinen. Die sprachlos gemachten inneren Konflikte, die Brückner als das „Nicht-Sozialisierte der Psyche" bezeichnet, zeigen sich jedoch zum Beispiel in „Rohheitsdelikten", Drogenmissbrauch, psychosomatischen Erkrankungen, aber auch im Auftauchen jugendlicher Subkulturen und Gangs. Wie dieses „Nicht-Sozialisierte" auch zu „revolutionärer Energie" werden kann, beschreibt er ausführlicher in seiner Auseinandersetzung mit den antiautoritären Protesten der späten 1960er-Jahre: Auch emanzipatorische Bewegungen leben von den „nicht-sozialisierten" Affekten, geben ihnen aber einen möglichst reflektierten Ausdruck und „vermenschlichen" so das ansonsten „roh belassene Antriebsleben" (Brückner 1972).

Alfred Lorenzer: Zur Begründung einer materialistischen Sozialisationstheorie (1972)

Alfred Lorenzer war in den 1970er- und 1980er-Jahren der vielleicht wichtigste Erneuerer der psychoanalytischen Sozialpsychologie. Er wollte den *gesellschaftlichen* Gehalt der Psychoanalyse stärker nutzen und entwickelte dazu seine Theorie der *Interaktionsformen*. Der Trieb, so Lorenzer, sei weder angeboren noch eine biologische Größe, sondern entstünde aus der Interaktion zwischen dem Kind mit seinem körperlichen „Bedarf" (z. B. Nahrung, Wärme, Liebe) und den Eltern, die auf diesen Bedarf – geleitet von gesellschaftlichen Normen – spezifisch reagierten. Die dabei entstehenden Erinnerungsspuren bilden „bestimmte Interaktionsformen", die das weitere Verhalten des Kindes und seine Erwartungen zukünftiger Interaktion mitbestimmten. Im Laufe des Spracherwerbs würden die Interaktionsformen symbolisiert, d. h. versprachlicht und damit dem Bewusstsein zugänglich. Allerdings blieben gewisse gesellschaftlich nicht (an)erkannte Interaktionsformen unbewusst, weil für sie keine Sprache vorhanden sei. Zudem könne die Symbolisierung auch wieder rückgängig gemacht werden (Desymbolisierung). Das hätte zur Folge, dass die betroffenen Interaktionsformen und das mit ihnen verbundene Verhalten,

Fühlen, Handeln und Denken vom Unbewussten her beeinflusst werden würde. Etwas zu verdrängen heißt nach Lorenzer, etwas sprachlos zu machen.

Margarete Mitscherlich: Die friedfertige Frau (1985)

Margarete Mitscherlich bezog die Psychoanalyse in das feministische Denken ein. Als praktizierende Psychoanalytikerin fragte sie sich, wie die individuellen psychischen Leiden ihrer Patientinnen und Patienten mit der gesellschaftlichen Geschlechterordnung zusammenhingen. Sie untersuchte daher in ihrer Aufsatzsammlung *Die friedfertige Frau* geschlechtsspezifische Verdrängungsanforderungen und deren Konsequenzen: An die Jungen werde in der Erziehung eine Norm von Autonomie und Härte angelegt, die zur Verdrängung von „weiblichen" Wünschen nach Nähe und Geborgenheit führe. Die Wiederkehr des Verdrängten sei zum Beispiel in der Projektion des Verpönten auf (antisemitische) Feindbilder zu beobachten. Für die Mädchen gelten andere Normen. Sie müssten nicht ihre Nähe-Wünsche, sondern Aggressionen und Wünsche nach Selbstbehauptung verdrängen. Deren Wiederkehr könne auch nicht wie bei den Jungen auf projektivem Weg stattfinden, da ihnen die Aggressionen gegen andere Menschen ja verboten seien. Die verpönten Aggressionen würden sich daher gegen das eigene Selbst richten. Mitscherlich war besonders daran gelegen, den Frauen zur Bewusstwerdung ihrer Aggressionen zu verhelfen, um die patriarchale Ordnung nicht durch typisch weibliche Unterwürfigkeit zu zementieren.

Gegenwärtige Auseinandersetzungen

In der psychoanalytischen Sozialpsychologie haben bestimmte *Themen* einen besonders hohen Stellenwert. Sie gehören vor allem in das Umfeld der Autoritarismus- und Vorurteilsforschung: Antisemitismus, Rassismus, Nationalismus, Gewaltaffinität sind zentrale Forschungsfelder, zu denen neuerdings auch die Muslimfeindschaft hinzutritt. In Deutschland bilden Fragen zu den historischen Nachwirkungen des Nationalsozialismus ein Schwerpunktthema; so ist eine vielfältige analytisch-sozialpsychologische Forschung zur intergenerationellen Weitergabe des affektiven NS-Erbes entstanden (vgl. Lohl 2010). Zu den weiteren Kerngebieten gehört seit den 1970er-Jahren die Geschlechterforschung sowie seit den 1980er-Jahren die Erforschung der modernen Arbeitswelt und ihrer Anforderungen an die Individuen.

Geschlechterforschung in der psychoanalytischen Sozialpsychologie

In der Frauenbewegung, die sich seit den späten 1960er-Jahren entfaltete, war die Psychoanalyse heftig umstritten. Während die einen Freuds teilweise unreflektiert männliche Perspektive kritisierten, betonten die anderen, dass die Psychoanalyse dennoch helfen könne, „Geschlechtscharaktere" als gesellschaftliche Produkte zu verstehen. Schon Freud hatte die Geschlechtsidentität nicht als angeboren aufgefasst, sondern als Ergebnis der Verdrängung verpönter „unweiblicher" bzw. „unmännlicher" Strebungen. Anknüpfend an diese Diskussionen, entwickelte sich seit den 1980er-Jahren auch im deutschsprachigen Raum eine psychoanalytisch-sozialpsychologische Geschlechterforschung, für deren Etablierung Margarete Mitscherlichs Schriften (vgl. Hauptwerke) die wesentliche Rolle spielten. Mittlerweile ist die geschlechtliche Sozialisation zu einem der wichtigsten Themenfelder der psychoanalytischen Sozialpsychologie geworden (z. B. in den Ansätzen von Regina Becker-Schmidt). Nicht nur die Annahme angeborener „Geschlechtscharaktere" wird heute kritisiert, sondern auch die Reproduktion von Stereotypen, wie sie in älteren Ansätzen der Sozialisationsforschung zu finden ist. In diesen Modellvorstellungen über starre geschlechtliche Sozialcharaktere scheinen Frauen zwar nicht biologisch, aber sozialisationsvermittelt wirklich (und endgültig) „weiblich" und Männer „männlich" zu sein. Demgegenüber werden heute die (teilweise auch widerspenstigen) Aneignungsmuster der Männlichkeits- und Weiblichkeitsideale betont, die den Kindern nicht bloß „aufgeprägt" werden. In den letzten Jahren hat sich auch eine psychoanalytisch-sozialpsychologische Männlichkeitsforschung herausgebildet, welche die affektiven Folgen der Aneignung der männlichen Position in der Geschlechterordnung analysiert (Pohl 2004).

Seit Mitte der 1980er-Jahre werden auch methodologische und methodische Probleme systematisch untersucht. Die im therapeutischen Kontext entstandene Methode der Psychoanalyse, also die Analyse des Individuums, lässt sich nicht unbesehen auf ganze Kollektive übertragen. Um die affektive Dimension und die unbewusste Ebene kollektiver und kultureller Phänomene analysieren zu können, bedarf es vielmehr einer modifizierten Methode. Die tiefenhermeneutische Kulturanalyse Alfred Lorenzers, die Ethnohermeneutik Hans Bosses und die Arbeiten Klaus Horns sind hier wegweisend. Diese Ansätze wurden zum Beispiel durch Hans-Dieter König, Thomas Leithäuser, Christine Morgenroth und Birgit Volmerg zu einem anerkannten Verfahren der qualitativen Sozial- und Kulturforschung weiterentwickelt. Damit können unter der Oberfläche schlummernde, unbewusste Sinnstrukturen von Kulturprodukten (Literatur, Kunst, Film, Bild), aber auch von Forschungsdaten (Gruppendiskussionen,

Interviews) erkannt werden. Die tiefenhermeneutischen Analysen gelangen über die Reflexion der affektiven Wirkung des Untersuchungsgegenstandes auf das Erleben der Interpretinnen und Interpreten zu ihren Deutungen. Hierbei wird das subjektive Erleben der Forschenden nicht als Störfaktor, sondern als Erkenntnismittel bewertet.

Die theoretischen Diskussionen innerhalb der psychoanalytischen Sozialpsychologie drehen sich derzeit hauptsächlich um zwei Punkte:

(1) Es werden Wege gesucht, das tendenziell ableitungslogische Modell des Sozialcharakters zu überwinden oder zu modifizieren. Ein Ansatz ist es, statt der scheinbar gefestigten Charakterstrukturen die vorherrschenden inneren Konfliktlagen zu untersuchen, denn sie rühren von spezifischen gesellschaftlichen Widersprüchen her. Im Umgang mit diesen Konflikten liegt demnach immer ein Stück individueller Eigensinn. Andererseits wird aber gegen diese Betonung des Eigensinns auch argumentiert, dass die Vorherrschaft bestimmter gesellschafts- und geschlechtsspezifischer Charakterstrukturen nicht völlig zu leugnen sei. Der Sozialcharakter müsste eher als Idealtypus oder normative Forderung verstanden werden, an den sich die einzelnen Mitglieder der Gesellschaft tendenziell angleichen oder anzugleichen haben. Geschlechts- und milieuspezifische Sozialcharaktere könnten als *Schiefheilungsangebote* verstanden werden.

Gegenüber der Idee einer frühkindlichen Fixierung von Charakterstrukturen wurde die *Nachträglichkeit* von psychischen Prozessen betont: Die breite Forschung zum Jugendalter (Adoleszenz) macht darauf aufmerksam, dass Erfahrungen und Reaktionsmuster immer wieder umgeschrieben werden. Gerade in der Adoleszenz, die vor allem durch Erdheim in den Blick der psychoanalytischen Sozialpsychologie gerückt wurde, werden die in der Familie gemachten Erfahrungen und eingespielten Reaktionsweisen in der Auseinandersetzung mit peer groups noch einmal modifiziert, verstärkt oder grundlegend verändert.

Schließlich sind als Antwort auf die Problematiken der Sozialcharakterologie auch Brückners kritische Institutionsanalysen wichtig, die große Ähnlichkeiten mit Foucaults Ansätzen zur „Subjektivierung" durch Institutionen aufweisen. Brückner analysiert einerseits die veränderten Lebensbedingungen der Individuen (z. B. durch gesellschaftliche Umbrüche), andererseits ganz konkrete Fabrik- und Schulordnungen. Dabei kommt er zu dem Ergebnis, dass sich sowohl die mit gesellschaftlichen Veränderungen einhergehenden Problemlagen als auch die in Ordnungen verankerten Ver- und Gebote in die Subjektstrukturen einschreiben. Handlungsmuster werden so nicht nur in der Kindheit, sondern laufend eingeübt – wobei immer wieder auf frühe Abwehrmechanismen zurückgegriffen wird.

Die Kritik am Ansatz des Sozialcharakters ist aber nicht nur theoretisch begründet, sondern macht auch historische Entwicklungen deutlich: Die Stabilität des „Charakters" ist angesichts neuer Arbeitsformen, die permanente Flexibilität und kreative Problemlösungskompetenz verlangen, auch gesellschaftlich überholt.

(2) Die Frage nach den affektiv-antreibenden Kräften im Menschen bestimmt ebenfalls die theoretischen Debatten, wobei besonders der Stellenwert von Freuds Triebtheorie kontrovers diskutiert wird. Derzeit stehen sich triebtheoretische Ansätze, die im Anschluss an Freud einen leiblich verankerten Drang nach Lustbefriedigung annehmen (so z. B. auch Lorenzer in seiner interaktionstheoretischen Neufassung der Triebtheorie), und Ansätze der „Relationalen Psychoanalyse" gegenüber, die ein angeborenes Streben nach intersubjektiver Anerkennung postulieren. Diese Ansätze gehen auf unterschiedliche Menschenbilder zurück: Wo die einen grundlegende Widersprüche und damit einhergehende Konflikte zwischen dem lustsuchenden Menschen und der lusteinschränkenden Umwelt im Blick haben, gehen die anderen von einem immanenten Wunsch des Menschen aus, andere als eigenständiges Subjekt anzuerkennen und von ihnen anerkannt zu werden.

Der französische Psychoanalytiker Jacques Lacan (1901-1981) entwickelte die Psychoanalyse Freuds durch Rückgriffe auf den Strukturalismus und die Linguistik zu einem eigenständigen Ansatz weiter. Er entwickelte ein eigenes metapsychologisches Modell (Reales, Symbolisches, Imaginäres) und beschäftigte sich zum Teil mit ähnlichen Fragen wie die psychoanalytischen Sozialpsychologinnen und Sozialpsychologen im deutschsprachigen Raum. So fragte er nach der Entstehung des Subjekts innerhalb der symbolischen Ordnung einer Gesellschaft. Diese symbolische Ordnung führt zu einem spezifischen Begehren, das damit von Lacan als nicht angeboren gedacht wird. Das Begehren entspricht einem grundlegenden Mangel des Subjekts, der unüberwindlich ist: Es richtet sich auf ein Objekt, welches das Subjekt vervollständigen und „ganz" machen soll, aber – da mit der symbolischen Ordnung eine Kluft zwischen Subjekt und Umwelt entsteht – immer schon verloren ist. Ein vollständiges Subjekt und eine stimmige Identität gibt es nach Lacan nicht, sehr wohl aber den Wunsch danach. Hier setzen Ideologie und massenpsychologische Dynamiken an, die imaginäre Identitäten anbieten und so versprechen, den Mangel zu beheben. Demgegenüber beharrt Lacan darauf: „Du sollst begehren!"

Obwohl Lacans Arbeiten als schwer zugänglich gelten, gehören sie neben den Überlegungen Freuds zu den einflussreichsten psychoanalytischen Ansätzen in den Sozial- und Kulturwissenschaften. Im Poststrukturalismus – eine der bedeutendsten sozialwissenschaftlichen Strömungen der Gegenwart, die sich mit dem Verhältnis von Sprache und sozialer Wirklichkeit beschäftigt – haben die Ansätze Lacans einen festen Platz. So bedienen sich etwa die Arbeiten Louis Althussers zur Anrufung der Subjekte durch Ideologien, die politikwissenschaftliche Diskurstheorie Ernesto Laclaus und Chantalle Mouffes, Judith Butlers Queer Theory oder Slavoj Žižeks kultur- und gesellschaftstheoretische Arbeiten Lacanscher Begriffe und Ansätze.

Fazit

Die psychoanalytische Sozialpsychologie ist keine Unterabteilung der akademischen Sozialpsychologie, aber sie ist auch keine eigenständige und abgegrenzte wissenschaftliche Fachdisziplin. Sie besteht vielmehr aus einer Vielzahl unterschiedlicher Ansätze im Schnittfeld von Geschichtswissenschaft, Soziologie, Politik- und Kulturwissenschaft(en), die durch einen gemeinsamen Gegenstand, eine spezifische Grundorientierung und eine kritische Forschungsperspektive zusammengehalten wird. Allen geht es um die Wechselbeziehungen zwischen den historisch unterschiedlich vergesellschafteten Individuen und den sie umgebenden gesellschaftlichen Macht- und Herrschaftsverhältnissen. Das macht die Einbeziehung von psychoanalytischen Kenntnissen, Erfahrungen und methodischen Herangehensweisen notwendig. Warum notwendig? Weil die Psychoanalyse im Unterschied zu den vorherrschenden kognitionswissenschaftlichen Ansätzen der akademischen Psychologie, mit Adorno gesprochen, die einzige Psychologie ist, mit deren Hilfe den „subjektiven Bedingungen objektiver Irrationalität" systematisch nachgespürt werden kann.

Verständnisfragen

- Inwiefern unterscheidet sich die psychoanalytische Sozialpsychologie von der gängigen Psychologie und Sozialpsychologie?
- Welche massenpsychologisch interessanten Phänomene gibt es heute? Wie könnte man sie, insbesondere in ihren unbewussten Anteilen, untersuchen?
- Warum ist für eine kritische Gesellschaftsanalyse ein Rückgriff auf die Psychoanalyse erforderlich?

Literatur

Adorno, T. W., Frenkel-Brunswik, E., Levinson, D. J. & Sanford, N. (1950). *The Authoritarian Personality*. New York: Harper and Row.
Adorno, T. W. (1955a). Zum Verhältnis von Psychologie und Soziologie. In *Gesammelte Schriften, Bd. 8* (S. 42–85). Frankfurt am Main: Suhrkamp.
Adorno, T. W. (1955b). Schuld und Abwehr. Eine qualitative Analyse zum Gruppenexperiment. In *Gesammelte Schriften, Bd. 9.2* (S. 122–324). Frankfurt am Main: Suhrkamp.
Brückner, P. (1983). *Selbstbefreiung. Provokation und soziale Bewegung*. Berlin: Wagenbach.
Brückner, P. (1972). *Zur Sozialpsychologie des Kapitalismus. Sozialpsychologie der antiautoritären Bewegung I*. Frankfurt am Main: Europäische Verlagsanstalt.
Bosse, H. (1994). *Der fremde Mann. Jugend, Männlichkeit, Macht. Eine Ethnoanalyse*. Frankfurt am Main: Fischer.
Erdheim, M. (1982). *Die gesellschaftliche Produktion von Unbewusstheit. Eine Einführung in den ethnopsychoanalytischen Prozess*. Frankfurt am Main: Suhrkamp.
Freud, S. (1921). Massenpsychologie und Ich-Analyse. In *Gesammelte Werke, Bd. 13* (S. 71–162). Frankfurt am Main: Fischer.
Freud, S. (1930). Das Unbehagen in der Kultur. In *Gesammelte Werke, Bd. 14* (S. 419–506). Frankfurt am Main: Fischer.
Fromm, E. (1932). Über Methode und Aufgabe einer Analytischen Sozialpsychologie. Bemerkungen über Psychoanalyse und historischen Materialismus. In ders. (1970), *Analytische Sozialpsychologie und Gesellschaftstheorie* (S. 9–40). Frankfurt am Main: Suhrkamp.
Fromm, E. (1936). Theoretische Entwürfe über Autorität und Familie. Sozialpsychologischer Teil. In M. Horkheimer, E. Fromm, H. Mayer & H. Marcuse (Hrsg.), *Studien über Autorität und Familie. Forschungsberichte aus dem Institut für Sozialforschung* (S. 77–135). Frankfurt am Main: Junius-Drucke.
Honneth, A. (2001). Facetten des vorsozialen Selbst. Eine Erwiderung auf Joel Whitebook, *Psyche 55*, 790–802.
Horn, K., Beier, C. & Kraft-Krumm, D. (1984). *Gesundheitsverhalten und Krankheitsgewinn. Zur Logik von Widerständen gegen gesundheitliche Aufklärung*. Opladen: Westdeutscher Verlag.
Leithäuser, T. & Volmerg, B. (1988). *Psychoanalyse in der Sozialforschung. Eine Einführung*. Opladen: Westdeutscher Verlag.
Lohl, J. (2010). *Gefühlserbschaft und Rechtsextremismus. Eine sozialpsychologische Studie zur Generationengeschichte des Nationalsozialismus*. Gießen: Psychosozial.
Lorenzer, A. (1970). *Sprachzerstörung und Rekonstruktion. Vorarbeiten zu einer Metatheorie der Psychoanalyse*. Frankfurt am Main: Suhrkamp.
Lorenzer, A. (1981). *Zur Begründung einer materialistischen Sozialisationstheorie*. Frankfurt am Main: Suhrkamp.
Lorenzer, A. (1981). *Das Konzil der Buchhalter. Die Zerstörung der Sinnlichkeit. Eine Religionskritik*. Frankfurt am Main: Suhrkamp.
Lorenzer, A. (1986). Tiefenhermeneutische Kulturanalyse. In H.-D. König, A. Lorenzer, H. Lüdde, S. Nagbol, U. Prokop, G. Schmid Noerr & A. Eggert (Hrsg.), *Kultur-Analysen* (S. 11–98). Frankfurt am Main: Fischer.
Mitscherlich, A. (1963). *Auf dem Weg zur vaterlosen Gesellschaft. Ideen zur Sozialpsychologie*. München: Piper.

Mitscherlich, A. & Mitscherlich, M. (1967). *Die Unfähigkeit zu trauern. Grundlagen kollektiven Verhaltens.* München: Piper.
Mitscherlich, M. (1990). *Die friedfertige Frau. Eine psychoanalytische Untersuchung zur Aggression der Geschlechter.* Frankfurt am Main: Fischer.
Parin, P., Morgenthaler, F. & Parin-Matthèy, G. (1963). *Die Weißen denken zu viel. Psychoanalytische Untersuchungen bei den Dogon in Westafrika.* Zürich: Atlantis.
Pollock, F. (1955). *Gruppenexperiment. Ein Studienbericht.* Frankfurt am Main: Europäische Verlagsanstalt.
Pohl, R. (2004). *Feindbild Frau. Männliche Sexualität, Gewalt und die Abwehr des Weiblichen.* Hannover: Offizin.
Whitebook, J. (2001). Wechselseitige Anerkennung und die Arbeit des Negativen. *Psyche 55,* 755–789.

Weiterführende Literatur

Becker-Schmidt, R. & Knapp, G.-A. (2000). *Feministische Theorien zur Einführung* (Kap.: „Feministische Debatten zur Subjektkonstitution"). Hamburg: Junius.
Bereswill, M., Morgenroth, C. & Redman, P. (2010). Alfred Lorenzer and the depth-hermeneutic method. *Psychoanalysis, Culture and Society 15,* 221–250.
Brunner, M., Burgermeister, N., Lohl, J., Schwietring, M. & Winter, S. (2012). Psychoanalytische Sozialpsychologie im deutschsprachigen Raum. *Freie Assoziation 15,* 15–78.
Brunner, M. & Lohl, J. (2012). „Außerdem würde ich gerne mal einen Orgon-Akkumulator bauen …". Zu Vergangenheit, Gegenwart und Zukunftsperspektiven der psychoanalytischen Sozialpsychologie. Geschichtsüberblick und Umfrageergebnisse. *Psychologie & Gesellschaftskritik 142/143,* 31–60.
Brunner, M., Lohl, J., Pohl, R., Schwietring, M. & Winter, S. (Hrsg.) (2012). *Politische Psychologie heute? Themen, Theorien und Perspektiven der psychoanalytischen Sozialforschung.* Gießen: Psychosozial.
Busch, H.-J. (2001). *Subjektivität in der spätmodernen Gesellschaft. Konzeptuelle Schwierigkeiten und Möglichkeiten psychoanalytisch-sozialpsychologischer Zeitdiagnose.* Göttingen: Velbrück.
Busch, H.-J. (Hrsg.) (2007). *Spuren des Subjekts. Positionen psychoanalytischer Sozialpsychologie.* Göttingen: Vandenhoeck & Ruprecht.
Dahmer, H. (2013). *Libido und Gesellschaft. Studien über Freud und die Freudsche Linke.* Münster: Westfälisches Dampfboot.
Dahmer, H. (Hrsg.) (2013). *Analytische Sozialpsychologie, 2 Bände.* Gießen: Psychosozial.
Liebsch, K. (1994). *Vom Weib zur Weiblichkeit? Psychoanalytische Konstruktionen in feministischer Theorie.* Bielefeld: Kleine.
Leithäuser, T. & Volmerg, B. (1988). *Psychoanalyse in der Sozialforschung. Eine Einführung.* Opladen: Westdeutscher Verlag.
Schülein, J. A. & Wirth, H.-J. (Hrsg.) (2011). *Analytische Sozialpsychologie. Klassische und neuere Perspektiven.* Gießen: Psychosozial.

Sozialer Konstruktionismus und Sozialpsychologie

Wolfgang Frindte und Susanne Jacob

> *Wir brauchen eine generative Theorie, das heißt,*
> *Darstellungen unserer Welt, welche die als selbst-*
> *verständlich geltenden Konventionen des Verstehens*
> *herausfordern und gleichzeitig in neue Welten von*
> *Bedeutung und Handlung einladen.*
> (Gergen 2002, S. 148)

Zusammenfassung

Das wissenschaftliche Feld der konstruktivistischen Debatten ist weit. Innovative Anregungen für die Sozialpsychologie bietet vor allem die Konzeption des Sozialen Konstruktionismus (SK) von Kenneth J. Gergen. Sie ist keine sozialpsychologische Theorie, sondern ein wissenschaftlicher Diskurs, der vor allem in kritischer Auseinandersetzung mit der sozialpsychologischen Forschung der 1960er- und 1970er-Jahre entstanden ist. Im Zentrum dieses Diskurses stehen a) die Auseinandersetzungen um die erkenntnis- und wissenschaftstheoretischen Ausgangspunkte und Grundlagen der sozialpsychologischen Wissenschaft, b) der Streit um den sozialpsychologischen Gegenstand, c) die Kontroversen um die methodischen Wege seiner Erforschung und d) die ethischen und praktischen Konsequenzen sozialpsychologischer Erkenntnisse. Der SK geht davon aus, dass die Begriffe, mit denen Menschen die Welt zu erkennen und zu verstehen versuchen, Produkte eines historisch und kulturell bedingten Austauschprozesses zwischen Personen sind.

Einordnung und Entstehungsbedingungen des Sozialen Konstruktionismus

Die wissenschaftlichen Debatten über den Konstruktivismus im Allgemeinen und in der Sozialpsychologie im Besonderen sind heterogen und ihre Wurzeln vielfältig. Im deutschsprachigen Raum werden konstruktivistische Ansätze in etlichen Fachbereichen diskutiert, zum Beispiel in der Kommunikations- und Medienwissenschaft, Literaturwissenschaft, Neuropsychologie, Pädagogik, Organisationswissenschaft, Politikwissenschaft, Psychotherapie, Soziologie und in der Sozialpsychologie.

Den verschiedenen Richtungen des Konstruktivismus ist gemeinsam, dass sie davon ausgehen, Menschen würden die Welt nicht einfach abbilden, sondern sich mittels ihrer Fühl-, Denk- und Sprachwerkzeuge eine Welt *konstruieren*, die ihrer Existenz angemessen ist. Sie unterscheiden sich jedoch hinsichtlich ihrer Annahmen zu den Mechanismen und Prozessen dieser Wirklichkeitskonstruktion. Eine Richtung des Konstruktivismus geht davon aus, dass Menschen aufgrund ihrer anatomisch-physiologischen Beschaffenheit grundsätzlich keinen Zugang zur Außenwelt haben. Alles, was Menschen von der Welt wissen, sei das Ergebnis der individuellen Konstruktionen von Wirklichkeit. Aus psychologischer Perspektive lassen sich hier jene Konzeptionen einordnen, die sich ausschließlich mit den *individuellen* mentalen Prozessen auseinandersetzen und die wirklichkeitskonstruierenden Funktionen des Wahrnehmens und Denkens beschreiben. Dazu gehören neben dem entwicklungspsychologisch orientierten Konstruktivismus von Jean Piaget (1896–1980; 1954) die Psychologie der personalen Konstrukte von George A. Kelly (1905–1967; 1955) und der Radikale Konstruktivismus von Ernst von Glasersfeld (1917–2010; 1995).

Eine andere Richtung des Konstruktivismus wendet sich den sozialen Konstruktionsprozessen zu. Das vom einzelnen Menschen Gefühlte, Gedachte und Hergestellte wäre demnach sozialen Konstruktionen entsprungen, die sich über Sprache und sprachlich vermittelte Verständigungsformen (z. B. Konversation, Diskurs und Erzählung) manifestierten. Soziale Konstruktionen sind im sozialen Austausch geschaffene und von Mitgliedern sozialer Gemeinschaften (z. B. Gesellschaften, Organisationen und Gruppen) geteilte (konventionalisierte) und weitergegebene (tradierte) Deutungen der Welt (vgl. auch Frindte 1998). Neben der *Gesellschaftlichen Konstruktion der Wirklichkeit* von Berger & Luckmann (1966), der Diskursanalyse nach Potter & Wetherell (1987) oder der Theorie der sozialen Repräsentationen von Serge Moscovici (1989) geht auch der Soziale Konstruktionismus des US-amerikanischen Psychologen Kenneth J. Gergen von dieser Prämisse aus.

Der Begriff *Sozialer Konstruktionismus* dient der Abgrenzung von den konstruktivistischen Wissenschaftsauffassungen, die sich mit den individuellen Prozessen der Wirklichkeitskonstruktion beschäftigen, und stellt die Verbindung zu sozialwissenschaftlichen Ansätzen her. Für Gergen ist der SK die Herausforderung („the challenge"), eine Metatheorie für eine alternative Wissenschaftskonzeption, besonders für die Sozialpsychologie, zu entwickeln (Gergen 1985). Sein Programm hat er insbesondere in seinen Publikationen *The Saturated Self* (1991), *Realities and Relationships* (1994), *An Invitation to Social Constructionism* (1999) und *Relational Being: Beyond the Self and Community* (2009) vorgestellt.

Kenneth J. Gergen wurde 1935 in North Carolina geboren. Seit 1967 arbeitet er als Sozialpsychologe am renommierten Swarthmore College, an dem auch der Sozialpsychologe Salomon Asch und die Gestaltpsychologen Karl Duncker und Wolfgang Köhler tätig waren. Er ist mit Mary M. Gergen verheiratet, einer emeritierten Professorin der Penn State University, mit der er auch mehrere wissenschaftliche Schriften zum Sozialen Konstruktionismus publiziert hat (z. B. Gergen & Gergen, 2012).

In seinem Artikel „Social Psychology and the Wrong Revolution" (1989) begründet Gergen mit einer scharfen Kritik an der kognitiv orientierten Sozialpsychologie seinen Ansatz. Er argumentiert, dass die kognitive Wende bzw. die kognitive Revolution, mit der der Behaviorismus in den 1960er- und 1970er-Jahren in der Psychologie abgelöst wurde, zwar die Entwicklung der Psychologie vorangetrieben habe, aber für das sozialpsychologische Denken nicht hilfreich gewesen sei. Während der Kognitivismus davon ausgehe, dass das Erkennen der Welt von kognitiven Strukturen (wie Kategorien, Schemata und Begriffen) abhängig sei, bleiben sowohl der Ursprung dieser Strukturen als auch die Verknüpfung von Kognitionen und Handlungen ungeklärt (Gergen 1989, S. 465ff.). Dies verweise auf ein nicht bewältigtes philosophisches Problem: auf das Problem des Verhältnisses von Geist und Welt. Die kognitivistisch ausgerichtete Psychologie bleibe dem Dualismus von Geist und Welt verhaftet und könne daher die Wechselbeziehung zwischen beiden Instanzen nicht klären. Gergens Schlussfolgerung ist, dass eine „zweite Revolution" notwendig ist, um eine erkenntnistheoretische Konzeption sozialen Wissens zu entwickeln, die er als „social epistemology" bezeichnet (Gergen 1989, S. 471).

Ich kommuniziere, also bin ich: Grundlegende Positionen des Sozialen Konstruktionismus

Wohin diese „zweite Revolution" führen soll, hat Gergen in seinem Artikel „The Social Constructionist Movement in Modern Psychology" beschrieben (Gergen 1985). Hans Westmeyer bezeichnet diesen Artikel als das „Manifest des sozialen Konstruktionismus" (Westmeyer 2011, S. 411), da hier die Kernaussagen von Gergens Ansatz formuliert sind. Der Soziale Konstruktionismus basiert demnach auf erkenntnistheoretischen und wissenschaftsphilosophischen Positionen, die als Grundlage des wissenschaftlichen Denkens dienen können. Das heißt, Gergen beabsichtigt nicht nur, die Sozialpsychologie, sondern auch die wissenschaftliche Erkenntnis des Sozialen generell zu reformulieren. Diese „Assumptions for a Social Constructionist Science" (Gergen 1994, S. 48) umfassen fünf wesentliche Thesen:

(A) „The terms by which we account for the world and ourselves are not dictated by the stipulated objects of such accounts." (Gergen 1994, S. 49)

Die erste These richtet sich gegen einen naiven Realismus: Die Wahrnehmung und das Erkennen der Welt und unserer selbst wird nicht von den Objekten bestimmt, die wir erkennen wollen. Damit wird zum einen die positivistisch-empiristische Konzeption angegriffen, Wissenschaft könne die Realität abbilden. Zum anderen wird die Annahme einer Korrespondenz von Wort und Objekt bzw. von Wirklichkeitskonstruktion und Realität abgelehnt.

(B) „The terms and forms by which we achieve understanding of the world and ourselves are social artifacts, products of historically and culturally situated interchanges among people." (Gergen 1994, S. 49)

Mit dieser These wird die Idee des *Sozialen Wissens* eingeführt. Die Begriffe und Formen, durch die wir die Welt und uns selbst verstehen, sind Produkte eines historisch und kulturell geformten Austauschprozesses zwischen Menschen. Sie sind demnach das Ergebnis unserer sozialen Beziehungen, die wiederum nicht nur von spezifischen Traditionen und kulturellen Bedingungen geprägt sind, sondern durch konkrete Interaktionen in Raum und Zeit, innerhalb derer überhaupt erst vom Verstehen gesprochen werden kann.

(C) „The degree to which a given account of world or self is sustained across time is not dependent on the objective validity of the account but on the vicissitudes of social process." (Gergen 1994, S. 51)

Mit der dritten These weist Gergen traditionelle wissenschaftstheoretische Auffassungen zurück, denen zufolge die Vorstellungen über die Welt an ihrer objektiven Gültigkeit gemessen werden können. Die Gültigkeit hänge vielmehr von den jeweiligen sozialen Prozessen und Beziehungen ab (vgl. These B), in denen die Vorstellungen ihre Nützlichkeit und Passfähigkeit zu erweisen haben. In diesem Zusammenhang kritisiert Gergen auch die wissenschaftliche Methodologie, die als universelles Regelwerk zur Entscheidung zwischen rivalisierenden Theorien herangezogen werde. Die Geltung wissenschaftlicher Theorien lasse sich nicht mithilfe kontextfreier Regeln feststellen, sondern erweise sich letztlich in den Diskursen wissenschaftlicher Gemeinschaften. Damit bezieht sich Gergen auch auf die wissenschaftstheoretischen Konzeptionen von Ludwik Fleck zur Rolle von wissenschaftlichen „Denkkollektiven" und „Denkstilen" sowie auf Thomas Kuhns Überlegungen zur Funktion sozialpsychologischer Prozesse in wissenschaftlichen Revolutionen.

(D) „Language derives its significance in human affairs from the way in which it functions within patterns of relationship." (Gergen 1994, S. 52)

Die Bedeutung eines Wortes, eines Satzes oder eines Textes ergibt sich nicht aus der Relation von Zeichen und Bezeichnetem, sondern sie wird erst im Gebrauch – also in der Pragmatik des Sprechens – hergestellt. Gergen greift hier auf die Konzeption des Sprachspiels im Sinne Wittgensteins zurück.

Ludwig Wittgenstein (1889–1951) beschäftigte sich in seinen frühen Schriften mit logischer Sprachanalyse und der Idee einer Idealsprache. Sein zweites Hauptwerk *Philosophische Untersuchungen* (1953/1984) analysiert die Alltagssprache. Es untersucht, wie Denken, Meinen und Verstehen im Alltag funktionieren und wie sprachliche Ausdrücke ihre Bedeutung erhalten. Wittgenstein gelangte zu der Auffassung, dass sich die Worte in kommunikativen Situationen an die Bedeutung knüpfen, und zwar in Situationen, in denen diese Worte eine bestimmte Funktion haben. Diesen Kontext des Sprachgebrauchs, der durch die Anwendung spezifischer Regeln gekennzeichnet ist, bezeichnet Wittgenstein als *Sprachspiel*. Dieser Begriff ist eng an den Begriff der *Lebensform* gebunden: Die verschiedenen Lebensformen bringen auch verschiedene Sprachspiele mit sich.

Alles Gesagte werde im Diskurs zwischen mehreren Sprechern konstruiert und lasse sich auch nur in diesem sozialen Prozess auf seine Nützlichkeit hin prüfen. Bezogen auf wissenschaftliche Erkenntnisse bedeutet das: Nicht die Wahrheit, Objektivität oder Gültigkeit einer Theorie ist entscheidend, sondern die Anwendung der Theorie. Im sozialen Gebrauch einer wissenschaftlichen Theorie erweise sich, ob sie relevant ist und wer von ihren Erkenntnissen profitieren bzw. wem Nachteile erwachsen könnten.

(E) „*To appraise existing forms of discourse is to evaluate patterns of cultural life; such evaluations give voice to the other cultural enclaves.*" *(Gergen 1994, S. 53)*

Mit dieser These wird deutlich, dass der Soziale Konstruktionismus nicht nur den Geltungsanspruch wissenschaftlicher Theorien zu kritisieren beabsichtigt. Vielmehr geht es ihm auch darum, unterschiedlichen kulturellen Sichtweisen eine Stimme zu geben. Wenn Erkenntnisse ein Ergebnis sozialer Beziehungen sind, so muss die Wahrnehmung dafür geschärft werden, dass es viele Diskurse gibt, die möglicherweise zu unterschiedlichen Ergebnissen kommen. Letztlich müssen aus Sicht des Sozialen Konstruktionismus Diskursformen entwickelt werden, in denen (wissenschaftliche) Erkenntnisse bewertet und auch andere als die eigenen wissenschaftlichen Standpunkte berücksichtigt werden („communities of intelligibility", Gergen 1994, S. 53).

Der Anspruch, den der Soziale Konstruktionismus erhebt, ist also nicht gering. Er rüttelt an den Vorgaben diverser Wissenschaftskonzeptionen und zweifelt am objektiven Erkenntnisideal, an traditionellen Wahrheitskriterien und an traditionellen Verfahren zur Überprüfung wissenschaftlicher Theorien. Stattdessen bevorzugt er eine pluralistisch-liberale Methodologie, indem er Nützlichkeitskriterien zur Prüfung wissenschaftlicher Theorien vorschlägt, kritische Theorievergleiche den ausschließlich „datenbezogenen" Theorieprüfungen vorzieht und zu einem offenen Dialog zwischen den Vertretern unterschiedlicher Wissenschaftsdisziplinen einlädt.

Gergen geht es aber nicht nur um eine erkenntnistheoretische, wissenschaftstheoretische und metatheoretische Neuorientierung wissenschaftlichen Denkens an sich. Auch den sozialpsychologischen Untersuchungsgegenstand (wie und womit sich die Sozialpsychologie beschäftigt) möchte er neu bestimmen, zum Beispiel, indem er die psychologische Diagnostik als Defizitdiskurs kritisch beleuchtet (Gergen 1994). Andere Beispiele sind seine Konzeption des „relationalen Selbst", also eines Selbstkonzepts, das nur als Ergebnis sozialer Austauschprozesse denkbar ist (Gergen 1991), oder sein Konzept von Emotionen als Teile und Momente mikrosozialer Prozesse (Gergen 1994).

Die Empirie als Illustration

Der Soziale Konstruktionismus steht traditioneller empirischer Forschung skeptisch gegenüber. Er grenzt sich von empiristischen Vorstellungen und sozialpsychologischem Experimentieren ab:

> Traditional empiricism holds experience to be the touchstone of objectivity; hypotheses are said to be confirmed or challenged by virtue of sense data. Yet, from the constructionist viewpoint, both the concept of experience and sense data are placed in question. (Gergen 1985, p. 272)

Allerdings betont Gergen auch, dass der empirischen Forschung durchaus ein Platz im Rahmen wissenschaftlicher Bemühungen gebührt, wenn die Ziele und Wirkungen empirischer Forschung überdacht werden. So könne empirische Forschung durchaus neue kulturelle Dialoge provozieren, traditionelle Auffassungen verändern und praktikable Wege zur Lösung gesellschaftlicher Probleme aufzeigen. Grundsätzlich müsse sich empirische Forschung immer darüber im Klaren sein, dass sie theorieabhängig, wertbehaftet und Teil eines spezifischen methodologischen Sprachspiels sei. Darüber hinaus muss sich empirische Forschung auf ihre die Wirklichkeit konstruierende Wirkung hin hinterfragen lassen. Die Abhängigkeit der Empirie von theoretischen Vorüberlegungen und Interpretationskontexten bringe es mit sich, dass empirische Ergebnisse nicht geeignet seien, zwischen konkurrierenden Theorien zu entscheiden. Empirische Forschungen können eine Theorie aber insofern unterstützen, dass sie die Bedingungen ihrer Geltung konkretisieren. Überdies sei der Forschungsprozess immer auch von den Zielen und Motiven der Forscher beeinflusst (Gergen 1985).

Wenn empirische Ergebnisse auch nicht zur Begründung von Theorien und Hypothesen geeignet seien, so lassen sich einzelwissenschaftliche „Belege" doch als Illustrationen und weiterführende Reflexionen nutzen:

> Research methods can be used to produce 'objectifications' or illustrations useful in advancing the pragmatic consequences of one's work. In this sense it would seem that virtually any methodology can be employed so long as it enables the analyst to develop a more compelling case. (Gergen 1985, p. 273)

Theoretische, abstrakte Ideen können durch die empirischen Daten mit Leben gefüllt und im Kontext wissenschaftlicher Diskurse verständlich gemacht werden. Berühmte sozialpsychologische Experimente, die weitreichende gesellschaftliche Diskussionen ausgelöst haben, dienen hierzu als Beispiel, so u. a. die Konformitätsexperimente von Salomon Asch (1907–1996; 1956) oder die Gehorsamkeitsexperimente von Stanley Milgram (1933–1984; 1974). Wichtig bleibt aber dabei, dass empirische Forschung aus Sicht des Sozialen Konstruktionismus kein Garant für die Wahrheit von Hypothesen und Theorien ist.

Die Auseinandersetzung mit der historischen und kulturellen Bedingtheit sozialer Konstruktionen hat noch eine andere Konsequenz: die engere Verzahnung von Forschung und Praxis. Sie habe zur Folge, dass empirische Forschung immer auch eine Form der Intervention sei (Gergen 1994, S. 137). Daneben gewinnen qualitative Verfahren an Bedeutung, da sie geeignet seien, die erzählende Person, ihre Interessen und Geschichten in den Vordergrund wissenschaftlicher Analyse zu rücken, zum Beispiel mittels *narrativer und kollaborativer Methoden*. Auch die auf Kurt Lewin (1890–1947) zurückgehende *Action Research* würde einen neuen Stellenwert erhalten, um soziale Wandlungsprozesse anzuregen und zu begleiten (Gergen 2003). Ergebnisse qualitativer Forschung sollen überdies nicht nur in schriftlicher Form vermittelt, sondern auch in *Performances* mit künstlerischen Mitteln dargestellt werden (Gergen & Gergen 2012).

Wirkungen und gegenwärtige Potenziale des Sozialen Konstruktionismus

Am Sozialen Konstruktionismus Gergens scheiden sich die Geister. Zwar ist die Rede von der sozialen Konstruktion der Wirklichkeit in der Soziologie und Kommunikationswissenschaft fast schon ein Gemeinplatz, doch beruft man sich dabei im Allgemeinen auf Berger & Luckmann. In der deutschen (Sozial-)Psychologie fristet der SK entweder ein Nischendasein (z. B. v. Tilling 2008) oder er dient als metatheoretisches Feigenblatt, um „neue Perspektiven der qualitativen Forschung" zu legitimieren (Winter 2010) oder um die systemische Therapie erkenntnistheoretisch zu untermauern (Deisler 2008).

Die Zeiten, in denen kritische Studierende die „Bochumer Arbeitsgruppe für Sozialen Konstruktivismus und Wirklichkeitsprüfung" gründeten, den Sozialen Konstruktionismus nutzten, um sich kritisch mit der „Mainstream-Psychologie" auseinanderzusetzen, und in renommierten Verlagen ihre Forschungen publizierten (Borg-Laufs & Duda 1991), scheinen vorüber zu sein, auch wenn die „Bochumer Arbeitsgruppe" noch immer existiert (www.boag-online.de).

Im Gegensatz dazu erfreut sich der Soziale Konstruktionismus im angloamerikanischen Forschungsraum anhaltender Aufmerksamkeit. Namhafte Verteidiger und Gegner (z. B. Kruglanski 2001; Priya 2012; Shotter 2012) setzen sich mit den Positionen in einschlägigen Fachzeitschriften auseinander und streiten noch immer über den sozialpsychologischen Beitrag, den diese zu leisten vermögen. Überdies scheint seit dem Jahre 1985, in dem Kenneth Gergen die Grundlagen des Sozialen Konstruktionismus veröffentlichte, die wissenschaftliche Beachtung stetig zu wachsen. Sucht man in internationalen psychologischen Datenbanken nach relevanten wissenschaftlichen Publikationen, in denen Kenneth Gergen entweder als Autor bzw. Mitautor fungiert oder in denen auf seine Arbeiten Bezug genommen wird, so zeigen sich zwei Tendenzen: Zum einen illustriert die Recherche eine relativ konstante Aufmerksamkeit, die die Arbeiten von Kenneth Gergen in der internationalen Psychologie genießen. Zum anderen zeigt die Suche, dass der Soziale Konstruktionismus vor allem außerhalb der Psychologie wahrgenommen wird, etwa in der Philosophie, den Gender- und Kulturwissenschaften und den Organisationswissenschaften.

Worin aber kann der Beitrag des Sozialen Konstruktionismus für die gegenwärtige Sozialpsychologie bestehen? Wo liegen seine Potenziale? Bereits 1985, dem „Geburtsjahr" des Sozialen Konstruktionismus, kritisierte Martin Irle die theoretische Einengung der Sozialpsychologie auf Themen der sozialen Urteilsbildung, etwa wenn untersucht wird, wie Urteile über „objektive" Objekte von Urteilen anderer über eben diese Objekte moderiert werden.

> Dieses Thema ist in dem Augenblick schwachsinnig, in dem es das zentrale Thema der Sozialpsychologie wird. Sozialpsychologie könnte als Wissenschaft auch davon handeln, wie soziale Realitäten geschaffen werden. (Irle 1985, S. 60)

Wie wir die Gegenstände und Fragestellungen der Sozialpsychologie bewerten, wie wir sie einordnen und interpretieren, hängt also letztlich davon ab, welche theoretischen Entwürfe dem sozialpsychologischen Denken zugrunde liegen. Irle hatte möglicherweise etwas im Sinn, auf das sich auch das sozialpsychologische Potenzial des Sozialen Konstruktionismus bezieht: die soziale, also in Interaktion zwischen Menschen konstruierte Wirklichkeit zum Gegenstand zu machen.

Haben Sozialpsychologen ausreichend theoretisches Potenzial, um sich diesem Gegenstand zu nähern und ihn zu erforschen? 2001 fragte Arie Kruglanski nach den Fähigkeiten der Sozialpsychologen, große Theorien zu entwerfen. Zu Kruglanskis Ausgangsfragen gehörten zum Beispiel: „How effective are our theoretical skills? How much attention and effort do we devote to theorizing? How seriously is the world taking our theories?" (Kruglanski 2001, S. 871). Kruglanskis Antworten sind ernüchternd: Die Sozialpsychologie verfüge zwar über Theorien geringer und mittlerer Reichweite, in der Entwicklung von Theorien großer Reichweite sei sie aber schüchtern und nicht besonders risikofreudig. Angesichts solch innovativer Konzeptionen wie der Theorie der sozialen Identität (Tajfel 1982) oder der Theorie der sozialen Dominanz (Sidanius & Pratto 1999) mag man zunächst an Kruglanskis Kritik zweifeln. Er argumentierte ferner, dass viele sozialpsychologische Ansätze und Theorien außerhalb der sozialpsychologischen Disziplingrenzen so gut wie nicht zur Kenntnis genommen werden, verwies aber auf die Möglichkeiten des Sozialen Konstruktionismus, eine Sozialpsychologie im interdisziplinären Dialog über die Funktion von gesellschaftlichen Werten und Zielen zu etablieren (Kruglanski 2001, S. 873).

2002 wiesen Kruglanski & John T. Jost nach, dass eine fruchtbare Zusammenarbeit zwischen dem SK und der empirisch-experimentell arbeitenden Sozialpsychologie möglich sei. Mehr noch – sozialkonstruktivistisch orientierte und experimentell arbeitende Sozialpsychologen könnten voneinander lernen:

> There are, therefore, both scientific and practical reasons for experimental social psychologists and social constructionists to overcome their differences in rhetorical and research styles. By working together, we have a better chance of making serious, creative, and lasting progress on our long-standing and mutual mission to analyze the profoundly symbolic and contextual bases of human social behavior. (Jost & Kruglanski 2002, p. 183)

Sozialpsychologinnen und Sozialpsychologen, die sich von der Kreativität sozialpsychologischen Denkens inspirieren lassen möchten und sich auch für die wissenschafts- und erkenntnistheoretischen Grundlegungen ihrer Disziplin interessieren, dürften im Sozialen Konstruktionismus herausfordernde Anregungen finden.

Fazit

Der Soziale Konstruktionismus (SK) ist ein wissenschaftlicher Diskurs, der in den 1960er- und 1970er-Jahren in Auseinandersetzung mit der damals dominierenden (vorwiegend akademischen) Sozialpsychologie entstanden und besonders mit dem Namen Kenneth J. Gergen verbunden ist. Die Welt – so eine zentrale Annahme des SK – werde im sozialen Austausch konstruiert und könne auch nur durch die von uns geschaffenen Begriffe und Konstruktionen wahrgenommen und verstanden werden. Diese Begriffe und Konstruktionen prüfen wir nach den Kriterien der Passfähigkeit für den weiteren sozialen Austausch. Die Frage nach Wahrheit, Falschheit oder Objektivität unserer Konstruktionen wird damit von der Frage nach der Nützlichkeit unserer Begriffe und sozialen Konstruktionen abgelöst. Damit bekommt auch die Empirie einen neuen Stellenwert im wissenschaftlichen Forschungsprozess zugewiesen: Empirische Forschung sei zwar nicht geeignet, zwischen konkurrierenden Theorien zu entscheiden; durch die Empirie können aber die Bedingungen, unter denen eine Theorie nützlich sein kann, konkretisiert werden. Überdies sei empirische Forschung immer auch eine Form der Intervention und der Veränderung sozialer Wirklichkeiten.

Verständnisfragen

- Mit welchen Argumenten kritisiert der Soziale Konstruktionismus die kognitiv orientierte Sozialpsychologie? Halten Sie diese Argumente für zutreffend?
- Welchen Stellenwert besitzt die Sprache im Sozialen Konstruktionismus?
- Lässt sich aus Sicht des Sozialen Konstruktionismus die Gültigkeit sozialpsychologischer Theorien überprüfen?
- Welche Rolle spielt die Empirie im Sozialen Konstruktionismus?
- Welche Bedeutung besitzt der Soziale Konstruktionismus aus Ihrer Sicht für die Weiterentwicklung der Sozialpsychologie als Wissenschaft?

Literatur

Asch, S. E. (1956). Studies of independence and conformity. *Psychological Monographs 70*, 1–10.
Berger, P. L. & Luckmann, T. (1966). *The Social Construction of Reality. A Treatise in the Sociology of Knowledge*. Garden City, NY: Doubleday (dt. 1969: *Die gesellschaftliche Konstruktion der Wirklichkeit. Eine Theorie der Wissenssoziologie*. Frankfurt am Main: Fischer).
„Bochumer Arbeitsgruppe für Sozialen Konstruktivismus und Wirklichkeitsprüfung", www.boag-online.de (Stand: 30.03.2016).
Borg-Laufs, M. & Duda, L. (1991). *Zur sozialen Konstruktion von Geschmackswahrnehmung*. Braunschweig: Vieweg+Teubner.
Deisler, K. G. (2008). Dialogischer Wandel im therapeutischen Kontext: Von Metaphern, Geschichten und Gleichnissen – Umgangsformen und Sprechweisen. *Forum: Qualitative Sozialforschung, Vol. 9,1*, Artikel 45.
Fleck, L. (1993; Original: 1935). *Entstehung und Entwicklung einer wissenschaftlichen Tatsache*. Frankfurt am Main: Suhrkamp.
Gergen, K. J. (1985). The social constructionist movement in modern psychology. *American Psychologist, 40 (3)*, 266–275.
Gergen, K. J. (1989). Social psychology and the wrong revolution. *European Journal of Social Psychology, 19 (5)*, 463–484.

Gergen, K. J. (1991). *The Saturated Self. Dilemmas of Identity in Contemporary Life*. New York: Basic Books (dt. 1996: *Das übersättigte Selbst. Identitätsprobleme im heutigen Leben*. Heidelberg: Carl-Auer-Systeme).
Gergen, K. J. (1994). *Realities and Relationships. Soundings in Social Construction*. Cambridge, MA: Havard UP.
Gergen, K. J. (1999). *An Invitation to Social Construction*. London: Sage (dt. 2002: *Konstruierte Wirklichkeiten. Eine Hinführung zum sozialen Konstruktionismus*. Stuttgart: Kohlhammer).
Gergen, K. J. (2003). Action research and orders of democracy. *Action Research, 1 (1)*, 39–56.
Gergen, K. J. (2009). *Relational Being. Beyond the Self and Community. Beyond the Individual and Community*. New York: Oxford UP.
Gergen, M. M. & Gergen, K. J. (2012). *Playing with Purpose. Adventures in Performative Social Science*. Walnut Creek, CA, US: Left Coast Press.
Irle, M. (1985). Konvergenz und Divergenz in Gruppen. In D. Frey & M. Irle (Hrsg.), *Theorien der Sozialpsychologie*, Bd. 2 (S. 39–62), Bern, Stuttgart, Toronto: Huber.
Jost, J. T. & Kruglanski, A. W. (2002). The estrangement of social constructionism and experimental social psychology. History of the rift and prospects for reconciliation. *Personality And Social Psychology Review, 6 (3)*, 168–187.
Kelly, G. A. (1955). *The Psychology of Personal Constructs*. New York: Norton.
Kruglanski, A. W. (2001). That "Vision Thing". The State of Theory in Social and Personality Psychology at the Edge of the New Millennium. *Journal of Personality and Social Psychology*, Vol. 80, No. 6, 871–875.
Kuhn, Th. (1976, Original: 1962). *Die Struktur wissenschaftlicher Revolutionen*. Frankfurt am Main: Suhrkamp.
Milgram, S. (1974). *Obedience to Authority. An Experiment View*. New York: Harper & Row (dt. 1974: *Das Milgram-Experiment. Zur Gehorsamsbereitschaft gegenüber Autoritäten*. Reinbek: Rowohlt).
Moscovici, S. (1984). The phenomenon of social representation. In R. Farr & S. Moscovici (eds.), *Social Representations* (pp. 3–69). Cambridge: Cambridge UP.
Piaget, J. (1954). *The Construction of Reality in the Child*. New York: Basic Books.
Potter, J. & Wetherell, M. (1987). *Discourse and Social Psychology. Beyond Attitudes and Behaviour*. London: Sage.
Priya, K. (2012). Social constructionist approach to suffering and healing. Juxtaposing Cassell, Gergen and Kleinman. *Psychological Studies, 57 (2)*, 211–223.
Shotter, J. (2012). Gergen, confluence, and his turbulent, relational ontology: The constitution of our forms of life within ceaseless, unrepeatable, intermingling movements. *Psychological Studies, 57 (2)*, 134–141.
Sidanius, J. & Pratto, F. (1999). *Social Dominance. An Intergroup Theory of Social Hierarchy and Oppression*. New York: Cambridge UP.
Tajfel, H. (ed.) (1982). *Social Identity and Intergroup Relations*. Cambridge: Cambridge UP.
von Glasersfeld, E. (1997). *Radikaler Konstruktivismus. Ideen, Ergebnisse, Probleme*. Frankfurt am Main: Suhrkamp.
von Tillig, J. (2008). Sozialkonstruktionistische Psychologie und ihre praktische Anwendung. Möglichkeiten einer Neuausrichtung. *Forum: Qualitative Sozialforschung*, Vol. 9,1, Artikel 44.
Westmeyer, H. (2011). Communicamus ergo sum oder Am Anfang stehen die Beziehungen. In B. Pörkesen (Hrsg.), *Schlüsselwerke des Konstruktivismus* (S. 411–424). Wiesbaden: VS.

Winter, R. (2010). Sozialer Konstruktionismus. In G. Mey & K. Mruck (Hrsg.), *Handbuch Qualitativer Forschung in der Psychologie* (S. 123-135). Wiesbaden: VS.
Wittgenstein, L. (1953/1984). *Philosophische Untersuchungen. Werkausgabe Band 1.* Frankfurt am Main: Suhrkamp.

Weiterführende Literatur

Frindte, W. (1998). *Soziale Konstruktionen.* Opladen/Wiesbaden: Westdeutscher Verlag.
Gergen, K. J. (2002). *Konstruierte Wirklichkeiten. Eine Hinführung zum sozialen Konstruktionismus.* Stuttgart: Kohlhammer.
Gergen, K. J. (2005). Sozialer Konstruktionismus und die Transformation der Psychologie. In P. Mattes & T. Musfeld (eds.), *Psychologische Konstruktionen. Diskurse, Narrationen, Performanz* (pp. 21-47). Göttingen: Vandenhoeck & Ruprecht.
Gergen, K. J. & Gergen, M. (2009). *Einführung in den sozialen Konstruktionismus.* Heidelberg: Auer.
Jacob, S. (2004). *Soziale Repräsentationen und Relationale Realitäten. Theoretische Entwürfe der Sozialpsychologie bei Serge Moscovici und Kenneth J. Gergen.* Wiesbaden: Deutscher Universitäts-Verlag.
Pörksen, B. (Hrsg.) (2011). *Schlüsselwerke des Konstruktivismus.* Wiesbaden: VS.
Resch, D., Dey, P., Kluge, A. & Steyaert, C. (eds.) (2005). *Organisationspsychologie als Dialog. Inquiring Social Constructionist Possibilities in Organizational Life.* Lengerich: Pabst.
Zielke, B. (2007). *Sozialer Konstruktionismus. Psychologische Diskurse.* Göttingen: Vandenhoeck & Ruprecht.

Sozialisation und soziales Lernen

Sophie Roupetz

Zusammenfassung

Dieser Beitrag stellt die theoretische Entwicklung des sozialen Lernens dar, also des Lernens durch soziale Interaktion. Erste Erklärungsversuche finden sich im Behaviorismus von Watson, Skinner und Pawlow, die äußere Reize und sichtbare Verhaltensänderungen in den Vordergrund stellten. Die Grundlage der behavioristischen Lerntheorie bildet das Prinzip der operanten Konditionierung, wonach sich Verhalten, das belohnt wird, verstärkt. Die Psychologen Bandura und Rotter erweiterten den behavioristischen Ansatz um sozial-kognitive Theorien. Während auf Bandura das Beobachtungslernen zurückgeht, erklärt Rotter das Verhalten durch die Interaktion eines Individuums mit seiner Umwelt. Seligman schließlich erklärte mit seiner Theorie der erlernten Hilflosigkeit, welchen Einfluss die subjektive Kontrolle und die Frage nach Kausalattributionen beim Lernen haben.

Definition

Beeinflusst von den Einstellungen, den Werten und der Moral einer Gesellschaft, wandeln wir uns vom hilflosen Kleinkind zum reifen Erwachsenen. Durch die Interaktion mit unserer sozialen Umwelt entwickeln wir unsere Persönlichkeit und übernehmen dabei die kulturellen Maßstäbe und Regeln, die uns vorgelebt werden. Die Entfaltung der Persönlichkeit hängt also stark von Umwelteinflüssen ab und ist auf alltägliches Lernen, Erziehung und die soziale Gemeinschaft angewiesen. Nimmt ein Individuum die Verhaltensweisen, Meinungen und Werthaltungen einer Gruppe an, spricht man in der Sozialpsychologie von *Sozialisation*. Den ersten

Sozialisationsprozess durchläuft das Kind in der Familie, aber auch der Jugendliche und Erwachsene passt sich den Standards einer Gruppe an.

Soziales Lernen wird in der Sozialpsychologie als ein Teilgebiet der Sozialisation verstanden und soll erklären, wie die Anpassung eines Individuums an die Erwartungen der Gruppe zustande kommt. Es kann alles Lernen umfassen, das in irgendeiner Weise mit sozialer Interaktion verbunden ist (Salomon & Perkins 1998), kann aber auch das Lernen von sozial erwünschten Verhaltensweisen bedeuten. Soziales Lernen erfolgt durch Beobachtung, durch die Imitation des Verhaltens anderer als auch durch die Identifikation mit anderen und die Übernahme ihrer Werte (Bandura 1965, 1977).

Geschichte und Methoden

Behaviorismus

Der Behaviorismus untersucht das beobachtbare Verhalten von Menschen und Tieren mit naturwissenschaftlichen Methoden. Das Konzept spricht sich gegen die Methode der Introspektion aus und verzichtet auf die Erklärung von Verhalten durch physiologische und innerpsychische Vorgänge. Emotionale Erlebnisse oder kognitive Prozesse bleiben also unzugänglich, da sie weder beobachtbar noch präzise messbar sind. Dem US-amerikanischen Psychologen John Broadus Watson (1878–1958) gelang eine Revolution, indem er den Behaviorismus in den 1920er-Jahren zum vorherrschenden Denkansatz der Lernpsychologie machte. Mit seinem Artikel „Psychology as the behaviorist views it" (1913) wollte er die Psychologie als objektive Wissenschaft verstanden wissen. Ihm zufolge ist „Bewusstsein weder ein klar umrissenes noch ein verwendbares Konzept" (Watson 1913/1930, S. 2), das heißt, er lehnte die Einbeziehung von Empfindungen oder Bewusstseinsinhalten durch Selbstbeobachtung aufgrund ihrer Subjektivität ab. Aus dieser Sicht liegt jedem Verhalten ein Reiz-Reaktions-Schema zugrunde, das die Beziehung zwischen vorausgehenden Bedingungen (Stimuli), Verhalten (Reaktionen) und darauffolgenden Bedingungen (Belohnung, Bestrafung oder neutrale Auswirkungen) erklärt. Das Gehirn wird dabei als „Black Box" aufgefasst, dessen innere Prozesse verschlossen bleiben. Ein Reiz (Input) führt also in die Black Box, das Ergebnis ist eine Reaktion (Output).

Sozialisation und soziales Lernen 157

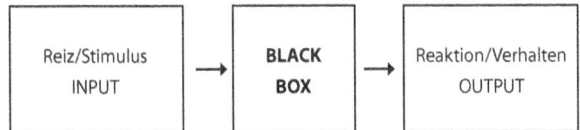

Abb. 1 *Black-Box-Modell.* Die Verarbeitung psychischer und kognitiver Prozesse bleibt „im Dunklen".
Quelle: eigene Darstellung

Watsons Erklärung des Lernens basiert unmittelbar auf dem Modell der klassischen Konditionierung, welches im Folgenden genauer erläutert wird.

Klassische Konditionierung

Das wohl bekannteste Beispiel zum klassischen Konditionieren geht auf den russischen Physiologen Iwan Petrowitsch Pawlow (1849–1936) zurück, der 1904 den Nobelpreis für Medizin erhielt. In seiner Arbeit, eigentlich über das Verdauungsverhalten von Hunden, stellte er in einer eher zufälligen Beobachtung fest, dass der Anblick von Futter bei seinen Hunden Speichelfluss auslöste, aber dass auch fast jeder klar erkennbare Stimulus dieselbe Wirkung haben konnte, wenn er nur oft genug mit Futter gepaart dargeboten wurde. Sehen wir uns das Experiment des Pawlowschen Hundes einmal näher an:

In der Ausgangssituation löst das Futter *(unkonditionierter Stimulus, US)* bei dem Versuchshund Speichelfluss *(unkonditionierte Reaktion, UR)* aus. Der Glockenton *(neutraler Stimulus)* hat zunächst keine spezifische Wirkung auf den Hund, sondern bewirkt eine neutrale Reaktion wie beispielsweise das Aufstellen der Ohren. In der Lernphase wird das Futter *(US)* dann zeitgleich mit dem Glockenton *(neutraler Stimulus)* präsentiert und führt beim Hund zu einer Speichelabsonderung *(UR)*. Nach mehrmaliger Wiederholung der Futtervergabe mit dem Glockenton wird dieser ursprünglich neutrale Stimulus zum konditionierten Stimulus *(CS)*. Schließlich löst die alleinige Darbietung des Glockentons in der Testphase beim Hund eine Speichelreaktion aus. Nun spricht man von einer konditionierten Reaktion *(conditioned response, CR)*, die auf den konditionierten Stimulus folgt (Pawlow 1927).

In zahlreichen Experimenten wiederholte Pawlow, wie ein neutraler Stimulus durch die mehrmalige Koppelung mit einem *US* (z. B. Futter) schließlich allein die

Reaktion auslöste, die ursprünglich mit dem *US* assoziiert war (z. B. Speichelfluss). Aus der klassischen Konditionierung gehen verschiedene Phänomene hervor:

- Erwerb (Akquisition): Die Bildung einer Assoziation zwischen Stimulus und Reaktion benötigt eine bestimmte Anzahl von *CS-US* Paarungen. Erst mit steigender Anzahl von Paarungen tritt die *CR* häufiger und stärker auf. So steigt auch die Speichelmenge des Pawlowschen Hundes als Reaktion auf den *CS* zunächst stark an und flacht dann etwas ab. Der Erwerb der konditionierten Assoziationen ist von beachtlicher Dauer. Ein Hund, der monatelang in Ruhe gelassen wird, nachdem er konditioniert wurde, auf einen Ton hin zu speicheln, wird zurück im Labor bei der Darbietung desselben Tons sofort wieder speicheln, wenn auch in abgeschwächter Form.
- Löschung (Extinktion): Die *CR* kann beispielsweise gelöscht werden, indem der *CS* wiederholt und ohne den *US* präsentiert wird. Der Hund wird nach kurzer Zeit aufhören zu speicheln, wenn der Ton fortan ohne Futter dargeboten wird. Interessanterweise speichelt der Hund aber wieder, wenn der *CS* nach einiger Zeit erneut präsentiert wird, was auch als Spontanerholung bezeichnet wird. Um eine Reaktion vollständig zu löschen, sollte der *CS* wiederholt und ohne den *US* gezeigt werden.
- Generalisierung: Pawlow zeigte, dass die Konditionierung, auf einen bestimmten Ton hin zu speicheln, auf eine Anzahl verschiedener, verwandter Stimuli übertragbar ist.
- Diskrimination: Hier werden unterschiedliche Reaktionen auf verwandte, dennoch klar unterscheidbare Stimuli gezeigt. Pawlow wies nach, dass Hunde, die auf einen konditionierten Ton speicheln, auch konditioniert werden können, auf einen weiteren Ton, der sich in der Höhe nur geringfügig vom konditionierten Stimulus unterscheidet, nicht zu speicheln.

Auch über ein Jahrhundert später wird der Ansatz der klassischen Konditionierung genutzt. So wird er beispielsweise in der Werbung eingesetzt, indem Produkte an positive emotionale Reaktionen geknüpft werden. Ein duftendes Duschgel steht dann nicht nur für Körperhygiene, sondern auch für Schönheit. Kult hat der Marlboro-Mann, durch den Zigaretten mit Eigenschaften wie Freiheit, Unabhängigkeit und Sexappeal assoziiert sind. Doch die Konditionierung hilft auch beim Verständnis von alltäglichen, pädagogischen und klinischen Phänomenen. So können wir gegenüber bestimmten Speisen eine Abneigung entwickeln, wenn wir uns während oder nach dem Verzehr mehrmals unwohl fühlen. Auch Sympathie und Antipathie können die Folge einer klassischen Konditionierung sein. Lächelt eine Person ihr Gegenüber an, verändert sich diese von einem neutralen zu einem positiv konditionierten Stimulus. Außerdem hat die klassische Konditionierung eine Reihe verhaltenstherapeutischer Maßnahmen hervorgebracht. Patientinnen und Patienten mit Phobien und Angststörungen können beispielsweise mit der systematischen Desensibilisierung (z. B. Maercker & Weike 2009) behandelt werden. Wenn es aber darum geht, Lernen im pädagogischen Kontext zu verstehen, müssen wir uns von der klassischen Konditionierung ab- und der operanten Konditionierung zuwenden.

Instrumentelle und operante Konditionierung

1. Die instrumentelle Konditionierung nach Thorndike

Unser Verhalten resultiert aus den Konsequenzen, die wir in früheren Situationen erfahren haben. Das Prinzip der *instrumentellen Konditionierung* rückte den Zusammenhang zwischen Verhalten und seinen Konsequenzen erstmals in den Vordergrund und ist eng mit der Idee des Lernens durch Versuch und Irrtum verknüpft, deren prominentester Vertreter der amerikanische Psychologe Edward Lee Thorndike (1874–1949) war. Ausgangspunkt der Überlegung war die Tatsache, dass das klassische Konditionieren nicht alle Lernphänomene erklären kann, zum Beispiel die Entstehung neuer Verhaltensweisen wie das Radfahren. Auch beim instrumentellen Konditionieren löst ein Reiz eine Reaktion aus, doch nun wird mithilfe einer Verstärkung die Wahrscheinlichkeit zu dieser Reiz-Reaktions-Verknüpfung erhöht. Neue Verhaltensweisen werden also durch die Verstärkung dieses Verhaltens gelernt, wofür eine neue Verbindung zwischen einem Reiz und einer Reaktion aufgebaut wird. Zusammenfassend sind drei Gesetze des instrumentellen Konditionierens auf Thorndike zurückzuführen (1913–1914):

- Gesetz der Wirkung („law of effect"): Ein Verhalten wird nur dann gelernt, wenn sich eine Bedürfnisbefriedigung einstellt.
- Gesetz der Bereitschaft („law of readiness"): Gelernt wird nur, wenn ein Bedürfnis zum Handeln besteht.
- Gesetz der Übung („law of exercise"): Häufiges, zeitnahes und intensives Üben stärkt die Reiz-Reaktions-Verknüpfung, mangelnde Übung schwächt sie hingegen ab.

Der US-amerikanische Psychologe Burrhus Frederic Skinner (1904–1990) setzte die grundlegende Arbeit von Thorndike fort und prägte das Modell des *operanten Konditionierens*. Er rückte verschiedene Arten der Verstärkung als Konsequenz eines gezeigten Verhaltens ins Zentrum seiner Forschung und stellte fest, dass die Auftretenswahrscheinlichkeit eines Verhaltens steigt, wenn eine angenehme Konsequenz (Verstärkung) eintritt, und sinkt, wenn eine negative Konsequenz (Bestrafung) folgt.

2. Die operante Konditionierung nach Skinner

Burrhus F. Skinner konstruierte für seine Untersuchungen die nach ihm benannte „Skinner-Box": ein Käfig für Versuchstiere, der mit einem Hebel, Licht und einem Futternapf ausgestattet ist. In seinem Experiment mit Ratten war der Boden zusätzlich mit einem elektrisch geladenen Gitter ausgestattet. Der Versuch im Detail: Während die erste Ratte beim Betätigen des Hebels Futter bekam, konnte die zweite Ratte durch das Betätigen des Hebels den Strom abschalten, der durch das Bodengitter floss. Die dritte Ratte wurde einem Stromschlag ausgesetzt, wenn sie den Hebel betätigte. Nach mehreren Versuchen fuhren die erste und die zweite Ratte fort, den Hebel zu betätigen, die dritte Ratte hingegen nicht. Sie hatten also gelernt, Verhalten mit positiven Konsequenzen (Futter bekommen, Strom abschalten) zu wiederholen und negative Konsequenzen (Stromschlag) zu vermeiden. Skinner nannte diesen Lerneffekt *Lernen durch Verstärkung* oder *Lernen am Erfolg*. Durch das Abschalten des Stroms am Käfigboden wird ein Bedürfnis befriedigt und somit das Verhalten verstärkt.

In der Folge unterschied Skinner nicht einfach zwischen Bestrafung und Belohnung, sondern zwischen positiver bzw. negativer Verstärkung und Bestrafung bzw. Löschung (Holland & Skinner 1961). Unter einer *Verstärkung* versteht man jeden dem Verhalten folgenden Stimulus, der das Auftreten des Verhaltens wahrscheinlicher macht. Umgekehrt verhält es sich bei der *Bestrafung*: Hier mindert jeder dem Verhalten folgende Stimulus die Wahrscheinlichkeit für das Auftreten des Verhaltens. Zudem wird zwischen primären und sekundären Verstärkern unterschieden, wobei erstere sich insbesondere auf biologische Bedürfnisse beziehen. Nahrung, Wasser, Lachen oder Sex sind beispielsweise primäre Verstärker, da sie Grundbedürfnisse befriedigen, die nicht erlernt werden müssen (Perrez & Patry 1981). Sekundäre Verstärker sind konditionierte Reize, die erst durch die Koppelung mit primären Verstärkern eine verstärkende Wirkung entwickeln, wie beispielsweise Geld oder soziale Anerkennung (Perrez & Zbinden 1996). Ein sekundärer Verstärker wird zu einem generalisierten Verstärker, wenn er mit mehreren primären Verstärkern gekoppelt wird, und kann gegen primäre Verstärker eingetauscht werden. Nach Skinner ist Geld „der generalisierte Verstärker par excellence, weil es gegen eine Vielzahl von primären Verstärkern eingetauscht werden kann" (1973, S. 80). Ganz wesentlich für die Verstärkung ist die Kontingenz, was bedeutet, dass eine enge zeitliche Verknüpfung zwischen Verhalten und Verstärker bestehen muss und keine Verstärkung erfolgen darf, wenn das Verhalten nicht auftritt. Einen Hund zu bestrafen, der zurückkommt, nachdem er weggelaufen war, würde also nicht zum gewünschten Lernerfolg führen.

- *Positive Verstärkung (Belohnung):* Der positive Verstärker erhöht die Wahrscheinlichkeit des Auftretens eines bestimmten Verhaltens. Lobt man ein Kind jedes Mal, wenn es sein Zimmer aufräumt, wird es sein Zimmer öfter aufräumen, da das Verhalten durch das Loben positiv verstärkt wurde. Weitere positive Verstärker sind beispielsweise Süßigkeiten, Zuwendung, Geschenke oder Geld.
- *Negative Verstärkung (Entlastung):* Die Wahrscheinlichkeit des Auftretens eines Verhaltens erhöht sich, wenn dies zur Abnahme oder zum Ausbleiben eines unangenehmen Ereignisses führt. Dadurch wird vor allem Vermeidungsverhalten aufrechterhalten, beispielsweise bei Angstzuständen oder Phobien. Hat jemand Platzangst, wird er oder sie den Lift meiden und die Treppe verwenden. Damit entgeht er oder sie zwar der angstauslösenden Situation im Lift, die Platzangst wird jedoch aufrechterhalten oder sogar verstärkt.
- *Bestrafung durch aversive Reize:* Von Bestrafung spricht man, wenn auf ein Verhalten ein unangenehmes Ereignis folgt und somit die Auftretenswahrscheinlichkeit entscheidend gesenkt wird. Aversive Stimuli wie beispielsweise strafende Worte, verachtende Blicke oder auch Schläge können die Folge eines Verhaltens sein (direkte Bestrafung).
- *Bestrafung durch den Entzug positiver Reize:* Bei der indirekten Bestrafung wird dagegen ein positiver Stimulus entzogen. Das passiert unter anderem durch den Verlust von Privilegien oder Gegenständen, das Streichen von in Aussicht gestellten Belohnungen oder auch das Verbot, Sozialkontakte zu pflegen.
- *Löschung (Extinktion):* Folgt auf ein gelerntes Verhalten über einen längeren Zeitraum keine Verstärkung, also weder eine positive noch eine negative Konsequenz, führt dies allmählich zur Löschung des Verhaltens.

Das Prinzip der Verstärkung hat sich zu einem unverzichtbaren Erklärungsmodell für menschliche Interaktionen herauskristallisiert. In allen Lebensbereichen wird die Ausrichtung des Verhaltens auf die Verstärkung sichtbar: Während Sportlerinnen und Sportler mit Medaillen geehrt werden oder Künstlerinnen und Künstler mit Ruhm, erhalten Arbeitnehmerinnen und Arbeitnehmer Gewinnbeteiligungen. Vor allem im pädagogischen Kontext ist die operante Konditionierung allgegenwärtig. Zeugnisse, Diplome oder das Lob der Lehrperson sind nur einige Beispiele dafür, wie die Verstärkung motivierend für den Erwerb des Lernstoffes eingesetzt wird.

Sozial-kognitive Lerntheorien

Ausgangspunkt für die Entwicklung der sozial-kognitiven Lerntheorie war die Beobachtung, dass Verhalten auch dadurch gelernt werden kann, dass es lediglich beobachtet wird. Personen lernen also ein Verhalten, indem sie es bei einer anderen Person beobachten, kognitiv verarbeiten und nachahmen. Diese Form des Lernens wird auch als *Lernen am Modell* oder *Modelllernen* bezeichnet und kann mit der sozial-kognitiven Lerntheorie erklärt werden, die der Kanadier Albert Bandura (geb. 1925) Ende der 1970er-Jahre entwickelte. Die traditionellen behavioristischen Theorien sind nach Bandura (1971) nicht falsch, sondern einfach unvollständig und müssen durch Konzepte erweitert werden, welche Prozesse mit stellvertretenden, symbolischen und selbstgesteuerten Kontingenzen einbeziehen. Modelllernen „stellt eine besonders schnelle und effiziente Art der Übernahme von Verhaltensweisen dar, besonders bei der Übernahme komplexer Verhaltensformen im Bereich des sozialen und sprachlichen Verhaltens" (Tausch & Tausch 1973, S. 49). Der US-amerikanische Psychologe Julian B. Rotter (1916–2014) hat diese Theorie um die Bedeutung der Erwartung und des individuellen Wertes von Verstärkern erweitert, während der US-amerikanische Psychologe Martin Seligman (geb. 1942) anhand des Modells der erlernten Hilflosigkeit die subjektive Kontrolle über die Verstärkung als zentrales Element von Lernen betonte. Ihnen gelang es, behavioristische und kognitive Elemente erstmals miteinander in Verbindung zu setzen und damit die kognitive Wende *(cognitive turn)* zu initiieren.

Biografie von Albert Bandura

Albert Bandura wurde am 4. Dezember 1925 in Alberta, Kanada, als einziger Sohn neben fünf älteren Schwestern geboren. Sein Vater stammte aus Polen, seine Mutter aus der Ukraine, doch immigrierten sie schon in ihrer Jugend in die USA. Nach seinem High-School-Abschluss erwarb er 1949 einen Abschluss in Psychologie an der University of British Columbia (mit Auszeichnung). Bandura hatte seinen ersten Kurs in Psychologie eher zufällig belegt, um eine Lücke im Stundenplan zu füllen. Nach seinem Studium schrieb er jedoch innerhalb von drei Jahren eine Dissertation in Klinischer Psychologie an der Iowa State University. Nach dem Post-Doktorat in Kansas erhielt er einen Lehrstuhl an der legendären Stanford University. Seine behavioristische Haltung entwickelte sich schon bald zu sozial-kognitivem Denken. Mit seinem Buch *Social Learning Theory* (1971) setzte Bandura einen Meilenstein in der Psychologie. Bandura wurde mit zahlreichen Auszeichnungen für seine wissenschaftlichen Beiträge geehrt und war für eine Amtszeit Präsident der American Psychological Association.

Lernen am Modell

Banduras Beobachtungslernen basiert auf den Prinzipien operanter Konditionierung, berücksichtigt aber auch die enorme Bedeutung der menschlichen Fähigkeit, Verhaltenskonsequenzen zu antizipieren, zu symbolisieren und die Beziehungen von Ursache und Wirkung zu begreifen. In Experimenten mit der „Bobo Doll" demonstrierte Bandura, dass Kinder neue Verhaltensmuster erlernen können, ohne je direkt verstärkt worden zu sein. Ein kurzes Beispiel hierzu: Zwei Gruppen zufällig ausgewählter Kinder beobachten, wie jeweils eine erwachsene Person mit der „Bobo Doll" umgeht. Die erste Gruppe beobachtet normales Spielen mit der Puppe, die zweite Gruppe einen aggressiven Umgang mit ihr. Als die Kinder danach mit der Puppe spielen dürfen, imitiert die zweite Gruppe das aggressive Verhalten des Erwachsenen.

Als Modelle müssen aber nicht zwingend Menschen fungieren, ebenso können Symbole wie Bilder und Charaktere aus einem Buch, Film oder Computerspiel als Inspirationsquelle dienen. Auch wird nicht nur von Experten oder älteren Personen gelernt, sondern auch von anderen Kindern, selbst wenn diese erst zwei oder drei Jahre alt sind (Abravanel & Ferguson 1998). Bandura gliedert den Vorgang des Modelllernens in zwei Phasen (1976):

1. **Aneignungsphase (Akquisition):** In dieser Phase findet das eigentliche Lernen statt, das sich in zwei Prozesse unterteilt.
   - *Aufmerksamkeitsprozesse:* Zunächst bedarf es der Aufmerksamkeit für ein bestimmtes Verhalten eines Modells, das genau beobachtet werden muss, um erlernt zu werden. Ob die Aufmerksamkeit auf ein bestimmtes Verhalten gerichtet wird oder nicht, hängt stark davon ab, wie wichtig der Erwerb der beobachteten Fähigkeit erscheint. Wollen wir die köstliche Torte von Oma backen können oder einfach nur verkosten? Gängige und unauffällige Verhaltensweisen finden weniger Beachtung als solche, die komplex und schwierig auszuführen sind. Wenig überraschend ist, dass wir unsere Aufmerksamkeit vor allem auf attraktive, mächtige, ähnliche, erfolgreiche und freundliche Modelle richten (Brewer & Wann 1998). Das erklärt die große Wirkung berühmter Persönlichkeiten.
   - *Gedächtnisprozesse:* Damit das beobachtete Verhalten wieder abgerufen werden kann, muss es symbolisch kodiert und in bestehende kognitive Strukturen

eingeordnet werden. Durch das Abspeichern der Inhalte ist der oder die Lernende später in der Lage, das beobachtete und erlernte Verhalten zu imitieren.

2. **Ausführungsphase (Performanz):** In dieser Phase wird das beobachtete und repräsentierte Verhalten gezeigt.
   - *Motorische Reproduktionsprozesse:* Für die Imitation einer Handlung sind motorische und physische Fähigkeiten, aber auch verbale und intellektuelle Kapazitäten erforderlich. Deshalb gelingt es selten, eine Beobachtung exakt zu kopieren. Oft vergeht auch etwas Zeit bis zur Nachahmung, weshalb sich der Beobachter seiner gespeicherten kognitiven Repräsentationen bedienen muss.
   - *Verstärkungs- und Motivationsprozesse:* Schließlich muss der Beobachter auch motiviert sein, das Verhalten zu imitieren und zu wiederholen. Führt das gezeigte Verhalten zur erwünschten Konsequenz, wird er es eher erneut ausführen, wohingegen negative Konsequenzen eher zur Demotivation führen. Die Motivation wird nach Bandura durch die Erwartung bestimmt, durch das gezeigte Verhalten zu einer Belohnung zu gelangen.

Bandura zufolge kann Beobachtungslernen drei Effekte haben. Erstens den modellierenden Effekt, bei dem durch Beobachtung von Vorbildern ein neues, bisher unbekanntes Verhalten erlernt wird. Beim Spiel mit der „Bobo Doll" imitieren die Kinder beispielsweise das Verhalten der beobachteten Person. Wenn die Reaktionen für das Kind neu sind, ist der *Modelleffekt* eingetreten. Zweitens kann aber auch bereits gelerntes und ausgeführtes Verhalten durch das Beobachten des Verhaltens eines Modells fortan häufiger oder seltener gezeigt werden. Je nachdem, ob ein beobachtetes Verhalten belohnt oder bestraft wurde, fällt oder steigt die Hemmung, es zu imitieren. Ein Beispiel für den *Hemmungseffekt* wäre, dass jemand erlebt, wie sein Freund nach Einnahme von halluzinogenen Drogen unter Wahnvorstellungen leidet, und deshalb die Nachahmung unterlässt. Von einem Enthemmungseffekt wäre die Rede, wenn jemand Drogen konsumiert, nachdem er deren berauschende Wirkung bei seinem Freund beobachtet hat. Drittens kann es beim *Auslöseeffekt* zu Reaktionen kommen, die dem Verhalten des Modells nicht exakt entsprechen, sondern ihm nur ähneln. So kann das Lob einer Schwester für ihre musikalische Darbietung ein Auslöser für die andere Schwester sein, sich um akademische Erfolge zu bemühen.

Theorie des sozialen Lernens von Rotter

Mit der Theorie des sozialen Lernens von Julian B. Rotter soll menschliches Verhalten in sozialen Situationen erklärt und vorausgesagt werden. Persönlichkeit und Verhalten werden dabei größtenteils durch die Interaktion eines Individuums mit seiner Umwelt determiniert. Unter Umwelt versteht Rotter vor allem die soziale Umwelt, da sie einen wesentlichen Einfluss auf das erworbene Verhalten des Individuums hat. Um über das Verhalten einer Person Voraussagen machen zu können, braucht es laut Rotter das Verhaltenspotenzial, die Erwartung, eine Verstärkung zu erreichen, den Verstärkungswert und die psychologische Situation (Rotter 1954).

Als *Verhaltenspotenzial* wird die Wahrscheinlichkeit verstanden, mit der ein Individuum in einer bestimmten Situation und in der Erwartung einer bestimmten Verstärkung ein bestimmtes Verhalten zeigt. Dieses Verhalten kann direkt beobachtbar, also instrumentell, aber auch nicht direkt beobachtbar sein, wie emotionales oder kognitives Verhalten. Das Kind wird den neu erlernten Purzelbaum nur dann seiner Mutter vorführen, wenn es erwartet, dafür von ihr gelobt zu werden. In der Vergangenheit hat es schon mehrfach die Erfahrung gemacht, für seine Künste von seiner Mutter gelobt zu werden, sodass diese Erwartungshaltung entstehen konnte. Ohne sie würde sich das Kind anders verhalten. Unter *Erwartung* wird also die eingeschätzte Wahrscheinlichkeit verstanden, dass ein bestimmtes Verhalten in einer bestimmten Situation zu einer bestimmten Verstärkung führt. Die Erwartung ist subjektiv und beruht auf den bisherigen Erfahrungen der Person. Manche Erwartungen können spezifisch sein, sich also nur auf eine bestimmte Situation beziehen: Beispielsweise kann das Kind für den Purzelbaum zwar Lob von seiner Mutter, nicht aber von seiner Schwester erwarten. Demgegenüber beziehen sich generalisierte Erwartungen auf verschiedene Situationen, welche sich aufgrund von früheren Erfahrungen ausgebildet haben. Wenn das Kind zum Beispiel die Erfahrung gemacht hat, von seiner Mutter auch für handwerkliche Fertigkeiten gelobt zu werden, wird es die generalisierte Erwartung haben, für all seine Leistungen von der Mutter gelobt zu werden. Auch der *Wert eines Verstärkers* ist subjektiv und relativ. Er zeigt sich darin, ob eine Person in einer bestimmten Situation eine gewisse Verstärkung gegenüber einer anderen bevorzugt. Damit steht der Verstärkungswert in enger Verbindung mit den Bedürfnissen und Wünschen einer Person. Nach Rotter (1954) sind die Bedürfnisklassen Anerkennung/Status, Dominanz/Überlegenheit, Sicherheit, Liebe, Unabhängigkeit sowie Zugehörigkeit und Wohlbefinden für einen hohen Verstärkungswert relevant. Die psychologische Situation entspricht schließlich der von der Person wahrgenommenen Situation und beeinflusst daher ihr Verhalten. Für zwei Personen können objektiv identische Situationen völlig unterschiedliche psychologische Situationen bedeuten, wenn beide auf unterschiedliche Dinge achten. Wenn eine Person zum Beispiel pünktlich zu einem wichtigen Termin erscheinen muss, aber im Stau steht, wird ihr die Zeit länger vorkommen als der anderen, die ebenfalls in diesem Stau steht, aber mit Freunden eine angenehme Unterhaltung führt und in den Urlaub aufbricht. Die objektive Wartezeit unterscheidet sich nicht, doch die psychologische Situation drastisch.

Rotter erweiterte das Konzept dahingehend, dass er solche Erwartungen, die für die Vorhersage des Verhaltens eine zentrale Rolle spielen, danach unterschied, wer – subjektiv – die Kontrolle über die Situation hat, er differenzierte also zwischen *internalen* und *externalen Kontrollüberzeugungen* (1966). Glaubt eine Person, Kontrolle über die Umwelt zu besitzen, nimmt sie Verstärkungen und Ereignisse, die den eigenen Handlungen folgen, als selbstverursacht wahr *(internal)*. Bei externalen Kontrollüberzeugungen führt eine Person Verstärkungen, Bestrafungen oder andere Ereignisse dagegen nicht auf eigene Handlungen zurück, sondern versteht sie als Ergebnis von Glück, Schicksal, Zufall *(passiv-external)* oder aber als verursacht von anderen, mächtigen Personen *(defensiv-external)*.

Theorie der erlernten Hilflosigkeit

Martin Seligman stellte wie Rotter den Begriff der Erwartung in den Mittelpunkt seiner Theorie und erweiterte diese um das Konzept der *Kausalattribution*. Für das Individuum ist vor allem die subjektive Einschätzung der Kontrolle von Bedeutung. So kann jemand objektiv die Kontrolle über den Ausgang eines Ereignisses haben, dies aber subjektiv nicht so wahrnehmen. Die subjektive Einschätzung der Kontrolle kann sich entweder auf die retrospektive Interpretation des Ausgangs eines Ereignisses, von Seligman auch Kausalattribution genannt, oder auf die prospektive Erwartung des Eintretens operanter Verstärker nach der gezeigten Reaktion beziehen. In jedem Fall steht die Frage nach der Kontrolle im Vordergrund. Mangelnde Kontrolle über die Verstärkung kann emotionale und motivationale Störungen zur Folge haben und damit das Lernen beeinträchtigen. Wenn eine ausgeführte Handlung und die daraus resultierende Konsequenz als unabhängig voneinander wahrgenommen werden, erfährt das Individuum einen Kontrollverlust. Die Erwartung, in einer Situation keine Kontrolle zu besitzen, beeinflusst wiederum das weitere Erleben und Verhalten und kann sich emotional, motivational und kognitiv auswirken (Seligman 1975).

Seligman (1975) führte zum Nachweis der erlernten Hilflosigkeit zunächst ein – heute ethisch umstrittenes – Kontrollverlustexperiment an Hunden durch. Die Hunde wurden in drei Gruppen eingeteilt, wobei die erste Gruppe die Möglichkeit hatte, Elektroschocks durch das Betätigen eines Hebels abzuwenden; die zweite

Gruppe wurde zufälligen, unvermeidbaren Elektroschocks ausgesetzt; die dritte Gruppe erhielt als klassische Vergleichsgruppe keine Schocks. In einer zweiten Phase erhielten alle Gruppen Elektroschocks, wobei alle prinzipiell die Möglichkeit hatten, sich durch einen Sprung durch das Fenster in Sicherheit zu bringen. Während die erste und dritte Gruppe rasch aus dem Käfig sprangen, zeichnete sich die zuvor hilflos den Elektroschocks ausgesetzte Gruppe durch Passivität und starke Stressreaktionen wie Urinieren und Bellen aus. Seligman setzte die in der Tierforschung gefundenen Hilflosigkeitsreaktionen mit den Symptomen einer Form menschlicher Depression gleich und zeigte, dass sich die Reaktionen auch bei Menschen mit Kontrollverlusterfahrungen nachweisen lassen. Demnach ist also nicht die Verstärkung das wichtige verhaltensformende Element, sondern die Einschätzung der Person selbst, ob sie die Kontrolle über den Ausgang eines Ereignisses hat (Seligman 1975). Die Bedeutung der Ansätze von Rotter und Seligman ließ sich insbesondere für das psychische Wohlbefinden und Lernen in Tier- und Humanexperimenten bestätigen (vgl. z. B. Langer & Rodin 1976; Schulz 1976; Schulz & Hanusa 1978).

Diskussion und Ausblick

Noch heute haben die ersten Versuche, soziales Lernen durch behavioristische Theorien zu erklären, eine besondere Bedeutung. Im Laufe der Zeit wurden die ursprünglichen Annahmen der klassischen Konditionierung zwar durch neue Erkenntnisse ergänzt oder revidiert, werden aber noch immer als grundsätzlich gültig angesehen. Auf sie gehen zahlreiche Therapieformen zurück, unter anderem zur Behandlung von Phobien oder von durch Traumata verursachten Störungen. Auch der Status der Psychologie als empirische Fachdisziplin und ihr Verständnis als moderne Wissenschaft sind Verdienste des Behaviorismus. Dass sich behavioristische Modelle lediglich auf beobachtbares Verhalten konzentrieren und mentale Prozesse wie Sprache, Denken und Wahrnehmen aussparen, hat sie als Theorien nicht weniger valide, klar verständlich oder internal konsistent gemacht. Ihrem Anspruch an Objektivität können sie durch ihre Einschränkung auf wenige nicht verifizierbare Annahmen gerecht werden.

Dennoch oder gerade deshalb kann der Behaviorismus das menschliche Lernen nicht vollständig erklären. Doch diesem Anspruch wollten Theoretiker wie Pawlow gar nicht gerecht werden, sondern vielmehr mit einfachen Konzepten einen ersten Baustein für den wissenschaftlichen Fortschritt legen. Die Arbeiten von Bandura leisten durch ihre Verknüpfung von behavioristisch und kognitiv geprägten Modellen einen wichtigen Beitrag zur Erweiterung psychologischer Theorien. Basierend auf dem Modell operanter Konditionierung, erklärt Bandura das Lernen durch Imitation und zeigt durch die kognitive Ausrichtung auch, wie wichtig die menschliche Fähigkeit zur Vorstellung von Handlungskonsequenzen ist. Das macht einmal mehr deutlich, dass psychologische Theorien nicht statisch und unveränderlich sind, sondern dem Wandel der Zeit unterliegen. So wurde Banduras Theorie des Beobachtungslernens häufig verwendet, um beispielsweise den Einfluss des Fernsehens auf Aggression und Gewalt unter Kindern und Erwachsenen zu verstehen. Abschließend seien die bedeutenden Erweiterungen der sozialen und kognitiven Lerntheorien von Rotter und Seligman erwähnt. Die Erkenntnis, dass nicht unbedingt die Verstärkung, sondern oftmals die Frage der Kontrolle über diese Verstärkung für die Verhaltensperformanz und das Befinden einer Person relevant ist, hat die lerntheoretischen Ansätze einerseits revidiert, andererseits nachhaltig erweitert.

Fazit

Mit den behavioristischen und sozial-kognitiven Ansätzen ist in der Sozialpsychologie ein wichtiger Grundstein gelegt worden, um menschliches Verhalten zu verstehen und Lernen durch soziale Interaktion begreifen zu können. Die Erweiterung der lerntheoretischen Ansätze ist notwendig, damit sie nicht hinter den gesellschaftlichen Wandlungsprozessen zurückbleiben. Wissenschaftliche Bemühungen in der Sozialforschung sollten nicht nur die Anpassung an die Erwartungen und Normen einer Gruppe fordern, sondern vielmehr der Gerechtigkeit in unserem Zusammenleben zu einer allgemeinen Verbreitung verhelfen. Gerade in einer wachsenden globalen Welt ist der Anspruch an eine Veränderung bestehender Verhältnisse oftmals von größerer Bedeutung als die Anpassung an bestehende Werthaltungen. Ebenso muss die Wissenschaft berücksichtigen, welchen Einfluss neue Informationen und Technologien, wie derzeit die sozialen Medien, auf Generationen haben. Gerade in der Psychologie ist es spannend und wichtig, den Mut aufzubringen, gute Theorien zu ändern und voranzutreiben. Letztendlich geht es nicht darum, richtige oder falsche Beurteilungen, sondern aktuell nützliche Theorien zu schaffen, die Fakten widerspiegeln.

Sozialisation und soziales Lernen

Verständnisfragen

- Wie unterscheiden sich behavioristische von sozial-kognitiven Verhaltenserklärungen?
- Welche Bedeutung wird der klassischen Konditionierung in der modernen Psychologie zugeschrieben?
- Wie kann eine klassische Konditionierung aufgelöst werden?
- Erklären Sie anhand von Beispielen die drei Gesetze des instrumentellen Konditionierens.
- Nach welchen Kriterien lassen sich Verstärker klassifizieren?
- Diskutieren Sie ein Beispiel für den Ansatz der erlernten Hilflosigkeit.
- Skizzieren Sie ein Beispiel zum Modelllernen (Bandura).
- Die lerntheoretische Entstehung von Vorurteilen ist anhand der beschriebenen Lernmodelle nicht zu verhindern. Führen Sie den Gedanken aus der sozialtheoretischen Perspektive weiter.
- Wie könnten die sozial-kognitiven Modelle erweitert werden, um den Effekt der gesellschaftlichen Kategorisierung zu verringern?

Literatur

Abravanel, E. & Feguson, S. A. (1998). Observational learning and the use of retrieval information during the second and third years. *Journal of Genetic Psychology, 159*, 455–476.
Bandura, Albert (1965). Influence of models' reinforcement contingencies on the acquisition of imitative responses. *Journal of personality and social* psychology, 1.6, 589–595.
Bandura, A. (1976). *Lernen am Modell*. Stuttgart: Klett.
Bandura, A. (1971). *Social learning theory*. Englewood Cliffs, NJ: Prentice-Hall.
Bandura, A. (1986). *Social foundations of thought and action. A social cognitive theory*. Englewood Cliffs, NJ: Prentice-Hall.
Bodenmann, G., Perrez, M., Schär, M. & Trepp, A. (2004). *Klassische Lerntheorien. Grundlagen und Anwendungen in Erziehung und Psychotherapie*. Bern: Huber.
Brewer, K. R. & Wann, D. L. (1998). Observational learning effectiveness as a function of model characteristics. Investigating the importance of social power. *Social Behavior and Personality, 26*, 1–10.
Holland, J. G. & Skinner, B. F. (1961). *The analysis of behavior. A program for self-instruction*. New York: McGraw-Hill.

Langer, E. J. & Rodin, J. (1976). The effects of choice and enhanced personal responsability for the aged. A field experiment in an institutional setting. *Journal of Personality and Social Psychology, 34,* 191–198.

Lefrançois, G. R. (2006). *Psychologie des Lernens* (4., akt. u. erw. Aufl.). Heidelberg: Springer Medizin Verlag.

Maercker, A. & Weike. A. I. (2009). Systematische Desensibilisierung. In J. Margraf & S. Schneider (Hrsg.), *Lehrbuch der Verhaltenstherapie, Bd. 1* (S. 507–514). Berlin/Heidelberg: Springer.

Pawlow, I. P. (1927). *Conditioned reflexes. An investigation of the physiological activity of the cerebral cortex.* (Translated and edited by G. V. Anrep, 1960). New York: Dover Publications.

Perrez, M. & Zbinden, M. (1996). Lernen. In A. Ehlers & K. Hahlweg (Hrsg.), *Grundlagen der Klinischen Psychologie. Enzyklopädie der Psychologie: Klinische Psychologie, Bd. 1,* (S. 301–350). Göttingen: Hogrefe.

Perrez, M. & Patry, J. L. (1981). Lernen und Lerntheorien. In H. Schiefele & A. Krapp (Hrsg.), *Handlexikon zur Pädagogischen Psychologie* (S. 231–239). München: Ehrenwirth.

Rotter, J. B. (1954). *Social learning and clinical psychology.* Englewood Cliffs: Prentice-Hall.

Rotter, J. B. & Hochreich, D. J. (1979). *Persönlichkeit. Theorien, Messung, Forschung.* Springer, Berlin: Springer.

Rotter, J. B. (1966). General expectancies for internal versus external control of reinforcement. *Psychological Monographs, 80,* 1–28.

Salomon, G. & Perkins, D. N. (1998). Individual and social aspects of learning. *Review of Research in Education, 23,* 1–24.

Schulz, R. (1976). Effects of control and predictability on the physical and psychological well-being of the institutionalized aged. *Journal of Personality and Social Psychology, 33,* 563–573.

Schulz, R. & Hanusa, B. H. (1978). Long-term effects of control and predictability enhancing interventions. Findings and ethical issues. *Journal of Personality and Social Psychology, 36,* 1194–1201.

Seel, N. M. (2000). *Psychologie des Lernens. Lehrbuch für Pädagogen und Psychologen.* München: Ernst Reinhardt.

Seligman, M. E. P. (1975). *Helplessness. On depression, development and death.* San Francisco: Freeman.

Skinner, B. F. (1973). *Wissenschaft und menschliches Verhalten.* München: Kindler.

Tausch, R. & Tausch, A. M. (1973). *Erziehungspsychologie. Psychologische Prozesse in Erziehung und Unterricht.* Göttingen: Verlag für Psychologie.

Thorndike, E. L. (1913). *The psychology of learning.* Educational Psychology, 1, New York: Teachers College Press.

Watson, J. B. (1913). Psychology as the behaviorist views it. *Psychological review, 20.2,* 157–158.

Watson, J. B. (1913/1930). *Behaviorism* (2nd ed.). Chicago: University of Chicago Press.

Weiterführende Literatur

Bandura, A. (1991). Social cognitive theory of self-regulation. *Organizational Behavior and Human Performance, 50,* 248–287.
Bandura, A. (2001). Social cognitive theory. An agentic perspective. *Annual Review of Psychology, 52,* 1–26.
Bodenmann, G., & Schaer, M. (2006). Klassische Konditionierung. *Sprache, Stimme, Gehör, 30(01),* 2–7.
Bodenmann, G., & Schaer, M. (2006). Soziales Lernen. *Sprache· Stimme· Gehör, 30(01),* 17–20.
Deppermann, A. (2017). Konversationsanalyse und diskursive Psychologie. In G. Mey & K. Mruck (Hrsg.), *Handbuch Qualitative Forschung in der Psychologie* (2., akt. u. erw. Aufl.). Heidelberg: Springer Reference Psychologie. DOI: https://doi.org/10.1007/978-3-658-18387-5_50-1.
Kiegelmann, M. (2018). Ethik in qualitativer psychologischer Forschung. In G. Mey & K. Mruck (Hrsg.), *Handbuch Qualitative Forschung in der Psychologie* (2., akt. u. erw. Aufl.). Heidelberg: Springer Reference Psychologie. DOI: https://doi.org/10.1007/978-3-658-18387-5_28-1.
Kleining, G. (2018). Qualitative Heuristik. Entdeckende Strategie mit qualitativen Daten in der Psychologie. In G. Mey & K. Mruck (Hrsg.), *Handbuch Qualitative Forschung in der Psychologie* (2., akt. u. erw. Aufl.). Heidelberg: Springer Reference Psychologie. DOI: 10.1007/978-3-658-18387-5.
Perrez, M. (1994). Optimierung und Prävention im erzieherischen Bereich. In K. A. Schneewind (Hrsg.), *Psychologie der Erziehung und Sozialisation. Enzyklopädie der Psychologie* (S. 585–617). Göttingen: Hogrefe.
Raabe, T. & Beelmann, A. (2011). Development of Ethnic, Racial, and National Prejudice in Childhood and Adolescence: A Multinational Meta-Analysis of Age Differences. *Child Development, 82.6,* 1715–1737.
Rotter, J. B., Chance, J. E. & Phares, E. J. (1972). *Applications of social learning theory of personality.* New York: Holt, Rinehart & Winston.
Schreier, M. (2017). Kontexte qualitativer Sozialforschung: Arts-Based Research, Mixed Methods und Emergent Methods. *Forum Qualitative Sozialforschung / Forum: Qualitative Social Research, 18(2),* Art. 6.
Skinner, B. F. (1974). *Die Funktion der Verstärkung in der Verhaltenswissenschaft.* München: Kindler.

Soziale Kognition

Immo Fritsche

> **Zusammenfassung**
>
> In diesem Kapitel wird die soziale Kognitionsforschung als wichtige Perspektive innerhalb der psychologischen Sozialpsychologie vorgestellt. Untersucht werden das Denken über soziale Objekte (z. B. Personen) oder Situationen (z. B. Konflikte) und das Denken, das in sozialen Interaktionen (z. B. Beeinflussungsversuchen) stattfindet oder innerhalb sozialer Gruppen geteilt wird (z. B. soziale Normen). Dabei werden kognitive Schlussfolgerungsprozesse von motiviertem Denken unterschieden, welches sich ebenfalls in unterschiedlichen Menschenbildern der sozialen Kognitionsforschung widerspiegelt, vom „naiven Wissenschaftler" über den „kognitiven Geizkragen" und den „motivierten Taktiker" bis hin zum „aktivierten Akteur". Neben grundlegenden Prozessen und Menschenbildern in der sozialen Kognitionsforschung skizziere ich auch ihre wichtigsten Methoden. Eine besondere Bedeutung haben hier experimentelle Laborstudien und die Untersuchung unbewusster Denkprozesse, beispielsweise mittels „Priming" und Reaktionszeitaufgaben. Abschließend gebe ich einen Überblick über die wichtigsten Themenfelder und beispielhafte Befunde.

Definition

Menschliches Denken ist sozial. Das bedeutet, dass Gedanken über Anwesende oder vorgestellte Andere und deren Handlungen einen wesentlichen Teil menschlicher Informationsverarbeitung ausmachen, dass also die *Objekte* des Denkens oft sozialer Natur sind. Beständig formen wir Eindrücke über andere Personen und Gruppen, träumen von der Liebe unseres Lebens oder versuchen, uns zu erklären, weshalb unser Nachbar völlig unmögliche politische Ansichten vertritt. Gleichzeitig beeinflussen das Zusammenleben und die *Interaktionen* mit anderen, wie und worüber wir nachdenken. So prüfen wir unser Körpergewicht kritisch, wenn wir uns im Sommerurlaub mit unseren Strandnachbarinnen vergleichen, empfinden gegenüber Benachteiligten Mitgefühl und das Bedürfnis zu helfen oder planen aggressive Akte gegen den provozierenden Nachbarn. Ein drittes und letztes mögliches Definitionskriterium *sozialer Kognition* ist ihre *soziale Geteiltheit* innerhalb von Gruppen, der Umstand also, dass Menschen sich hinsichtlich des Gegenstandes, aber auch der Art und Weise ihres Denkens innerhalb der sozialen Gruppen oft erstaunlich ähnlich sind. So bestimmen kulturelle Schönheitsnormen, welches Körpergewicht wir bedenklich finden, das (Nicht-)Handeln einer Mehrheit beeinflusst, ob wir selbst planen, einem Notleidenden zu helfen, und von unserer Zugehörigkeit zu einer politischen Ideologie hängt es ab, ob wir die Ansichten unseres Nachbarn für zweifelhaft halten. Zusammengefasst lässt sich soziale Kognition also als Denken definieren, dessen Objekt sozial ist, das aus sozialen Interaktionen resultiert oder das in sozialen Gruppen geteilt ist.

Das Leben in zunehmend komplexen Sozialgefügen hat die Fähigkeit zu sozialem Denken im Verlauf unserer artgeschichtlichen Entwicklung zu einem wichtigen adaptiven Vorteil werden lassen. Möglicherweise wurzelt das immense menschliche Denkvermögen gerade in der artspezifischen Notwendigkeit zu komplexer sozialer Kognition. Tatsächlich legen artvergleichende Studien unter Primaten dies nahe. Hier zeigt sich, dass die Intelligenz einer Spezies (Verhältnis zwischen Neocortex und übrigem Gehirn) hoch positiv mit ihrer bevorzugten Gruppengröße korreliert ist ($R^2 = .76$, Dunbar 1993).

Geschichte

In der Sozialpsychologie wurden soziale und psychische Phänomene erst relativ spät mit dem Denken erklärt, da das lerntheoretische Paradigma die wissenschaftliche Diskussion zunächst dominierte, was sich erst in den 1960er-Jahren mit der sogenannten *kognitiven Wende* in der Psychologie änderte. Beispielsweise wurde Aggression lange als unkonditionale Reaktion auf Frustration (Dollard, Doob, Miller, Mowrer & Sears 1939) oder als Produkt sozialen Modelllernens (Bandura, Ross & Ross 1963) verstanden. Erst Berkowitz (1989) unterzog die Frustrations-Aggressions-Hypothese einer kognitiven Reformulierung, wonach aversive Stimuli unmittelbar assoziative Gedächtnisnetzwerke des Angriffs und der Flucht aktivieren. Ob die Angriffstendenzen die Oberhand gewinnen und in welcher Weise sich das aggressive Verhalten zeigt, hängt von mehreren Faktoren ab: von individuellen Denkgewohnheiten (z. B. aggressive Skripte, also die schematische Vorstellung, dass aversive Ereignisse, wie Provokationen, aggressives Verhalten der Gegenseite nach sich ziehen), von situativen Randbedingungen (z. b. die Wahrnehmung von Waffen), aber auch von elaboriertem Denken (z. B. die subjektive Erklärung einer scheinbaren Provokation, die Einschätzung von Konsequenzen einer aggressiven Antwort oder auch das Nachdenken darüber, welche sozialen Regeln in der Situation gelten). Denken tritt in der sozialen Kognitionsforschung also zwischen die beobachtbaren Stimuli und das beobachtbare Verhalten als direkter Beobachtung unzugängliches, erschlossenes Erklärungskonstrukt. Somit betraf die *kognitive Wende* auch die Sozialpsychologie, und weit gefasst könnte man die moderne psychologische Sozialpsychologie bis zum heutigen Tag als „soziale Kognitionsforschung" bezeichnen.

Menschenbilder und Prozesse in der sozialen Kognitionsforschung

Kognition versus Motivation

Um soziale Kognition enger zu definieren, kann sie von emotionalen und motivationalen Prozessen abgegrenzt werden. Während *Kognition* die Prozesse der Wahrnehmung und Schlussfolgerung umfasst, ist *Emotion* eine komplexe körperlich-geistige Reaktion auf für den Organismus bedeutsame Ereignisse, die neben rein kognitiver Verarbeitung durch einen Zustand körperlicher Erregung, Veränderungen im motorischen Ausdruck und spezifische Handlungstendenzen gekennzeichnet ist (Scherer 2002). *Motivationale Prozesse* schließlich beschreiben menschliches Verhalten und Handeln als Konsequenz unserer Bedürfnisse und Ziele, welche auf emotionalen Bewertungen und Zuständen beruhen.

Für viele sozialpsychologische Phänomene gibt es sowohl kognitive als auch motivationale Erklärungen, die oft in Konkurrenz zueinander stehen. Ein Beispiel ist die klassische Debatte darüber, wie Menschen mit kognitiven Inkonsistenzen (einander widersprechenden Gedanken) umgehen. In einem berühmten Experiment zeigten Festinger & Carlsmith (1959), dass Personen, die dazu gebracht wurden („forced compliance"), potenziellen Versuchspersonen ein langweiliges Experiment (eine Stunde lang Routinebewegungen ausführen) als spannend zu beschreiben, es anschließend selbst spannender fanden – zumindest dann, wenn ihnen eine Rechtfertigung dafür fehlte, weshalb sie sich zu einer offenkundigen Lüge hatten hinreißen lassen. Für die Anwerbung neuer Versuchsteilnehmender hatte ihnen die Versuchsleitung nur einen US-Dollar in Aussicht gestellt, im Gegensatz zu einer Vergleichsgruppe, die 20 US-Dollar erhielt und ihre einstellungskonträren Aussagen damit hinreichend rechtfertigen konnte. Festinger & Carlsmith nahmen an, dass nur die Personen der ersten Versuchsgruppe kognitive Inkonsistenz wahrnahmen, also einander widersprechende Gedanken hatten („das Experiment war langweilig" versus „ich sage, das Experiment sei spannend"), die nicht durch eine konsonante Kognition („für meine Geschichte habe ich schließlich 20 US-Dollar erhalten") aufgelöst werden konnten. In der Forschung stellte sich nun Uneinigkeit darüber ein, *weshalb* kognitive Inkonsistenz zur Einstellungsänderung führt. Leon Festinger nahm gemäß seiner Theorie der kognitiven Dissonanz (1957) an, dass Menschen inkonsistente Gedanken unangenehm finden und motiviert sind, diesen aversiven Gefühlszustand durch subjektive Auflösung der Inkonsistenz („das Experiment war gar nicht so langweilig") zu beenden. Daryl Bem hingegen bot mit seiner Selbstwahrnehmungstheorie (1965) eine deutlich einfachere, kognitive Erklärung an, wonach Personen ihre Einstellungen aus der Beobachtung ihres eigenen Verhaltens schließen. Wenn ich also „beobachte", dass ich selbst über ein Experiment in den höchsten Tönen schwärme, ziehe ich den Schluss, dass ich das Experiment spannend finde. Eine Motivation ist hier nicht im Spiel. Aber wer hat nun recht?

Zanna & Cooper (1974) entwickelten ein mittlerweile klassisches experimentelles Design, das es ermöglicht, diese grundlegende Frage zu entscheiden. Sie replizierten zunächst das *Forced-Compliance*-Experiment, indem sie die subjektive Entscheidungsfreiheit manipulierten, mit der Personen ein einstellungsdiskrepantes Essay schrieben (für harte Maßnahmen gegenüber politischen Rednern auf dem Campus). Allerdings fügten sie eine weitere experimentelle Manipulation hinzu: Ein Drittel der Versuchspersonen erhielt ein Placebo, das angeblich Anspannung hervorrufen könne, ein weiteres Drittel erhielt es als angebliche Entspannungspille. Außerdem gab es eine Kontrollgruppe ohne Informationen zu den Folgen der Pille. Wenn die Einstellungsänderung nach inkonsistenten Gedanken tatsächlich – wie in der Dissonanztheorie angenommen – dazu dient, einen durch Inkonsistenz entstandenen aversiven Erregungszustand abzubauen, dann sollte sie nur bei jenen Personen auftreten, die diesen Erregungszustand auch tatsächlich auf die erlebte Inkonsistenz zurückführten. Den Teilnehmenden der Vergleichsgruppe, die ihre Erregung hingegen durch die Einnahme eines angeblich erregungsfördernden Medikaments erklären konnten, sollte Einstellungsänderung nicht als probates Mittel erscheinen, die Erregung zu reduzieren – der Effekt von „forced compliance" auf die Einstellungsänderung müsste bei ihnen ausbleiben. Genau dieses Muster fand sich in Zannas & Coopers Studie (s. Abb. 1) und bestätigte die motivationale Erklärung von Einstellungsänderung nach kognitiver Inkonsistenz.

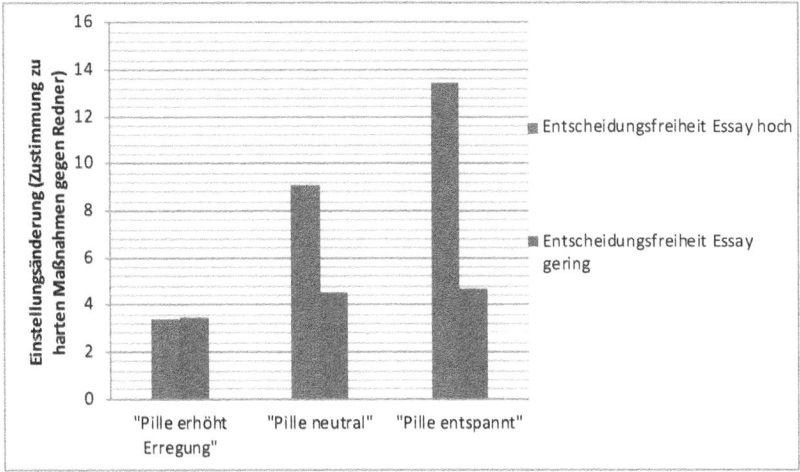

Abb. 1 Ausmaß der Einstellungsänderung in Abhängigkeit von wahrgenommener Entscheidungsfreiheit und Zuschreibung von Erregung auf das Placebo (nach Zanna & Cooper 1974)

Seitdem hat sich in der Forschung zur sozialen Kognition die Überzeugung durchgesetzt, dass soziales Denken sowohl durch kognitive als auch durch motivational-affektive Prozesse bestimmt ist. So prägte Ziva Kunda (1999) die Unterscheidung zwischen *cold cognition* („relatively intellectual, information-driven processes", „the way we represent, reason about, and retrieve social knowledge", S. 211) und *hot cognition* („more motivational, affect-laden processes", „those mental processes that are driven by our desires and feelings – those cases where our goals and moods color our judgment", ebd.), die beide die soziale Informationsverarbeitung bestimmen.

Gründliche versus oberflächliche Informationsverarbeitung

Unter „Denken" stellen wir uns im Alltag oft einen gründlichen, bewussten und relativ aufwendigen Prozess vor. Allerdings dürfte bereits aus den Beispielen zur Aggressionsforschung und der kognitiven Dissonanz klar geworden sein, dass kognitive Prozesse in vielen Fällen eher oberflächlich, unbewusst und sparsam ablaufen. Beide Arten der Informationsverarbeitung werden in der sozialen Kognitionsforschung betrachtet, wobei die Frage, wann soziale Informationen eher gründlich und wann oberflächlich verarbeitet werden, ein wichtiges Forschungsthema ist. Ein prominentes Beispiel ist das *Modell der Elaborationswahrscheinlichkeit (elaboration-likelihood model)* von Petty & Cacioppo (1986) aus der Persuasionsforschung, also dem Forschungsfeld, das untersucht, wie sich Einstellungen durch Überzeugung ändern lassen. Hier wird angenommen, dass es zwei kognitive Routen gibt, auf denen Menschen überzeugt werden können (z. B. ein bestimmtes Produkt zu kaufen). Die „zentrale Route" basiert darauf, dass die zu überzeugende Person alle Informationen zum Einstellungsgegenstand (z. B. eine neue Zahnpasta) gründlich verarbeitet, weswegen es vor allem auf gute Argumente ankommt. Auf der „peripheren Route" hingegen setzen sich Personen lediglich oberflächlich mit gegebenen Informationen auseinander, was dazu führt, dass statt guter Argumente sogenannte heuristische Hinweisreize die größte Überzeugungswirkung erzielen. Hinweisreize können beispielsweise die Assoziation eines Produkts mit einer attraktiven Person sein (George Clooney mit Zahnpastatube), der Expertenstatus eines Kommunikators (ein Herr mit Kittel und Doktortitel empfiehlt die Zahnpasta) oder der hohe Preis als Zeichen für Qualität. *Heuristiken* („Daumenregeln") ermöglichen es Menschen, verhältnismäßig schnelle, unaufwendige Entscheidungen zu treffen, mit denen sie in vielen Fällen richtigliegen. Daher verarbeiten Personen insbesondere dann in heuristischer Weise, wenn sie entweder wenig *motiviert* sind, sich mit einem bestimmten Thema zu beschäftigen, oder es ihnen in einer Situation an kognitiven Ressourcen bzw. der *Fähigkeit* zu gründlicher Informationsverarbeitung mangelt, zum Beispiel, weil sie abgelenkt, mit anderen Gedanken beschäftigt oder erschöpft sind.

Über die Variablen *Motivation* und *Fähigkeit* kann also erklärt werden, weshalb Kampagnen, die lediglich auf die Kommunikation hochwertiger Argumente setzen und menschliche Heuristiken (z. B. „Expertenrat sollte ich befolgen") vernachlässigen, nicht immer erfolgreich sind. Darüber hinaus sagt diese Forschung viel über die Bedingungen aus, unter denen Menschen eher gründlich oder oberflächlich denken und warum. Die unverkennbaren Vorteile heuristischen Denkens liegen hierbei in seiner hohen Geschwindigkeit und Mühelosigkeit. Allerdings kann es auch zu kostspieligen Fehlentscheidungen führen. Das passiert besonders dann, wenn sich die Umweltbedingungen, unter denen eine Daumenregel oder ein kognitives Schema ursprünglich entwickelt wurde, ändern (z. B. hoher Preis bedeutet nicht immer hohe Qualität; Gigerenzer & Brighton 2009) oder wenn Generalisierungen dem Einzelfall nicht gerecht werden (nicht alle Doktoren sind in Gesundheitsfragen kompetent). Letzteres gilt beispielsweise auch für die Stereotypisierung gegenüber anderen Bevölkerungsgruppen, also wenn wir unser vorgefertigtes kognitives Schema über die Mitglieder einer Gruppe (z. B. „Frauen sind nett") auf Einzelpersonen anwenden („Diese Frau ist zu nett für den Vorstandsposten").

Nach Strack & Deutsch (2004) kann soziale Informationsverarbeitung in Form von reflektiven und impulsiven Prozessen ablaufen: die reflektive Verarbeitung auf Grundlage von Fakten und Wissen, die impulsive Verarbeitung auf Grundlage von Assoziationen und motivationalen Orientierungen. Impulsive soziale Kognition geht in der Regel *automatisch* vonstatten. Dieser „geistige Auto-Pilot" ist für unser alltägliches Funktionieren unerlässlich. Man stelle sich nur vor, Menschen müssten jede einzelne Geistes- und Verhaltensäußerung ausführlich und bewusst planen und bedenken. Vermutlich brauchten wir allein für den morgendlichen Weg zur Arbeit oder Universität den ganzen Tag Zeit („Welche Schuhe ziehe ich an?", „Gehe ich zu Fuß oder fahre ich Bus?", „Welchem Busfahrer kann ich trauen?"). Auch würde es uns schwerfallen, mehrere Dinge gleichzeitig zu tun (zum Bus gehen, Pfützen vermeiden, dabei unsere Fahrkarte suchen und zugleich über sozialpsychologische Theorien nachdenken). Automatisches Denken lässt sich anhand von vier Kriterien definieren (Andersen, Moskowitz, Blair & Nosek 2007). Es geschieht (a) *unbewusst*, also ohne dass wir es merken oder uns bewusst daran erinnern könnten und (b) *absichtslos*, also ohne vorherige Intentionsbildung und mit wenig Möglichkeit, es zu steuern oder zu verhindern. Ferner ist es (c) *unaufwendig*, verbraucht also nur minimale mentale Ressourcen und (d) *stört gleichzeitig ablaufende kognitive Prozesse nicht*. Wir können also gleichzeitig den Bus erreichen, Pfützen ausweichen, unsere Fahrkarte finden und darüber hinaus über dieses Buch nachdenken. Gleichzeitig haben wir möglicherweise Vorbehalte gegenüber einem fremdländisch aussehenden Busfahrer, ohne dass wir bewusst darüber nachgedacht oder dies auch nur gewollt hätten. Schließlich läuft auch soziales „Schubladendenken" (Förster 2008) meist automatisch ab.

Menschenbilder in der sozialen Kognitionsforschung

Soziales Denken lässt sich, wie erörtert, auf den weitgehend unabhängigen Dimensionen kognitiv versus motivational und gründlich versus oberflächlich beschreiben. In der sozialen Kognitionsforschung wurden allerdings nicht immer alle Facetten sozialen Denkens gleichermaßen beleuchtet. Diese „selektive Aufmerksamkeit" wird häufig mit unterschiedlichen Menschenbildern dargestellt, die exemplarisch für die Entwicklung des Forschungsbereichs stehen.

Die Pioniere der sozialen Kognitionsforschung stellten sich Menschen als *naive Wissenschaftlerinnen und Wissenschaftler* vor, die ihre Umwelt in Ursache-Wirkungs-Zusammenhängen analysieren. Beispielhaft ist hier das *Kovariationsmodell* der Kausalattribution von Kelly (1967). Es nimmt an, dass sich Menschen das Verhalten einer anderen Person (z. B. „Ronja nimmt an einer Demonstration gegen

Atomenergie teil") durch dessen Kovariation mit dem Verhalten anderer Personen *(Konsensinformation)*, dem Verhalten der Person in anderen Situationen *(Konsistenzinformation)* und ihrem Verhalten gegenüber anderen Objekten *(Distinktheitsinformation)* erklären. Ronjas Verhalten würde mit hoher Wahrscheinlichkeit darauf zurückgeführt werden, dass sie eine habituelle Nörglerin ist *(Personenattribution)*, wenn sonst nur wenige andere gegen Atomkraft protestierten (Konsens gering), wenn sich Ronja bei jeder Gelegenheit gegen Atomkraft ausspräche (Konsistenz hoch) und wenn sie nicht nur gegen Atomkraft, sondern auch gegen Tierversuche, Steuererhöhungen und die frühzeitige Haftentlassung von Sexualstraftätern demonstrierte (Distinktheit gering). Eine Ursachenzuschreibung auf das Verhaltensobjekt *(Stimulusattribution)*, also die Erklärung von Ronjas Verhalten durch die Gefährlichkeit der Atomkraft, wäre hingegen dann wahrscheinlich, wenn Konsens, Konsistenz und Distinktheit des Verhaltens als hoch gelten würden. Eine Attribution auf die *Situation* wird bei in geringem Maße wahrgenommener Konsistenz des Verhaltens angenommen.

Das Kovariationsmodell der Ursachenzuschreibung wurde dafür kritisiert, dass es zwar beschreibt, wie sich Menschen vernünftigerweise das Verhalten anderer erklären *sollten*, aber nicht, wie Menschen im Alltag *tatsächlich* vorgehen. Nur selten besitzen sie alle Kovariationsinformationen, wohingegen sie oft auf Heuristiken zurückgreifen. So könnten Beobachtende Ronjas Verhalten über das Stereotyp erklären, dass alle Frauen mit dem Namen „Ronja" (Räubertochter) habituelle Aufrührerinnen sind. Darüber hinaus zeigen sich allgemeine Attributionsverzerrungen. Dazu gehört zum Beispiel die sogenannte Korrespondenzverzerrung (auch „fundamentaler Attributionsfehler"; Ross 1977), die beschreibt, dass Menschen Verhaltensursachen eher in den Eigenschaften handelnder Personen (Aufrührerin) als in den situativen Umständen (Atomkraft bedroht Gesundheit) suchen.

Die Diskrepanz zwischen den Annahmen rationaler Informationsverarbeitung und dem empirisch vorgefundenen Denken und Verhalten von Menschen führte zur Revision des dominanten Menschenbilds in der sozialen Kognitionsforschung. Statt sie als naive Wissenschaftlerinnen und Wissenschaftler zu betrachten, setzte sich zunehmend die Ansicht durch, Menschen seien „kognitive Geizkragen" (Fiske & Taylor 1991). Demnach wählen Menschen in ihrer alltäglichen Informationsverarbeitung und Verhaltenssteuerung stets den kognitiv einfachsten Weg und gehen sparsam mit ihren Verarbeitungsressourcen um. So greifen Menschen oft auf soziale Kategorien – also auf geistige Schubladen und damit verbundenes, vorgefertigtes „Wissen" über bestimmte Gruppen (Stereotype) – zurück, wenn sie einschätzen, was sie von anderen Personen erwarten („Türkische Männer sind Machos", „Schwule sind einfühlsam" oder „Ältere Damen sind langweilig") oder wie mit ihnen umzugehen ist („Türkische Männer sollte man meiden", „Mit schwulen Freunden kann man Probleme besprechen" oder „Plane keine Party mit älteren Damen").

Obgleich die Metapher vom kognitiven Geizkragen die menschliche Neigung zu oberflächlichem und automatischem Denken angemessen beschreibt, ist sie dennoch unvollständig. Menschen sind sowohl zu oberflächlichem als auch zu gründlichem Denken fähig und passen es flexibel an ihre Bedürfnisse und Ziele an. Wenn XY zum Beispiel wüsste, dass die Großmutter seiner neuen großen Liebe im selben Bus sitzt wie er, würde er vermutlich die älteren mitfahrenden Frauen gründlich beobachten und sich über die Eigenarten jeder einzelnen Gedanken machen, anstatt sie alle in die Schublade „ältere Dame" zu stecken (gebrechlich, warmherzig, schusselig und langweilig) und sie entsprechend zu behandeln (s. Kontinuummodell der Eindrucksbildung; Fiske & Neuberg 1990). Da in den 1990er-Jahren die Einsicht in die Flexibilität der Auswahl von Informationsverarbeitungsstrategien gewachsen war und motivationale Faktoren stärker berücksichtigt wurden, charakterisierten Fiske & Taylor (1991) die soziale Kognitionsforschung dieser Jahre durch das Menschenbild des motivierten Taktikers. Demnach verfügen Menschen über vielfältige kognitive Strategien, zwischen denen sie auf der Basis persönlicher Ziele, Motive und Bedürfnisse wählen. In der jüngeren Vergangenheit erkennen Fiske & Taylor (2008) einen weiteren Paradigmenwechsel hin zum Menschenbild des aktivierten Akteurs, das den gewachsenen Erkenntnissen zur Bedeutung automatischer, unbewusster Prozesse für die motivierte Informationsverarbeitung Rechnung trägt. (Soziale) Umweltkontexte aktivieren in subtiler, automatischer Weise menschliche Gedanken, Bewertungen, Affekte, Motivationen und Verhalten, wodurch sie menschliches Sozialverhalten unbemerkt steuern oder vorbereiten können. Beispielsweise zeigt die Forschung zu motivational-kognitiven Auswirkungen wahrgenommener sozialer Macht (Guinote & Vescio 2010), dass subtile und implizite Hinweise auf hohe Machtpositionen, die Erinnerung an das Erleben eigener Macht oder die Einteilung Aufseher-Arbeiter die Informationsverarbeitung deutlich verändern. Hinweise auf hohe eigene Macht führen dazu, dass Personen ihren eigenen situativen Zielen gegenüber aufmerksamer werden und ihr Denken und Verhalten stärker auf die Verfolgung dieser Ziele fokussieren können. Bei Hinweisen auf geringe eigene Macht zeigt sich dagegen eine detailreiche, aber unfokussierte *(bottom-up)* Verarbeitung und eine stärkere Beeinflussbarkeit durch Normen und Mehrheitsmeinungen. In einer Studie von Guinote (2007) ließen sich die Versuchsteilnehmenden, die die Rolle einer Managerin oder eines Managers erhalten hatten, im anschließenden Reaktionszeittest weniger durch irrelevante Objektmerkmale von der eigentlichen Kategorisierungsaufgabe ablenken als Personen, denen untergeordnete Positionen zugewiesen worden waren.

Methoden der sozialen Kognitionsforschung

Die moderne soziale Kognitionsforschung zeichnet sich durch ein für die Sozialwissenschaften einzigartiges Methodenspektrum aus. Es ist sowohl durch die Methoden der sozialwissenschaftlichen Befragungs- und Umfrageforschung als auch durch naturwissenschaftliche Methoden geprägt und nahezu ausschließlich quantitativ-deduktiv ausgerichtet. Im Gegensatz zur sozialwissenschaftlichen Umfrageforschung liegt der Fokus nicht auf der Beschreibung von Populationen oder Zeitkritik, sondern auf der Untersuchung allgemeinpsychologischer Prozesse, die soziales Denken und Verhalten unter spezifizierten Rahmenbedingungen – aber prinzipiell zeit- und kulturübergreifend – erklären können. In der Regel geht es daher um die Testung von Kausalhypothesen, welche mithilfe korrelativer und vor allem experimenteller Studiendesigns untersucht werden.

Was die Methoden der sozialen Kognitionsforschung neben der Dominanz experimenteller Versuchsdesigns auszeichnet, ist ihre große Vielfalt bei der Operationalisierung von Variablen. Die Manipulation sozial-kognitiver Konstrukte umfasst das Arrangement komplexer sozial-räumlicher Szenarien im Labor oder im Feld (z. B. Situationen sozialen Drucks in Konformitäts- oder Hilfeleistungsexperimenten), das Hineinversetzen in fiktive Szenarien („Vignetten"), die Hervorhebung bestimmter Umweltmerkmale oder Wahrnehmungsobjekte (Manipulationen der *Salienz*, z. B. von Bedrohungsgefühlen) und die Präsentation verbaler oder non-verbaler Stimuli diesseits oder jenseits der Wahrnehmungsschwelle *(subliminale Manipulation)*. Die beiden letzten Techniken werden auch als *Priming* bezeichnet. In einem Priming-Experiment wird die kognitive Zugänglichkeit bzw. Verfügbarkeit eines Konstrukts im Gedächtnis vorübergehend erhöht und deren Effekt auf das Denken und Verhalten untersucht.

Ein Priming-Experiment

In einem berühmten Priming-Experiment aktivierten Bargh, Chen & Burrows (1996) das Stereotyp „alte Menschen". Studierende sollten ein Worträtsel lösen, bei dem sie aus mehreren Reihen durcheinandergewirbelter Wörter sinnvolle Sätze zu bilden hatten, wobei jeweils ein Wort nicht in den Satz passte. Das Priming des Stereotyps bestand darin, dass in der Priming-Bedingung einige dieser Wortwirbel Begriffe enthielten, die üblicherweise mit alten Menschen verbunden werden, wie „weise", „vergesslich" oder „Florida". Die Wortreihen lauteten zum Beispiel „sein fasten wollen weise sie", „vergesslich besaß er sehr ist" oder „Land

Sonne ein Florida ist". Die Wortreihen in der Kontrollbedingung ohne Priming enthielten keine altersrelevanten Begriffe.

Nachdem die Versuchspersonen verabschiedet worden waren, wurde verdeckt die Zeit gestoppt, die sie benötigten, um vom Untersuchungsraum zum Fahrstuhl zu gelangen. Das Priming des Altersstereotyps beeinflusste die Gehgeschwindigkeit der Studierenden. Während die Teilnehmenden in der Bedingung ohne Priming die Strecke in durchschnittlich sieben Sekunden bewältigten, benötigten die Personen in der Priming-Bedingung durchschnittlich 8 Sekunden. Die Autoren erklären ihre Befunde damit, dass gemeinsam mit dem Altersstereotyp auch das Konzept „Langsamkeit" aktiviert werde (obwohl „Langsamkeit" im Priming-Material selbst nicht vorkam) und diese Konzeptaktivierung einen automatischen Einfluss auf die Art und Weise habe, wie motorische Programme ausgeführt werden.

Auch die Messung sozial-kognitiver Konstrukte berücksichtigt den Umstand, dass soziales Denken bewusst oder automatisch ablaufen kann. So finden sich in der sozial-kognitiven Einstellungsforschung sowohl explizite (z. B. Fragebogenskalen nach Likert) als auch implizite Einstellungsmaße. Eines der prominentesten impliziten Maße ist der *Implizite Assoziationstest* (IAT; Greenwald, Banaji & Schwartz 1998), bei dem die Bewertung eines Einstellungsobjekts (z. B. Muslime) über dessen kognitive Assoziation mit den Konstrukten „positiv" oder „negativ" erfasst wird. Dazu werden die Versuchsteilnehmenden gebeten, nacheinander auf einem Bildschirm präsentierte Begriffe so schnell wie möglich durch Tastenbedienung einer Kategorie zuzuordnen (z. B. Christen = linke Taste, Muslime = rechte Taste). In den entscheidenden Versuchsdurchgängen werden Begriffe präsentiert, die sich einem der Einstellungsobjekte oder den Konstrukten „positiv" oder „negativ" zuordnen lassen. Die Antworttasten sind dabei doppelt belegt. So würden in unserem Beispiel (Abb. 2) in einem Durchgang alle Begriffe, die entweder etwas mit Christen zu tun haben oder positiv sind, den Druck auf die linke Taste erfordern. Die Begriffe, die mit Muslimen oder Negativem zu tun haben, wären rechts belegt. Diese Aufgabe wird Personen, die Christen eher mit Positivem und Muslime eher mit Negativem assoziieren, leichtfallen, was an schnellen Reaktionszeiten gemessen werden kann. Deutlich schwieriger wird es für sie jedoch, wenn die Belegung der Tasten im nächsten Durchgang wechselt und nun inkompatibel zu ihrer Einstellung ist: Jetzt muss die linke Taste gedrückt werden, wenn christliche oder negative Begriffe erscheinen, und die rechte, wenn der gezeigte Begriff etwas mit Muslimen oder Positivem zu tun hat. Der individuelle Einstellungswert errechnet sich aus der Differenz der

Reaktionszeiten im ersten und zweiten kritischen Durchgang. (Einen IAT kann man online ausprobieren: https://implicit.harvard.edu/implicit/.)

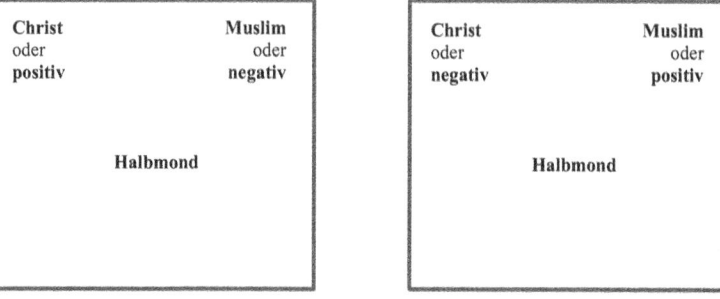

Abb. 2 Darstellung der Assoziationsaufgaben im IAT: Personen mit Vorurteilen gegenüber Muslimen wird die linke Reaktionsaufgabe (gleiche Tastenbelegung für „Muslim" und „negativ") schneller von der Hand gehen als die rechte (gleiche Tastenbelegung für „Muslim" und „positiv").

Fazit und Ausblick

Mit der kognitiven Wende rückte die Forschung zu sozialen Kognitionen in den Mittelpunkt des sozialpsychologischen Interesses. Sie widmet sich Denken, dessen Objekt sozial ist, das in sozialen Interaktionen stattfindet oder das in sozialen Gruppen geteilt wird. Soziales Denken bezieht sich einerseits auf „kalte" Wahrnehmungs- und Schlussfolgerungsprozesse (z. B. Kovariationsmodell der Attribution, Kelly 1967), andererseits auf „heiße" Prozesse motivierten Denkens (z. B. Theorie der kognitiven Dissonanz, Festinger 1957) und auf deren Zusammenspiel. Wichtig ist, dass soziales Denken meist automatisch, also unbemerkt, absichtslos, unaufwendig und störungsfrei abläuft, während das elaborierte und bewusste Denken im Strom des Alltags eher die Ausnahme ist.

Seit ihren Anfängen in den 1960er-Jahren hat die soziale Kognitionsforschung an Breite gewonnen. In ihren wichtigsten aktuellen Forschungsfeldern geht es (a) um die *Wahrnehmung von Personen und Gruppen*, die ihre Grundlage oft in Stereotypen, Vorurteilen und Schubladendenken – also sozialer Kategorisierung – hat. Beispielsweise wird die hochrelevante Frage behandelt, ob und wie Menschen das alltägliche Schubladendenken oder Stereotypisierungen verhindern oder zumindest kontrollieren können (z. B. Pendry 2008).

Die Forschung zu sozialen *Einstellungen und zur Entscheidungsfindung* (b) stellt das traditionsreichste Feld der sozialen Kognitionsforschung dar. Zu den großen Fragen zählt, ob und wie sich das Verhalten von Menschen mithilfe ihrer Einstellungen – also bewertenden Gedanken zu anderen Personen, Objekten oder Verhaltensweisen – vorhersagen lässt (z. B. Konsumentscheidungen oder Wahlverhalten). Ferner gehören die Fragestellungen dazu, ob diese Prozesse elaboriert oder heuristisch ablaufen, wie man überhaupt die „wirklichen" Einstellungen von Menschen – auch zu heiklen Themen wie ungeschütztem Geschlechtsverkehr oder der Wahl rechtsradikaler Parteien – erfassen kann und wie Interventionsprogramme beschaffen sein müssen, die Einstellungen verändern (Überblick bei Albarracín, Johnson & Zanna 2005).

Spätestens seit Mitte der 1980er-Jahre gehört auch (c) die Forschung zum *Selbst* und zur *Identität* zu den wesentlichen Forschungsfeldern der kognitiven Sozialpsychologie. Sie untersucht, wie Menschen ihr Selbst konstruieren, wie die Definition des Selbst bzw. ihrer Identität durch soziale (z. B. Rückmeldungen anderer, soziale Vergleiche, soziale Normen) und motivationale (z. B. Streben nach Selbstwert, Kontrolle oder Selbstkonzeptsicherheit) Einflüsse verändert wird und wie Menschen ihr Selbst regulieren, das heißt, wie sie Ziele verfolgen oder mit Bedrohungen des Selbst umgehen.

Auch die Forschung zu sozialen Interaktionen wurde – wie am Beispiel der kognitiven Reformulierung der Frustrations-Aggressions-Hypothese beschrieben – stark durch die soziale Kognitionsforschung geprägt. Ebenso wurde das Verhalten in und zwischen Gruppen über kognitiv-motivationale Theorien und Modelle erklärt. Der Ansatz der sozialen Identität (Reicher, Spears & Haslam 2010) wollte zunächst lediglich erklären, weshalb und unter welchen Bedingungen es zu Konflikten, Vorurteilen und sozialer Diskriminierung zwischen Gruppen kommt (Tajfel & Turner 1979), wurde aber bald zu einer umfassenden Metaperspektive zum Verständnis von Intergruppenbeziehungen weiterentwickelt (Turner, Hogg, Oakes, Reicher & Wetherell 1987). In diesem Ansatz wird angenommen, dass Menschen ihr Selbst in einer Situation nicht nur über die Eigenheiten ihrer Person („Ich"), sondern auch über die Mitgliedschaft in einer sozialen Gruppe („Wir") definieren können. Diese „soziale Identität" führt dazu, dass Menschen sich selbst über das wahrgenommene Stereotyp ihrer Gruppe beschreiben („Selbststereotypisierung") und entsprechend handeln. So wird eine Studentin der Psychologie Sigmund Freud interessanter finden, wenn sie sich als Psychologiestudentin kategorisiert, als wenn sie über sich als individuelle Person nachdenkt. Die „Selbstkategorisierung" kann sich jedoch von Situation zu Situation verändern, je nachdem, welche soziale Identität gerade salient ist. Ihre Identität als angehende Psychologin wird beispielsweise auf einer Party von Psychologie- und BWL-Studierenden besonders salient sein, da die Situation den Vergleich beider Gruppen nahelegt. Schon die Unterscheidung zwischen Eigen- und Fremdgruppe („ingroup" und „outgroup") kann somit die Identität von Personen und ihre Neigung, als Gruppenmitglied zu denken und zu handeln, ändern. So führt die in der Theorie der sozialen Identität (Tajfel & Turner 1979) angenommene Motivation, das (soziale) Selbst in positiver Weise von anderen Gruppen abzugrenzen, zu einer Besserbewertung und Bevorzugung der Eigengruppe („ingroup bias"). In zahlreichen Experimenten konnte nachgewiesen werden, dass die bloße Kategorisierung von Personen in Eigen- und Fremdgruppe das „ingroup bias" erhöht. Gerade das Streben nach positiver Distinktheit des sozialen Selbst kann also erklären, wie Konflikte zwischen Gruppen sogar ohne erkennbaren äußeren Anlass und ohne materielle Interessengegensätze entstehen.

Soziale Kognitionsforschung ist also viel mehr als ein spezifisches Forschungsfeld. Die Untersuchung sozialen Denkens gehört zu den zentralen Bestimmungsstücken der modernen Sozialpsychologie und erstreckt sich über die volle Breite hier untersuchter Forschungsgegenstände.

Verständnisfragen

▶ Was unterscheidet kognitive von motivationalen Verhaltenserklärungen?
▶ Wovon hängt es ab, ob Menschen Informationen gründlich oder oberflächlich verarbeiten und wodurch wird oberflächliches Denken bestimmt?
▶ Welche Menschenbilder leiteten die soziale Kognitionsforschung im Verlauf ihrer Entwicklung?
▶ Wie ist es möglich, automatische Prozesse sozialen Denkens empirisch zu untersuchen?

Literatur

Albarracín, D., Johnson, B. T. & Zanna, M. P. (eds.) (2005). *The Handbook of Attitudes*. Mahwah: Lawrence Erlbaum Associates Publishers.
Andersen, S. M., Moskowitz, G. B., Blair, I. V. & Nosek, B. A. (2007). Automatic thought. In A. W. Kruglanski & E. T. Higgins (eds.), *Social psychology. Handbook of basic principles* (pp. 138–175). New York: Guilford.
Bandura, A., Ross, D. & Ross, S. A. (1963). Imitation of film-mediated aggressive models. *The Journal of Abnormal and Social Psychology, 66*, 3–11.
Bargh, J. A., Chen, M. & Burrows, L. (1996). Automaticity of social behavior. Direct effects of trait construct and stereotype activation on action. *Journal of Personality and Social Psychology, 71*, 230–244.
Bem, D. J. (1965). An experimental analysis of self-persuasion. *Journal of Experimental Social Psychology, 1*, 199–218.
Berkowitz, L. (1989). Frustration-aggression-hypothesis. Examination and reformulation. *Psychological Bulletin, 106*, 59–73.
Cacioppo, J. T., Petty, R. E., Kao, C. F. & Rodriguez, R. (1986). Central and peripheral routes to persuasion: An individual difference perspective. *Journal of Personality and Social Psychology, 51*, 1032–1043.
Dollard, J., Miller, N. E., Doob, L. W., Mowrer, O. H. & Sears, R. R. (1939). *Frustration and aggression*. New Haven: Yale UP.
Dunbar, R. I. M. (1993). Coevolution of neocortical size, group size and language in humans. *Behavioral and Brain Sciences, 16*, 681–735.
Zanna, M. P. & Cooper, J. (1977). Dissonance and the pill. An attribution approach to studying the arousal properties of dissonance. *Journal of Personality and Social Psychology, 29*, 703–709.
Festinger, L. (1957). *A theory of cognitive dissonance*. Redwood City: Stanford UP.
Festinger, L. & Carlsmith, J. M. (1959). Cognitive Consequences of forced compliance. *The Journal of Abnormal and Social Psychology, 58*, 203–211.
Fiske, S. T. & Neuberg, S. L. (1990). A continuum of impression formation from category-based to individuating and motivation on attention and interpretation. In M. P. Zanna (ed.), *Advances in experimental and social psychology* (vol. 23, pp. 1–74). Orlando: Academic Press.
Fiske, S. T. & Taylor, S. E. (1991). *Social cognition* (2nd ed.). New York: McGraw-Hill.
Fiske, S. T. & Taylor, S. E. (2008). *Social cognition. From brains to culture*. New York: McGraw-Hill.
Förster, J. (2008). *Kleine Einführung in das Schubladendenken. Über Nutzen und Nachteil des Vorurteils*. München: Goldmann.
Gigerenzer, G. & Brighton, H. (2009). Homo heuristicus. Why biased minds make better inferences. *Topics in Cognitive Science, 1*, 107–143.
Greenwald, A. G., McGhee, D. E. & Schwartz, J. K. L. (1998). Measuring individual differences in implicit cognition: The implicit association test. *Journal of Personality and Social Psychology, 74*, 1464–1480.
Guinote, A. (2007). Power affects basic cognition. Increased attentional inhibition and flexibility. *Journal of Experimental Social Psychology, 43*, 685–697.
Guinote, A. & Vescio, T. K. (eds.) (2010). *The social psychology of power*. New York: Guilford.

Kelley, H. H. (1997). Attribution theory in social psychology. In D. Levine (ed.), *Nebraska symposium on motivation* (vol. 15, pp. 192–238). Lincoln: University of Nebraska Press.
Kunda, Z. (1999). *Social Cognition. Making sense of people.* Cambridge: The MIT Press.
Pendry, L. (2008). Soziale Kognition. In K. Jonas, W. Stroebe & M. Hewstone (Hrsg.), *Sozialpsychologie. Eine Einführung* (5. Aufl., S. 111–145). Berlin: Springer.
Reicher, S. D., Spears, R. & Haslam, S. A. (2010). The social identity approach in social psychology. In M. S. Wetherell & C. T. Mohanty (eds.), *Sage Identities Handbook* (pp. 45–62). London: Sage.
Ross, L. (1977). The intuitive psychologist and his shortcomings. In L. Berkowitz (ed.), *Advances in experimental social psychology* (vol. 10, pp. 174–220). New York: Academic Press.
Scherer, K. (2002). Emotion. In W. Stroebe, K. Jonas & M. Hewstone (Hrsg.), *Sozialpsychologie. Eine Einführung* (4. Aufl., S. 165–213). Berlin: Springer.
Strack, F. & Deutsch, R. (2004). Reflective and Impulsive Determinants of Social Behavior. *Personality and Social Psychology Review, 8*, 220–247.
Tajfel, H. & Turner, J. C. (1979). An integrative theory of intergroup conflict. In W. G. Austin & S. Worchel (eds.), *The Social Psychology of intergroup relation.* (pp. 33–47). Monterey: Brooks/Cole.
Turner, J. C., Hogg, M. A., Oakes, P. J., Reicher, S. D. & Wetherell, M. S. (1987). *Rediscovering the social group. A self- categorization theory.* Cambridge: Basil Blackwell.

Weiterführende Literatur

Albarracín, D., Johnson, B. T. & Zanna, M. P. (eds.) (2005). *The Handbook of Attitudes.* Mahwah: Lawrence Erlbaum Associates Publishers.
Fiske, S. T. & Taylor, S. E. (2013). *Social cognition. From brains to culture.* New York: McGraw-Hill.
Förster, J. (2008). *Kleine Einführung in das Schubladendenken. Über Nutzen und Nachteil des Vorurteils.* München: Goldmann.
Kunda, Z. (1999). *Social Cognition. Making sense of people.* Cambridge: The MIT Press.
Pendry, L. (2008). Soziale Kognition. In K. Jonas, W. Stroebe & M. Hewstone (Hrsg.), *Sozialpsychologie. Eine Einführung* (5. Aufl., S. 111–145). Berlin: Springer.
Reicher, S. D., Spears, R. & Haslam, S. A. (2010). The social identity approach in social psychology. In M. S. Wetherell & C. T. Mohanty (eds.), *Sage Identities Handbook* (pp. 45–62). London: Sage.

Neurowissenschaftliche Sozialpsychologie oder Soziale Neurowissenschaften

Grit Hein

Zusammenfassung

Im Folgenden werden die Ziele, Methoden und Hauptfragestellungen eines relativ jungen Forschungsfeldes dargestellt, das als Neurowissenschaftliche Sozialpsychologie oder häufig auch als Soziale Neurowissenschaft bezeichnet wird. Es nutzt neurowissenschaftliche Methoden, um das menschliche Sozialverhalten zu untersuchen. Zentrale Forschungsfragen umfassen die neurobiologischen Korrelate emotionaler und motivationaler Prozesse, das Verstehen anderer und soziale Entscheidungen, wie zum Beispiel die Entscheidung zu helfen. Zukünftige Studien sollten erforschen, ob bestimmte neuronale Mechanismen auf die Verarbeitung sozialer Reize spezialisiert sind, wie verschiedene Hirnregionen kausal zusammenwirken und welche Komponenten des Sozialverhaltens genetisch determiniert oder sozial erworben sind.

Definition

Die Neurowissenschaftliche Sozialpsychologie wendet neurowissenschaftliche Methoden und Theorien an, um zu verstehen, wie die Gedanken, die Gefühle und das Verhalten von Individuen durch die tatsächliche, vorgestellte oder implizierte Anwesenheit von anderen beeinflusst wird. Diese Definition ist der klassischen Definition der Ziele der Sozialpsychologie entlehnt, wie sie von Gordon Allport (1897–1967; 1968) aufgestellt wurde. Die meisten Vertreter der Sozialen Neurowissenschaften haben jedoch keinen sozialpsychologischen, sondern einen kognitiv-psychologischen oder neurowissenschaftlichen Hintergrund. Die kognitive

Psychologie studiert Denk- und Wahrnehmungsprozesse sowie das Sprechen, Handeln und Planen, indem sie diese komplexen Prozesse in Subkomponenten zerlegt und so systematisch erforscht. Die Sozialen Neurowissenschaften verknüpfen diesen methodischen Ansatz der kognitiven Psychologie mit Fragestellungen der Sozialpsychologie und untersuchen den Zusammenhang zwischen „Geist" („mind", Psychologie) und Gehirn (Biologie und Neurowissenschaft).

Geschichte

Der Begriff *Soziale Neurowissenschaft* wurde erstmals von John Cacioppo und Gary Berntson in einem Aufsatz aus dem Jahr 1992 verwendet. Hier erscheint er jedoch lediglich einmal in einer Fußnote (1992, S. 1020) und einmal mit einem Fragezeichen versehen („Social Neuroscience?", ebd., S. 1022). Das Interesse der Autoren am Thema geht auf Befunde zurück, die einen Einfluss psychologischer Prozesse auf Immunantworten zeigen. Viele Forschungsschwerpunkte, die heute unter dem Schirm der Sozialen Neurowissenschaften zusammengefasst sind, wurden jedoch schon vor 1992 intensiv bearbeitet, zum Beispiel das Erkennen von Gesichtern im Rahmen der kognitiven Psychologie. Allerdings fokussierte diese Forschung auf die visuelle Verarbeitung von Gesichtern, nicht auf ihre soziale Funktion. Darüber hinaus gibt es frühe einflussreiche Arbeiten zu Dysfunktionen sozialen Verhaltens nach Hirnverletzungen (Damasio, Tranel & Damasio 1990) oder bei Entwicklungsstörungen wie beispielsweise Autismus (z. B. Frith 1989). Doch erst seit Beginn des 21. Jahrhunderts werden die Sozialen Neurowissenschaften als kohärentes, eigenständiges Feld wahrgenommen. Dies findet seinen Ausdruck in der Gründung fachspezifischer Journale und seit Neuestem in der Publikation von Lehrbüchern (z. B. Ward 2012).

Methoden

Wie in der Definition ausgeführt, ist die Neurowissenschaftliche Sozialpsychologie durch den Einsatz neurowissenschaftlicher Methoden charakterisiert. Die wichtigsten Forschungsmethoden sollen daher kurz vorgestellt werden.

Läsionsstudien

Die ersten und bis heute wichtigen Erkenntnisse über das Zusammenspiel von Hirnstrukturen und sozialen Prozessen wurden in Läsionsstudien gewonnen. Läsionen sind Verletzungen des Gehirns. Ihre häufigste Ursache beim Menschen sind Unfälle (z. B. Aufprall des Kopfes beim Sturz), Schlaganfälle (bei denen die Blutversorgung bestimmter Hirnareale vermindert oder unterbrochen ist) oder Hirnoperationen (z. B. bei schweren Fällen von Epilepsie). Ein frühes Beispiel ist der bekannt gewordene Patient Phineas Gage (1823–1861), der 1848 einen Unfall erlitt, bei dem sich eine Eisenstange durch den vorderen Teil seines Frontalhirns (orbitofrontaler Kortex) bohrte. Obwohl seine kognitiven Leistungen zum Großteil unbeeinträchtigt blieben, zeigte der Patient deutliche Persönlichkeitsveränderungen und Defizite im Sozialverhalten, wurde impulsiv, launisch und kindisch. Basierend auf diesem beeindruckenden Einzelfall wurde die Annahme entwickelt, dass der orbitofrontale Kortex unter anderem eine zentrale Rolle in der Emotionsregulierung spielt. Diese Annahme wurde später durch den Einsatz moderner Untersuchungsmethoden (siehe unten) gestützt.

Noch heute ist der Wert von Läsionsstudien unumstritten. Der Ausfall einer Funktion nach Ausfall einer bestimmten Hirnregion (z. B. das plötzliche Fehlen der Fähigkeit, positive Emotionen zu empfinden) gilt als starker Hinweis darauf, dass die entsprechende Hirnregion ein essenzielles Korrelat dieser Funktion ist. Allerdings sind Läsionsstudien beim Menschen nur beschränkt durchführbar, da Läsionen nur selten auf eine einzige Hirnregion begrenzt vorkommen. Sobald weitere Strukturen in Mitleidenschaft gezogen sind, können keine genauen Aussagen über die Funktion einer Hirnregion getroffen werden. Zudem ist es schwierig, eine genügend große Anzahl von Patientinnen und Patienten mit hinreichend ähnlichen Läsionen zu finden, wie sie für valide statistische Verfahren notwendig wären. Teilweise versucht man sich daher mit Tierexperimenten zu behelfen, in denen Läsionen gezielt operativ erzeugt werden.

Transkranielle Magnetstimulation (TMS)

TMS ist ein Verfahren, welches die Funktion von Hirnregionen bei gesunden Menschen vorübergehend beeinflussen kann. Bei dieser Methode wird mittels eines starken Magnetfeldes ein elektrisches Feld erzeugt, welches die neuronale Aktivität von Hirnregionen entweder hemmen oder fördern kann. Somit besteht die Möglichkeit, artifizielle, reversible Läsionen in bestimmten Hirnregionen zu erzeugen, und, ähnlich wie bei „natürlichen" Läsionen, kausale Aussagen über deren

Funktion zu treffen. Da das Magnetfeld nur den Kortex (Hirnmantel) durchdringt, kann TMS nur zur Erforschung kortikaler Hirnstrukturen eingesetzt werden. Aussagen über tiefer liegende Hirnstrukturen (sogenannte subkortikale Strukturen) und deren Interaktion mit kortikalen Strukturen sind dagegen nicht möglich. Dies ist eine bedeutsame methodische Einschränkung, da die meisten Hirnfunktionen auf der engen Koppelung von kortikalen und subkortikalen Strukturen basieren. Um dennoch Aussagen über die Wirkungsweise neuronaler Netzwerke, also das Zusammenspiel verschiedener kortikaler und subkortikaler Strukturen, treffen zu können, kann TMS mit der Methode der funktionellen Magnetresonanztomografie (fMRT) kombiniert werden.

Funktionelle Magnetresonanztomografie (fMRT)

FMRT wird zur Lokalisation neuronaler Aktivitäten im gesamten Hirn eingesetzt, die mit einer bestimmten Funktion (z. B. Sprechen oder die Entscheidung, jemandem zu helfen) korrelieren. Ein fMRT-Scanner erzeugt ein starkes Magnetfeld, das es erlaubt, aktivierte Hirnregionen, in denen das Blut mit Sauerstoff gebunden ist, von nicht aktivierten Regionen zu unterscheiden. FMRT misst also die neuronale Aktivität nicht unmittelbar, vielmehr muss der Aktivierungsgrad bestimmter Hirnareale mittelbar aus den Veränderungen im Blutfluss und der Oxygenierung erschlossen werden. Dabei wird die Aktivierung in einem Hirnareal in einer experimentellen Bedingung relativ zu einer geringeren Aktivierung in einer anderen Bedingung, zum Beispiel einer Ruhephase („baseline"), bestimmt. FMRT ist damit zwar gut geeignet, Kontraste zwischen A und B zu messen, Aussagen über A oder B allein sind jedoch kaum interpretierbar. Erschwerend kommt hinzu, dass das fMRT-Signal die neuronale Aktivierung in einer bestimmten Situation nicht in „Echtzeit" aufzeichnen kann. Nach dem auslösenden Ereignis dauert es etwa sechs Sekunden, bis sich eine Signaländerung zeigt – eine lange Zeit für unser Gehirn, welches verschiedene Informationen innerhalb von Millisekunden verarbeitet. Gefühltes oder Wahrgenommenes wird also wie in Zeitlupe aufgezeichnet, und im gemessenen Signal können sich verschiedene Zustände überlagern.

Elektroenzephalografie (EEG)

Die geringe zeitliche Auflösung der fMRT-Messung kann durch die Verwendung komplementärer Methoden wie der Elektroenzephalografie (EEG) kompensiert werden. EEG basiert auf der Aufzeichnung von Spannungsschwankungen an der

Kopfoberfläche, die durch elektrische Zustandsänderungen (Potenziale) der Hirnzellen verursacht werden, wenn diese aktiviert sind. Dabei wird die Summe der Potenziale von Millionen synchron aktiver Neuronen (Nervenzellen) aufgezeichnet. Dieses sogenannte EEG-Signal besteht aus mehreren sich überlagernden Wellen verschiedener Frequenzen, die durch mathematische Verfahren voneinander getrennt werden können. Bestimmte Frequenzbänder werden bestimmten kognitiven Prozessen und mentalen Zuständen zugeordnet (z. B. Beta-Frequenz = kognitive Belastung; Delta-Frequenz = Tiefschlaf). Eine andere Form der Auswertung besteht darin, die neuronale Aktivität nach einem bestimmten Ereignis (z. B. die Darbietung eines Gesichtes oder Tons) zu mitteln. Diese ereigniskorrelierten Potenziale bilden die unmittelbare neuronale Reaktion auf eine Sinnesreizung oder kognitive Anforderung ab. Im Gegensatz zur fMRT ist das EEG-Signal zeitlich sehr präzise und gibt Auskunft darüber, wie eine Information im Gehirn weitergeleitet wird, und zwar im Millisekundenbereich. Allerdings ist die Lokalisierung der neuronalen Aktivität schwierig, da verschiedenste neuronale Regionen an der Generierung des EEG-Signals an der Kopfoberfläche beteiligt sind.

Zentrale Fragestellungen und Forschungsergebnisse

Gemäß ihren Wurzeln in der kognitiven Psychologie besteht ein Ansatz der Sozialen Neurowissenschaften darin, komplexe soziale Phänomene in ihre Subkomponenten zu zerlegen und diese dann wie ein Puzzlespiel wieder zusammenzusetzen. Eine zentrale Komponente, die allen komplexen sozialen Prozessen zugrunde liegt, ist die neuronale Verarbeitung basaler Emotionen (z. B. Angst) und die neuronale Implementierung basaler Handlungsmotivationen (z. B. durch Belohnung).

Basale emotionale und motivationale Prozesse: Angst und Belohnung

Eine der wichtigsten Basisemotionen ist die *Angst* (Ekman & Friesen 1976). Sie steht in engem Zusammenhang mit dem Erlernen negativer Assoziationen durch Konditionierung. In Lernexperimenten ist die Konditionierung ein einflussreiches Paradigma, welches auch zur Untersuchung sozial-neurowissenschaftlicher Fragestellungen angewendet wird. Beim sogenannten negativen Konditionieren folgt der Darbietung eines neutralen Reizes (z. B. ein Ton) ein negatives Ereignis (z. B. ein elektrischer Schock). Bereits nach wenigen Durchgängen genügt die Präsentation des vormals neutralen Reizes allein, um die Angstreaktion zu erzeugen, die ursprünglich durch das negative Ereignis ausgelöst wurde. Der neutrale Reiz wird somit zum konditionierten Reiz. Die Ergebnisse einer Vielzahl von Studien zeigen, dass das Erlernen von Angstreaktionen an Aktivität in der Amygdala (auch Mandelkern) gekoppelt ist. So kontrastiert zum Beispiel eine frühe fMRT-Studie die neuronale Aktivität bei gelernter Angst (d. h. auf einen negativ konditionierten Reiz) mit der neuronalen Aktivität auf einen neutralen Reiz. Die Ergebnisse zeigen signifikante beidseitige Aktivierungen der Amygdala (LaBar, Gatenby, Gore, Le Doux & Phelps 1998). Die Stärke des neuronalen Amygdala-Signals korreliert mit der Stärke der konditionierten Antwort, welche durch die Veränderungen des Hautleitwertes angezeigt wird. Patienten mit Läsionen in der Amygdala zeigen dagegen keine konditionierte Angstreaktion (Bechara et al. 1995). Dieses Ergebnis stützt die Annahme, dass die Amygdala eine wichtige Rolle bei der Ausbildung gelernter Angstreaktionen spielt. Die Resultate neuerer Studien machen zudem deutlich, dass die Amygdala auch beim Erlernen von Angst durch soziale Interaktion aktiv ist, zum Beispiel, wenn die Probanden beobachten, dass andere Personen nach einem bestimmten Ereignis schmerzhafte Schocks erhalten (Olsson & Phelps 2004). In Übereinstimmung mit diesen Befunden konnte weiterhin gezeigt werden, dass Amygdala-Läsionen die Fähigkeit zum Erkennen angstvoller Gesichtsausdrücke einschränken, dass also sozial relevante Angstsignale nicht mehr erkannt und verarbeitet werden, wenn die Amygdala beschädigt ist (z. B. Adolphs, Tranel, Damasio & Damasio 1994). Diese Einschränkungen treten spezifisch beim Erkennen angstvoller Gesichtsausdrücke auf, während das Erkennen anderer Emotionen nicht beeinträchtigt wird. FMRT-Studien bestätigen diese Befunde und zeigen zum Beispiel eine Aktivierung der linken Amygdala bei der Präsentation angstvoller Gesichter, während glückliche Gesichter andere neuronale Netzwerke aktivieren (Morris et al. 1996).

Im Gegensatz zu Angstreaktionen, welche als Resultat der negativen Konditionierung erlernt werden, erhöht *Belohnung* die Wahrscheinlichkeit eines bestimmten Verhaltens. Eine der prominentesten Hirnstrukturen zur Verarbeitung von Belohnungen verschiedenster Art ist der Nucleus accumbens. Frühe Studien zeigen eine Aktivierung dieser Hirnregion bei monetärer Belohnung im Vergleich zu Bestrafung. Dabei ist die Aktivierung dann am stärksten, wenn die Probanden die Belohnung *erwarten*, und nimmt nach Erhalt der Belohnung wieder ab. Doch nicht nur Geld, sondern auch das Hören eines Lieblingsmusikstückes oder das Einschätzen der Attraktivität junger Frauen durch heterosexuelle Männer löst subkortikale Aktivität aus. Sogar wenn Männer von ihrer Partnerin zur Ejakulation gebracht werden, zeigt sich unter anderem eine verstärkte Aktivierung im ventralen Tegmentum, einer subkortikalen Struktur, die eng mit dem Nucleus accumbens in

Verbindung steht (zusammengefasst in Burgdorf & Panksepp 2006). Noch bevor sie mit PET und fMRT beim Menschen untersucht wurden, waren diese subkortikalen Areale bereits aus Studien an Ratten bekannt, denen euphorisierende Drogen verabreicht wurden. Wurde Ratten zum Beispiel Morphin in das ventrale Striatum injiziert, entwickelten sie eine Präferenz für den Ort, an dem dies geschah. Eine Injektion von Kokain in das ventrale Striatum und den frontalen Kortex hatte zur Folge, dass die Tiere sich im Anschluss diese Substanzen selbst verabreichten. Ähnliches wurde bei Alkohol und Nikotin beobachtet, aber wiederum nur, wenn sie den Ratten in die subkortikalen Hirnregionen (das ventrale Tegmentum) injiziert wurden (siehe Burgdorf & Panksepp 2006). Solche Befunde legen nahe, dass diese subkortikalen Regionen maßgeblich daran beteiligt sind, ein Ereignis (hier die Gabe einer Substanz) mit einer zu erwartenden Belohnung zu assoziieren. Die neurophysiologischen Prozesse, die dieser Funktion zugrunde liegen, stehen eng mit dem Neurotransmitter Dopamin in Verbindung, der in subkortikalen Hirnregionen gebildet wird und der im ventralen Striatum, aber auch im ventralen Tegmentum vermehrt auftritt. Im Einklang mit den oben zitierten Studien zeigte sich, dass die Ausschüttung von Dopamin mit der *Erwartung* von Belohnungen, nicht aber mit der Belohnung selbst assoziiert ist (Schultz 2010).

Wie verstehen wir andere Menschen?

Ein weiteres zentrales Forschungsanliegen der Sozialen Neurowissenschaften ist die Frage, wie wir andere Individuen verstehen, wie wir also Einblick in deren mentale und emotionale Zustände gewinnen. Adäquates Sozialverhalten erfordert das Verstehen unserer Mitmenschen auf mindestens drei Ebenen: Erstens sollten wir in der Lage sein, uns in mentale Zustände anderer hineinzuversetzen, d. h. deren Gedanken, Glaubensüberzeugungen und Intentionen zu verstehen. Zweitens ist es evolutionär höchst bedeutsam, die Handlungsabsichten anderer zu erkennen und vorherzusehen, da dies beispielsweise die Grundlage von effizientem Flucht- oder Angriffsverhalten bildet. Drittens ist die Fähigkeit erforderlich, sich in die Emotionen anderer einzufühlen, da dies die Wahrscheinlichkeit erfolgreicher sozialer Interaktionen erhöht. Entsprechend dieser drei Anforderungen werden drei Routen angenommen, die dem Verständnis anderer zugrunde liegen: die Theory of Mind, die Spiegelneuronen und die Empathie.

Als *Theory of Mind* (auch Mentalizing oder kognitive Perspektivenübernahme) wird die Fähigkeit bezeichnet, die mentalen Zustände anderer zu verstehen, sich also in ihre Gedanken, Überzeugungen und Intentionen hineinversetzen zu können. Eine typische Versuchsanordnung ist die Präsentation von Bildern, welche eine Person in einer bestimmten Situation darstellen. Viele Paradigmen zur Untersuchung der Theory of Mind stammen aus dem entwicklungspsychologischen Kontext, wie zum Beispiel der berühmt gewordene Sally-Anne-Test (Abb. 1).

Abb. 1 *Der Sally-Anne-Test*. Kindern wird die folgende Geschichte gezeigt: Sally legt eine Murmel in den Korb und verlässt den Raum. Anne nimmt die Murmel und legt sie in den Karton. Sally kommt zurück und sucht die Murmel. Die Kinder werden gefragt, ob Sally im Korb oder im Karton nach der Murmel suchen wird. Ist die Theory-of-Mind-Fähigkeit ausgeprägt, erkennen die Kinder, dass Sally im *Korb* suchen wird. Dafür müssen sie sich in die Gedanken von Sally hineinversetzen, welche nicht wissen kann, dass die Murmel inzwischen im Karton liegt.

Quelle: Tager-Flusberg 2007, S. 312

Die Ergebnisse zeigen, dass gesunde Kinder solche Theory-of-Mind-Anforderungen etwa im Alter von vier bis fünf Jahren bewältigen – im Gegensatz zu autistischen Kindern, die ihre Defizite bei diesen Aufgaben selbst dann, wenn sie älter werden, nicht vollständig abbauen (Frith 1989). Im fMRT-Scanner dargeboten, korrelieren Theory-of-Mind-Anforderungen mit Aktivierungen an der Schnittstelle zwischen temporalen und parietalen Hirnlappen, im superioren temporalen Sulcus und manchmal auch im medialen frontalen Kortex (besprochen in Hein & Singer 2009).

Die Route, die zum Verstehen von Handlungsintentionen anderer angenommen wird, basiert auf den sogenannten *Spiegelneuronen* (mirror neurons). Spiegelneurone sind eine Klasse visuo-motorischer Neurone (Nervenzellen), die erstmals im prämotorischen Kortex des Affen beobachtet wurden. Sic zcigen neuronale Aktivität, wenn der Affe eine Bewegung ausführt, aber auch, wenn er eine Bewegung bei anderen (Affe oder Mensch) beobachtet. Es stellte sich heraus, dass Spiegelneurone sogar dann aktiv werden, wenn der Affe eine Greifbewegung nicht komplett sieht, aber weiß, dass sich hinter einer Wand ein Gegenstand befindet. Dieser Befund deutet darauf hin, dass die Spiegelneurone die *Bedeutung* einer Handlung und nicht deren Aussehen speichern.

Die Frage, ob auch das menschliche Gehirn Spiegelneurone aufweist, wurde mit fMRT, TMS und EEG untersucht. Probanden wurden gebeten, Bewegungen auszuführen oder sich Filme anzusehen, in denen diese Bewegungen gezeigt wurden. Dabei ließen sich Aktivierungen im inferioren Parietal-Lappen, dem ventralen prämotorischen Kortex und im inferioren frontalen Gyrus nachweisen. In weiterführenden Studien wurde die Reaktion von Spiegelneuronen im menschlichen Gehirn auf verschiedene Bewegungen getestet. Das Ergebnis war, dass die Spiegelneurone bei Beißbewegungen Aktivität zeigten – unabhängig davon, ob sie von Hunden, Affen oder Menschen ausgeführt wurden –, nicht aber beim Bellen von Hunden. Das weist darauf hin, dass Spiegelneurone nur bei Bewegungen aktiviert werden, welche im menschlichen Bewegungsrepertoire vorkommen (für eine Zusammenfassung dieser Befunde siehe Iacoboni & Dapretto 2006; Rizzolatti & Craighero 2004).

Die *Empathie* schließlich wird als Route zum Verstehen von Emotionen anderer postuliert. In den meisten Studien wurde die Empathie für den Schmerz einer anderen Person untersucht. Ein Teil dieser Studien vergleicht die neuronale Aktivierung bei der Verarbeitung eigenen Schmerzes mit der Empathie für den Schmerz anderer (besprochen in Hein & Singer 2009; Lamm, Decety & Singer 2011). Die Probanden im fMRT-Scanner wurden dafür einem schmerzhaften Reiz am Handrücken ausgesetzt oder sahen eine andere Person in dieser Situation. Die Intensität der Schmerzstimulation des Probanden oder der anderen Person wurde durch Symbole („cues") angekündigt. Es erwies sich, dass Hirnregionen wie die anteriore Insel und der anteriore cinguläre Kortex (ACC) sowohl bei eigenem Schmerz als auch bei Empathie für den Schmerz des anderen aktiviert werden. Andere Studien, in denen Empathie durch Bilder von schmerzverzerrten Gesichtern oder von Körperteilen in schmerzhaften Situationen induziert wurde, führten zu ähnlichen Resultaten (zusammengefasst in Lamm et al. 2011). Weiterführende Studien zeigten, dass das Ausmaß der neuronalen empathischen Reaktion durch den sozialen Kontext moduliert wird. Zum Beispiel wurde ein Unterschied in der mit Empathie assoziierten Aktivierung in der anterioren Insel nachgewiesen, je nachdem, ob der Schmerz Mitgliedern einer fremden oder der eigenen Gruppe widerfährt: Die Aktivierung ist bei Mitgliedern fremder Gruppen signifikant schwächer. Außerdem wurde eine Reduktion der neuronalen empathischen Reaktion bei Personen festgestellt, die professionell mit Schmerz umgehen (z. B. Ärzte, die Akupunktur verwenden) und wenn Probanden der Überzeugung waren, der Schmerz sei für eine erfolgreiche Therapie notwendig (besprochen in Hein & Singer 2008). Neuere Studien untersuchen Empathie mit „sozialem Schmerz", zum Beispiel mit Personen, die aus der Gruppe ausgeschlossen sind (Masten, Morelli & Eisenberger 2011) oder beschämt werden (Krach et al. 2011). Die Ergebnisse dieser Studien weisen auf eine verstärkte Aktivität in der anterioren Insel und dem anterioren cingulären Kortex hin, ähnlich wie bei der Empathie mit physischem Schmerz.

Die drei Routen des Verstehens anderer (Theory of Mind, Spiegelneurone und Empathie) werden wahrscheinlich in den meisten Situationen parallel aktiviert. Die konkrete Anforderung oder der soziale Kontext bestimmt dann, welche Route am effizientesten ist und somit die stärkste neuronale Aktivität zeigt (Lamm et al. 2011).

Entscheidungen in sozialen Situationen

Im sozialen Alltag ist die Entscheidung besonders relevant, anderen Personen zu helfen. Eine interessante Frage dabei ist, ob individuelle Unterschiede in der neuronalen empathischen Aktivität helfendes Verhalten vorhersagen können. In einer fMRT-Studie wurde Empathie und helfendes Verhalten gegenüber Mitgliedern der eigenen sozialen Gruppe (ingroup member) und einer Fremdgruppe (outgroup member) untersucht (Hein, Silani, Preischoff, Batson & Singer 2010). Die Probanden, männliche Fußballfans, trafen dabei auf je einen anderen Fan ihres Lieblingsteams (ingroup member) und einen Fan des stärksten Rivalen ihres Teams (outgroup member). Im ersten Teil des Experiments wurde ihre neuronale empathische Reaktion gemessen, wenn der ingroup oder der outgroup member Schmerzreize am Handrücken erhielt. Die Stärke der Simulation wurde vorher zusammen mit dem Probanden festgelegt, basierend auf dessen individueller Schmerzschwelle.

Im zweiten Teil erhielten die Probanden die Möglichkeit, den beiden anderen zu helfen, indem sie ihnen die Hälfte der Schmerzstimulation abnahmen. Die Entscheidung zu helfen war schmerzhaft, denn der Helfende (Proband) setzte sich damit einer mittelstarken schmerzhaften Stimulation aus. Alternativ konnten sich die Probanden ein Fußballvideo anschauen, während die andere Person Schmerz erlitt. Bei der Wahl dieser Option halfen sie dem anderen also nicht und sahen auch nicht zu, wie die Schmerzstimulation verabreicht wurde. Eine dritte Option war, der Schmerzstimulation des anderen zuzuschauen. Das Ergebnis war, dass die Probanden dem ingroup member signifikant häufiger halfen als dem outgroup member. Das Ausmaß dieser Präferenz konnte durch die Unterschiede in der neuronalen empathischen Aktivierung vorhergesagt werden. Je stärker ein Proband die anteriore Insel aktivierte, wenn der ingroup member Schmerz erlitt, desto häufiger half er später ihm und nicht dem outgroup member. Probanden, die auf einem Fragebogen einen besonders negativen Eindruck vom outgroup member berichteten, aktivierten außerdem den Nucleus accumbens (bekannt von der Verarbeitung von Belohnung, siehe oben), wenn dieser dem Schmerz ausgesetzt war. Je stärker ein Proband den Nucleus accumbens aktivierte, wenn er Schmerz beim outgroup member beobachtete, desto seltener traf er die Entscheidung, diesem zu helfen.

Eine andere Studie untersuchte die neuronale Aktivität beim Lesen trauriger Begebenheiten und Betrachten von Fotos, welche Personen in diesen Situationen zeigten. Außerdem nahmen die Probanden an einer vierzehntägigen Onlinestudie teil, welche am Ende eines jeden Tages erfasste, wie oft sie Fremden und Freunden geholfen hatten (Rameson et al. 2012). Auch der Zusammenhang zwischen Empathie für soziale Exklusion und der Bereitschaft, tröstende E-Mails zu schreiben, wurde in einer Studie bestätigt (Masten et al. 2011). Im Einklang mit den oben berichteten Resultaten (Hein et al. 2010) zeigen die Untersuchungen, dass es einen Zusammenhang zwischen der individuellen Stärke der neuronalen empathischen Reaktion und der individuellen Bereitschaft, sich prosozial zu verhalten, gibt.

Gegenwärtige Auseinandersetzungen

Ein Thema, das die Sozialen Neurowissenschaften seit ihrer Entstehung beschäftigt, ist die Frage nach dem „sozialen Gehirn", also danach, ob bestimmte Hirnstrukturen oder neuronale Mechanismen auf die Verarbeitung sozialer Reize spezialisiert sind. Eine schlüssige Antwort wird sich nur dann geben lassen, wenn die Grenzen zwischen den einzelnen Feldern der Neurowissenschaften überwunden werden. Vergleichbare Datensätze aus neurowissenschaftlichen Studien, die kognitive, perzeptuelle und soziale Prozesse untersuchen, müssen mit einheitlichen Methoden analysiert werden, um so einen systematischen Überblick über Gemeinsamkeiten und Unterschiede der zugrunde liegenden neuronalen Prozesse zu gewinnen.

Eine weitere Herausforderung ist das Aufdecken kausaler Zusammenhänge zwischen verschiedenen Hirnregionen, die als neuronale Netzwerke bei der Bewältigung sozialer Anforderungen aktiviert werden. Die Ergebnisse vieler Studien, die beispielsweise durch fMRT gewonnen werden, lassen solche Schlüsse nicht zu. Methoden wie Läsionsstudien und TMS, die kausale Aussagen potenziell ermöglichen, sind nur begrenzt einsetzbar. Einen vielversprechenden Zugang zur Erstellung kausaler Modelle bieten moderne Auswertungsmethoden, die im neuen Feld der *Computational Neuroscience* entwickelt werden und zunehmend Einzug in die Sozialen Neurowissenschaften halten. Schließlich stellt sich im Kontext vieler empirischer Ergebnisse die Frage, ob soziale Verhaltensweisen angeboren und somit genetisch determiniert sind oder ob sie im Laufe der Sozialisierung erworben werden. Um dem nachzugehen, werden heute Methoden der Genetik mit Ansätzen der Sozialen Neurowissenschaften kombiniert. Darüber hinaus ist das Feld der *Developmental Social Neuroscience* im Entstehen begriffen, welches das Zusammenspiel zwischen der Entwicklung sozialer Funktionen und neuronalen Veränderungen über die Lebensspanne untersucht.

Fazit

Das Ziel der Sozialen Neurowissenschaften ist es, die neurobiologische Basis sozialer Prozesse zu untersuchen. Als wichtigste Methoden kommen Läsionsstudien, die Transkranielle Magnetstimulation (TMS), die funktionelle Magnetresonanztomografie (fMRT) und die Elektroenzephalografie (EEG) zum Einsatz. Zentrale Forschungsfragen umfassen die neuronalen Grundlagen basaler emotionaler und motivationaler Prozesse wie Angst und Belohnung, das Verstehen anderer – basierend auf Theory of Mind, Spiegelneuronen und Empathie – und tatsächliche soziale Entscheidungen wie die Entscheidung, einer anderen Person zu helfen. Im Zentrum kontroverser Debatten der Gegenwart steht die Frage, ob es Hirnstrukturen oder neuronale Mechanismen gibt, die auf die Verarbeitung sozialer Prozesse spezialisiert sind. Weiterhin sollten zukünftige Studien das kausale Zusammenspiel zwischen verschiedenen neuronalen Regionen erforschen sowie Einblicke in genetische und soziale Komponenten geben, die dem menschlichen Sozialverhalten zugrunde liegen.

Verständnisfragen

▶ Was ist das Ziel der Sozialen Neurowissenschaften?
▶ Welche Methoden werden benutzt?
▶ Welche Hirnregionen sind am Erlernen der Angstreaktion und bei der Verarbeitung von Belohnung beteiligt?
▶ Über welche Routen verstehen wir andere Menschen, und was sind ihre neuronalen Besonderheiten?

Literatur

Adolphs, R., Tranel, D., Damasio, H. & Damasio, A. (1994). Impaired recognition of emotion in facial expressions following bilateral damage to the human amygdala. *Nature, 372,* 669–672.
Bechara, A., Tranel, D., Damasio, H., Adolphs, R., Rockland, C. & Damasio, A. R. (1995). Double dissociation of conditioning and declarative knowledge relative to the amygdala and hippocampus in humans. *Science, 269 (5227),* 1115–1118.
Burgdorf, J. & Panksepp, J. (2006). The neurobiology of positive emotions. *Neuroscience and Behavioral Reviews, 30,* 173–187.
Cacioppo, J. T. & Bernston, G. G. (1992). Social psychological contributions to the decade of the brain. Doctrine of multi-level analysis. *American Psychologist, 47,* 1019–1028.
Damasio, A. R., Tranel, D. & Damasio, H. (1990). Individuals with sociopathic behavior caused by frontal damage fail to respond automatically to social stimuli. *Behavioral Brain Research, 41,* 81–94.
Ekman, P. & Friesen, W. V. (1976). *Pictures of facial affect.* Palo Alto, CA: Consulting Psychologists Press.
Frith, U. (1989). *Autism. Explaining the enigma.* Oxford: Blackwell.
Hein, G., Silani, G., Preuschoff, K., Batson, C. D. & Singer, T. (2010). Neural responses to ingroup and outgroup members' suffering predict individual differences in costly helping. *Neuron, 68,* 149–160.
Hein, G. & Singer, T. (2009). Neuroscience meets social psychology. An integrative approach to human empathy and prosocial behavior. In M. Mikulincer & P. Shaver (eds.), *Prosocial motives, emotions and behavior. The better angles of our nature* (pp. 109–125). Washington, DC: American Psychological Association.
Hein, G. & Singer, T. (2008). I feel how you feel but not always. The empathic brain and its modulation. *Current Opinion in Neurobiology, 18,* 153–158.
Iacoboni, M. & Dapretto, M. (2006). The mirror neuron system and the consequences of its dysfunction. *Nature Reviews Neuroscience, 7,* 942–951.

Krach, S., Cohrs, J. C., de Echeverria Loebell, N. C., Kircher, T., Sommer, J., Jansen, A., Paulus, F. M. (2011). Your flaws are my pain. Linking empathy to vicarious embarrassment. *PLOS ONE 6*, e18675.

LaBar, K. S., Gatenby, J. C., Gore, J., Le Doux, J. E. & Phelps, E. A. (1998). Human amygdala activation during conditioned fear acquisition and extinction. A mixed-trial fMRI study. *Neuron, 20 (5)*, 937–945.

Lamm, C., Decety, J. & Singer, T. (2011). Meta-analytic evidence for common and distinct neural networks associated with directly experienced pain and empathy for pain. *Neuroimage, 54*, 2492–2502.

Masten, C. L., Morelli, S. A. & Eisenberger, N. I. (2011). An fMRI investigation of empathy for 'social pain' and subsequent prosocial behavior. *Neuroimage, 55*, 381–388.

Schultz, W. (2010). Dopamine signals for reward value and risk. Basic and recent data. *Behavioral and Brain Functions, 6 (24)*, 1–7.

Morris, J., Frith, C. D., Perrett, D., Rowland, D., Young, A. W., Calder, A. J. & Dolan, R. J. (1996). A differential neural response in the human amygdala to fearful and happy facial expressions. *Nature, 383*, 812–815.

Olsson, A. & Phelps, E. A. (2004). Learned fear of 'unseen' faces after Pavlovian, observational and instructed fear. *Psychological Science, 15(12)*, 822–828.

Rameson, L. T., Morelli, S. A. & Lieberman, M. D. (2012). The neural correlates of empathy. Experience, automaticity, and prosocial behavior. *Journal of Cognitive Neuroscience 24*, 235–245.

Rizzolatti, G. & Craighero, L. (2004). The mirror-neuron system. *Annual Review of Neuroscience, 27*, 162–177.

Tager-Flusberg, H. (2007). Evaluating the Theory-of-Mind Hypothesis of Autism. *Current Directions in Psychological Science, 16*, 311–315

Weiterführende Literatur

Allport, G. W. (1968). The historical background of modern social psychology. In G. Lindzey & E. Aronson (eds.), *Handbook of Social Psychology* (pp. 3–56). New York: McGraw Hill.

Ward, J. (2012). *The student's guide to social neuroscience*. East Sussex: Psychology Press.

III
Empirische Zugänge

Qualitative Forschung

Günter Mey und Paul Sebastian Ruppel

Zusammenfassung

In diesem Kapitel werden qualitative Erhebungs- und Auswertungsmethoden vorgestellt, die für sozialpsychologische Forschung relevant sind. Beginnend mit einem knappen Überblick über erkenntnistheoretische und methodologische Grundlagen, werden die Besonderheiten qualitativer Forschung bezüglich der Frage nach Design und Fallauswahl herausgestellt. Da qualitative verglichen mit quantitativer Forschung anderen Logiken folgt und mit kleineren Fallzahlen arbeitet, verlangt sie nach einer angemessenen Gesamtrahmung des jeweiligen Forschungsvorhabens. Eigens werden auch Nutzungsmöglichkeiten von Softwareprogrammen für die Unterstützung der qualitativen Datenanalyse sowie Potenziale der Arbeit in Forschungsgruppen behandelt. Der Beitrag schließt mit Fragen nach der Darstellung qualitativer Forschungsergebnisse sowie der Berücksichtigung von Gütekriterien und Forschungsethik.

Einleitung

Qualitative Forschung findet in unterschiedlichen Disziplinen Anwendung, insbesondere in Soziologie und Erziehungswissenschaft, zunehmend aber auch in den Gesundheits-, Technik-, Medien- und Kulturwissenschaften. Im Kontext zum Teil heftiger Kontroversen wurden qualitative Zugänge in der Psychologie lange Zeit an den Rand gedrängt (s. Mruck & Mey 2010), obwohl qualitative Methoden gleich in mehreren Teildisziplinen den Beginn der Forschung geprägt hatten. Auch in der Sozialpsychologie finden sich bedeutsame und traditionsbildende Studien mit qualitativem Ansatz.

© Springer Fachmedien Wiesbaden GmbH, ein Teil von Springer Nature 2018
O. Decker (Hrsg.), *Sozialpsychologie und Sozialtheorie*,
https://doi.org/10.1007/978-3-531-19564-3_14

Bis heute gilt die in den 1930er-Jahren durchgeführte Studie *Die Arbeitslosen von Marienthal* (Jahoda, Lazarsfeld & Zeisel 1933/1975) als Klassiker. Darin ging es um die sozialen, psychologischen und materiellen Folgen von Arbeitslosigkeit. Dies war für die damalige Zeit ein neuartiger Untersuchungsgegenstand, der mit einem Set verschiedener Methoden (teilnehmende Beobachtung, Beobachtung, Interviews, Alltagsgespräche, Zeitanalysen, Tagebuch, Dokumentenanalyse) beforscht wurde. Dadurch konnten vier verschiedene Umgangsweisen mit der Erfahrung der Arbeitslosigkeit herausgearbeitet werden (die „Apathischen", die „Resignierten", die „Verzweifelten" und die „Ungebrochenen"). Die Marienthal-Studie ist ein Paradebeispiel für eine innovative, vornehmlich qualitative Forschungsarbeit und zeichnet sich dadurch aus, dass sie

- ein gesellschaftlich relevantes Problem aufgreift (Problemorientierung),
- eine offene Forschungsfrage lanciert (Offenheit),
- aus diesem offenen Ansatz heraus begründet unterschiedliche Methoden einsetzt (Gegenstandsangemessenheit) und
- mit systematisierten Ergebnissen schließt (Typenbildung) und diese verallgemeinert als Theorie präsentiert (Theorieentwicklung).

Besonders zu würdigen sind das kombinierte Forschungsvorgehen (Triangulation) sowie die heute vermehrt geforderte gleichberechtigte Anwendung und Integration qualitativer und quantitativer Methoden.

Der Verweis auf die Marienthal-Studie soll exemplarisch Einsatzmöglichkeiten und zentrale Ansprüche qualitativer Forschung für sozialpsychologische Fragestellungen kenntlich machen. Daran wird deutlich, dass qualitative Forschung dann angezeigt ist, wenn es auf Grundlage der vorhandenen Theorien nicht möglich ist, eine Forschungsfrage mittels Hypothesenbildung und -prüfung zu beantworten. Insbesondere gesellschaftliche Wandlungsprozesse können neue Phänomene hervorbringen, zu denen noch keine bzw. nur unzureichende Erklärungen vorliegen. Wenn bestehende Theorien keine Gültigkeit mehr beanspruchen können, werden Weiter- oder Neuentwicklungen notwendig.

Darüber hinaus ist ein qualitativer Ansatz immer dann geeignet, wenn

- ein Zugang über standardisierte Forschung nicht möglich ist,
- Untersuchungssituationen möglichst wenig artifiziell anzulegen sind, um den Alltagsbezug zu erhalten,
- die geplante Analyse den Erhalt von Komplexität der zu untersuchenden Forschungsgegenstände voraussetzt oder
- die Bezogenheit auf Einzelfälle im Vordergrund steht.

Theoretisch-methodologische Grundlagen qualitativer Forschung

Theoretische Bezugspunkte

Qualitative Forschung ist ein Sammelbegriff für unterschiedlichste Methoden und Ansätze, die sich einem sinnverstehenden Zugang zu alltagsweltlichen Zusammenhängen widmen. Wichtige theoretische Bezugspunkte stellen hierbei etwa die Hermeneutik, die Phänomenologie und der amerikanische Pragmatismus dar – Paradigmen, die insbesondere im Symbolischen Interaktionismus von George H. Mead und Herbert Blumer sowie kurze Zeit später auch in der Ethnomethodologie von Harold Garfinkel theoretisch und methodisch fruchtbar gemacht wurden. Von besonderer Bedeutung für die Psychologie sind die Psychoanalyse sowie der Soziale Konstruktionismus von Kenneth Gergen, das Forschungsprogramm Subjektive Theorien aus der Gruppe um Norbert Groeben, die Theorie der Sozialen Repräsentationen sensu Serge Moscovici, die Kritische Psychologie in Folge von Klaus Holzkamp oder auch die Arbeiten aus dem Forschungskontext um Heiner Keupp zur „Reflexiven Sozialpsychologie" (vgl. auch Flick, von Kardorff & Steinke 2015a; Mruck & Mey 2005, 2010).

Diese Theoriebezüge verweisen darauf, dass psychische, soziale und kulturelle Wirklichkeiten das Resultat sozialer Konstruktions- und Aushandlungsprozesse sind. Insofern widmet sich qualitative Forschung den subjektiven Sichtweisen und Deutungsmustern der Akteure sowie deren Kommunikation und Interaktion in ihren alltagsweltlichen Zusammenhängen. Auch latente Sinnstrukturen können hierbei Beachtung finden.

In einem Systematisierungsversuch verschiedener Fragestellungen und Forschungsperspektiven stellt Jo Reichertz (2007) heraus, dass qualitative Forschung auf sehr unterschiedlichen paradigmatischen Basisannahmen fußt, ein Set an Erhebungs- und Auswertungsmethoden bereitstellt und sich für verschiedene Themenbereiche eignet (z. B. Biografie, Deutungsmuster, subjektive Theorien, soziale Praktiken, Gruppendynamiken). Unterschieden werden hierbei a) die Rekonstruktion der „Sicht der Subjekte", b) die Beschreibung von „sozialen Milieus" und sozialen Praktiken/Handlungen, c) die Untersuchung von „handlungsleitenden Strukturen" und schließlich d) die (Re-)Konstruktion „historisch und sozial vortypisierter Deutungsarbeit" (s. Abb. 1).

	Sicht des Subjekts („subjektiver Sinn") *primärer Bezugspunkt*: Subjekte und deren Lebensumstände	Deskription sozialen Handelns und sozialer Milieus/ Beschreibung von Prozessen („sozialer Sinn") *primärer Bezugspunkt*: Handlungszusammenhänge von Subjekten	Rekonstruktion/Analyse deutungs- und handlungsgenerierender Strukturen („objektiver Sinn") *primärer Bezugspunkt*: Strukturlogik/implizite Regeln	(Re-)Konstruktion historisch und sozial vortypisierter Deutungsarbeit *primärer Bezugspunkt*: Diskurslogiken
(Erkenntnis-) Ziel	Rekonstruktion subjektiver Sichtweisen/(Leidens-) Erfahrungen und subjektiver Deutung von Erfahrung Dokumentation/Archivierung subjektiver Äußerungen	Rekonstruktion von Lebenswelten bzw. der konstituierenden Regeln sozialen Handelns/von Interaktionsstrukturen	Rekonstruktion der „objektiven" Handlungsbedeutung und Analyse der „Tiefenstruktur" menschlicher Äußerungen	Rekonstruktion der Deutungen in einer historisch und sozial vorgedeuteten, veränderbaren Welt
Basisparadigmen/ theoretischer Rahmen	Symbolischer Interaktionismus Phänomenologie Hermeneutik	Symbolischer Interaktionismus Ethnomethodologie Wissenssoziologie Konstruktivismus Phänomenologie	Psychoanalyse strukturgenetische Ansätze Objektive Hermeneutik	Wissenssoziologie Konstruktivismus Kognitive Linguistik Diskurstheorie
Erhebung	Interviews Tagebücher/paraliterarische Dokumente Film/Fotografie/Video	(teilnehmende) Beobachtung Gruppendiskussion Interviews Dokumentenanalyse Film/Fotografie/Video	Interviews Gruppendiskussion Interaktionen Dokumentenanalyse Film/Fotografie/Video	Interviews Gruppendiskussion Dokumentenanalyse Artefaktanalyse Film/Fotografie/Video
Auswertung	(qualitative) Inhaltsanalyse/ dialogische Hermeneutik/ Forschungsprogramm Subjektive Theorien	theoretisches Kodieren/ Grounded-Theory-Methodologie Fallkontrastierung Dokumentarische Methode Konversationsanalyse	Objektive Hermeneutik Tiefenhermeneutik Narrationsanalyse Diskursanalyse Metaphernanalyse	Diskursanalyse dokumentarische Methode Metaphernanalyse wissenssoziologische Hermeneutik Grounded-Theory-Methodologie
Anwendungsfelder	Biografieforschung/ Oral History etc.	Lebensweltanalysen/ Cultural Studies etc.	Familienforschung Generationenforschung etc.	Diskursforschung Organisationsforschung etc.

Abb. 1 Forschungsperspektiven und idealtypisch zuordenbare „Schulen", Methoden der Erhebung und Auswertung sowie Anwendungsfelder (Synopse nach Mruck & Mey 2005 auf der Basis von Lüders & Reichertz 1986; Flick et al. 2015; Lamnek 2010; hier aktualisiert auf der Basis von Reichertz 2007).

Paradigmatische Gemeinsamkeiten

Jenseits der verschiedenen Bezugstheorien lassen sich für qualitative Ansätze einige „Essentials qualitativer Forschung" benennen. Aus unserer Sicht sind die zentralsten Offenheit, Fremdheit, Kontextualität (Prinzip der Kommunikation) und Reflexivität. Diese für die qualitative Forschung generell bedeutsamen Merkmale sind für die Sozialpsychologie insofern relevant, als sie eine besondere Sensibilisierung für das kommunikative, interaktive und soziale Moment eröffnen. Darüber hinaus helfen sie auch, die besondere Stellung der Sozialpsychologie mit ihrer psychologisch-individuumszentrierten sowie soziologisch-gesellschaftlichen Perspektive zu berücksichtigen.

Das *Prinzip der Offenheit* verweist auf eine Grundhaltung gegenüber den Beforschten und bezieht sich gleichzeitig auf die Gestaltung des gesamten Forschungsprozesses. Insbesondere wird damit gefordert, dass Zusammenhangsannahmen bzw. Hypothesen nicht im Voraus, sondern idealtypisch erst im Zuge des Forschungsprozesses präzisiert bzw. gebildet werden (Hoffmann-Riem 1980). Dies soll gewährleisten, dass die durch die Beforschten geleistete Strukturierung des untersuchten Gegenstandsfeldes in die Theorieentwicklung einfließen kann. Inzwischen wird den Forschenden jedoch ein stärker theoriegeleitetes Vorgehen zugestanden, wobei Offenheit als „Offenlegung" des Vorwissens konsequent umzusetzen ist.

Das *Prinzip der Fremdheit* (zurückgehend auf König 1984) akzentuiert, dass die Wahrnehmungs-, Deutungs- und Ordnungskonzepte der Forschenden nicht vorschnell mit denen der Beforschten gleichgesetzt werden dürfen. Gerade mit Blick auf Untersuchungen in sozialen Milieus, Szenen oder Orten des Alltags ist es daher wichtig, die eigenen Interpretationen zurückzustellen. Dies gilt auch – und sogar noch verstärkt – für die Untersuchung in „Kulturen", die den Forschenden vermeintlich vertraut sind. Ihre Aufgabe ist es, eine Haltung einzunehmen, die sich sowohl gegenüber den angetragenen als auch den eigenen Wissensbeständen „künstlich dumm" (Hitzler 1991) stellt.

Prinzip der Kommunikation/Kontextualität: Da Forschung als Interaktion zwischen allen Beteiligten (Forschenden und Beforschten) verstanden wird, gelten die in der Untersuchungssituation erzeugten Daten als gemeinsame Hervorbringungen. Diese Ko-Konstruktion kann für die Erforschung sozialer Prozesse und Interaktionen genutzt werden und die Forschenden in die Analyse miteinbeziehen. Zudem findet während der Datenanalyse zuweilen ein intensiver kommunikativer Austausch zwischen Forschenden statt, der quasi weitere Daten generiert. Die Beachtung dieser – häufig unberücksichtigten – kommunikativen Gruppenphänomene birgt weiteres Potenzial für sozialpsychologische Herangehensweisen, den Produktionsprozess qualitativer Forschung zu erhellen.

Reflexivität: Eingedenk der genannten Prinzipien sind Forschende angehalten, ihre Arbeitsweise zu reflektieren. Schließlich strukturieren sie mit ihren Interessen und ihrem Vorgehen (z. B. Fragestellung, Wahl der Erhebungs- und Auswertungsstrategien, raum-zeitliche Arrangements) die Untersuchungssituationen. Und es sind die Forschenden – als wahrnehmbare Subjekte/Akteure – selbst, die in Interaktion treten und Reaktionen im Feld hervorrufen. Der Ethnopsychoanalytiker Georges Devereux (1967/1992) spricht hier von dem „Reizwert", den Personen für andere Personen haben; selbstredend ist dieser Reizwert keine feste Einflussgröße, sondern er variiert je nach Person und Situation. Vor diesem Hintergrund ist die Forderung nach einer reflektierten Subjektivität zu verstehen. Allerdings: Dass kontextuelle Faktoren, Wahrnehmungsdifferenzen und die Subjektivität der Forschenden *nicht* als Störvariablen angesehen werden, sondern essenziell sind und für die Analyse genutzt werden sollten, wird im Rahmen qualitativer Programmatik pointiert vertreten. In der qualitativen Forschungspraxis werden jedoch der gemeinsame Konstruktionsprozess und die eigene Involviertheit in die Forschungsarbeit häufig nicht genügend beachtet (s. Mruck & Mey 1996).

Planung und Design qualitativer Studien

Der Planung qualitativer Studien kommt eine hohe Bedeutung zu, da diese oft mit einer – verglichen mit quantitativen Studien – geringen Fallzahl arbeiten. Auch wenn Einzelfallstudien eine Seltenheit sind, kommen Arbeiten mit einer Fallzahl von wenigen Dutzend Teilnehmenden häufig vor. Angesichts des relativ hohen Aufwands sind im Rahmen von Qualifikationsarbeiten (BA-/MA-Theses) die Fallzahlen oftmals einstellig. Damit sich Aussagen aber dennoch verallgemeinern lassen, kommt der Stichprobenbildung bzw. Fallauswahl (Sampling) besonders hohe Aufmerksamkeit zu. Durchgesetzt hat sich das Vorgehen einer absichtsvollen Stichprobenbildung (*Purposive Sampling*).

Theoretical Sampling

Als prominente Vorgehensweise bei der Stichprobenbildung – und Spezialfall des Purposive Sampling – ist das *Theoretical Sampling* zu nennen, das der Grounded-Theory-Methodologie (Glaser & Strauss 1967/2010) entstammt. Dabei handelt es sich um ein sogenanntes iteratives Vorgehen, bei dem sich Datenerhebung und -auswertung ständig abwechseln. Die Auswahl der jeweils nächsten Daten erfolgt dabei nicht als theoriegesteuerte und im Vorfeld definierte Top-down-Strategie, sondern als datengesteuerter Bottom-up-Prozess, in dem die spezifischen Kriterien zur fortlaufenden Fallauswahl auf Grundlage der Analyse des bis zum jeweiligen Zeitpunkt erhobenen Datenmaterials sukzessive im Hinblick auf die zu entwickelnde Theorie präzisiert werden. Anhand einer Auswahl *minimaler* und *maximaler Vergleiche* gilt es, die bestmögliche Verdichtung bzw. Variation für den interessierenden Gegenstandsbereich schrittweise auszuloten. Eine auf Everett C. Hughes (1970, S. 316) zurückgehende Frage mag diese vergleichende Kontrastierung verdeutlichen: *Was haben ein Priester und eine Prostituierte gemeinsam?* Die Antwort könnte lauten: *Beide hören sie Beichten im Privaten, Außenstehende empfinden ihre Arbeit als etwas mysteriös.* Im Zuge weiterer Kontrastbildung ließe sich fragen: *Was hat ein Psychotherapeut mit beiden gemeinsam?* Wichtig ist hierbei erstens, die Auswahlkriterien für die jeweils nächste Fallauswahl explizit zu machen und die nächste Stichprobe nicht ad hoc zu bilden, und zweitens, der Gefahr zu begegnen, nur bestätigende Fälle zu suchen, indem (potenziell) abweichende Fälle bewusst miteinbezogen werden. Abgeschlossen wird diese Iteration von Datenerhebung und -analyse, wenn weitere Daten keinen wesentlichen Erkenntnisgewinn mehr erwarten lassen. Im Sprachgebrauch der Grounded-Theory-Methodologie wird hier von *theoretischer Sättigung* gesprochen.

Mittlerweile finden sich verschiedene Vorschläge, bei denen datengesteuerte Buttom-up- mit theoriegesteuerten Top-down-Strategien kombiniert werden (Scheier 2017). Inwieweit eine solche Kombination angebracht ist, hängt stark vom Kenntnisstand bei Untersuchungsbeginn ab: Je höher die Feldkenntnis, desto eher lassen sich Kriterien vorab festlegen.

Triangulation und Mixed Methods

Zur Studienplanung gehört auch die Frage, inwieweit sie auf einen oder mehrere methodische Zugänge ausgerichtet ist und wie diese *begründet* aufeinander bezogen werden können. Diese Kombination von methodischen Zugängen wird als *Triangulation* bezeichnet. Von Norman K. Denzin eingeführt, um die verschiedenen Ergebnisse wechselseitig zu prüfen, gilt die Triangulation heute als Möglichkeit, Erkenntnisse aus mehreren Perspektiven zu erlangen, sie aufeinander zu beziehen und zu differenzieren (Flick 2011). Unterschieden werden hierbei Daten-, Forschenden-, Theorien- und Methoden-Triangulation.

Daten-Triangulation meint dabei die Verwendung von Daten aus unterschiedlichen Zeiten, von verschiedenen Orten, Personen oder aus diversen Quellen, um eine Vergleichsbasis zu schaffen. Die *Forschenden-Triangulation* bezieht sich auf den Umstand, dass die Erhebung und Auswertung von mehr als einer Person ausgeführt wird. Bei der *Theorien-Triangulation erfolgt die* Analyse unter Hinzuziehung verschiedener Theorien oder Ansätze. Bei der *Methoden-* bzw. *methodologischen Triangulation* kommen unterschiedliche Verfahrenselemente zum Einsatz, wobei hier zwischen *Within-method* (Kombination ähnlicher Methoden) und *Between-method* (Anwendung divergierender Methoden) unterschieden wird. Bei letzterer wird häufig auf qualitative und quantitative Verfahren zurückgegriffen.

Die eingangs erwähnte Studie zu den *Arbeitslosen von Marienthal* steht für eine Between-method-Triangulation. Als Beispiel einer Within-method-Triangulation sei auf die Arbeiten aus dem Münchener Arbeitskreis der „Reflexiven Sozialpsychologie" hingewiesen. In einer Studie zu Identitätskonstruktionen griffen die Forschenden bei ihren Interviews auf einzelne methodische Elemente zurück, um „Identitäten zum Sprechen zu bringen" (Kraus 2000): eine Netzwerkkarte, ein soziografischer Fragebogen, ein Life-Event-Fragebogen, Bildvorlagen und die Aufforderung zu einer Selbsterzählung.

Für die Kombination qualitativer und quantitativer Methoden hat sich der Begriff *Mixed Methods* durchgesetzt. Im angelsächsischen Raum wird bereits vom dritten Forschungsparadigma neben dem quantitativen und dem qualitativen gesprochen. Abhängig von der Fragestellung werden die passenden Kombinationsmodelle ausgewählt (Kuckartz 2014; Lippe, Mey & Frommer 2011).

Sekundäranalyse

Auf der Forschungsagenda qualitativer Methodik ist die *Sekundäranalyse* relativ neu. Vorliegende Daten (sogenannte Primärdaten) werden hier einer wiederholten Analyse unterzogen (s. Medjedović & Witzel 2010). Sekundäranalysen setzen jedoch voraus, dass Daten zur weiteren Nutzung verfügbar gemacht werden, insbesondere durch Datenarchive. Neben dem Datensatz sind für die Analyse auch sogenannte Metadaten (Angaben zu Forschungskontext und Erhebungssituation) erforderlich.

Im Anschluss an Janet Heaton (2004) wird zwischen drei Analyseformen unterschieden: Die Datenauswertung erfolgt 1) unter einer neuen Forschungsperspektive *(supra analysis)*, 2) entlang von Fragestellungen, die erst im Nachgang relevant geworden sind *(supplementary analysis),* und 3) anhand der erneuten Analyse mit gleichbleibender Fragestellung, die das vorrangige Ziel verfolgt, alternative Sichtweisen am Material zu entwickeln *(re-analysis).* Sekundäranalysen können an einem einzelnen Datensatz oder an Datensätzen aus verschiedenen Studien *(amplified analysis)* durchgeführt werden. Zudem lassen sie sich mit der Erhebung neuer Daten kombinieren *(assorted analysis)*.

Partizipative Ansätze

Auch die Partizipation – also inwieweit die Beforschten als Mitforschende aktiver Teil der Untersuchung werden können – ist eine Planungsfrage. Zwar zeichnet sich qualitative Forschung durch ein „Subjekt"-Verständnis aus, das die Beforschten als selbstreflexiv versteht und an deren Alltagswelt und -handeln interessiert ist, aber sie wird in ihrer Anlage häufig „traditionell" konzipiert, das heißt mit einer strikten Trennung zwischen Forschenden und Beforschten. *Partizipative Forschung*, die vor allem auf der von Kurt Lewin geprägten Handlungsforschung bzw. *Action Research* gründet, hinterfragt dagegen diese Trennung und versucht, sie aufzulösen, sodass Beteiligung unterschiedlich stark zum Tragen kommt: So kann zum Beispiel die Forschungsfrage zwischen Forschenden und Beforschten bzw. Mitforschenden ausgehandelt werden. Die Partizipation kann aber auch auf die kooperative Gestaltung des gesamten Forschungsprozesses ausgeweitet werden, dessen Ablauf und (Zwischen-)Ergebnisse alle Beteiligten gemeinsam strukturieren und präsentieren (s. von Unger 2014).

Qualitative Erhebungsmethoden

In der qualitativen Sozialforschung haben sich einige prominente Methoden zur Datenerhebung herausgebildet, von denen die unterschiedlichen Interview-, Gruppendiskussions- und Beobachtungsverfahren am häufigsten verwendet werden. Daneben existiert eine Fülle weiterer Methoden, die sich für die Bearbeitung diverser Forschungsfragen etabliert haben und im Folgenden ebenfalls vorgestellt werden sollen.

Allgemein gilt, dass die Wahl der Erhebungsmethoden keinesfalls vorschnell und losgelöst von der Betrachtung des Forschungsvorhabens als Ganzes getroffen werden sollte, für das sie zwangsläufig folgenreich ist. Insofern gilt es, den theoretischen Hintergrund und das spezifische Gegenstandsverständnis kenntlich zu machen. Daneben muss das Verhältnis zwischen den zu generierenden Daten und den Auswertungsmethoden abgestimmt werden. Dabei sollte das bestehende Methodenangebot nicht als Werkzeugkasten missverstanden werden, aus dem sich stets passgenau bedient werden könnte. Es gilt das Primat des Gegenstandes (Gegenstandsangemessenheit) und damit auch das Credo, dass Methodenanwendung auch immer Methodenentwicklung sein kann oder muss. Qualitativ Forschende sind daher angehalten, in der Auseinandersetzung mit dem Forschungsgegenstand bei Bedarf methodische Modifikationen vorzunehmen und diese nachvollziehbar darzustellen.

Interviews

Wie in der interdisziplinär ausgerichteten qualitativen Forschung insgesamt sind auch in allen psychologischen Teildisziplinen *Interviews* die häufigste Erhebungsmethode. Dies überrascht kaum, wirft man einen Blick auf sozialpsychologische Themen wie Meinungen, Einstellungen, Selbst- und Fremddeutungen und Alltagstheorien. Durch Interviews wird es möglich, Erzählungen, Beschreibungen, Erklärungen, Argumentationen, Begründungen, Rechtfertigungen, Überzeugungen sowie Nennungen von Fakten oder hypothetischen Annahmen zu erfassen.

Die Fülle an vorliegenden Interviews (s. z. B. Mey & Mruck 2011) lässt sich danach unterscheiden,

- in welchem Maße sie strukturiert sind – von offen über halbstrukturiert bis strukturiert – und damit den Gestaltungsspielraum der Interviewenden festlegen und die Antwortmöglichkeiten der Interviewten rahmen,
- auf welche Darstellungsform sie insbesondere zielen: zum Beispiel Erzählungen, Sachverhaltsdarstellungen/Berichte, Meinungen und
- ob sie eher dialogisch-diskursiv oder rezeptiv ausgerichtet sind (also entweder einem Alltagsgespräch näherkommen und die Interviewenden gestaltend eingreifen oder diese sehr zurückhaltend agieren).

Interviewverfahren im Überblick

1. Narratives Interview

Im deutschsprachigen Raum ist das *narrative Interview* besonders bekannt, das der Soziologe Fritz Schütze in den 1970er-Jahren zur Erforschung kommunaler Entscheidungs- und Machtstrukturen entwickelt hat und das später als narrativ-biografisches Interview (Schütze 1983) zu dem prominentesten Verfahren der Biografieforschung avancierte. Dieses Verfahren zielt darauf ab, Erzählungen anzuregen. Dadurch wird den Interviewten ermöglicht, ihre Handlungsweisen in ihren zeitlichen Verläufen, sozialen sowie wahrnehmungs-, einstellungs- und wertbezogenen Dynamiken zu entfalten.

Schütze schlägt für das narrativ-biografische Interview drei Hauptteile vor:

- Einer eröffnenden, erzählgenerierend angelegten Frage, die auf die gesamte Lebensgeschichte oder spezifische Aspekte und/oder Zeiträume abhebt, folgt im ersten Hauptteil die „biografische Stehgreiferzählung". Diese soll vom Interviewenden nicht unterbrochen werden.
- Im Anschluss daran stellt der/die Interviewende Nachfragen, die an die Anfangserzählung anschließen *(immanente Nachfragen)* und ebenfalls erzählgenerierend angelegt sind.
- Der letzte Teil basiert auf der „Aufforderung zur abstrahierenden Beschreibung von Zuständen, immer wiederkehrenden Abläufen und systematischen Zusammenhängen" (Schütze 1983, S. 285) sowie Warum-Fragen. Die Interviewten können hierbei in der Beantwortung argumentative, erklärende und verallgemeinernde Dimensionen entfalten und sich damit selbst theoretisieren.

2. Problemzentriertes Interview

Innerhalb der Psychologie ist das *problemzentrierte Interview* (PZI), das in den 1980er-Jahren von Andreas Witzel in Auseinandersetzung mit und in partieller Abgrenzung zum narrativen Interview konzipiert wurde (Witzel 2000), fast noch bedeutsamer. In seine Anlage gehen zwar methodologische Überlegungen zum narrativen Interview mit ein, aber die Interviewsituation wird viel deutlicher als ein dialogisches Geschehen verstanden. Interviewende sind für Witzel weit mehr als nur zuhörende Gegenüber. Sie sind Ko-Konstrukteure, die die Situation aktiv mitgestalten.

Das PZI zeichnet sich dadurch aus, dass es anders als das narrative Interview keine „idealtypisch" gedachte und forcierte Abfolge der Gesprächssituation vorgibt, sondern dass es – dem Gesprächsverlauf folgend – verschiedene Interviewelemente greifen können. Unterschieden werden:

- Eine offene Einstiegsfrage, die nicht zwingend narrativ angelegt sein muss: Eine von dem/der Forschenden identifizierte, relevante soziale Problemstellung bildet hierbei den Ausgangspunkt. Diese Problemzentrierung ist für das Verfahren namensgebend.
- Materialgenerierende Nachfragen: zum Beispiel „Wie war das genau?"
- Verständnisgenerierende Nachfragen: Dazu gehören die Zurückspiegelung zur kommunikativen Validierung, Verständnisfragen zur Klärung möglicher Widersprüche sowie die Konfrontation zur weiteren Förderung von Detaillierungen.

- Ad-hoc-Fragen, die einem flexibel einsetzbaren Leitfaden entnommen werden können.
- Daneben kann ein Kurzfragebogen eingesetzt werden, um die Erhebung ergänzender bzw. soziodemografischer Daten aus dem Interview auszulagern.

3. Weitere Interviewformen

Neben diesen beiden Interviewformen, die für ein breites Themenspektrum zum Einsatz kommen, finden sich weitere Interviewvarianten. Exemplarisch angeführt werden sollen einige, die dem problemzentrierten Interview ähneln, aber etwas anders akzentuiert sind. So beansprucht Uwe Flick (2007) für das von ihm eingeführte *episodische Interview* eine systematischere Verknüpfung von Textsorten, um narrativ-episodisches Wissen über Erzählungen und semantisch-konzeptuelles Wissen über konkret-zielgerichtete Fragen zugänglich zu machen. Mit dem *themenzentrierten Interview* ist für Ariane Schorn (Schorn & Mey 2005) bei allen bestehenden Parallelen zum PZI ein anderes Erkenntnisinteresse verbunden, da es über die Erhebung subjektiver und manifester Sinnbezüge hinaus auch „abgewehrte" und latente Sinngehalte zu berücksichtigen sucht.

Zum Grundbestand qualitativer Interviews zählt zudem das *Experteninterview* (Meuser & Nagel 1991; Gläser & Laudel 2010), bei dem es nicht um das biografische oder Alltagswissen geht, sondern um das Spezialwissen eines für das Verfahren namensgebenden Adressatenkreises (im angelsächsischen Raum wird auch von *elite interviewing* gesprochen).

Als die „Urfassung" aller qualitativen Interviews gilt das *fokussierte Interview* (Merton & Kendall 1946/1979), da hier erstmals die Fragetechnik systematisiert wurde. Als Einstieg wurde vorgeschlagen, Reizmaterial darzubieten (zumeist Filme oder Zeitungskommentare, aber auch anderes Text-, Bild- und/oder Tonmaterial), um dann den Gegenstandsbereich ausführlich zu explorieren. Die Interviewfragen sollten dabei folgende Ebenen berücksichtigen:

- *Spezifität*, um über die Ebene allgemein gehaltener Aussagen hinauszugehen
- *Erfassung der relevanten Aspekte/Themen*, die von den Interviewenden „vorgegeben" und von den Interviewten „eingebracht" werden
- *affektive, kognitive und evaluative Vertiefung*, um über „kürzelhafte" Benennungen hinauszukommen
- *Exploration des biografischen Hintergrundes* als Voraussetzung für eine angemessene Interpretation

Interviewleitfäden

In vielen Interviews, zum Teil auch in Gruppendiskussionen, werden Leitfäden verwendet. Sie müssen in Hinblick auf die Forschungsfrage jeweils neu entwickelt werden, da es in der Regel nicht möglich ist, auf vorhandene Leitfäden aus ähnlichen Forschungskontexten zurückzugreifen.

Die Güte eines Interviews hängt primär von seiner Durchführung ab und nicht von der Gestaltung des zugrunde liegenden Leitfadens. Allerdings stellt dieser ein entscheidendes Verbindungsglied zwischen Forschungsfrage, Datenerhebung und Auswertung dar, denn seine Konstruktion setzt die gedankliche Vorwegnahme des Interviews voraus und bietet die Möglichkeit, vorab erwünschte Rahmungen, thematische Schwerpunkte oder auch Antwortformen zu planen. (Eine anschauliche Darstellung einer Typisierung von Interviewfragen – differenziert nach Inhalt, Gegenstandsverständnis, Antwortoptionen und Steuerungsfunktion – geben Gläser & Laudel 2010.) Derlei Rahmung kann jedoch leicht zulasten der subjektiven Relevanzsetzungen und Orientierungen der Interviewten gehen. Damit wird das Prinzip der Offenheit schnell verletzt, was möglichst vermieden werden sollte.

Jochen Gläser & Grit Laudel (2010) schlagen vor, dass ein *Interviewleitfaden* nicht mehr als zwei Seiten mit etwa 8 bis 15 Fragen umfasst, die übersichtlich sortiert und in Themenblöcke untergliedert sein sollten. Es gibt jedoch unterschiedliche Ansichten über die Form der Fragen im Leitfaden. Während sich Helfferich (2011) für Stichworte ausspricht, plädieren Gläser & Laudel für ausformulierte Fragen. Das entscheidende Kriterium ist hier die Präferenz der Interviewenden: Einige bevorzugen Stichworte, da vorformulierte Fragen weniger flexibel sind, was das Artikulieren und Positionieren im Interviewablauf angeht; anderen geben ausformulierte Fragen mehr Sicherheit. Wie die Entscheidung auch ausfällt, Leitfäden sind nicht als ein korsettartiges Fragenset misszuverstehen, das lediglich „abgearbeitet" werden müsse. Leitfäden dienen vielmehr als Orientierung für die Gestaltung des Gesprächs. Auch im Vorfeld bieten sie Hilfe bei der Entwicklung, um das eigene Wissen zu organisieren sowie Vorannahmen offenzulegen und in der Forschungsgruppe zu diskutieren; auch können sie von beforschten Institutionen zur Einsicht und Bewilligung erbeten werden.

Die eigentliche *Leitfadenentwicklung* erfolgt schrittweise. Ein instruktiver Vorschlag stammt von Cornelia Helfferich (2011), die das Vorgehen SPSS nennt (ein Akronym für Sammeln, Prüfen, Sortieren, Subsumieren – nicht zu verwechseln mit der in der quantitativen Forschung häufig genutzten Statistik- und Analyse-Software).

S   Demnach werden zunächst – am besten im Team – möglichst viele und unterschiedliche zum Forschungsthema gehörige Fragen gesammelt. Sofern

Fragenkataloge aus verwandten Studien vorliegen, können diese – eine entsprechende Kennzeichnung vorausgesetzt – herangezogen werden und in den Fragenpool eingehen.

P Die sich daran anschließende Prüfung bezieht sich insbesondere darauf, ob die Fragen im Dienste der Forschungsfrage stehen („Prüfung auf Gegenstandsangemessenheit"), ob sie die Befragten einladen, frei zu erzählen („Prüfung auf Offenheit") oder ob sie die Antwortmöglichkeiten unnötig und teilweise ungewollt begrenzen („Prüfung auf Herantragen impliziter Erwartungen"). Selbstredend muss geklärt werden, ob es überhaupt möglich ist, die Fragen zu beantworten.

S Die Sortierung der Fragen erfolgt teilweise bereits im Zuge des Prüfdurchgangs. Am Ende gilt es, Themenblöcke zu bilden, die das Forschungsfeld ausreichend abdecken. Zuweilen kann die Sortierung auch zeitlich erfolgen, oder die zeitliche Dimension kann zusätzlich zu den jeweiligen Themenbereichen ein weiteres Ordnungsmerkmal bilden.

S Beim Subsumieren ist der Leitfaden so zu verdichten, dass er möglichst sparsam ist, d. h. idealerweise eine sehr offen formulierte Einstiegsfrage und für jeden Themenblock konkrete Nach- sowie gegebenenfalls Aufrechterhaltungs- und Steuerungsfragen enthält, mit denen die wichtigsten Aspekte abgedeckt sind.

Zuletzt sei darauf hingewiesen, dass abgeschlossene Leitfadenentwicklungsarbeit nicht bedeuten muss, dass ab diesem Zeitpunkt keine Modifikationen mehr vorgenommen werden. Bei Bedarf gilt es, den Leitfaden für weitere Interviews anzupassen, abhängig zum Beispiel von der zu interviewenden Person, antizipierten Umständen der Durchführung oder der Phase des Forschungsprozesses. Weitere Anpassungen können bei Bedarf auch bei der Durchführung ad hoc erfolgen. Insofern dürfte es für manche Forschungsprojekte zutreffender sein, vom Leitfaden im Plural zu sprechen.

Gruppendiskussion

Eine wichtige Methode zur Erfassung von Gruppenprozessen sind in der Sozialpsychologie *Gruppendiskussionen*. Sie wurden in Deutschland insbesondere durch die Arbeiten von Friedrich Pollock und Werner Mangold am Frankfurter Institut für Sozialforschung prominent, fanden in der Forschungspraxis aber lange Zeit nur wenig Aufmerksamkeit. In der qualitativen Forschung werden sie erst seit wenigen Jahren intensiver genutzt, methodisch/methodologisch weiterentwickelt und theoretisch fundiert (s. Bohnsack, Przyborski & Schäffer 2010). Insbesondere die psychoanalytisch sowie wissenssoziologisch orientierten Arbeiten aus dem Umfeld von Leithäuser & Volmerg sowie von Bohnsack trugen dazu bei, dass sich die Methode der Gruppendiskussion zunehmend etabliert. Zuvor waren Gruppendiskussionen in ihrem spezifischen Potenzial oft unterschätzt worden, da sie lediglich als effiziente Technik angesehen wurden, mit welcher verschiedene Meinungen zeit- und ressourcenschonend erhoben werden konnten (s. Lamnek 2005).

Gruppendiskussionen zielen auf den Austausch über bzw. die Erörterung eines vorgegebenen Themas. Die Diskussionen werden in aller Regel mit einem „Grundreiz" oder „Erzählstimulus" eröffnet. Das kann eine Themenvorgabe, eine offene Frage, ein provozierendes Statement oder vorgegebenes Material sein, wie beispielsweise ein Film oder ein Zeitungsbericht. Idealtypisch kommt es dann zur „Selbstläufigkeit", d. h. zu einer Diskussion unter den Teilnehmenden, die von den Leitenden nicht erneut angestoßen werden muss. Die Gruppen können dabei in Bezug auf Alter, Status, Geschlecht, soziale Orientierungen bzw. Praxen oder Erfahrungshorizonte heterogen oder homogen zusammengesetzt sein. Auch können sie real existieren (wie eine Gruppe von Skinheads) oder mit Blick auf die Forschungsfrage „künstlich" arrangiert sein (Lehrkräfte unterschiedlicher Schulen). Entsprechend zeichnen sie sich durch einen unterschiedlichen Grad des Zusammenhalts aus, der zum Beispiel bei Familien oder langjährigen „Cliquen" ausgeprägter ausfallen mag als bei sich ad hoc formierenden Gruppen. Zu den Besonderheiten von Gruppendiskussionen zählt, dass der Adressat immer die Gruppe ist. Insofern wird die Frage stets in den Raum gestellt, und selbst wenn einige der Teilnehmenden „schweigen", sollten sie nicht direkt angesprochen werden (s. Lamnek 2005).

Beobachtung und Ethnografie

In der psychologischen Forschung findet auch die Methode der *Beobachtung* häufig Anwendung. Neben Interviews zählt sie zu den selbstverständlich eingesetzten und ausgearbeiteten Erhebungsmethoden. In der Sozialpsychologie finden sich viele klassische Studien, die die Beobachtung nutzen, um soziales Verhalten „live" zu erfassen. Die eingangs angeführte Marienthal-Studie ist eine davon, ebenso die Studie *When Prophecy Fails*, die als Meilenstein in der Entwicklung der Dissonanztheorie gilt (Festinger, Riecken & Schachter 1956).

Die Beobachtung kann auf unterschiedlichste Weise genutzt werden: in natürlichen oder künstlichen Settings, teilnehmend oder nicht-teilnehmend, offen oder verdeckt, unvermittelt oder vermittelt, unstrukturiert oder strukturiert und als Fremd- oder auch Selbstbeobachtung (s. Kochinka 2010). Innerhalb der qualitativen Forschung ist die *teilnehmende Beobachtung* ein besonders ertragreicher Ansatz.

Etwas weiter gefasst, wird sie auch als *ethnografisches Arbeiten* bezeichnet. Ein Beispiel hierfür ist die Studie *Street Corner Society* (Whyte 1943/1996), die aufgrund ihres Fokus auf Gruppenprozesse und Ingroup-Outgroup-Phänomene sozialpsychologisch und qualitativ-methodisch wegweisend ist. In dieser Forschungsarbeit zur „Sozialstruktur eines Italienerviertels" wurde untersucht, wie sich Jugendliche mit Migrationshintergrund in einer ihnen neuen Kultur organisieren und ihre soziale Identität herstellen.

Ethnografie bzw. teilnehmende Beobachtung zielt auf eine umfassende Datensammlung, die „reine" Beobachtungsdaten mit Erkenntnissen aus Gesprächen, dem Dabeisein und dem eigenen Erleben zusammenfügt. Ebenso gehen Dokumente, die im Feld vorgefunden wurden, in die Analyse ein. Die Arbeiten von Ronald Girtler zum „Rotlichtmilieu" oder in „Siebenbürgen" beispielsweise basieren auf monatelanger Teilhabe und haben die Feldforschung entscheidend mitgeprägt (s. Girtler 2001).

Erkenntnisse werden auch durch den Versuch eröffnet, in Aufzeichnungen festzuhalten, wie das Feld auf die Forschenden reagiert, d. h., wie es ihnen Zugang eröffnet, sie ausschließt oder mit ihnen interagiert. Dieses Aufzeichnen wird als *ethnografisches Protokollieren* bezeichnet. Die Prinzipien der Kommunikation und der Fremdheit kommen dabei besonders zum Tragen und erfordern ein hohes Maß an Reflexion über das Forschungshandeln, die forschende Person selbst und ihre im Feld eingenommenen bzw. zugeschriebenen Rollen. Im Zuge der teilnehmenden Beobachtungen wird die Frage von Nähe-Distanz problematisiert. Ein prominenter Begriff ist hier „going native", der ein Phänomen bezeichnet, das bei längeren Feldaufenthalten mitunter auftritt. Die Forschenden verlieren dann zunehmend die Außenperspektive, übernehmen die Sicht- und Handlungsweisen der Personen vor Ort und werden zu Gruppenmitgliedern. Ebenso wird diskutiert, inwieweit in Beobachtungsprotokollen mehr über die Konstruktionsleistung der Forschenden als über die Handlungen der im Feld Beobachteten zu erfahren ist.

Die während der Beobachtung oder ethnografischen Arbeit anfallenden Daten können unterschiedlich stark strukturiert festgehalten werden. Neben diversen Formen der Verfertigung von Beobachtungsprotokollen, -bögen und -schemata während oder kurz nach einer Feld- bzw. Beobachtungsphase empfiehlt sich gerade im Rahmen ethnografischer Studien ein *Forschungstagebuch.* Damit können die eigene Rolle reflektiert, der Forschungsprozess dokumentiert und Herausforderungen wie die Reaktivität des Feldes beleuchtet werden. Nicht wenige Feldforschende haben darauf aufmerksam gemacht, dass die Dauer der Protokollerstellung die Beobachtungszeit um ein Vielfaches übersteigt. Zudem sehen sich Beobachtungs- bzw. ethnografische Studien, speziell wenn sie verdeckt oder teilverdeckt durchgeführt werden, in besonderer Weise mit ethischen Fragen konfrontiert, für die situative und generelle Antworten gefunden werden müssen.

Videografie

Sowohl im Zuge von Feldaufenthalten als auch im Rahmen von Beobachtungsstudien wird zunehmend die videogestützte Aufzeichnung eingesetzt. Dabei wird im weiteren Sinne von *Videografie* gesprochen (Tuma, Schnettler & Knoblauch 2013); für besondere Vorgehensweisen wird der Begriff aber auch weiter präzisiert, etwa bei der *Kameraethnografie* (Mohn 2002). Diese Filme, die von den Forschenden produziert werden, unterscheiden sich von Videoanalysen, die sich auf Videos konzentrieren, die nicht von den Forschenden erstellt wurden, mitunter aber von den Beforschten, wie beispielsweise Filme von Festen oder Events. Aufgrund der leichten Zugänglichkeit zur Videotechnik werden Alltagssituationen heute mit großer Selbstverständlichkeit aufgenommen. Die Vorteile von Videoaufzeichnung liegen vornehmlich in der Wiederholbarkeit; auch können Sequenzen zum Beispiel zur Einzelbildanalyse von Interaktionen separat abgespielt werden. Allerdings sollten die Limitationen, die mit der Nutzung von Videos einhergehen, nicht unterschätzt werden. Dies sind insbesondere der eingeschränkte Blickwinkel, der als „Tunnelblick" zum Verkennen von Situationslogiken führen kann, sowie die fehlende Leibgebundenheit der Wahrnehmung. Videos garantieren daher nicht per se umfassendere oder detailreichere Daten als etwa ethnografische Protokolle, und die Wahl des Einsatzes von Videografie ist somit nur entlang des Forschungsinteresses zu bestimmen.

Netnography und Online-Research

Bei der Erforschung von Medienwelten wird besonders deutlich, wie sich sozialwissenschaftliche Gegenstände und methodisch-technische Zugänge wechselseitig bedingen. Mit der Zunahme von Netzkommunikation und virtuellen Gemeinschaften lassen sich zum Teil neue Forschungsfragen auf sozialpsychologische Sachverhalte anwenden. Eine *Sozialpsychologie des Internet* (Döring 2003) erfordert hierbei methodisch innovative Zugänge, und für Formen des „Im-Netz-Dabeiseins" von Forschenden wurde eigens der Begriff *Netnography* (Kozinets 2015) geprägt.

Die Ausdehnung der neuen Medien macht diese auch für die Umsetzung der Forschungsarbeiten interessant. Die neuen Medien sind einerseits „Gegenstand" der Untersuchung, andererseits liefern sie auch das Equipment: Während Interviews per Telefon längst selbstverständlich sind, etablieren sich nun synchron und asynchron gestaltete E-Interviews und Gruppendiskussionen in virtuellen Räumen.

Qualitative Experimente

Das Experiment als für psychologische Fragenstellungen zentrales Verfahren hat auch für die Sozialpsychologie eine besondere Relevanz. Die Klassiker – das Milgram-Experiment und das Stanford-Prison-Experiment – fanden über die Grenzen der Disziplin hinaus Beachtung. In diesem Zusammenhang sind auch die auf Lewin zurückgehenden Arbeiten zu Führungsstilen oder Muzafer Sherifs Feldexperimente zu Gruppenkonflikten von Bedeutung. All diese Experimente lassen sich durchaus qualitativ „lesen" (Gudehus, Keller & Welzer 2010).

Weniger bekannt sind die Überlegungen von Gerhard Kleining, der vor dem Hintergrund der von ihm entwickelten „Qualitativen Heuristik" (2018) das qualitative Experiment systematisiert hat. Im Unterschied zum quantitativen stehen beim *qualitativen Experiment* weder die Hypothesenprüfung noch die Herstellung starrer Experimentalbedingungen im Vordergrund. Vielmehr zeichnet es sich durch eine Suchbewegung aus, die während der Durchführung Einfluss nimmt, die modifizierbar und entdeckend ist und große Alltagsnähe aufweist. Die „Eingriffe" können im Rahmen qualitativer Experimente sowohl physisch-materielle Modifikationen sein, als auch in Form von Gedankenexperimenten vorgenommen werden. Exemplarisch für qualitative Experimente, die für sozialpsychologische Herangehensweisen thematisch anschlussfähige sind, soll hier Kleinings (1994) Untersuchung zu Vorurteilen genannt sein.

Selbstberichte

Die Ansätze, bei denen sich die Forschenden selbst zum Gegenstand der Untersuchung machen, spitzen ein herausragendes Moment qualitativer Forschung zu: die Einbeziehung der Forschenden. Ihre Perspektive verbindet sich mit der *Introspektion*, die in der Frühphase der Psychologiegeschichte zum gängigen Methodenrepertoire gehörte und aktuell insbesondere von der „Forschungswerkstatt Introspektion" als „Dialogische Introspektion" wieder aufgegriffen und systematisiert wird (Burkart, Kleining & Witt 2010). Der wissenschaftliche Zugang zur Introspektion gilt dem Wiedererinnern von Erlebnissen und Ereignissen. Dazu schreiben die Mitglieder der Forschungsgruppe zunächst einzeln und so detailliert wie möglich ihre Erinnerungen auf, stellen sich ihre Notizen gegenseitig vor und erweitern und präzisieren zum Schluss nochmals schriftlich das Präsentierte.

Ein zweiter Ansatz, der mit Selbstberichten arbeitet, ist die besonders in den USA verbreitete *Autoethnografie* (Ellis 2004), die Momente von Autobiografie und Ethnografie enthält. Wie in einem schriftlichen Selbst-Interview legen die

Forschenden eigene Erlebnisse, Erfahrungen und Verarbeitungsformen zum Untersuchungsbereich ausführlich dar. Die Beschreibung allein ist jedoch nicht das Ziel der Autoethnografie. Vielmehr geht es um die Erweiterung der Perspektive über die rein persönliche Ebene hinaus zu verallgemeinerbaren soziokulturellen Prozessen.

Fixierung der Daten

Damit qualitative Daten für die spätere Analyse genutzt werden können, müssen sie fixiert werden. Dies kann durch Niederschriften – wie bei der Introspektion bzw. Autoethnografie – oder durch Protokolle aus Beobachtungen bzw. Ethnografie geschehen. Von Erhebungen, die audio- oder videoaufgezeichnet wurden – Interviews, Gruppendiskussionen, Feldgespräche –, werden in der Regel sogenannte Transkripte angefertigt.

Mittlerweile liegen etliche Vorschläge zur *Transkription* vor (vgl. Kowal & O'Connell 2015; s.a. Dresing & Pehl 2018). Sie reichen von „Standardorthografie" (Überführung gemäß den Normen geschriebener Sprache) über „literarische Umschrift" (nahe am Gehörten, z. B. Auslassungen von Lauten wie etwa „stehn" statt „stehen" und Berücksichtigung von Dialekten) bis zu „phonetischer Umschrift" gemäß eines Vorgabenkatalogs (z. B. [ste:n] statt stehn).

Die Entscheidung über die adäquate Transkription sollte anhand der Forschungsfrage und der geplanten Auswertungsschritte getroffen werden: Eine an der Schriftsprache orientierte „einfache" Transkription empfiehlt sich, wenn die Analyseebene insbesondere darauf abhebt, *was* gesagt wurde (manifester Inhalt). Interessiert daneben oder primär, *wie* etwas gesagt wurde (z. B. kommunikativ-interaktionale Aspekte) oder *warum* es gesagt wurde (latenter Sinn), sind komplexere Verschriftlichungen zweckmäßig.

Im Zuge der Transkription sind weitere Entscheidungen zu treffen, zum Beispiel ob vollständig oder in Auszügen transkribiert wird und wie ausführlich die Transkripte gestaltet werden, also ob neben dem Gesprochenen auch parasprachliche Merkmale wie Lachen oder prosodische wie Pausen, Betonungen oder Dehnungen berücksichtigt werden sollen. Zudem ist zu klären, ob diese Arbeit abgegeben werden kann – etwa an ein Schreibbüro – oder ob sie von den Forschenden selbst übernommen wird. Die Dauer einer Transkription hängt von der Aufnahmequalität und dem gewählten Transkriptformat ab. Sie variiert zwischen ca. 1:4 bis 1:10, d.h., für eine Stunde audiografiertes Interview sind vier bis zehn Stunden Transkriptionszeit zu veranschlagen. Für videografierte Daten kann der Zeitaufwand – je nach Anspruch der Transformation von Bild- und Sprachinformation – oft noch ungleich höher sein. Für die Fixierung empfiehlt es sich, auf Software zurückzugreifen (für Audiodaten z. B. das Programm „f4", für Videodaten z. B. „Feldpartitur" oder „Transana").

Zusätzlich zu den Transkripten und anderen Fixierungen hat sich mittlerweile als Standard durchgesetzt, nach einem Interview oder einer Gruppendiskussion ein *Postskript* zu erstellen. Darin werden die Rahmendaten der Erhebungssituation (Ort, Zeit, Dauer), Auffälligkeiten (z. B. Störungen), Eindrücke des Verlaufs (z. B. Atmosphäre, Interaktionen) sowie nicht aufgezeichnete Momente (z. B. Begrüßung, „warming up" und Nachgespräch) festgehalten.

Dokumente und Artefakte

Die qualitative Forschung verwendet für die Bearbeitung ihrer Forschungsfragen zunehmend auch „vorgefundene" Dokumente und Materialien. Dieser Zugang wird zuweilen als eigener Ansatz bezeichnet, wenn von Dokumenten-, Artefakt- oder visueller Analyse gesprochen wird. Mitunter werden diese dann als Erhebungsformen und andernorts als Auswertungsverfahren eingeordnet.

Der allgemeinere Begriff der *Dokumentenanalyse* wird dann verwendet, wenn vorliegende Dokumente Nutzung finden, die nicht eigens mit Blick auf die Fragestellung erstellt wurden. Dies können beispielsweise Gutachten, Akten, Jahres-, Fall- oder andere Berichte sein, mit denen institutionelle Abläufe rekonstruiert, oder auch persönliche Notizen, Tagebücher und Briefwechsel, mit denen Formen von Sozialität und biografische Aspekte herausgearbeitet werden können. Schließlich werden auch Zeitungsartikel oder politische Reden für die Bearbeitung sozialpsychologischer Fragen herangezogen, zum Beispiel zur Beforschung von Diskursen zum Rechtsradikalismus.

Von *Artefaktanalyse* wird dann gesprochen, wenn es um die Auseinandersetzung mit „Objekten" der materiellen Kultur geht: Gegenstände (z. B. Verpackungen), Fotos (z. B. Familienbilder), Schriftstücke (z. B. Fanzines) oder Spuren in öffentlichen Räumen (z. B. Graffiti). Sie können beispielsweise für die Analyse der Organisation sozialer Gruppen, wie etwa in Jugendkulturen, ein innovativer Zugang sein (Dietrich & Mey 2018). Mitunter werden Artefaktanalysen gerade im Kontext von Institutionen interessant, wenn beispielsweise der organisationale Wandel Gegenstand der Untersuchung ist (s. Froschauer 2009).

Bei der Dokumenten- wie Artefaktanalyse gilt es, die Untersuchungsgegenstände nicht ausschließlich als Verweise auf etwas „Dahinterliegendes" zu deuten, sondern den Konstruktionscharakter und damit den (z. B. üblichen, antizipierten, intendierten) Produktions- wie auch Rezeptionszusammenhang zu berücksichtigen (vgl. Wolff 2015). Dementsprechend stellen sich eher die Fragen, wie das Dokument bzw. Artefakt beschaffen ist, welche Funktionen ihm in dem originären oder neu platzierten Kontext zukommen und welche Bedeutungen es hat.

Qualitative Auswertungsmethoden

In der qualitativen Sozialforschung existieren etliche Methoden zur Datenauswertung. Sie befinden sich in einem Prozess der Weiterentwicklung, auch weil in qualitativer Forschung zunehmend nicht-textliche Daten genutzt werden. Welche Auswertungsmethode infrage kommt, hängt von der Zielsetzung der jeweiligen Untersuchung ab. Daneben ist entscheidend, welche Daten in welcher Form vorliegen, denn sie müssen zur Methode passen und deren Ansprüchen genügen. Schließlich ist zu beachten, dass manche Auswertungsmethoden als alleinstehende Verfahren konzipiert wurden, während andere miteinander kombinierbar sind. Der Wahl und Nutzung von Auswertungsmethoden kommt in der qualitativen Sozialforschung große Bedeutung zu, ist die Analysearbeit doch zumeist der zeitaufwendigste Schritt, in dem die Interpretationsweisen und -ergebnisse bestimmt werden.

Kategorienorientierte Verfahren

Mit der *Qualitativen Inhaltsanalyse (QIA)* und der *Grounded-Theory-Methodologie (GTM)* finden hier zwei Verfahren Erwähnung, denen gemein ist, dass die Ergebnisse in Form von Kategorien dargestellt werden. Dies tun sie jedoch auf unterschiedliche Weise: Während die QIA auf Basis theoretischer Annahmen und der Forschungsfragestellung Kategorien auf das Datenmaterial anwendet bzw. in Auseinandersetzung mit diesem die Kategorien weiterentwickelt, beginnt die Analysearbeit im Rahmen der GTM ohne im Voraus deduzierte Kategorien, denn diese werden erst während der Datenauswertung entwickelt und zueinander in Beziehung gesetzt, um zu komplexen Aussagen über das Untersuchungsthema zu gelangen.

Qualitative Inhaltsanalyse

Die *Qualitative Inhaltsanalyse* ist im deutschsprachigen Raum eine der am häufigsten angewendeten Auswertungsmethoden der psychologischen Forschung. Sie zeichnet sich Philipp Mayring zufolge dadurch aus, dass die Kategorien „in einem Wechselspiel zwischen der Theorie (der Fragestellung) und dem konkreten Material entwickelt, durch Konstruktions- und Zuordnungsregeln definiert und während der Analyse überarbeitet und *rück*überprüft" werden (Mayring 2015, S. 61).

Mayring unterscheidet dazu die *induktive* Kategorienentwicklung als Erarbeitung der Kategorien aus den Daten und die *deduktive* Kategorienanwendung unter Nutzung eines Kodierleitfadens, in dem klare Kategorienbeschreibungen, anschauliche Ankerbeispiele und konkrete Kodierregeln aufgeführt sind. Dieses Vorgehen soll eine systematische und möglichst eindeutige Bearbeitung der Daten gewährleisten.

Mayring unterbreitet drei Analysetechniken: Zusammenfassung, Explikation und Strukturierung. Als Entscheidungsgrundlage für die Nutzung der am besten geeigneten Analyse dienen das Forschungsziel und die Beschaffenheit der Daten. Die *zusammenfassende Inhaltsanalyse* zielt auf die Materialreduktion unter Wahrung der zentralen Inhalte ab. Ein vorgegebenes Ablaufmodell beinhaltet die Arbeitsschritte der Paraphrasierung, der Generalisierung sowie der Reduktion. Dadurch werden die Textdaten verdichtet, sodass komplexe inhaltliche Aussagen über das Datenmaterial möglich werden.

Die *explizierende Inhaltsanalyse* stellt eine Kontextanalyse dar, die Datenteile verständlich zu machen sucht, welche den Forschenden anfangs unklar sind. Wie bei der QIA allgemein geht es hier jedoch nicht um die Explikation latenter Aspekte.

Als wohl prominenteste Analysetechnik schlägt Mayring die *strukturierende Inhaltsanalyse* vor. Hier unterscheidet er zwischen vier Vorgehensweisen: der formalen, der inhaltlichen, der typisierenden und der skalierenden Strukturierung. Bei der Skalierung wird beispielsweise das Datenmaterial auf Ordinalskalenniveau (etwa „viel – mittel – wenig") eingeschätzt. Insofern sieht Mayring auch die Quantifizierung qualitativer Daten als Vorzug der QIA, die sich damit im Grenzbereich zwischen qualitativer und quantitativer Forschung einordnen lässt (zu verschiedenen Varianten der QIA s. Schreier 2014).

Grounded-Theory-Methodologie

Die *Grounded-Theory-Methodologie* ist ein Ansatz, der anspruchsvolle methodische Durchführungsvorschläge für die Datenerhebung und -analyse unterbreitet. Ursprünglich gemeinsam von Barney Glaser und Anselm Strauss erarbeitet, haben die Autoren ihn später unabhängig voneinander weiterentwickelt. Daneben wurden unter anderem von Kathy Charmaz und Adele Clarke weitere Varianten vorgeschlagen (s. Mey & Mruck 2011a; Ruppel & Mey 2017) und werden zunehmend Verknüpfungen mit anderen Ansätzen umgesetzt (so etwa mit Narrationsanalysen s. Mey & Ruppel 2016; mit Blick auf Ansätze zur Analyse visueller Daten s. Mey & Dietrich 2016).

Ziel bei der Anwendung dieser Methodologie ist die Entwicklung einer Grounded Theory, d. h. einer in den Daten begründeten Theorie. In intensiver Auseinandersetzung mit den Daten werden Kategorien gebildet und in ein relationales Gefüge geordnet, bis ein Theoriegerüst entsteht. Die besonderen Stärken der GTM sind ihr transparent nachvollziehbarer methodischer Weg der *Theoriegenerierung*, ihr Umgang mit Samplingfragen sowie ihr iteratives Vorgehen, das Datenerhebung und -auswertung systematisch verquickt.

Anselm Strauss & Juliet Corbin (1996) folgend, lässt sich der Analyseprozess in drei Phasen – offenes, axiales und selektives Kodieren – gliedern. In der ersten Phase, dem offenen Kodieren, werden die Daten kleinteilig untersucht. Dazu werden die Texte in Sinneinheiten zergliedert, auf ihren konzeptuellen Gehalt hin interpretiert und Kodes zugeordnet. Als Hilfestellung dienen „W-Fragen", die die Daten „aufbrechen":

- Was – um welches Phänomen geht es?
- Wer – welche Akteure sind beteiligt/welche Rollen nehmen sie ein bzw. werden ihnen zugewiesen?
- Wie – welche Aspekte des Phänomens werden behandelt; welche werden ausgespart?
- Wann/wie lange/wo – welche Bedeutung kommt der raum-zeitlichen Dimension zu (biografisch bzw. für eine einzelne Handlung)?
- Warum – welche Begründungen werden gegeben/sind erschließbar?
- Womit – welche Strategien werden verwendet?
- Wozu – welche Konsequenzen werden antizipiert/wahrgenommen?

Im Zuge des offenen Kodierens werden die Kodes bzw. Konzepte (die Begriffsverwendung ist in der Literatur nicht immer einheitlich) in Vergleichsprozessen zu Kategorien gebündelt, die durch die Herausarbeitung von Eigenschaften, Dimensionen und Unterkategorien weiterentwickelt werden.

Daran schließt sich als zweite Phase das axiale Kodieren an. Hier kann das sogenannte Kodierparadigma genutzt werden, um die Kategorien auszubauen und ihre Relationen herauszustellen. Dabei wird zwischen Kontext, ursächlichen Bedingungen, intervenierenden Bedingungen, Strategien und Konsequenzen unterschieden, die mit Blick auf das Phänomen der Studie geordnet werden. Dieses Vorgehen soll helfen, die Daten zu strukturieren und kategorienorientierte Verbindungen herzustellen, da auch ein stark induktiv ausgerichtetes Vorgehen nicht darauf hoffen kann, rein datenbegründet theoretische Strukturen herauszuarbeiten. Das dem Kodierparadigma zugrunde liegende handlungstheoretische Modell fungiert dabei als empirisch gehaltloser heuristischer Rahmen (und nicht etwa als feste Schablone), mit dessen Hilfe empirisch gehaltvolle kategoriale Relationen etabliert werden können. Gerade für sozialpsychologische Fragestellungen bietet es großes Potenzial, da es die explizite Herausarbeitung des Kontextes und der intervenierenden Bedingungen ermöglicht und die situativ-interaktionistischen Momente (Handlungen bzw. Unterlassungen, Strategien, Routinen und deren Konsequenzen) mit ihren jeweiligen gesellschaftlichen Rahmungen zusammenbringt.

In der letzten Phase – dem selektiven Kodieren – werden die Beziehungszusammenhänge präzisiert, die noch vage geblieben sind. Ferner werden die Kategorien weiter verdichtet, durch die Etablierung einer Kernkategorie in ein Kategoriennetz integriert und schließlich als Grounded Theory ausformuliert.

An dieser Darstellung sollte deutlich geworden sein, dass die Erarbeitung einer Grounded Theory sehr zeitaufwendig ist und dass der Prozess trotz der gegebenen methodischen Orientierungen den Forschenden ein hohes Maß an Eigenstrukturierung abverlangt.

Sequenzanalytische Verfahren

Neben Auswertungsverfahren, die das Datenmaterial in Kategorien präsentieren, gibt es eine Vielzahl an Methoden, die ihren Fokus auf die sequenziellen Strukturierungen und zeitlichen Dimensionen sozialer Phänomene richten. Sequenzanalytische Verfahren unterscheiden sich beispielsweise darin, wie kleinteilig sie die Analyse gestalten und welche Daten sie präferieren. Gegenstand sequenzieller Analysen sind oft Mikroaspekte sozialer Interaktion. Ein Beispiel hierfür ist der Sprecherwechsel in Gesprächssequenzen, die konversations- oder narrationsanalytisch untersucht werden. Aber auch Phänomene auf der Meso- oder Makroebene können sequenzanalytisch betrachtet werden, wie sozial, historisch oder institutionell geformte Sprechweisen über Gender, Nation oder Kultur, bei denen dann beispielsweise diskursanalytisch vorgegangen wird.

Narrationsanalysen

Die Narrative Psychologie interessiert sich dafür, wie Menschen Ereignissen und Erfahrungen Sinn und Bedeutung verleihen, indem sie diese in Form von Erzählungen präsentieren und tradieren (Straub 1998). Durch die Auswertung narrativer Daten allein ist selbstredend noch keine *Narrationsanalyse* vollzogen. Entscheidend ist hier, ob die Daten hinsichtlich ihrer erzählerischen Aspekte betrachtet werden, also ob narrative Dimensionen als bedeutsame Bezugspunkte der Daten in der

Analyse gelten. *Thematische Analysen* beleuchten das „Was" des Erzählens bzw. des Erzählten, *strukturelle Analysen* dagegen das „Wie" (Lucius-Hoene 2017).

Narrative Analyseverfahren eignen sich besonders für die Rekonstruktion von Selbst- und Fremdpositionierungen, mit denen die Erzählenden zu verstehen geben, wie sie gesehen werden möchten und welche Positionen sie anderen zuweisen. Auf Grundlage etwa von narrativ-biografischen Interviews ermöglichen Narrationsanalysen auch die Rekonstruktion von (Lebens-)Ereignissen mit ihren interaktionalen, sozialen, kulturellen und historischen Bezugspunkten. Über die Einzelbiografie hinausgehend, stellen sie ein fruchtbares Feld sozialpsychologischer Forschung dar, zum Beispiel mit Fragen nach dialogischen und gruppenbezogenen Dynamiken und Strukturen. Um das Potenzial der narrationsanalytischen Herangehensweise voll auszuschöpfen, sind ausgeprägte sprachbezogene Kenntnisse gefordert. Dann aber lassen sich mithilfe dieses Verfahrens komplexe narrative Rekonstruktionen sozialer Phänomene entwickeln.

Konversations- und Diskursanalyse

Die *Konversationsanalyse* (KA) wurde unter anderem von Harvey Sacks in den 1960er-Jahren entwickelt. Mit ihr steht eine Methodologie bereit, die die Analyse sozialer Interaktionen ermöglicht, sodass die Organisation interaktiver Handlungssequenzen untersucht und praktische Gestaltungsregeln der Kommunikation erarbeitet werden können. Demnach sind die Analysen auf der Mikroebene lokalisierbar. Hinzu kommt ein enger Empiriebezug, der die Durchführung der Analysen entscheidend prägt: Die KA präferiert natürliche, d. h. nicht zum Zwecke der Forschung entstandene, audio-/videografierte Daten alltäglichen und institutionellen Ursprungs, z. B. Privatgespräche, Telefonate oder Arzt-Patient-Interaktionen. Für die Sozialpsychologie ist die Frage bereichernd, ob bzw. wie psychologische und soziologische Dimensionen die Interaktion konstituieren.

> Das Gesprächsverhalten der Interaktionsteilnehmer/innen wird weder von psychologischen noch von soziologischen Variablen und Regeln determiniert, sondern die Teilnehmenden produzieren ihre Gesprächsbeiträge in Bezug auf die jeweiligen Gesprächskontexte, -aufgaben und -zwecke. Dabei verdeutlichen sie, welche psychologischen und sozialen Sachverhalte (z. B. Identitäten, Rollen, soziale Beziehungen, institutionelle Tatsachen) für die Interaktion in welcher Weise relevant und für deren Ablauf folgenreich sind. (Deppermann 2017, unpag.)

In der Datenanalyse der KA liegt der Schwerpunkt auf der *Sequenzialität*, d.h. etwa der genauen Betrachtung der Sprecherwechsel oder der Beitragsfolge, und die Auswertung erfolgt am Einzelfall sowie vergleichend und fallübergreifend.

Die Konversations- bzw. Gesprächsanalyse firmiert in den USA teils unter der Bezeichnung *Discourse Analysis* (s. Potter & Wetherell 1987). In Europa allerdings ist der Begriff *Diskursanalyse* (DA) mit Ansätzen verbunden, die einen (macht-)kritischen Zugang zu diskursiven Phänomenen wählen – zum Beispiel dem von Michel Foucault – und nicht mit der KA identisch sind. Insofern ist stets zu berücksichtigen, dass nicht nur der Diskursbegriff ganz verschieden verstanden wird, sondern auch unterschiedliche Spielarten von „Diskursanalysen" nebeneinander existieren. Insbesondere in Bezug auf Foucault wird eher von einer „analytischen Brille" gesprochen statt von kleinteiligen methodischen Analyseschritten, die es „abzuarbeiten" gilt. Analyseorientierungen im Rahmen von Diskursanalysen zielen häufig auf Fragen nach der Produktion von Machtverhältnissen, nach Inklusions- und Exklusionsphänomenen, Her- und Darstellungsmomenten von Wirklichkeit, Wahrheit und Subjektivität. Daneben werden kontextuelle, historische, soziale und institutionelle Bezugspunkte als relevant erachtet. Dabei werden die „Texte" – und gemeint sind hier jegliche Datenformen, in denen sich Züge des interessierenden Diskursphänomens zeigen lassen (z. B. Zeitungsartikel und politische Reden) – auf diskursive Strukturen und Praktiken untersucht.

Objektive Hermeneutik

Die *Objektive Hermeneutik* (OH) wurde von Ulrich Oevermann und seinem Team (Overmann, Allert, Konau & Krambeck 1979) als textanalytisches Verfahren im Rahmen der Forschungsarbeiten zur Familiensozialisation entwickelt und seitdem in einer Reihe weiterer Studien angewendet. Ziel der OH ist es, die hinter den subjektiven Bedeutungen liegenden objektiven Bedeutungsstrukturen – die *latenten Sinnstrukturen* – herauszuarbeiten. Dazu werden kleine Textmengen ausführlich interpretiert. Die Auswertung folgt einem strikten Schema, das folgende Schritte vorsieht: Explikation des Kontextes, des gemeinten Sinns, der objektiven Motive, der Funktion und der sprachlichen Merkmale der Kommunikation. Anschließend werden allgemeine Zusammenhänge formuliert und an weiterem Material geprüft. Zum Abschluss erfolgt eine Verdichtung in einer Fallstrukturhypothese.

Der OH liegen fünf zentrale Prinzipien zugrunde: Kontextfreiheit, Wörtlichkeit, Sequenzialität, Extensivität und Sparsamkeit (s. zusammenfassend Wernet 2009). Durch das Prinzip der *Kontextfreiheit* verbietet es sich, den Text vorschnell auf Grundlage des Kontextwissens zu interpretieren. Vielmehr sind sämtliche Kontexte gedankenexperimentell durchzuspielen, in denen eine vorliegende Äußerung möglich erscheint, um so sukzessive durch Ausschluss den „einzig" möglichen zu rekonstruieren. Das Prinzip der *Wörtlichkeit* bezieht sich auf die Forderung, den Text in seiner bestehenden Formung zu interpretieren und ihn „„auf die Goldwaage zu legen' in einer Weise, die uns in alltäglichen Verstehenskontexten als inadäquat und kleinlich erscheinen würde" (ebd., S. 24). Dadurch sollen über den manifesten Sinngehalt bzw. die Textintention hinaus konsequent die latenten Sinnstrukturen herausgearbeitet werden. Auch das Prinzip der *Sequenzialität* ist in der OH streng einzuhalten; die Interpretation soll sich also ausnahmslos an den Abläufen und Strukturen entlang bewegen, die durch die Daten vorgegeben sind. Damit verbietet sich, Passagen willkürlich herauszugreifen oder bei der Interpretation zu überspringen. Das Prinzip der *Extensivität* besagt, dass die Interpretationen sinnlogisch erschöpfend sein müssen. Deswegen müssen alle Textaussagen eingehend betrachtet und alle erdenklichen Lesarten gebildet werden, die zum Verständnis und der Rekonstruktion des latenten Sinns notwendig sind. Das Prinzip der *Sparsamkeit* schließlich besagt, dass bei der Erarbeitung von möglichen Lesarten keine Zusatzannahmen herangezogen werden, sondern nur die vom Text „erzwungenen". Die Interpretation läuft also methodisch kontrolliert („objektiv") ab, da nur am Text überprüfbare Lesarten Berücksichtigung finden.

Die OH ist – werden die fünf Prinzipien befolgt – eines der zeitaufwendigsten Verfahren. Ihre Stärke liegt in der Herausarbeitung dezidierter Fallstrukturen mit hohem Verallgemeinerungsanspruch.

Tiefenhermeneutik und psychoanalytisch orientierte Sozialforschung

Die *Tiefenhermeneutik* wurde aus der Sozialpsychologie heraus entwickelt und lässt sich allgemeiner als *psychoanalytisch orientierte Sozialforschung* einordnen. Als Meilenstein gilt die Studie zur autoritären Persönlichkeit (Adorno et al. 1950). Später haben die Arbeiten von Alfred Lorenzer zur „tiefenhermeneutischen Kulturanalyse" den Ansatz geprägt (Lorenzer 1986), der von Hans-Dieter König methodologisch-methodisch weiter ausdifferenziert wurde (König 2001). Daneben sind die als „Anleitung zur empirischen Hermeneutik" vorgelegten Ausarbeitungen von Thomas Leithäuser & Birgit Volmerg (1988) zu nennen. Der Fokus liegt auf den Konzepten der „Übertragung" und „Gegenübertragung" und auf der Erschließung transsubjektiver, latenter und unbewusster Sinndimensionen. Erweiterungen finden sich in den ethnopsychoanalytischen Arbeiten von Devereux, aber auch von Maya

Nadig & Mario Erdheim (s. zusammenfassend Erdheim 1988) sowie in Ansätzen, die narrationstheoretische Überlegungen integrieren.

Die Vorschläge von Leithäuser & Volmerg sehen vor, dass einzelfallbezogen und später fallübergreifend eine detaillierte Interpretation des Gesagten (und Gemeinten, des latenten Sinns) vorgenommen wird, einschließlich der Gesprächsdynamik in den Interviews und Gruppendiskussionen. Dazu wird zunächst eine Zusammenfassung des Einzelfallmaterials zur thematischen Orientierung erstellt. Anschließend werden relevante Textstellen, aber auch emotionale und irritierende Passagen in Bezug auf die Forschungsfrage sondiert. Als nächstes werden die zentralen Kernsätze herausgelöst, mit einer thematischen Überschrift versehen und geordnet. Im Rahmen der Interpretation werden verschiedene Sinnerschließungsfragen gestellt, um ein logisches (sachlicher Gehalt), psychologisches (Beziehungsgehalt), szenisches (Art und Weise der Darstellungen) und tiefenhermeneutisches (latente Intentionen und Bedeutungen) Verstehen zu ermöglichen (s. Leithäuser & Volmerg 1988; zusammenfassend Schorn & Mey 2005). Als zentral für die tiefenhermeneutische Auswertung gilt die Auswertungsarbeit in Forschungsgruppen. Hier werden die ausgelösten Assoziationen, Emotionen, Identifikationen und Dynamiken bewusst für die Interpretation genutzt (Bonz, Eisch-Angus, Hamm & Sülzle 2017).

Weitere Verfahren

Die in der qualitativen Sozialforschung bestehende Vielfalt an Methoden zur Datenanalyse konnte mit den hier dargestellten Verfahren nur angedeutet werden. Hinzuweisen ist zumindest auf die *dokumentarische Methode*, die von Ralf Bohnsack ursprünglich für die Analyse von Gruppendiskussionen erarbeitet, mittlerweile auch mit Blick auf die Interviewauswertung präzisiert und vor allem mit Bezugnahme auf Theorien der Kunstgeschichte zu einer dokumentarischen Bild- und Videointerpretation weiterentwickelt wurde (Bohnsack 2009). Die von Bohnsack genannten zentralen Schritte einer formulierenden und reflektierenden Interpretation integrieren Vorgehensweisen der Sequenzanalyse und der fallinternen und fallübergreifenden Komparation zur Erarbeitung einer Typik. Der Anspruch einer Typenbildung verbindet sich ebenfalls mit der *biografischen Fallrekonstruktion* von Gabriele Rosenthal (2011), die Überlegungen der objektiven Hermeneutik aufgreift und mit Vorschlägen zur Auswertung narrativer Interviews verknüpft. Im Mittelpunkt des Verfahrens steht auch hier die Sequenzanalyse, um eine Fallgeschichte zu rekonstruieren, bei der die erzählte und erlebte Lebensgeschichte kontrastiert werden.

Darüber hinaus sind noch viele weitere Verfahren wie etwa die (systematische) Metaphernanalyse, die relationale Hermeneutik oder die phänomenologische Lebensweltanalyse zu nennen, deren Einsatz – abhängig von der jeweiligen Zielsetzung – im Rahmen sozialpsychologisch ausgerichteter Forschungsvorhaben gewinnbringend erscheint.

Organisation des Arbeitsprozesses

Software zur computergestützten Analyse qualitativer Daten

Qualitative (oder allgemeiner: nicht nummerische) Daten in Form von Text, Bild oder Video werden heute weitgehend unter Nutzung speziell dafür entwickelter Software ausgewertet. Dabei wird von *Computergestützter Qualitativer Datenanalyse* gesprochen (engl.: Computer Assisted/Aided Qualitative Data AnalysiS, kurz CAQDAS). Mittlerweile liegen zahlreiche Tools vor (z. B. ATLAS.ti, f4analyse, MAXQDA und NVivo), die hauptsächlich bei kategorienbildenden Verfahren, aber auch bei sequenzanalytischen Vorgehensweisen eingesetzt werden. Für diverse Film- bzw. Videoanalysen bietet sich zum Beispiel die Software Feldpartitur an. Neben kostenpflichtigen Tools gibt es auch Freeware wie freeQDA. Forschende realisieren ihre Auswertung teils auch mithilfe von Word oder Excel. Am Ende entscheidet die Komplexität der Datenanalyse, welche Programme zum Einsatz kommen sollten (eine hilfreiche Orientierung geben Lewins & Silver 2007).

CAQDAS ist keine eigenständige Analysetechnik, sondern unterstützt die Auswertung lediglich. Die Programme sind Hilfsmittel bei der Anwendung einer der vielen in der qualitativen Forschung möglichen Auswertungsmethoden. So, wie früher mittels *paper-pencil*-Auswertung Textpassagen markiert und ihnen beispielsweise Kodes bzw. Kategorien zugewiesen wurden, erfolgen diese Schritte heute zumeist anhand digitaler Eingaben am Computerbildschirm. Die wichtigsten Funktionen der Programme liegen im Datenmanagement (zur Zusammenstellung von Textstellen für spezielle Kodierungen, sogenannte *Retrivals*), im Kategorienmanagement (zur Zusammenstellung von Kategorien und Unterkategorien und Anbringung von Notizen zu Kategorien) sowie im Memoing (zum Festhalten von Ideen zu Textpassagen, Kategorien und ganzen Fällen). Viele Programme zeichnen sich durch weitere Features aus, zum Beispiel zur Suche nach Textsegmenten oder für Visualisierungen durch grafische Darstellungen *(qualitative modeling)*.

Ein Vorzug von CAQDAS ist die Möglichkeit, große Datenmengen zu verarbeiten, sie übersichtlich zu strukturieren und unterschiedliche Datensorten und deren multimediale Verknüpfung einzubeziehen. Außerdem kann hierdurch die Dokumentation erleichtert und somit die Transparenz erhöht werden (s. Kuckartz 2010). Auch der Umstand, dass die Software Teamwork beim Bearbeiten der Datensätze unterstützt, ist ein großer Vorteil.

Arbeit in Forschungsgruppen

Die Datenauswertung via CAQDAS wird heute oft als Selbstverständlichkeit gesehen. Ganz anders verhält es sich mit der Arbeit in Gruppen, die weitaus seltener verwirklicht wird. Dabei kann die Zusammenarbeit in Teams oder Arbeitsgruppen helfen, Forschungsentscheidungen zu explizieren und Anregungen zu geben, zum Beispiel zur Fallauswahl und Leitfadenentwicklung oder durch alternative „Lesarten" bei der Datenanalyse (Allert et al. 2014). Auch bei der Plausibilitätsprüfung etwa der Ergebnisdarstellung sind Teams hilfreich.

Eine Systematisierung für das Arbeiten im Team geht auf Vorschläge der „Projektwerkstatt qualitativen Arbeitens" zurück (Mruck & Mey 1998). Sie unterscheidet zwischen dem Kolloquium zur Präsentation und Diskussion des Arbeitsstandes, der *Interpretationsgemeinschaft* zur gemeinsamen Besprechung und Analyse qualitativer Daten und der Supervision zur Dezentrierung bzw. Strukturierung der Perspektiven. Mit der Arbeit in Gruppen werden zudem entscheidende Forderungen der Geltungsbegründung qualitativer Forschung, insbesondere der nach Intersubjektivität, eingelöst.

Besonders wichtig erscheint, dass Forschungsgruppen verbindlich und regelmäßig zusammenarbeiten. Sie sind produktiver, wenn sie heterogen bezüglich des Themas oder des Arbeitsstandes zusammengesetzt sind, sich also mit unterschiedlichen Fragestellungen befassen und die jeweiligen Arbeiten unterschiedlich weit gediehen sind. Mittlerweile können solche *Forschungsgruppen* auch virtuell – beispielsweise durch Nutzung von Chats, Diskussionsforen oder Skype-Konferenzen – arbeiten. Allerdings sollten die Besonderheiten der Netzkommunikation reflektiert und die notwendigen Adaptionen umgesetzt werden.

Darstellungen qualitativer Forschung und performative Ansätze

Die Darstellungsweisen von qualitativen und quantitativen Studien weichen teilweise voneinander ab. Die aus quantitativen Studien hervorgehenden Artikel sind im

Aufbau relativ standardisiert, umfassen beispielsweise stets den Forschungsstand, die Hypothesen, die Forschungsplanung, Angaben zur Erhebung, die Auswertung, Ergebnisdarstellung und schließlich die Diskussion. Qualitative Forschung dagegen kann einem solchen Schema schon aufgrund ihres iterativen Vorgehens und ihres Ziels der Theorienentwicklung, etwa im Rahmen von GTM-Studien, nicht immer folgen. Demgegenüber sind theorie- und hypothesengeleitete Studien, etwa auf Grundlage der QIA, in ihrer Darstellung traditioneller angelegt. Aber auch hier gilt es zu bedenken, dass vor allem Interpretationen die Grundlage der Aussagen bilden und etwaige nummerische Angaben diesen nachgeordnet sind. Eine aus der quantitativen Forschung übernommene Darstellungslogik stößt in diesen Fällen ebenfalls an ihre Grenzen.

Alle Studien, ungeachtet dessen, auf welche Erhebungs- und Auswertungsmethoden sie zurückgreifen, haben gemeinsam, dass sie den Forschungsprozess transparent darstellen müssen, und zwar so, dass andere Forschende die einzelnen Entscheidungen und Schritte nachvollziehen können. Dazu reicht es nicht, die angewendeten Verfahren lediglich namentlich zu nennen. Vor dem Hintergrund postmoderner Überlegungen zu Wirklichkeits- und Wahrheitsinszenierungen sowie der stärkeren Beachtung der Rezeption wissenschaftlicher Ergebnispräsentationen wird innerhalb der qualitativen Forschung neuerdings diskutiert, die Darstellungen grundsätzlich umzugestalten und neue Formen der Aneignung zu ermöglichen. Unter dem Begriff *Performative Sozialwissenschaft* (Jones et al. 2008) wurde begonnen, im Zusammenspiel von Wissenschaft und Kunst neue Präsentationsformen zu entwickeln. Traditionell akademische und traditionell künstlerische Elemente wie Malerei, Theater, Tanz oder Musik, Film, Fotos und Multimediainstallationen werden miteinander verbunden, um sozialwissenschaftliche Ergebnisse und Erkenntnisse auf neue Weise zugänglich zu machen (Schreier 2017a).

Die Marienthal-Studie etwa liegt auch als Spielfilm vor („Einstweilen wird es Mittag"; Regie: Karin Brandauer 1988), der die Ergebnisse der Studie und den speziellen Kontext der Forschungsarbeit vermittelt. Der Film stellt die Umsetzung der Studie selbst in den Mittelpunkt und thematisiert die Krisen im Forschungsprozess sowie die Schwierigkeiten der Forschungsplanung und -durchführung. Dass diese filmische Adaption keine Wiedergabe einer „realen" Forschungsarbeit ist, sondern eine künstlerische Umsetzung, versteht sich von selbst. Marie Jahodas (1997) Äußerungen zu den Abweichungen machen deutlich, wie groß die Kluft zwischen Forschungsarbeit und ihrer Veröffentlichung ist. Dieser Umstand gilt für jedwede Forschungsarbeit, ungeachtet ihrer Veröffentlichungsform, und begründet sich in den reflexionsbedürftigen Herausforderungen der unterschiedlichen Darstellungsmodi.

Gütekriterien qualitativer Forschung

Mit den Anmerkungen zur Darstellung von qualitativen Studien ist bereits die Frage der Geltungsbegründung angesprochen. Ein besonderes Gewicht kommt den „methodenangemessenen Gütekriterien" (Flick 1987) qualitativer Forschung zu, womit die *Gütekriterien* standardisierter Forschung – Objektivität, Reliabilität und Validität – als Bewertungsmaßstab weitgehend zurückgewiesen sind. Vereinzelt findet sich jedoch die Übertragung klassischer Kriterien, zum Beispiel Reliabilitätsabschätzungen bei der QIA zur Bestimmung von Intercoder-Reliabilität. Seltener sind Positionen, die eine Anwendung von Kriterien zur Gütebestimmung auf qualitative Forschung grundsätzlich ablehnen. Die Debatte läuft im Wesentlichen auf unterschiedliche Vorschläge und Versuche hinaus, Kriterien, die sich genuin auf Herausforderungen der Qualitätsherstellung und -demonstration qualitativer Forschung beziehen, weiterzuentwickeln (s. Steinke 1999). Hierbei werden angesichts der Vielfalt an Erhebungs- und Auswertungsverfahren je spezifische Kriterienkataloge diskutiert, und einzelne Kriterien werden hinsichtlich der Einsatzgebiete (z. B. Grundlagen-, Anwendungs- und Evaluationsforschung) verschieden gewichtet. Vor diesem Hintergrund erscheinen die übergeordneten Kriterien Transparenz, Intersubjektivität und Reichweite besonders wichtig.

Transparenz: Da qualitative Forschung eine Fülle von Forschungsentscheidungen beinhaltet und Methodenanwendung immer auch Methodenentwicklung meint, ist der gesamte Forschungsprozess angemessen zu dokumentieren – von der Forschungsfrage über die Begründung der Methodenwahl und ihre Adaption im Rahmen der Studie bis hin zur konkreten Umsetzung der Forschungsarbeit mit Angaben zum Sample. Auch wie die Daten ausgewertet und interpretiert wurden, muss nachvollziehbar sein. Diese Darstellung ist Bestandteil der Arbeit und sollte daher nicht in Anhänge ausgegliedert werden.

Intersubjektivität: Die Auswertung sollte plausibel expliziert und mit alternativen Interpretationen konfrontiert werden. Vor diesem Hintergrund wird die Relevanz der Arbeit in Forschungsgruppen nochmals unterstrichen, die dazu beiträgt, eine konsensuelle Validierung bzw. Intersubjektivität herzustellen. Hierzu gehört es, die eigene Rolle zu reflektieren und den möglichen Niederschlag eigener Perspektiven offenzulegen, was auch als „reflektierte Subjektivität" bezeichnet wird. Eine Präsentation und Diskussion der Ergebnisse mit den Teilnehmenden wird für Studien empfohlen, bei denen eine prinzipielle Zustimmungsfähigkeit seitens der Beforschten bzw. Mitforschenden angenommen werden kann (kommunikative Validierung bzw. „member check").

Reichweite: Aufgrund der vergleichsweise geringen Fallzahlen sollte dargelegt werden, welche Verallgemeinerung intendiert und möglich ist. Anstelle von statistischen Repräsentativitätskriterien sind die „theoretische Relevanz" bzw. „theoretische Repräsentanz" abzuschätzen und der Geltungsbereich abzustecken. Vor diesem Hintergrund lassen sich auch etwaige Ausführungen zur praktischen Relevanz der Forschungsarbeit angemessen einordnen.

Forschungsethik

Dass Forschung ethischen Kriterien genügen muss, versteht sich von selbst und ist innerhalb der Sozialpsychologie spätestens anlässlich des Milgram-Experiments eingehend diskutiert worden. Qualitative Forschung ist nicht per se ethisch zulässig, sondern auch sie muss – gerade ihrer Alltagsnähe wegen – die berechtigten Interessen der Beforschten berücksichtigen (von Unger, Narimani & M'Bayo 2014). Grundsätzlich gilt die Voraussetzung der *informierten Einwilligung*, d. h., alle Forschungsteilnehmenden müssen über Ziele, Zwecke und mögliche Auswirkungen der Studie aufgeklärt werden. In der Regel wird dazu ein Informationsblatt erstellt, in dem dezidiert Auskunft über die Studie gegeben wird. Der Schutz der Person, die Sicherstellung ihrer Unversehrtheit und die Wahrung ihrer Rechte sind in allen Phasen des Forschungsprozesses zu gewährleisten. Andersherum sollte vermieden werden, bei den Forschungsteilnehmenden Krisen auszulösen, etwa durch die Gestaltung der Untersuchungssituation, durch unsensible Formulierungen oder spezifische inhaltliche Ausrichtungen von Interviewfragen. Schließlich sind alle persönlichen Daten vertraulich zu behandeln und die Veröffentlichungen so zu gestalten, dass keine Rückschlüsse auf die Teilnehmenden möglich sind. Diese Selbstverpflichtung seitens der Forschenden geht weit über die *Anonymisierung* hinaus. Das Verändern oder Weglassen von persönlichen Angaben wie Namen, Orten oder Institutionen reicht mitunter nicht aus, denn auch bestimmte Erzählfolgen oder spezifische Darstellungsweisen könnten eine Person identifizierbar machen. Mit allen Forschungsteilnehmenden sind deshalb in der Regel schriftliche Vereinbarungen zu treffen, die die Einzelheiten regeln. Insbesondere sind dies: freiwillige Teilnahme, Aufklärung über die Ziele der Studie, Aufbewahrung der Daten, Information über die Nutzung und den Stand der Forschungsarbeit.

Die Regelungen zur *Forschungsethik* und zum *Datenschutz* werden von den jeweiligen Fachgesellschaften bereitgestellt. Darüber hinaus werden Empfehlungen ausgesprochen, zum Beispiel von der DFG-Kommission „Selbstkontrolle in der Wissenschaft" oder in der Abhandlung „Datenschutz in Wissenschaft und Forschung" (Metschke & Wellbrock 2002). Gleichzeitig gilt auch hier, dass qualitative Forschung aufgrund ihrer besonderen Logik die Empfehlungen mit Blick auf ihre Anliegen und Ansprüche ausformulieren und adaptieren muss. Hier sei beispielhaft auf die

Prozessethik verwiesen, die ethische Entscheidungen als prozessbezogen versteht und hinterfragt, inwiefern alle inhaltlich konkreten ethischen Herausforderungen antizipiert werden können (vgl. Kiegelmann 2018).

Fazit

Qualitative Forschung hat in vielen Disziplinen einen festen Stand. Davon zeugen auch die zahlreichen Hand- und Lehrbücher (z. B. Denzin & Lincoln 2017; Flick, von Kardorff & Steinke 2015; Lamnek 2010). Wenngleich auch erste umfängliche Darstellungen für die Psychologie vorliegen (s. Mey & Mruck 2017; Willig & Stainton-Rogers 2008), ist qualitative Forschung hier noch weniger etabliert, was auch auf die quantitativ dominierten psychologischen Lehr- und Lerninhalte an den Hochschulen zurückzuführen ist.

Die Akzeptanz qualitativer Forschung innerhalb der (Sozial-)Psychologie drückt sich vor allem in der Nutzung von Interviews und der qualitativen Inhaltsanalyse sowie in Forschungsarbeiten, die dem Mixed-Methods-Paradigma folgen, aus. Genuin qualitativ ausgerichtete Arbeiten haben noch immer einen schweren Stand innerhalb der Disziplin. Dasselbe gilt für die Umsetzung neuerer Entwicklungen wie autoethnografische und performative Ansätze.

Angesichts des mannigfaltigen und ausgearbeiteten Angebots an qualitativen Forschungsmethoden und der Anschlussfähigkeit an prägende Forschungstraditionen des Faches kommt deren unbedachter Nichteinsatz einer Selbstbeschränkung gleich, die die Potenziale qualitativer Forschung gerade für Untersuchungsgegenstände der Sozialpsychologie verschenkt. Für zukünftige Arbeiten bleibt zu hoffen, dass das Fach die Breite qualitativer Forschung entschiedener ausschöpft und sich auch an deren Weiterentwicklungen beteiligt.

Verständnisfragen

▶ Welche besonderen Charakteristika zeichnen qualitative Forschung aus, und welche Konsequenzen für die Frage der Geltungsbegründung ergeben sich hieraus?

▶ Wie kann im Rahmen eines qualitativen Forschungsvorhabens mit vergleichsweise kleiner Fallzahl ein angemessenes Sampling realisiert werden?

▶ Welche Rolle kommt Forschenden im qualitativen Arbeitsprozess zu, und in welcher Weise findet dies Berücksichtigung im Rahmen der Datenerhebung und -auswertung?

Literatur

Adorno, T. W., Frenkel-Brunswik, E., Levinson, D. J. & Sanford, R. N. (1950). *The Authoritarian Personality*. New York, NY: Harper.
Allert, T., Dausien, B., Mey, G., Reichertz, J. & Riemann, G. (2014). Forschungswerkstätten – Programme, Potenziale, Probleme, Perspektiven. Eine Diskussion. In G. Mey & K. Mruck (Hrsg.), *Qualitative Forschung: Analysen und Diskussionen* (S. 291–316). Wiesbaden: Springer VS.
Bohnsack, R. (2009). *Qualitative Bild- und Videointerpretation. Die dokumentarische Methode* (2. Aufl.). Opladen: Budrich/UTB.
Bohnsack, R., Przyborski, A. & Schäffer, B. (Hrsg.) (2010). *Das Gruppendiskussionsverfahren in der Forschungspraxis* (2., vollst. überarb. u. akt. Aufl.). Opladen: Budrich.
Bonz, J., Eisch-Angus, K., Hamm, M. & Sülzle, A. (Hrsg.) (2017). *Ethnografie und Deutung. Gruppensupervision als Methode reflexiven Forschens*. Wiesbaden: Springer VS.
Burkart, Th., Kleining, G. & Witt, H. (Hrsg.) (2010). *Dialogische Introspektion. Ein gruppengestütztes Verfahren zur Erforschung des Erlebens*. Wiesbaden: VS.
Denzin, N. K. & Lincoln, Y. S. (Hrsg.) (2017). *The SAGE Handbook of Qualitative Research* (5. Aufl.). Thousand Oaks, CA: Sage.
Deppermann, A. (2017). Konversationsanalyse und diskursive Psychologie. In G. Mey & K. Mruck (Hrsg.), *Handbuch Qualitative Forschung in der Psychologie* (2., akt. u. erw. Aufl.). Heidelberg: Springer Reference Psychologie. DOI: https://doi.org/10.1007/978-3-658-18387-5_50-1.
Devereux, G. (1967/1992). *Angst und Methode in den Verhaltenswissenschaften*. Frankfurt am Main: Suhrkamp.
Dietrich, M. & Mey, G. (2018). Inszenierung von Jugend(lichkeit) und Generation(alität). Entwicklungspsychologische Perspektiven auf Szenen. In JuBri-Forschungsverbund Techniken jugendlicher Bricolage (Hrsg.), *Szenen, Artefakte und Inszenierungen. Interdisziplinäre Perspektiven* (S. 63–99). Wiesbaden: Springer VS.
Döring, N. (2003). *Sozialpsychologie des Internet. Die Bedeutung des Internet für Kommunikationsprozesse, Identitäten, soziale Beziehungen und Gruppen* (2., vollst. überarb. u. erw. Aufl.). Göttingen: Hogrefe.
Dresing, Th. & Pehl, Th. (2018). *Praxisbuch Interview, Transkription & Analyse. Anleitungen und Regelsysteme für qualitativ Forschende* (8. Aufl.). Marburg, http://www.audiotranskription.de/praxisbuch [Stand: 21.02.2018].
Ellis, C. (2004). *The Ethnographic I: A Methodological Novel about Autoethnography*. Walnut Creek, CA: AltaMira Press.
Erdheim, M. (1988). *Psychoanalyse und Unbewußtheit in der Kultur – Aufsätze 1980–1987*. Frankfurt am Main: Suhrkamp.

Festinger, L., Riecken, H. W. & Schachter, St. (1956). *When Prophecy Fails: A Social and Psychological Study of a Modern Group that Predicted the Destruction of the World*. Minneapolis: University of Minnesota Press.

Flick, U. (1987). Methodenangemessene Gütekriterien in der qualitativ-interpretativen Forschung. In J. B. Bergold & U. Flick (Hrsg.), *Einsichten – Zugänge zur Sicht des Subjekts mittels qualitativer Forschung* (S. 247–262). Tübingen: DGVT.

Flick, U. (2007). *Qualitative Sozialforschung – Eine Einführung* (vollst. überarb. u. erw. Neuausg.). Reinbek: Rowohlt.

Flick, U. (2011). *Triangulation – eine Einführung* (3. akt. Aufl.). Wiesbaden: VS.

Flick, U., Kardorff, E. von & Steinke, I. (Hrsg.) (2015). *Qualitative Forschung. Ein Handbuch* (11. Aufl.). Reinbek: Rowohlt.

Flick, U., Kardorff, E. von & Steinke, I. (2015a). Was ist qualitative Forschung? Einleitung und Überblick. In U. Flick, E. von Kardorff & I. Steinke (Hrsg.), *Qualitative Forschung. Ein Handbuch* (11. Aufl., S. 13–29). Reinbek: Rowohlt.

Froschauer, U. (2009). Artefaktanalyse. In S. Kühl, P. Strodtholz & A. Taffertshofer (Hrsg.), *Handbuch Methoden der Organisationsforschung. Quantitative und qualitative Methoden* (S. 326–347). Wiesbaden: VS.

Girtler, R. (2001). *Methoden der Feldforschung* (4. Aufl.). Stuttgart: Böhlau/UTB.

Glaser, B. G. & Strauss, A. L. (1967/2010). *Grounded Theory. Strategien qualitativer Forschung*. Bern: Huber.

Gläser, J. & Laudel, G. (2010). *Experteninterviews und qualitative Inhaltsanalyse: als Instrumente rekonstruierender Untersuchungen* (4. Aufl.). Wiesbaden: VS.

Gudehus, Ch., Keller, D. & Welzer, H. (2010). Sozialpsychologie. In G. Mey & K. Mruck (Hrsg.), *Handbuch Qualitative Forschung in der Psychologie* (S. 761–767). Wiesbaden: VS.

Heaton, J. (2004). *Reworking Qualitative Data*. London: Sage.

Helfferich, C. (2011). *Die Qualität qualitativer Daten. Manual für die Durchführung qualitativer Interviews* (4. Aufl.). Wiesbaden: VS.

Hitzler, R. (1991). Dummheit als Methode. In D. Garz & K. Kraimer (Hrsg.), *Qualitativ-empirische Forschung* (S. 295–318). Opladen: Westdeutscher Verlag.

Hoffmann-Riem, Ch. (1980). Die Sozialforschung einer interpretativen Soziologie. Der Datengewinn. *Kölner Zeitschrift für Soziologie und Sozialpsychologie, 32*, 339–372.

Hughes, E. C. (1970). *The Sociological Eye*. Chicago, IL: Aldine.

Jahoda, M. (1997). Biographisches Interview mit Marie Jahoda. In St. Engler & B. Hasenjürgen (Hrsg.), *„Ich habe die Welt nicht verändert". Lebenserinnerungen einer Pionierin der Sozialforschung* (S. 101–185). Frankfurt am Main: Campus.

Jahoda, M., Lazarsfeld, P. F. & Zeisel, H. (1933/1975). *Die Arbeitslosen von Marienthal. Ein soziographischer Versuch*. Frankfurt am Main: Suhrkamp.

Jones, K., Gergen, M., Guiney Yallop, J. J., Lopez de Vallejo, I., Roberts, B. & Wright, P. (Hrsg.) (2008). Performative Social Science. *Forum Qualitative Sozialforschung / Forum: Qualitative Social Research, 9(2)*, http://www.qualitative-research.net/index.php/fqs/issue/view/10. [Stand: 08.08.2017].

Kiegelmann, M. (2018). Ethik in qualitativer psychologischer Forschung. In G. Mey & K. Mruck (Hrsg.), *Handbuch Qualitative Forschung in der Psychologie* (2., akt. u. erw. Aufl.). Heidelberg: Springer Reference Psychologie. DOI: https://doi.org/10.1007/978-3-658-18387-5_28-1.

Kleining, G. (1994). Qualitative Experimente über Vorurteile. In H.-W. Hoefert & Ch. Klotter (Hrsg.), *Neue Wege der Psychologie: eine Wissenschaft in der Veränderung* (S. 15–32). Heidelberg: Asanger, http://nbn-resolving.de/urn:nbn:de:0168-ssoar-6551. [Stand: 08.08.2017].
Kleining, G. (2018). Qualitative Heuristik. Entdeckende Strategie mit qualitativen Daten in der Psychologie. In G. Mey & K. Mruck (Hrsg.), *Handbuch Qualitative Forschung in der Psychologie* (2., akt. u. erw. Aufl.). Heidelberg: Springer Reference Psychologie. DOI: https://doi.org/10.1007/978-3-658-18387-5_14-1.
Kochinka, A. (2010). Beobachtung. In G. Mey & K. Mruck (Hrsg.), *Handbuch Qualitative Forschung in der Psychologie* (S. 449–461). Wiesbaden: VS.
König, R. (1984). Soziologie und Ethnologie. *Kölner Zeitschrift für Soziologie und Sozialpsychologie, Sonderheft 26: Ethnologie als Sozialwissenschaft*, 17–35.
König, H.-D. (2001). Tiefenhermeneutik als Methode psychoanalytischer Kulturforschung. In H. Appelsmeyer & E. Billmann-Mahecha (Hrsg.), *Kulturwissenschaft. Felder einer prozeßorientierten wissenschaftlichen Praxis* (S. 168–194). Weilerswist: Velbrück.
Kowal, S. & O'Connell, D. C. (2015). Zur Transkription von Gesprächen. In U. Flick, E. von Kardorff & I. Steinke (Hrsg.), *Qualitative Forschung. Ein Handbuch* (11. Aufl., S. 437–447). Reinbek: Rowohlt.
Kozinets, R. V. (2015). *Netnography. Redefined* (2. Aufl.). London: Sage.
Kraus, W. (2000). Identitäten zum Reden bringen. Erfahrungen mit qualitativen Ansätzen in einer Längsschnittstudie. *Forum Qualitative Sozialforschung / Forum: Qualitative Social Research, 1(2)*, Art. 15, http://nbn-resolving.de/urn:nbn:de:0114-fqs0002154. [Stand: 08.08.2017].
Kuckartz, U. (2010). *Einführung in die computergestützte Analyse qualitativer Daten* (3. akt. Aufl.). Wiesbaden: VS.
Kuckartz, U. (2014). *Mixed Methods. Methodologie, Forschungsdesigns und Analyseverfahren*. Wiesbaden: Springer VS.
Lamnek, S. (2005). *Gruppendiskussion. Theorie und Praxis* (2. Aufl.). Weinheim: Beltz/UTB.
Lamnek, S. (2010). *Qualitative Sozialforschung* (5., überarb. Aufl.). Weinheim: Beltz.
Leithäuser, Th. & Volmerg, B. (1988). *Psychoanalyse in der Sozialforschung. Eine Einführung*. Opladen: Westdeutscher Verlag.
Lewins, A. & Silver, Ch. (2007). *Using Software in Qualitative Research: A Step-By-Step Guide*. London: Sage.
Lippe, H. von, Mey, G. & Frommer, J. (2011). Zur Frage der Integration qualitativer und quantitativer Forschung in der Psychologie. *Zeitschrift für Qualitative Forschung, 12(1)*, 3–24.
Lorenzer, A. (1986). Tiefenhermeneutische Kulturanalyse. In H.-D. König, A. Lorenzer, H. Lüdde, S. Nagbøl, U. Prokop, G. Schmid Noerr & A. Eggert (Hrsg.), *Kultur-Analysen. Psychoanalytische Studien zur Kultur* (S. 11–98). Frankfurt am Main: Fischer.
Lucius-Hoene, G. (2017). Narrative Analysen in der Psychologie. In G. Mey & K. Mruck (Hrsg.), *Handbuch Qualitative Forschung in der Psychologie* (2., akt. u. erw. Aufl.). Heidelberg: Springer Reference Psychologie. DOI: https://doi.org/10.1007/978-3-658-18387-5_49-1.
Mayring, Ph. (2015). *Qualitative Inhaltsanalyse. Grundlagen und Techniken* (12. überarb. Aufl.). Weinheim: Beltz.
Medjedović, I. & Witzel, A. (2010). *Wiederverwendung qualitativer Daten. Archivierung und Sekundärnutzung qualitativer Interviewtranskripte*. Wiesbaden: VS.
Merton, R. & Kendall, P. (1946/1979). Das fokussierte Interview. In Ch. Hopf & E. Weingarten (Hrsg.), *Qualitative Sozialforschung* (S. 171–204). Stuttgart: Klett-Cotta.

Metschke, R. & Wellbrock, R. (2002). *Datenschutz in Wissenschaft und Forschung* (3. Aufl. 2002). https://www.datenschutz.hessen.de/download.php?download_ID=147 [Stand: 21.02.2018].

Meuser, M. & Nagel, U. (1991). Experteninterviews – vielfach erprobt, wenig bedacht. Ein Beitrag zur qualitativen Methodendiskussion. In D. Garz & K. Kraimer (Hrsg.), *Qualitativ-empirische Sozialforschung. Konzepte, Methoden, Analysen* (S. 441–471). Opladen: Westdeutscher Verlag.

Mey, G. & Dietrich, M. (2016). Vom Text zum Bild – Überlegungen zu einer visuellen Grounded-Theory-Methodologie. *Forum Qualitative Sozialforschung / Forum: Qualitative Social Research, 17(2)*, Art. 2, DOI: http://dx.doi.org/10.17169/fqs-17.2.2535.

Mey, G. & Mruck, K. (2011). Qualitative Interviews. In G. Naderer & E. Balzer (Hrsg.), *Qualitative Marktforschung in Theorie und Praxis. Grundlagen, Methoden und Anwendungen* (2. überarb. Aufl., S. 257–288). Wiesbaden: Gabler.

Mey, G. & Mruck, K. (Hrsg.) (2011a). *Grounded Theory Reader* (2. überarb. und erw. Aufl.). Wiesbaden: VS.

Mey, G. & Mruck, K. (Hrsg.) (2017). *Handbuch Qualitative Forschung in der Psychologie* (2., akt. u. erw. Aufl.). Heidelberg: Springer Reference Psychologie. DOI: https://doi.org/10.1007/978-3-658-18387-5.

Mey, G. & Ruppel, P. S. (2016). Narrativität in der Grounded-Theory Methodologie. In C. Equit & C. Hohage (Hrsg.), *Handbuch Grounded Theory* (S. 273–289). Weinheim: Beltz Juventa.

Mohn, E. (2002). *Filming Culture. Spielarten des Dokumentierens nach der Repräsentationskrise*. Stuttgart: Lucius & Lucius.

Mruck, K. & Mey, G. (1996). Qualitative Forschung und das Fortleben des Phantoms der Störungsfreiheit. *Journal für Psychologie, 4(3)*, 3–21, http://nbn-resolving.de/urn:nbn:de:0168-ssoar-2576 [Stand: 08.08.2017].

Mruck, K. & Mey, G. (1998). Selbstreflexivität und Subjektivität im Auswertungsprozeß biographischer Materialien – zum Konzept einer „Projektwerkstatt qualitativen Arbeitens" zwischen Colloquium, Supervision und Interpretationsgemeinschaft. In G. Jüttemann & H. Thomae (Hrsg.), *Biographische Methoden in den Humanwissenschaften* (S. 284–306). Weinheim: Beltz/PVU.

Mruck, K. & Mey, G. (2005). Qualitative Forschung: Zur Einführung in einen prosperierenden Wissenschaftszweig. *Historical Social Research / Historische Sozialforschung, 30(1)*, 5–27, http://nbn-resolving.de/urn:nbn:de:0168-ssoar-50230 [Stand: 08.08.2017].

Mruck, K. & Mey, G. (2010). Einleitung. In G. Mey & K. Mruck (Hrsg.), *Handbuch Qualitative Forschung in der Psychologie* (S. 11–32). Wiesbaden: VS.

Oevermann, U., Allert, T., Konau, E. & Krambeck, J. (1979). Die Methodologie einer „objektiven Hermeneutik" und ihre allgemeine forschungslogische Bedeutung in den Sozialwissenschaften. In H.-G. Soeffner (Hrsg.), *Interpretative Verfahren in den Sozial- und Textwissenschaften* (S. 352–434). Stuttgart: Metzler.

Potter, J. & Wetherell, M. (1987). *Discourse and Social Psychology. Beyond Attitudes and Behaviour*. London: Sage.

Reichertz, J. (2007). Qualitative Sozialforschung – Ansprüche, Prämissen, Probleme. *Erwägen – Wissen – Ethik, 18(2)*, 195–208.

Rosenthal, G. (2011). *Interpretative Sozialforschung. Eine Einführung* (2. Aufl.). Weinheim: Juventa.

Ruppel, P. S. & Mey, G. (2017). Grounded Theory Methodology. In R. Parrott (Hrsg.), *The Oxford Encyclopedia of Health and Risk Message Design and Processing (Oxford Research*

Encyclopedia of Communication). New York: Oxford University Press. DOI: 10.1093/acrefore/9780190228613.013.522.
Schorn, A. & Mey, G. (2005). Das Interview in der entwicklungspsychologischen Forschung. Anwendungsmöglichkeiten, Durchführung und Besonderheiten. In G. Mey (Hrsg.), *Handbuch Qualitative Entwicklungspsychologie* (S. 289–320). Köln: Kölner Studien Verlag.
Schreier, M. (2014). Varianten qualitativer Inhaltsanalyse. Ein Wegweiser im Dickicht der Begrifflichkeiten. *Forum Qualitative Sozialforschung / Forum: Qualitative Social Research, 15(1)*, Art. 18, http://dx.doi.org/10.17169/fqs-15.1.2043.
Schreier, M. (2017). Fallauswahl in der qualitativ-psychologischen Forschung. In G. Mey & K. Mruck (Hrsg.), *Handbuch Qualitative Forschung in der Psychologie* (2., akt. u. erw. Aufl.). Heidelberg: Springer. DOI: https://doi.org/10.1007/978-3-658-18387-5_19-1.
Schreier, M. (2017a). Kontexte qualitativer Sozialforschung: Arts-Based Research, Mixed Methods und Emergent Methods. *Forum Qualitative Sozialforschung / Forum: Qualitative Social Research, 18(2)*, Art. 6, http://dx.doi.org/10.17169/fqs-18.2.2815.
Schütze, F. (1983). Biographieforschung und narratives Interview. *Neue Praxis, 13*, 283–293, http://nbn-resolving.de/urn:nbn:de:0168-ssoar-53147 [Stand: 08.08.2017].
Steinke, I. (1999). *Kriterien qualitativer Forschung. Ansätze zur Bewertung qualitativ-empirischer Sozialforschung*. Weinheim: Juventa.
Straub, J. (1998) (Hrsg.). *Erzählung, Identität und historisches Bewußtsein*. Frankfurt am Main: Suhrkamp.
Strauss, A. L. & Corbin, J. M. (1996). *Grounded Theory: Grundlagen Qualitativer Sozialforschung*. Weinheim: Beltz.
Tuma, R., Schnettler, B. & Knoblauch, H. (2013). *Videographie. Einführung in die interpretative Videoanalyse sozialer Situationen*. Wiesbaden: Springer VS.
Unger, H. von (2014). *Partizipative Forschung. Einführung in die Forschungspraxis*. Wiesbaden: Springer VS.
Unger, H. von, Narimani, P. & M'Bayo, R. (Hrsg.) (2014). *Forschungsethik in der qualitativen Forschung: Reflexivität, Perspektiven, Positionen*. Wiesbaden: Springer VS.
Wernet, A. (2009). *Einführung in die Interpretationstechnik der Objektiven Hermeneutik* (3. Aufl.). Wiesbaden: VS.
Whyte, W. F. (1943/1996). *Die Street Corner Society. Die Sozialstruktur eines Italienerviertels*. Berlin/New York, NY: de Gruyter.
Willig, C. & Stainton-Rogers, W. (Hrsg.) (2008). *The SAGE Handbook of Qualitative Research in Psychology*. London: Sage.
Witzel, A. (2000). Das problemzentrierte Interview. *Forum Qualitative Sozialforschung / Forum: Qualitative Social Research, 1(1)*, Art. 22, http://nbn-resolving.de/urn:nbn:-de:0114-fqs0001228 [Stand: 08.08.2017].
Wolff, St. (2015). Dokumenten- und Aktenanalyse. In U. Flick, E. von Kardorff & I. Steinke (Hrsg.), *Qualitative Forschung. Ein Handbuch* (11. Aufl., S. 502–513). Reinbek: Rowohlt.

Weiterführende Literatur

Denzin, N. K. & Lincoln, Y. S. (Hrsg.) (2017). *The SAGE Handbook of Qualitative Research* (5. Aufl.). Thousand Oaks, CA: Sage.

Flick, U. (2007). *Qualitative Sozialforschung – Eine Einführung* (vollst. überarb. u. erw. Neuausg.). Reinbek: Rowohlt.

Flick, U., Kardorff, E. von & Steinke, I. (Hrsg.) (2015). *Qualitative Forschung – Ein Handbuch* (11. Aufl.). Reinbek: Rowohlt.

Forum Qualitative Sozialforschung / Forum Qualitative Social Research. www.qualitative-reserach.net [Internationale Open-Access-Zeitschrift mit über 1.800 Beiträgen, Stand: 08.08.2017].

Mey, G. & Mruck, K. (Hrsg.) (2014). *Qualitative Forschung. Analysen und Diskussionen.* Wiesbaden: Springer VS.

Mey, G. & Mruck, K. (Hrsg.) (2017). *Handbuch Qualitative Forschung in der Psychologie.* (2., akt. u. erw. Aufl.). Heidelberg: Springer Reference Psychologie. DOI: https://doi.org/10.1007/978-3-658-18387-5.

Przyborski, A. & Wohlrab-Sahr, M. (2014). *Qualitative Sozialforschung: Ein Arbeitsbuch* (4. erw. Aufl.). München: Oldenbourg.

Quantitative Forschung

Gunnar Lemmer und Mario Gollwitzer

Zusammenfassung

Dieses Kapitel beschäftigt sich mit den Grundzügen der quantitativen Forschungsmethodik in der Sozialpsychologie. Anfangs verdeutlichen wir, was unter wissenschaftlichen Hypothesen zu verstehen ist, welchen Kriterien sie genügen müssen und welche Arten von Hypothesen zu unterscheiden sind. Anschließend beschäftigen wir uns mit den Konzepten „Population" und „Stichprobe" sowie mit der Frage, wie Messwerte erhoben werden können und welche Gütekriterien die verwendeten Messverfahren erfüllen müssen. Danach behandeln wir ausführlich, wie quantitative Untersuchungen angelegt werden und welche Besonderheiten die einzelnen Ansätze haben. Im Zuge dieser Schilderungen gehen wir auch auf die statistische Auswertung quantitativer Forschung ein.

Wissenschaftliche Hypothesen als Grundlage quantitativ-sozialpsychologischer Forschung

Macht der Konsum gewalthaltiger Medien Menschen aggressiver? Reduzieren Interaktionen mit Mitgliedern anderer sozialer Gruppen (z. B. Flüchtlinge) die Vorurteile gegenüber diesen Gruppen? Sind Menschen zivilcouragierter, wenn sie in guter Stimmung sind? All dies sind Beispiele für Fragen, mit denen sich die *quantitativ* angelegte Sozialpsychologie beschäftigt. Dabei werden allgemeingültige Aussagen bzw. Gesetzmäßigkeiten anhand von in Untersuchungen gewonnenen Daten (Zahlen) unter Verwendung statistischer Analysemethoden überprüft.

Ein wesentliches Merkmal der quantitativ-sozialpsychologischen Forschung ist also ihre hypothesenprüfende Ausrichtung. Unter dem Begriff *Hypothese* (griech.

hypóthesis = Unterstellung, Grundlage) wird allgemein eine nicht-triviale (d. h. widerlegbare) Behauptung über einen beobachtbaren Sachverhalt verstanden. In der sozialwissenschaftlichen Forschung wird der Begriff allerdings enger gefasst: Hier wird eine Hypothese als eine theoretische Annahme über die Beziehungsstruktur zwischen Variablen verstanden. Eine Variable ist ein Merkmal, das Personen (allgemeiner: Objekte) beschreibt und das im Gegensatz zu einer Konstanten wie der Erdanziehungskraft (g = 9,81 m/s²) mehr als eine Ausprägung annehmen kann, wie beispielsweise die Körpergröße. Beispiele für psychologische Variablen sind Intelligenz, Geselligkeit, Toleranz gegenüber Minderheiten oder Aggressivität. Auch psychologische Merkmale kommen in verschiedenen Ausprägungen vor: Menschen unterscheiden sich im Ausmaß ihrer Intelligenz, Geselligkeit, Toleranz und Aggressivität. Ein Sozialpsychologe könnte mit einer Hypothese beispielsweise postulieren, dass die Ausprägung in der Variable Geselligkeit insofern mit der Ausprägung in der Variable Toleranz zusammenhängt, dass geselligere Menschen toleranter sind. Er würde also annehmen: Je geselliger, desto toleranter.

Damit eine Hypothese in der quantitativen Forschung als *wissenschaftliche* Hypothese bezeichnet werden kann, muss sie vier Kriterien erfüllen (vgl. Eid, Gollwitzer & Schmitt 2015; Huber 2013; Hussy & Jain 2002): Begründung, Allgemeingültigkeit, empirische Prüfbarkeit im Sinne der Falsifizierbarkeit und empirische Prüfbarkeit im Sinne der Operationalisierbarkeit. Erstens muss eine Hypothese also aus theoretischen Überlegungen abgeleitet und durch diese *begründet* sein. Eine Behauptung wie „Größere Menschen sind geselliger" kann ohne nachvollziehbares theoretisches Begründungsfundament nicht als wissenschaftliche Hypothese angesehen werden. Zweitens muss eine Hypothese einen *allgemeingültigen* Charakter haben und über den Einzelfall hinausgehen. So haben beispielsweise die Aussagen „Kinder und Jugendliche, die geselliger sind, sind auch toleranter" oder „In Europa sind Kinder und Jugendliche, die geselliger sind, auch toleranter" eine allgemeingültige Ausrichtung. Demgegenüber verweist die Aussage „Alva ist gesellig und tolerant" auf einen Einzelfall. Wissenschaftliche Hypothesen beziehen sich auf eine Population, d. h. auf die Menge aller Personen, die einem Kriterium oder einer Kombination von Kriterien entsprechen. Beispiele für solche Grundgesamtheiten sind „alle Menschen", „alle Kinder und Jugendlichen" oder „alle Kinder und Jugendlichen in Europa". Für welche Population eine gegebene Hypothese Geltungsanspruch hat, ist explizit offenzulegen. Drittens muss eine wissenschaftliche Hypothese *falsifizierbar*, also prinzipiell widerlegbar sein. Das heißt, dass auch Untersuchungsergebnisse denkbar sein müssen, die der Hypothese widersprechen und die zur Ablehnung der Hypothese führen würden. Anders ausgedrückt, muss eine Hypothese einen empirischen Gehalt haben. Dieser steigt mit der Anzahl an Falsifikatoren, also mit der Anzahl möglicher Ergebnisse, die ihr widersprechen.

Nicht falsifizierbar sind beispielsweise Aussagen wie „Der Konsum gewalthaltiger Medien *kann* zu erhöter Aggression führen" oder „*Einige* Menschen sind umso toleranter, je geselliger sie sind", denn sie können nicht sinnvoll empirisch überprüft, d. h. anhand von gewonnenen Erfahrungen getestet werden. Aufgrund der Wörter „kann" bzw. „einige" ist es unmöglich, sie eindeutig zu widerlegen. Viertens sollten die in der Hypothese enthaltenen Variablen *operationalisierbar* sein, damit die Hypothese empirisch überprüft werden kann. In der Sozialpsychologie handelt es sich bei den berücksichtigten Variablen oft um theoretische Konstrukte, die der Erfahrung nicht unmittelbar zugänglich sind. Allerdings muss es möglich sein, diese gedanklichen Konstruktionen zu operationalisieren, d. h. sie erfassbar bzw. messbar zu machen. Für unsere Beispielhypothese „Menschen, die geselliger sind, sind auch toleranter" trifft dies zu. Zwar handelt es sich bei Geselligkeit und Toleranz um abstrakte theoretische Konstruktionen, die nicht sichtbar und direkt erfahrbar sind, aber dennoch können Informationen über die Ausprägungen dieser Variablen gewonnen werden, zum Beispiel anhand von Fragebögen. Mithilfe der erhobenen Daten kann dann überprüft werden, ob die Hypothese mit der Realität vereinbar ist. Demgegenüber handelt es sich bei der Aussage „In Atlantis fühlen sich Menschen besser als in Europa" um eine empirisch nicht überprüfbare Vermutung, da Atlantis (mutmaßlich) versunken ist.

Insgesamt lassen sich zwei große Kategorien von wissenschaftlichen Hypothesen unterscheiden: Zusammenhangshypothesen auf der einen und Kausalhypothesen auf der anderen Seite. Mit einer (linearen) *Zusammenhangshypothese* kann angenommen werden, dass Personen mit hoher Ausprägung in der einen Variablen auch eine hohe Ausprägung in der anderen Variablen haben (je höher, desto höher und umgekehrt: je niedriger, desto niedriger). Diese Gleichsinnigkeit wird als positiver Zusammenhang bezeichnet. Unsere Geselligkeits-Toleranz-Hypothese ist ein Beispiel dafür. Dagegen kann jedoch auch postuliert werden, dass eine hohe Ausprägung in der einen Variablen mit einer niedrigen Ausprägung in der anderen Variablen einhergeht und umgekehrt (negativer bzw. gegenläufiger Zusammenhang). Hierbei handelt es sich jeweils um eine gerichtete Hypothese, da die Richtung des Zusammenhangs (positiv oder negativ) Bestandteil der Hypothese ist. Daneben gibt es ungerichtete Hypothesen, die zwar annehmen, dass es einen Zusammenhang gibt, die die Richtung dieses Zusammenhangs jedoch offenlassen. Für alle Zusammenhangshypothesen gilt, dass die Ursache des Zusammenhangs nicht Gegenstand der Hypothese ist.

Demgegenüber impliziert eine *Kausalhypothese* eine Ursache-Wirkungs-Beziehung (Wenn-dann-Struktur). Beispielsweise könnte ein Forscher oder eine Forscherin davon ausgehen, dass der Konsum gewalthaltiger Medieninhalte (Ursache) dazu führt, dass Menschen aggressiver werden (Wirkung). Er oder sie nimmt also an, dass ein Zusammenhang zwischen den Ausprägungen der beiden Variablen besteht, der darauf zurückzuführen ist, dass die eine Variable einen Effekt auf die andere hat, sie also beeinflusst. Bei Kausalhypothesen werden deshalb zwei Arten von Variablen unterschieden: *die unabhängige Variable* (vermutete Ursache) und *die abhängige Variable* (Variable, in der sich die Wirkung der unabhängigen Variablen zeigen soll und deren Ausprägung daher durch die unabhängige Variable bedingt ist).

Hypothesen können auch komplexer sein und mehr als zwei Variablen umfassen. Das ist zum Beispiel bei Moderator- und Mediatorhypothesen der Fall, die spezifische Varianten von Kausalhypothesen sind. Mit einer *Moderatorhypothese* wird angenommen, dass der Effekt der unabhängigen auf die abhängige Variable von der Ausprägung einer dritten Variablen abhängt, von ihr also moderiert wird. So könnte angenommen werden, dass der Konsum gewalthaltiger Medien bei Männern zu erhöhter Aggression führt, nicht jedoch bei Frauen. In diesem Fall wäre die Moderatorvariable das Geschlecht. Eine *Mediatorhypothese* konkretisiert dagegen den kausalen Prozess: Es wird angenommen, dass eine unabhängige Variable (z. B. Konsum gewalthaltiger Medien) deswegen einen Effekt auf die abhängige Variable (z. B. Aggression) hat, weil sie zunächst auf eine „zwischengeschaltete" Variable (Mediatorvariable; z. B. kognitive Verfügbarkeit aggressiver Verhaltensskripte) wirkt, die in der Folge die abhängige Variable beeinflusst. Eine Mediatorhypothese beinhaltet also Annahmen darüber, *warum* eine unabhängige Variable Einfluss auf eine abhängige Variable hat. Moderator- und Mediatorhypothesen können kombiniert werden.

Population und Untersuchungsstichprobe

Hypothesen sind in der quantitativen Forschung allgemeingültig und für eine Population definiert. Im Rahmen einer empirischen Prüfung können jedoch im Regelfall nicht alle Personen der Population, für die die Hypothese formuliert ist, untersucht werden – eine solche Voll- bzw. Totalerhebung ist üblicherweise nicht realisierbar. Ein wesentliches Kennzeichen einer quantitativ-sozialpsychologischen Untersuchung ist daher die Verwendung einer *Stichprobe*, also einer Teilmenge der Population.

Ein wichtiger Aspekt ist die Größe der Stichprobe. Es leuchtet ein, dass die Daten einer einzigen Person nur sehr limitierte Aussagen über die interessierende Population zulassen. Individuelle Besonderheiten, die zufällig gerade für diese Person zutreffen, würden nur ein sehr verzerrtes Abbild der Populationsverhältnisse ermöglichen. Die aus der betreffenden Population gezogene Stichprobe sollte also aus möglichst vielen Personen bestehen: Die Aussage über die Gültigkeit einer Hypothese in der Population lässt sich generell mit umso größerer Sicherheit treffen, je größer die Stichprobe ist. Allerdings ist die Ziehung großer Stichproben ressourcenaufwendig: Sie kostet Zeit und Geld. Zudem lassen sich auch mit relativ kleinen Stichproben Aussagen über die Gültigkeit von Hypothesen treffen. Das Schlussfolgern von den Stichprobendaten auf die Population ist Gegenstandsbereich der *Inferenzstatistik* (schließende Statistik; s. S. 269).

Stichproben werden darüber hinaus nach dem Prinzip ihrer Zusammenstellung in *probabilistisch* und *nicht-probabilistisch* unterteilt. Probabilistische Stichproben werden nach dem Zufallsansatz generiert. Eine einfache Zufallsstichprobe ist dadurch gekennzeichnet, dass jedes Populationsmitglied dieselbe Chance hat, für die Stichprobe rekrutiert zu werden. Praktisch bedeutet dies, dass jedes Populationsmitglied zunächst in einer Auflistung registriert sein muss, aus der die Studienteilnehmer und -teilnehmerinnen mithilfe einer Zufallsauswahl (nicht zu verwechseln mit einer Zufallszuweisung bzw. Randomisierung, s. S. 270) bestimmt werden. Weitere Formen von Zufallsstichproben sind die geschichtete Zufallsstichprobe, die Klumpenstichprobe und die mehrstufige Stichprobe, die im Detail bei Schnell, Hill und Esser (2013) erläutert werden. Ein Beispiel für *nicht-probabilistische* Stichproben sind Ad-hoc-Stichproben (anfallende Stichproben). Hier setzt sich die Stichprobe aus Mitgliedern der Population zusammen, die gerade verfügbar sind, beispielsweise Passanten in einer Einkaufspassage oder Studierende der Psychologie.

Zunächst ist wünschenswert, dass die gezogene Stichprobe in ihrer Zusammensetzung (also der Verteilung von Merkmalen wie Alter, Geschlecht und sozioökonomischer Status) der Population entspricht, über die eine Aussage getroffen werden soll. Eine solche Stichprobe wird als *repräsentative* Stichprobe bezeichnet. Zwar gilt generell, dass große Stichproben mit größerer Wahrscheinlichkeit repräsentativer sind als kleine, aber Größe und Repräsentativität sind nicht dasselbe: Auch eine kleine Stichprobe kann der Population in Bezug auf die Verteilung relevanter Merkmale wie Alter, Geschlecht oder Bildungsniveau hinreichend ähneln und daher repräsentativ sein. Umgekehrt kann auch eine große Stichprobe höchst selektiv und insofern nicht repräsentativ für die Population sein.

Im Idealfall sind sämtliche Variablen in der Stichprobe genauso verteilt wie in der Population. Das lässt sich allerdings nicht überprüfen und ist in den meisten Fällen unrealistisch. In vielen Fällen reicht es aus sicherzustellen, dass sich die Stichprobe und die Population nicht hinsichtlich solcher Variablen unterscheiden, die die zu treffende empirische Aussage verzerren könnten. Wenn also beispielsweise der Konsum gewalthaltiger Medien nur bei Männern zu Aggression führt, nicht aber bei Frauen, so wäre eine Stichprobe, die vorwiegend aus Frauen besteht, problematisch. Ein Untersuchungsergebnis in einer solchen Stichprobe dürfte nicht auf die Gesamtpopulation übertragen werden. Unproblematisch ist es hingegen, wenn sich Stichprobe und Population nur bezüglich jener Merkmale unterscheiden, die die zu treffende Aussage nicht verzerren. Selbst wenn beispielsweise alle Versuchspersonen in der Stichprobe blonde Haare haben und die Verteilung des Merkmals Haarfarbe in der Population eine andere ist – solange die Haarfarbe nicht den Effekt von Medienkonsum auf Aggression moderiert, ist die mangelnde Repräsentativität der Stichprobe in Bezug auf dieses Merkmal irrelevant.

Bestimmung von Variablenausprägungen und Gütekriterien für Messinstrumente

Messung und Operationalisierung

Um eine wissenschaftliche Hypothese empirisch zu prüfen, müssen die Variablen gemessen werden, über die die Hypothese eine Aussage macht. Das bedeutet: Jeder Person muss hinsichtlich jeder Variablen eine Zahl zugeordnet werden, die für ihre jeweilige Variablenausprägung steht und diese angemessen repräsentiert. In der Regel handelt es sich bei den Variablen um theoretische Konstrukte wie Geselligkeit oder Toleranz, die nicht direkt erfassbar bzw. quantifizierbar sind, weswegen sie zunächst messbar gemacht werden müssen. Dieser Schritt wird als *Operationalisierung* bezeichnet. Der Begriff Operationalisierung bedeutet, dass ein *Messinstrument* (z. B. ein Fragebogen zur Erfassung der Geselligkeit) bestimmt wird, welches als Hilfsmittel Informationen über die Merkmalsausprägung der Personen liefert. Eine Hypothese ist erst dann empirisch prüfbar, wenn alle in ihr enthaltenen Konstrukte operationalisiert sind. Üblicherweise werden die Informationen dabei direkt in quantitativer Form, d. h. mit Zahlen, erhoben, sodass das verwendete Instrument Messwerte bereitstellt. Eine theoretische Variable kann in aller Regel auf unterschiedliche Weise operationalisiert werden. Die Entscheidung für eine bestimmte Operationalisierung kann dabei nicht logisch aus einem theoretischen Fundament abgeleitet werden, sondern sie obliegt dem Forscher oder der Forscherin. Widerspricht ein Ergebnis der Hypothese, bedeutet das daher nicht zwangsläufig, dass sie inkorrekt ist. Vielmehr könnte der Grund auch darin liegen, dass die Operationalisierungen ungeeignet gewesen sind.

Gütekriterien für Messinstrumente

Zu den Anforderungen an sozialpsychologische Messinstrumente zählt insbesondere, dass sie objektive, reliable und konstruktvalide Messwerte liefern sollten (vgl. Moosbrugger & Kelava 2012). Das Gütekriterium der *Objektivität* bezieht sich darauf, inwiefern der Einsatz des Messinstruments unabhängig von der Person des Forschers oder der Forscherin ist; entsprechend werden *Durchführungs-, Auswertungs- und Interpretationsobjektivität* unterschieden. Sie alle lassen sich durch eine möglichst große Standardisierung erreichen. Eine hohe Durchführungsobjektivität kann über die Standardisierung der Durchführungsbedingungen anhand vorgegebener, möglichst präziser Instruktionen gewährleistet werden, die beispielsweise Angaben zur Bearbeitungszeit enthalten. Die Auswertungsobjektivität wird durch Regeln sichergestellt, die spezifizieren, wie aus den Antworten einer Person ein Zahlenwert ermittelt wird, der die Ausprägung im jeweiligen Messinstrument repräsentiert. Schließlich kann die Interpretationsobjektivität durch Normwerte gefördert werden, die vorgeben, wie die ermittelten Zahlenwerte im Vergleich zu anderen Personen einzuordnen sind.

Die *Reliabilität* (Messgenauigkeit oder Zuverlässigkeit) eines Messinstrumentes kennzeichnet das Ausmaß, in dem es nicht von Messfehlern beeinflusst ist. Um das Gütekriterium der Reliabilität besser einschätzen zu können, sollte sich vor Augen geführt werden, dass der gemessene Wert einer Person zumeist nicht exakt mit der tatsächlichen Ausprägung (dem „wahren Wert") übereinstimmt. Das Ergebnis der Messung eines Merkmals unterliegt vielmehr auch Zufallseinflüssen und enthält somit einen Fehler, der als *Messfehler* bezeichnet wird. In der Sozialpsychologie ist bei nahezu allen Merkmalen – abgesehen von soziodemografischen Variablen wie Geschlecht und Alter – mit Messfehlern zu rechnen. Selbst physikalische Messungen wie die der Geschwindigkeit und physiologische wie die der Hautleitfähigkeit unterliegen zufälligen Messungenauigkeiten. Stellen wir uns beispielsweise vor, wir würden die Körpergröße einer erwachsenen Person mit einem Maßband messen. Denkbar ist, dass das Maßband nicht ganz gerade anliegt und daher einen zu großen Messwert anzeigt. Es könnte aber auch gerade, aber etwas oberhalb des Bodens platziert sein, sodass die Körpergröße unterschätzt wird. Zudem sind Ablesefehler in beide Richtungen möglich. Ähnlich verhält es sich bei der Messung sozialpsychologischer Merkmale. Messfehler bedingen auch hier, dass die erfasste Ausprägung einer Person üblicherweise von der wahren Ausprägung abweicht. Gründe dafür können beispielsweise Verwechslungen beim Ankreuzen der Antwortkategorien, Missverständnisse bei der Instruktion oder die aktuelle Befindlichkeit der Person sein. Entscheidend ist, dass sich das Gütekriterium der Reliabilität und der Begriff des Messfehlers nur auf *unsystematische* Zufallsfehler beziehen, die in beide Richtungen ausschlagen können, nicht aber auf eine *systematische* Unter- oder Überschätzung.

Konzeptuell bezieht sich die Reliabilität eines Messinstrumentes auf die Variation der Merkmalsausprägungen verschiedener Personen. Konkret gibt sie an, welcher Anteil der Unterschiedlichkeit zwischen den gemessenen Werten auf die Unterschiedlichkeit zwischen den wahren Werten der Personen und nicht auf messfehlerbedingte Unterschiede zurückzuführen ist. Mathematisch wird dies formuliert als: Quotient zwischen der Varianz[1] der wahren Werte (Zähler) und der Varianz der gemessenen Werte (Nenner). Der *Reliabilitätsquotient* kann somit eine Zahl zwischen 0 und 1 annehmen. Ein Instrument, das ein Merkmal vollkommen messfehlerfrei erfasst, hat folglich eine Reliabilität von 1 – sämtliche Unterschiede zwischen den gemessenen Werten der Personen sind in diesem Fall auf Unterschiede zwischen ihren wahren Werten zurückzuführen. Demgegenüber gilt für ein Messinstrument mit einem Reliabilitätsquotienten von 0,5, dass nur die Hälfte der Unterschiede zwischen den gemessenen Werten auf Unterschiede zwischen den wahren Werten zurückzuführen ist, wohingegen die andere Hälfte der Variation messfehlerbedingt ist. Ziel ist es, eine möglichst hohe Reliabilität zu erreichen, sodass die mit einem Messinstrument erfassten Unterschiede zwischen Personen möglichst die wahren Unterschiede zwischen ihnen repräsentieren und möglichst wenig durch Messfehler beeinflusst sind. Üblicherweise (vgl. Rammstedt 2014; Weise 1975) wird in der sozialwissenschaftlichen Forschung für Fragebögen eine Reliabilität von $\geq 0{,}7$ als ausreichend angesehen ($\geq 0{,}8$ „gut"; $\geq 0{,}9$ „hoch").

Für die praktische Bestimmung der Reliabilität eines Messinstrumentes anhand einer Stichprobe müssen – da die wahren Werte unbekannt sind – Schätzverfahren (Test-Retest-Methode, Paralleltestmethode, Testhalbierungsmethode oder Ermittlung von Cronbachs Alpha) eingesetzt werden. Eine Schilderung dieser Methoden sowie ihrer Vor- und Nachteile ist in Lehrbüchern der Psychologischen Diagnostik (z. B. Moosbrugger & Kelava 2012; Schmidt-Atzert & Amelang 2012) zu finden. An dieser Stelle sei jedoch auf den wichtigen Sachverhalt hingewiesen, dass das Ergebnis einer Reliabilitätsschätzung nicht allein das Messinstrument charakterisiert, sondern auch die verwendete Schätzmethode und die herangezogene Stichprobe.

Der Begriff der *Konstruktvalidität* (Gültigkeit) bezieht sich darauf, inwiefern das Messinstrument tatsächlich das Konstrukt erfasst, das es messen soll. Es geht also um das Ausmaß, in dem die gewählte Operationalisierung das interessierende Konstrukt angemessen repräsentiert bzw. abdeckt. Ein Instrument kann daher zwar

---

1   Die Varianz ist eine statistische Kennzahl für das Ausmaß der Variation von Zahlenwerten. Sie wird als die mittlere quadrierte Abweichung aller Einzelwerte vom Mittelwert berechnet.

hochreliabel, jedoch nicht konstruktvalide sein, wenn nicht das intendierte Merkmal gemessen wird. In der sozialpsychologischen Forschung kommt es häufig vor, dass mit einem Messinstrument nicht ein, sondern mehrere Konstrukte abgebildet werden, was zu Verzerrungen führen kann. Ein Beispiel wäre ein Fragebogen zur Aggressivität: Die Befragten könnten sich in ihren Antworten (auch) so darstellen, wie sie denken, dass es den sozialen Normen entspricht, und nicht (nur) so, wie es der von ihnen empfundenen Ausprägung ihrer Aggressivität entspricht. Somit wäre die Konstruktvalidität gefährdet – die gemessenen Werte würden nicht nur die Aggressivität abbilden, sondern auch die soziale Erwünschtheit, und die Aggressivität daher vermutlich systematisch unterschätzen. Die Konstruktvalidität eines Messinstrumentes kann durch die Bestimmung der *konvergenten* und *diskriminanten* Validität empirisch überprüft werden. Mit der konvergenten Validität wird ermittelt, inwiefern das Messinstrument mit anderen Messinstrumenten zusammenhängt, die dasselbe Konstrukt erfassen; andersherum wird mit der diskriminanten Validierung ermittelt, inwiefern das interessierende Messinstrument nicht mit anderen Messinstrumenten zusammenhängt, die ein anderes Konstrukt messen sollen (z. B. fehlende Hilfsbereitschaft). Mit der Multitrait-Multimethod-Analyse (Campbell & Fiske 1959; Schmitt 2006) steht ein Ansatz bereit, mit dem eine solche Konstruktvalidierung vorgenommen werden kann.

Beispiele für Messinstrumente in der Sozialpsychologie

In der quantitativ-psychologischen Forschung werden allgemein folgende Kategorien von Messinstrumenten unterschieden, die jeweils spezifische Vor- und Nachteile haben: fragebogenbasierte Selbstauskünfte, implizite Messverfahren, Verhaltensmaße, psychobiologische Verfahren, projektive Tests und Leistungstests (vgl. Eid, Gollwitzer & Schmitt 2015). Da fragenbogenbasierte Selbstauskünfte, implizite Messverfahren und Verhaltensmaße für die Sozialpsychologie von besonderer Relevanz sind, werden sie im Folgenden näher betrachtet. In der Praxis bietet sich zur Förderung der Konstruktvalidität oft ein *multimethodales* Vorgehen an, bei dem das interessierende Konstrukt mit verschiedenen Methoden erfasst wird.

Ausgangspunkt *fragebogenbasierter Selbstauskünfte* ist die Annahme, dass Personen über sich selbst Auskunft geben (können), wenn sie direkt nach dem interessierenden Sachverhalt befragt werden. In der quantitativen Forschung bezieht sich der Begriff Fragebogen in aller Regel auf ein vollstrukturiertes, schriftliches Befragungsinstrument mit vorformulierten Fragen bzw. Aussagen *(Items)* und Antwortmöglichkeiten. Um zum einen das interessierende Merkmal möglichst gut abzubilden und zum anderen ein möglichst reliables Messinstrument zu erhalten, werden in der Regel mehrere Items vorgegeben. Zur Erfassung der Geselligkeit könnten beispielsweise Items wie „Ich habe gerne viele Leute um mich herum" oder „Ich arbeite lieber mit anderen zusammen als alleine" präsentiert werden (Asendorpf 1997). Zur Beantwortung werden häufig zwei Extrema wie „stimme überhaupt nicht zu" und „stimme voll und ganz zu" einander gegenübergestellt. Die befragte Person wird aufgefordert, auf einer Skala mit beispielsweise fünf bis sieben Abstufungen zu antworten. Je höher die Zahl, die sie angibt, desto größer ist ihre Zustimmung zur entsprechenden Aussage. Aus den Reaktionen auf die einzelnen Items zur Messung eines Konstrukts wird eine Kennzahl bestimmt, die die gemessene Merkmalsausprägung der Person repräsentiert. Üblicherweise handelt es sich dabei um den Mittelwert der Einzelangaben, die Einzelreaktionen werden also aufsummiert und durch die Anzahl aller Items dividiert.

Fragebögen können in der Sozialpsychologie zur Erfassung einer Vielzahl unterschiedlicher Konstrukte eingesetzt werden. Dabei kann oftmals auf bereits etablierte Instrumente zurückgegriffen werden. Prinzipien zur Konstruktion eines eigenen Fragebogens können beispielsweise Eid und Schmidt (2014), Moosbrugger und Kelava (2012) sowie Mummendey und Grau (2014) entnommen werden. Fragebögen ermöglichen sowohl die Durchführung von Gruppenuntersuchungen als auch die Erhebung von Daten im Internet. Ihr Einsatz ist in der Regel mit geringen personellen und materiellen Ressourcen zu bewerkstelligen; sie ermöglichen darüber hinaus eine standardisierte Erhebung und Auswertung und stellen damit eine hohe Objektivität sicher. Der hohe Standardisierungsgrad bringt jedoch auch einen Nachteil mit sich; so können aufgrund des fixierten Formats möglicherweise relevante Zusatzinformationen nicht berücksichtigt werden. Aufgrund ihrer zahlreichen Vorzüge ist die Fragebogenmethode in der Sozialpsychologie weitverbreitet, doch ihre Anwendung ist nicht unproblematisch. So muss kritisch reflektiert werden, ob die Werte verzerrt sind und somit nicht (nur) das Merkmal gemessen wird, das gemessen werden soll (Konstruktvalidität). Dieses Problem stellt sich insbesondere bei der Erfassung von solchen Konstrukten, die mit einer sozialen Abwertung des oder der Befragten verbunden sein können, wie Aggressivität oder Vorurteile gegenüber Minderheiten. Auch können Personen so antworten, wie sie denken, dass es die Forschenden in der jeweiligen Untersuchung vermuten („faking good") oder es gerade nicht vermuten („faking bad"). Diese motivierten Verzerrungen können aber auch andere Messinstrumente beeinträchtigen, wie zum Beispiel bestimmte Varianten der Verhaltensbeobachtung. Zudem gibt es Möglichkeiten, motivierten (und unmotivierten) Verzerrungen mit geeigneten Instruktionen entgegenzuwirken. Auch können Kontrollskalen („Soziale Erwünschtheits-Skalen") verwendet werden, die im Nachhinein Anhaltspunkte über mögliche Beeinflussungen liefern.

Bei *impliziten Messverfahren* wird die Person nicht direkt nach ihrer Merkmalsausprägung befragt, ihre Ausprägung wird primär indirekt aus ihren Angaben erschlossen. *Implizit* bedeutet, dass der Antwortprozess ohne die bewusste Steuerung der befragten Person abläuft. Entsprechend sollen implizite Maße automatische Prozesse ohne bewusste Beeinflussung erfassen. Implizite Messverfahren sind meist reaktionszeitbasierte Instrumente, die am Computer durchgeführt werden, wie etwa der Implizite Assoziationstest (IAT; Greenwald, McGhee & Schwartz 1998).

Zu den Vorzügen impliziter Messverfahren zählt, dass keine explizite kognitive Repräsentation der Merkmalsausprägung vorausgesetzt wird. Um beispielsweise die Aggressivität einer Person mit einem impliziten Messverfahren zu erfassen, muss sie nicht wissen, was Aggressivität überhaupt ist. Auch sind solche Instrumente weniger anfällig für Verfälschungstendenzen. Allerdings sind sowohl die Durchführung als auch die Auswertung mit einem erhöhten Aufwand und einer komplexeren Datenaufbereitung verbunden.

Die Gruppe der *Verhaltensmaße* untergliedert sich in die beiden Subkategorien Verhaltensbeobachtung und Registrierung von Verhaltensprodukten. Im Rahmen der *Verhaltensbeobachtung* werden Personen entweder zeitbasiert („time-sampling") oder ereignisbasiert („event-sampling") danach beobachtet, wie häufig sie vorher definierte Verhaltensweisen, beispielsweise Formen aggressiven Verhaltens, zeigen. Als wesentliches Instrument dient ein Beobachtungsbogen, wie zum Beispiel der BAV – Beobachtungsbogen für aggressives Verhalten (Petermann & Petermann 2012). Darin sind die zu beobachtenden Verhaltenskategorien (z. B. „anschreien, anbrüllen oder beschimpfen") vorgegeben, und die Zielpersonen (in diesem Fall Kinder bzw. Jugendliche) werden in definierten Zeitintervallen daraufhin beobachtet, wie oft sie dieses Verhalten zeigen. Die Erfassung erfolgt mittels einer fünfstufigen Skala von 1 (nie) bis 5 (sehr häufig).

Die zweite Subkategorie von Verhaltensmaßen, die *Registrierung von Verhaltensprodukten,* bezieht sich auf Messansätze, bei denen lediglich das Verhaltensergebnis und nicht die Verhaltensausführung erfasst wird. Darunter fallen auch Mitteilungen in sozialen Netzwerken oder Archivdaten wie Klassenbucheinträge. Diese Messmethode wurde beispielsweise von Turner und West (2012) in einer sozialpsychologischen Untersuchung zur Diskriminierung adipöser Personen eingesetzt. In einer Einzeluntersuchung wurde den Teilnehmenden vom Versuchsleiter jeweils ein Gespräch mit einer übergewichtigen Person angekündigt. Aufgabe der Teilnehmenden war es, zwei Stühle für das folgende Gespräch im Raum zu platzieren, nachdem der Versuchsleiter den Raum verlassen hatte, um die übergewichtige Person zu holen. Der Abstand zwischen den Stühlen wurde als Maß für die Diskriminierung von übergewichtigen Menschen verwendet. Ein anderes Beispiel stammt aus der Aggressionsforschung: die „Competitive Reaction Time Task" (Taylor 1967). Die

Teilnehmenden gehen davon aus, dass sie in einem Reaktionszeitwettbewerb gegen eine andere Person antreten. Das Verfahren besteht aus mehreren Durchgängen, an deren Ende dem „Verlierer" jeweils ein unangenehmes Geräusch dargeboten wird, dessen Intensität und Dauer vom „Gewinner" bestimmt wird. Tatsächlich aber gibt es keine andere Person – der Verlauf ist computergesteuert. Als Aggressionsmaße dienen die gewählten Geräuschintensitäten und -längen.

Verhaltensmaße sind immer dann besonders konstruktvalide, wenn die zu messende Variable einen direkten Verhaltensbezug hat, wie es beispielsweise bei Aggression und diskriminierendem Verhalten der Fall ist. Schwieriger ist es, wenn die zu messende Variable facettenreicher ist und das beobachtbare Verhalten und dessen Ergebnisse nur, wie bei sozialen Einstellungen, eine dieser Facetten abbilden. So könnte der Konsum von Baguettes eine Facette der Einstellung gegenüber Frankreich sein, aber eben nur eine Facette. Einstellungen nur über verhaltensbasierte Variablen zu messen, würde der Komplexität des Merkmals nicht gerecht werden.

Verhaltensmaße werden üblicherweise auch danach unterschieden, ob die Messung reaktiv oder nicht-reaktiv ist. Bei reaktiven Messungen sind sich die Personen darüber bewusst, dass ihr Verhalten beobachtet bzw. registriert wird. Für nicht-reaktive Messungen trifft dies nicht zu, sodass das Verhalten vom Messvorgang unbeeinflusst bleibt. Insgesamt steht den Vorzügen von Verhaltensmaßen ein höherer Erhebungsaufwand gegenüber. Zudem ist ihr Einsatz ungeeignet, wenn ein Merkmal von Interesse ist, dass nicht oder nur schlecht durch Verhaltensdaten erfasst werden kann (z. B. eine Emotion).

Die Durchführung und Auswertung einer quantitativen Untersuchung nach dem korrelativen Ansatz

Eine quantitativ-sozialpsychologische Untersuchung benötigt neben einer Stichprobe und Messinstrumenten auch einen Untersuchungsansatz, d. h. eine Bestimmung des methodischen Aufbaus der Untersuchung. Zudem müssen die gewonnenen Daten einer angemessenen statistischen Analyse unterzogen werden. In diesem Unterkapitel wird der *korrelative Untersuchungsansatz* mit der *statistischen Auswertung* vorgestellt, die mit ihm korrespondiert.

Die Idee des korrelativen Untersuchungsansatzes

Der korrelative Ansatz ist für die Überprüfung von reinen Zusammenhangshypothesen geeignet (z. b. Geselligkeit hängt mit Toleranz gegenüber Minderheiten zusammen; es gilt: je höher die Geselligkeit, desto höher die Toleranz und umgekehrt). Werden einmalig Daten erhoben, wird von einer *querschnittlichen* Studie gesprochen. Zum Beispiel könnten die Konstrukte Geselligkeit und Toleranz jeweils mit einem als geeignet beurteilten Messinstrument an einer Untersuchungsstichprobe von 100 Personen zu einem Zeitpunkt erfasst werden. Die Forschenden erhalten somit für jede Person der Stichprobe einen Geselligkeits- und einen Toleranzwert. Insgesamt bestehen die mit dieser einfachen Untersuchungsanordnung erhobenen Daten aus zwei Messwertreihen: 100 Geselligkeits- und 100 Toleranzwerte. Zur statistischen Auswertung der erhobenen Informationen kann eine geeignete statistische Analysesoftware wie IBM SPSS Statistics (für eine Einführung s. Bühl 2014) oder R (für eine Einführung s. Luhmann 2015) herangezogen werden. Die statistische Analyse unterteilt sich in eine deskriptivstatistische (d. h. die Stichprobe beschreibende) und eine inferenzstatistische (d. h. auf die Population schließende) Auswertung. Diese beiden Schritte sind zentral für die Auswertung jeder hypothesenprüfenden quantitativen Untersuchung.

Die statistische Auswertung quantitativer Untersuchungen am Beispiel der Korrelationsstudie

1. Die deskriptivstatistische Analyse

Im Rahmen der *deskriptivstatistischen Auswertung* wird ein *Stichprobenkennwert* ermittelt. Dieser beschreibt das Stichprobenergebnis hinsichtlich des interessierenden Sachverhalts. Bei der Prüfung von Zusammenhangshypothesen handelt es sich beim Stichprobenkennwert um eine Kennzahl, die das Ausmaß des Zusammenhangs zwischen den interessierenden Merkmalen in der Stichprobe quantifiziert. Ein solcher Kennwert ist der (bivariate) *Korrelationskoeffizient*, der mit dem Buchstaben r abgekürzt wird. Der Vollständigkeit halber sei an dieser Stelle erwähnt, dass je nach Skalenniveau (vgl. Eid, Gollwitzer & Schmitt 2015) der Messinstrumente verschiedene Zusammenhangsmaße verwendet werden können. Für den häufigen Fall intervallskalierter Messwerte (ebd.) in beiden Messverfahren ist die Produkt-Moment-Korrelation als geeignetes Zusammenhangsmaß heranzuziehen. Die Korrelation drückt mit einer Zahl aus, inwiefern die beiden Messwertreihen korrespondieren, d. h. hinsichtlich der Rangreihenfolge der Personen übereinstimmen. Sie kann als standardisierte Kennzahl einen Wert zwischen -1 und $+1$ annehmen.

Bezogen auf unser Beispiel zeigt ein positiver Korrelationskoeffizient, dass Personen mit einem – relativ zu anderen Untersuchungsteilnehmern – hohen Geselligkeitswert im Mittel auch – relativ zu anderen – einen hohen Toleranzwert haben und umgekehrt (positiver Zusammenhang). Demgegenüber repräsentiert eine negative Korrelation einen negativen (oder inversen) Zusammenhang: Personen mit hohem Geselligkeitswert – wieder im Vergleich zu anderen Untersuchungsteilnehmern – haben im Durchschnitt einen relativ geringen Toleranzwert (und umgekehrt). Ein Korrelationskoeffizient von 0 sagt aus, dass es zwischen den beiden Variablen keinen Zusammenhang im Sinne von „je mehr, desto mehr" oder „je mehr, desto weniger" gibt. Der mit einer Korrelation abgebildete Zusammenhang wird auch als linearer Zusammenhang bezeichnet. Wichtig ist, dass ein Korrelationskoeffizient nur das Ausmaß eines solchen linearen Zusammenhangs spezifiziert; für andere Arten von Zusammenhängen, wie U-förmige oder umgekehrt U-förmige Relationen, ist der Produkt-Moment-Korrelationskoeffizient nicht geeignet.

Bei der Interpretation einer Korrelation gilt: Je näher der Absolutbetrag des Wertes am Maximalbetrag 1 liegt, desto stärker fällt der beschriebene Zusammenhang aus. Eine maximal positive Korrelation von +1 drückt aus, dass die Rangreihe der Personen in beiden Variablen identisch ist. Bezogen auf unser Beispiel würde dies bedeuten, dass die Person mit dem höchsten Geselligkeitswert auch den höchsten Toleranzwert hat, die Person mit dem zweithöchsten Geselligkeitswert den zweithöchsten Toleranzwert usw. Diese Korrespondenz trifft also ebenfalls für die anderen Personen zu, sodass beispielsweise die Person mit dem niedrigsten Geselligkeitswert auch die niedrigste Toleranzausprägung hat. Eine maximal negative Korrelation von –1 zeigt dagegen an, dass die beiden Rangreihen exakt gegenläufig sind. Eine perfekte Korrespondenz der Rangreihen wird jedoch in der Praxis gewöhnlich nicht erreicht. Üblicherweise haben wir es in der Sozialpsychologie mit geringeren Korrelationskoeffizienten zu tun, unter anderem, weil beide Variablen auch Zufallsschwankungen (Messfehlern) unterliegen. Um die Stärke des Zusammenhangs zu bewerten, wird oft der Vorschlag von Cohen (1988) herangezogen: $|r| \approx 0{,}1$ klein; $|r| \approx 0{,}3$ moderat; $|r| \approx 0{,}5$ groß. Diese Konvention sollte jedoch nicht unreflektiert übernommen werden; vielmehr muss der spezifische Kontext der jeweiligen Untersuchung (Stichprobe und konkrete Operationalisierungen) bei der Beurteilung einer Korrelation mitberücksichtigt werden.

Wichtig ist, dass die ermittelte Korrelation die Daten der Stichprobe beschreibt, die Hypothese aber nicht für diese spezifische Stichprobe, sondern für die zugrunde liegende Population aufgestellt wurde. Von Interesse ist also eigentlich nicht die ermittelte Stichprobenkorrelation, sondern die unbekannte Korrelation in der Grundgesamtheit. Nun läge es nahe, die an der Stichprobe ermittelte Korrelation unmittelbar als Schätzwert für die Populationskorrelation heranzuziehen; eine positive Stichprobenkorrelation von $r = 0{,}2$ würde dann zu dem Schluss führen, dass auch die Populationskorrelation positiv ist. Eine solche Herangehensweise ist jedoch unzulässig. Vielmehr ist davon auszugehen, dass die Stichprobenkorrelation nicht exakt der Populationskorrelation entspricht. Es gibt einen *Stichprobenfehler* – die zufällige Abweichung des Stichprobenkennwertes vom interessierenden Populationsparameter. Beispielsweise ist es möglich, dass in der Population eine Nullkorrelation besteht, aufgrund des Stichprobenfehlers für unsere spezifische Stichprobe von beispielsweise 100 Personen dennoch eine Korrelation von $r = 0{,}2$ ermittelt wird. Es gibt also ein gewisses Maß an Unsicherheit bei der Schätzung von Populationsparametern durch Stichprobenergebnisse. Die *Inferenzstatistik* bietet eine Möglichkeit, diese Unsicherheit zu berücksichtigen. Eine detaillierte Darstellung der Prinzipien der Inferenzstatistik findet sich in Eid, Gollwitzer und Schmitt (2015), im Rahmen dieses Kapitels können im folgenden Abschnitt nur die Grundzüge skizziert werden.

2. Inferenzstatistische Analyse

Wir haben bereits beschrieben, was unter einer (inhaltlichen) Hypothese zu verstehen ist. Für die inferenzstatistische Auswertung wird zunächst ein statistisches Hypothesenpaar benötigt, das sich ebenfalls auf die Population bezieht. Mit der statistischen *Alternativhypothese (H_1)* wird angenommen, dass in der Population ein Zusammenhang zwischen den Merkmalen besteht (H_1: $\rho \neq 0$). Der griechische Buchstabe Rho repräsentiert dabei die Populationskorrelation. Die statistische *Nullhypothese (H_0)* geht von keinem Zusammenhang auf Populationsebene aus (H_0: $\rho = 0$). Bei dem hier geschilderten Hypothesenpaar ist die Alternativhypothese *ungerichtet* formuliert, d. h., die Alternativhypothese macht keine Aussagen darüber, ob der Zusammenhang in der Population positiv oder negativ ist. Sie behauptet nur, dass der Zusammenhang in der Population nicht null ist. Das Beispiel Geselligkeit-Toleranz steht dagegen für eine gerichtete inhaltliche Hypothese: Wir gehen von einer positiven Korrelation aus. In diesem Fall kann eine gerichtete Alternativhypothese formuliert werden (H_1: $\rho > 0$). Gemäß der H_0 besteht dann kein oder sogar ein negativer Zusammenhang (H_0: $\rho \leq 0$). Die interessierende Populationskorrelation ist unbekannt. Die Inferenzstatistik kann herangezogen werden, um basierend auf den Stichprobendaten eine Entscheidung hinsichtlich der statistischen Hypothesen zu treffen. Diese Entscheidung kann fehlerhaft sein. So besteht die Möglichkeit, dass die Forschenden einen Fehler begehen und sich für die H_1 entscheiden, obwohl in der Population die H_0 zutrifft. Ein solcher Fehler wird als *α-Fehler* oder *Fehler 1. Art* bezeichnet. Die Entscheidung kann aber auch zugunsten der H_0 ausfallen, obwohl in der Population die H_1 gültig ist *(β-Fehler bzw. Fehler 2. Art)*. Bei der Entscheidungsfindung sollten beide Fehler unter Kontrolle gehalten werden. In der Regel gilt ein Risiko für den α-Fehler von höchstens 5 % als akzeptabel (auf die Kontrolle des β-Fehlers werden wir im Kontext der Poweranalyse näher eingehen). Demgemäß wird die bedingte Wahrscheinlichkeit bestimmt, das konkret beobachtete (oder ein stärker gegen die H_0 sprechendes) Stichprobenergebnis zu erhalten, wenn in der Population die H_0 gelten würde. Diese Wahrscheinlichkeit wird als p-Wert bezeichnet. Die H_0 wird abgelehnt und die H_1 angenommen, wenn der p-Wert kleiner oder gleich 0,05 (also 5 %) ist. In diesem Fall wird das Untersuchungsresultat als „signifikant" bzw. „statistisch bedeutsam" bezeichnet. Es ist dann hinreichend unwahrscheinlich, das konkret beobachtete (oder ein stärker gegen die H_0 sprechendes) Stichprobenergebnis zu erhalten, wenn auf der Populationsebene die H_0 gelten würde. Im Umkehrschluss wird gefolgert, dass die H_0 abzulehnen und die H_1 anzunehmen ist.

Die vor der Untersuchung festgelegte Grenze von 0,05 wird als α-*Niveau* oder *Signifikanzniveau* bezeichnet.

Der p-Wert verhält sich umgekehrt proportional zum Betrag der beobachteten Stichprobenkorrelation (je größer der Absolutbetrag der Stichprobenkorrelation, desto kleiner der p-Wert) und proportional zum Stichprobenfehler (je größer der Stichprobenfehler, desto größer der p-Wert). Der Stichprobenfehler wird wiederum umso kleiner, je größer der Umfang der gezogenen Stichprobe ist. Das liegt daran, dass ein an einer größeren Stichprobe gewonnener Stichprobenkennwert ein genaueres Ergebnis liefert, das geringeren zufälligen Schwankungen unterliegt und somit näher am interessierenden, aber unbekannten Populationswert liegt. Somit ist der p-Wert als Ergebnis der Signifikanztestung nicht nur von der Stichprobenkorrelation, sondern auch von der Stichprobengröße abhängig. Ein Ergebnis wird demzufolge desto eher als statistisch bedeutsam und hypothesenkonform eingeordnet, je größer die Stichprobe und je geringer der Stichprobenfehler ist. Bei einer sehr großen Stichprobe lässt sich selbst eine sehr geringe Stichprobenkorrelation inferenzstatistisch absichern. Die Populationskorrelation kann so niedrig sein, dass sie praktisch nicht von Bedeutsamkeit ist. Ist die Stichprobe hingegen sehr klein, fällt es sogar mit einer substanziellen (d. h. *praktisch* bedeutsamen) Stichprobenkorrelation schwer, ein *statistisch* bedeutsames Ergebnis zu erhalten. Daraus wird deutlich, dass für die Beurteilung eines inferenzstatistischen Ergebnisses die Stichprobengröße und die Stärke des ermittelten Zusammenhangs (hier Stichprobenkorrelation) berücksichtigt werden sollten. Gleichzeitig bedeutet dies aber auch, dass die Stichprobengröße für eine geplante Untersuchung nicht willkürlich festgesetzt, sondern kalkuliert werden sollte.

Ein sinnvolles Konzept der Inferenzstatistik ist die statistische *Power* (Teststärke). Eine *Poweranalyse* sollte üblicherweise in der Planungsphase einer Studie zur Kontrolle des β-Fehlers erfolgen. Formal ist die Power die Gegenwahrscheinlichkeit zur Wahrscheinlichkeit eines β-Fehlers (1 − β). Die Poweranalyse basiert auf dem Prinzip, dass zunächst anhand von theoretischen, normativen oder empirischen Anhaltspunkten geschätzt wird, wie groß der Effekt in der Population (hier die Korrelation) ist oder sein sollte, um als praktisch bedeutsam zu gelten. Damit die Power bestimmt werden kann, muss also eine Spezifikation der Alternativhypothese (H_1) vorgenommen werden: Es wird eine konkrete Aussage über die angenommene Größe des Effektes benötigt. Ebenfalls spezifiziert werden die geplante Stichprobengröße und das gewünschte α-Niveau (Signifikanzniveau). Sind diese drei Kenngrößen festgelegt, kann vor der Durchführung der Untersuchung die statistische Power errechnet werden. Dabei gilt u. a.: je größer der Stichprobenumfang, desto größer die Power. Die Power gibt an, wie wahrscheinlich es ist, mit einer Stichprobe einer gegebenen Größe ein signifikantes Ergebnis zu erhalten und so die H_0 abzulehnen, wenn der angenommene Effekt in der Population tatsächlich existiert. Die Power ist also die Wahrscheinlichkeit, sich korrekterweise für die spezifizierte H_1 zu entscheiden. Aufgrund der Gegenläufigkeit ist bei hoher Power die Wahrscheinlichkeit eines β-Fehlers gering (also einer ungerechtfertigten Ablehnung der H_1). Die in der Literatur vorgenommenen Vorschläge für eine optimale Größe der Power variieren zwischen 80 und 95 % (vgl. Eid et al. 2015). Häufig wird der Standpunkt vertreten, dass eine Power von 80 % (und somit eine β-Fehlerwahrscheinlichkeit von 20 %) ausreicht. Ergibt sich für die spezifische Konstellation von angenommenem Effekt, Stichprobengröße und α-Niveau (Signifikanzniveau) eine sehr geringe Power, empfiehlt es sich, entweder die Ziehung einer größeren Stichprobe zu planen oder – falls dies nicht möglich ist – die Sinnhaftigkeit der Untersuchung infrage zu stellen. Eine Poweranalyse kann auch so erfolgen, dass der geschätzte Effekt, das Signifikanzniveau und die gewünschte Power vorgegeben werden, um als Ergebnis die erforderliche Stichprobengröße zu erhalten.

Grundlegendes zur Testung von Kausalhypothesen

Zur Testung von Kausalhypothesen mit dem korrelativen Untersuchungsansatz

Der geschilderte korrelative Untersuchungsansatz ist gut zur Überprüfung von *Zusammenhangshypothesen* geeignet. Aber können mit ihm auch *Kausalhypothesen* getestet werden? Mit einer Kausalhypothese würden wir beispielsweise vermuten, dass der Konsum gewalthaltiger Medien zu verstärkter Aggression führt. Der Konsum gewalthaltiger Medien wäre dann die vermutete Ursache und hätte den Status einer *unabhängigen Variablen*. Aggression wäre die Variable, in der sich die vermutete Wirkung zeigt, weswegen sie als *abhängige Variable* eingeordnet werden würde. Mit dem korrelativen Ansatz würden wir für beide Variablen Stichprobendaten erheben und ermitteln, ob eine statistisch bedeutsame Korrelation zwischen den beiden Merkmalen, die wir im Folgenden allgemeiner mit den Platzhaltern X und Y bezeichnen werden, vorhanden ist. Jedoch wäre unklar, auf welche der folgenden möglichen *Kausalstrukturen* der ermittelte Zusammenhang zurückzuführen ist:

a. unidirektionale Beeinflussung $X \rightarrow Y$: Der Konsum gewalthaltiger Medien (X) beeinflusst das Ausmaß an Aggression (Y). Es gilt: Stärkerer Konsum gewalthaltiger Medien führt zu stärkerer Aggression (und nicht umgekehrt);
b. inverse unidirektionale Beeinflussung $Y \rightarrow X$: In welchem Ausmaß jemand gewalthaltige Medien konsumiert, wird durch seine Aggression beeinflusst (und nicht umgekehrt);
c. bidirektionale Beeinflussung: Beide Wirkrichtungen sind vorhanden: X beeinflusst Y und Y beeinflusst X;
d. Scheinkorrelation: Es gibt (mindestens) eine systematisch konfundierte Drittvariable, die sowohl X als auch Y beeinflusst und dazu führt, dass X und Y korrelieren, obwohl weder X auf Y noch Y auf X wirkt.

Kausalstruktur a entspricht der aufgestellten Hypothese. Nach den alternativen Kausalstrukturen b und c ist es (auch) so, dass sich aggressivere Personen verstärkt dafür entscheiden, gewalthaltige Medieninhalte zu konsumieren. Da der Begriff Scheinkorrelation (Kausalstruktur d) irreführend ist, wird auch von einer systematischen *Konfundierung* (lat. *confundere* = verwechseln, vermischen) gesprochen, denn die Korrelation besteht tatsächlich. Der Zusatz „Schein" soll jedoch zum Ausdruck bringen, dass die Ursache dafür eine dritte Variable ist und die beiden interessierenden Variablen einander nicht beeinflussen. Eine solche Drittvariable (z. B. Geschlecht oder elterlicher Erziehungsstil) wird auch als *systematische* Störvariable oder systematisch *konfundierte* Variable bezeichnet, da sie Einfluss auf *beide* Variablen hat und dadurch den Zusammenhang zwischen ihnen herbeiführt.

An dieser Stelle wird deutlich, dass eine kausale Aussage über die Beeinflussung einer Variablen durch eine andere nur dann gerechtfertigt ist, wenn mehrere Kriterien erfüllt sind. Konkret gelten *drei Bedingungen* (vgl. Eid, Gollwitzer & Schmitt 2015):

1. Beleg eines statistisch bedeutsamen Zusammenhangs zwischen den interessierenden Variablen
2. zeitliche Präzedenz, d. h., die Ausprägungen der Variablen, die als Ursache vermutet wird (unabhängige Variable X), müssen sich vor den Ausprägungen

der Variablen manifestiert haben, in der sich die Wirkung zeigen soll (abhängige Variable Y)
3. Ausschluss von Alternativerklärungen durch systematische Störvariablen

Mit dem korrelativen Ansatz lässt sich zwar bestimmen, ob die erste Kausalitätsbedingung gegeben ist, aber ob die beiden anderen Kriterien erfüllt sind, kann nicht ohne Weiteres festgestellt werden. Folglich kann nicht geklärt werden, ob dem Zusammenhang auch wirklich die angenommene Kausalstruktur zugrunde liegt. Da beide Variablen lediglich gemessen werden, lassen sich keine Informationen zur zeitlichen Präzedenz ableiten. Das *Präzedenzproblem* stellt sich auch dann noch, wenn die unabhängige Variable *(X)* mit einem gewissen zeitlichen Abstand vor der abhängigen Variablen *(Y)* gemessen wird. Auch mit einem solchen Ansatz ist nicht zu klären, ob sich die Ausprägungen der abhängigen Variablen bereits vor den Ausprägungen der unabhängigen Variablen etabliert haben. Eine Ausnahme bei simultaner oder zeitlich versetzter Messung stellen jedoch die seltenen Fälle dar, in denen sich die Ausprägungen der unabhängigen Variablen (z. B. Erziehungsstil der Eltern, Abiturnote) logisch vor den Ausprägungen der abhängigen Variablen (z. B. Sozialverhalten am Arbeitsplatz) etabliert haben müssen. Einschränkend muss gesagt werden, dass sich dann je nach Art der Variablen die Frage stellt, ob die Ausprägungen von den befragten Personen noch zutreffend wiedergegeben werden können. Auch kann es sich bei einer ermittelten Korrelation zwischen zwei Variablen (zumindest teilweise) um eine Scheinkorrelation handeln *(Konfundierungsproblem)*.

Auch wenn der korrelative Untersuchungsansatz zur Überprüfung von Kausalhypothesen generell *nicht* geeignet ist, bieten sich Möglichkeiten, die beiden Probleme bei der Folgerung auf Kausalität zumindest abzumildern. So kann anstelle einer querschnittlichen eine *längsschnittliche* Korrelationsstudie durchgeführt werden. Dabei werden alle interessierenden Variablen zu mindestens zwei Zeitpunkten an denselben Personen gemessen (Panelstudie). Mit spezifischen Analysemethoden kann überprüft werden, ob das Ergebnismuster eher für die Annahme $X \rightarrow Y$ oder eher für die Annahme $Y \rightarrow X$ spricht. Dies würde ein stärkeres Argument für die vermutete Kausalstruktur als das Ergebnis einer gewöhnlichen querschnittlichen Korrelationsstudie liefern. Auch das Konfundierungsproblem lässt sich abschwächen. Wenn auch die potenziellen systematischen Störvariablen in der Untersuchung erhoben werden, kann die Korrelation zwischen den interessierenden Variablen statistisch um die Störvariablen bereinigt werden *(Auspartialisierung* der Störvariablen). Allerdings bleibt selbst dann unklar, ob die Korrelation durch weitere systematische Störvariablen „verunreinigt" ist. Trotz der beschriebenen Erweiterungen des korrelativen Ansatzes wird der *experimentelle* Ansatz im Allgemeinen als Königsweg zur Testung von Kausalhypothesen angesehen.

Die Validität quantitativ-sozialpsychologischer Untersuchungen

Bevor wir uns dem experimentellen Ansatz widmen, möchten wir zunächst auf zentrale Qualitätskriterien eingehen, mit denen Untersuchungen zur Überprüfung von Kausalhypothesen beurteilt werden können. Diese Kriterien wurden in den 1950er-Jahren von Donald Campbell eingeführt und in Folgepublikationen ausdifferenziert und erweitert (Campbell 1957; Campbell & Stanley 1963, 1966; Cook & Campbell 1979; Shadish, Cook, & Campbell 2002). Sie entsprechen verschiedenen Aspekten der *Validität* (lat. *validus* = kräftig, stark), also der Gültigkeit. Im Einzelnen werden in der heutigen Forschung Konstruktvalidität, interne Validität, externe Validität und Validität der statistischen Schlussfolgerung (bzw. statistische Validität) unterschieden. Obwohl diese Kriterien im Kontext der Überprüfung von Kausalhypothesen formuliert wurden, lassen sie sich mit Ausnahme der internen Validität auch auf Studien zur Prüfung von reinen Zusammenhangshypothesen anwenden.

Auf die *Konstruktvalidität* sind wir bereits eingegangen (s. S. 252). Demgegenüber bezieht sich das Konzept der *internen Validität* einer Untersuchung auf die Sicherheit, mit der kausale Folgerungen aus der Untersuchung gezogen werden können. Es geht also um die Güte des kausalen Schlusses. Konkret wird die Frage gestellt, mit welcher Sicherheit ein ermittelter statistisch bedeutsamer Zusammenhang zwischen zwei operationalisierten Variablen (bzw. dessen Fehlen) wirklich kausal interpretiert werden kann, also inwiefern gefolgert werden kann, dass die Ausprägungen in der operationalisierten abhängigen Variablen tatsächlich durch die Ausprägungen in der operationalisierten unabhängigen Variablen bedingt sind (bzw. dass es beim Fehlen eines statistischen Zusammenhangs nicht so ist). Eine hohe interne Validität erfordert Klarheit über die zeitliche Präzedenz und den Ausschluss sonstiger Alternativerklärungen.

Die interne Validität ist von der Konstruktvalidität zu unterscheiden. Während bei der internen Validität die Frage gestellt wird, ob die Ausprägungen der operationalisierten Variablen auch wirklich die Ausprägungen in der operationalisierten abhängigen Variablen beeinflussen, beschäftigt sich die Konstruktvalidität damit, ob diese Operationalisierungen überhaupt angemessen sind, d. h. die in der Hypothese enthaltenen Konstrukte adäquat abdecken. Shadish, Cook und Campbell (2002) machen diese Abgrenzung klar, indem sie die Beschreibung der internen Validität mit den Worten ergänzen: „as those variables were manipulated or measured" (S. 38). Theoretisch wäre daher eine Untersuchung mit (technisch gesehen) hoher interner Validität bei geringer Konstruktvalidität denkbar, die jedoch nutzlos sein würde, da (auch) andere Konstrukte als die intendierten manipuliert und/oder gemessen wurden. Eine mangelnde Konstruktvalidität kann jedoch auch eine beeinträchtigte interne Validität zur Folge haben. Dies wäre beispielsweise bei einer Korrelationsstudie der Fall, die klären möchte, ob sich der Erziehungsstil der Eltern auf die politische Orientierung ihrer Kinder im jungen Erwachsenenalter auswirkt. Nehmen wir an, eine Stichprobe von jungen Erwachsenen würde (a) nach ihrer politischen Orientierung und (b) nach ihrer Wahrnehmung des Erziehungsstils ihrer Eltern befragt werden, und beide Variablen würden miteinander korrelieren (vgl. die Studie von Janoff-Bulman, Carnes & Sheikh 2014). Obwohl es sich um eine Korrelationsstudie handelt, ist die zeitliche Präzedenz logisch sichergestellt. Wenn jedoch der Erziehungsstil retrospektiv aus Sicht der Kinder in der Gegenwart erfasst wird, besteht die Möglichkeit, dass die politische Orientierung Einfluss auf die Angaben zum elterlichen Erziehungsstil hat. Dies wäre eine Alternativerklärung, die die interne Validität der Untersuchung gefährden würde.

Die *externe Validität* bezieht sich dagegen darauf, ob das erhaltene Ergebnis der Untersuchung auch für solche Personen, Zeitpunkte und Orte gilt – und somit auf sie generalisiert werden kann –, die zwar nicht in der Untersuchung berücksichtigt wurden, für die die Hypothese aber einen Gültigkeitsanspruch hat (s. S. 246).

Die *Validität der statistischen Schlussfolgerung* zeigt, inwiefern aus den Stichprobenergebnissen geeignete inferenzstatistische Folgerungen gezogen werden. Sie wird durch Unzulänglichkeiten bei der inferenzstatistischen Absicherung (wie der Verwendung eines ungeeigneten statistischen Verfahrens) gefährdet.

Der experimentelle Forschungsansatz und die Kontrolle von Störvariablen

Die Grundidee des experimentellen Ansatzes

Wenn in der Umgangsprache die Rede davon ist, „ein Experiment" durchzuführen, bedeutet das, etwas Neues ausprobieren zu wollen. In der quantitativ ausgerichteten Sozialpsychologie wird der Begriff *Experiment* jedoch für einen bestimmten Forschungszugang zur Überprüfung von Kausalhypothesen verwendet. Um als Experiment zu gelten, muss eine Untersuchung genau definierte Kriterien erfüllen. Konkret kann eine sozialpsychologische Untersuchung als Experiment bezeichnet werden, wenn sie folgende Merkmale aufweist:

1. Manipulation der Ausprägungen der unabhängigen Variablen durch die Forschenden, wobei mindestens zwei experimentelle Bedingungen gebildet werden

2. Messung der vermuteten Wirkung in der abhängigen Variablen
3. Kontrolle von systematischen personengebundenen Störvariablen durch Randomisierung oder Parallelisierung der Untersuchungseinheiten (Personen vor der Manipulation)
4. Kontrolle von systematischen situationsbezogenen Störvariablen

Experimente erfüllen aufgrund dieser Charakteristika die drei Kausalitätsbedingungen, weswegen ihre interne Validität im Vergleich zu anderen Ansätzen besonders hoch ist. Zentral ist zunächst, dass bei einem Experiment die Ausprägungen der Variablen, die in der Kausalhypothese als Ursache angenommen wird (unabhängige Variable), in der Untersuchung gezielt herbeigeführt werden. Darin unterscheidet sich das Experiment von der Korrelationsstudie, in der die Ausprägungen aller Variablen lediglich gemessen werden. Das gezielte Herbeiführen der Ausprägungen der unabhängigen Variablen wird auch als *(experimentelle) Manipulation* bezeichnet. Sie gibt den Forschenden die Kontrolle darüber, welche Ausprägungen der unabhängigen Variablen vorliegen und wann sie auftreten. Soll beispielsweise experimentell untersucht werden, ob der Konsum gewalthaltiger Medieninhalte zu verstärkter Aggression führt, könnte die Gesamtstichprobe zunächst in mindestens zwei experimentelle Bedingungen aufgeteilt werden. Ein Teil der Versuchspersonen könnte der Bedingung 1 „Konsum gewalthaltiger Medieninhalte" (Experimentalgruppe) und der andere Teil der Bedingung 2 „kein Konsum gewalthaltiger Medien" (Kontrollgruppe) zugewiesen werden. Dazu wäre festzulegen, wie die theoretische, zunächst abstrakte Variable „Konsum bzw. kein Konsum gewalthaltiger Medien" in der Untersuchung konkret umgesetzt wird. Bei einem Experiment ist die *Operationalisierung der unabhängigen Variablen* also keine „Messbarmachung", sondern eine „Manipulierbarmachung". Beispielsweise könnte bestimmt werden, dass jede Person in Bedingung 1 (Experimentalgruppe) jeweils für 30 Minuten ein gewalthaltiges Videogame spielt, während jede Person in Bedingung 2 (Kontrollgruppe) jeweils für denselben Zeitraum ein Videogame spielt, das nicht gewalthaltig ist.

Nach abgeschlossener Manipulation (hier nach dem Ende des Games) und eventuellen „Fülleraufgaben" (s. Erwartungseffekte, S. 271) würde die abhängige Variable (hier Aggression) mit mindestens einem als geeignet beurteilten Messinstrument erfasst werden.

Die bis hierhin geschilderten ersten beiden Merkmale eines Experiments legen die Grundlage zur Überprüfung der Frage, ob ein statistisch bedeutsamer Zusammenhang (erste Kausalitätsbedingung) vorliegt, was im Rahmen der Auswertung zu klären ist. Wir werden zunächst das Prinzip der Auswertung anhand unseres Beispiels skizzieren und dann darauf eingehen, warum es zur Erfüllung der anderen

Kausalitätsbedingungen auch erforderlich ist, dass systematische personenbezogene und situationsbezogene Variablen kontrolliert werden.

Im Zuge der *deskriptivstatistischen Auswertung* wird das über alle Personen in der Experimentalgruppe gemittelte sowie das über alle Personen in der Kontrollgruppe gemittelte Aggressionsniveau berechnet. Das Ergebnis sind also zwei Gruppenmittelwerte, die das durchschnittliche Aggressionsniveau der beiden Bedingungen repräsentieren. Hieraus lässt sich wieder ein *Stichprobenkennwert* berechnen: in diesem Fall die Differenz zwischen den beiden Gruppenmittelwerten. Ist die Aggression *(Y)* in der Experimentalgruppe (EG) durchschnittlich größer als in der Kontrollgruppe (KG), so ist die Differenz $\overline{Y}_{LG} - \overline{Y}_{KG}$ von 0 verschieden und fällt positiv aus. Auf den ersten Blick spricht ein solches Ergebnis für die Hypothese „Der Konsum gewalthaltiger Medien macht aggressiv". Dieser Schluss ist jedoch vorschnell: Um eine gesicherte Aussage zur Hypothese machen zu können, müssen selbst bei gegebener Konstruktvalidität noch zwei Sachverhalte beachtet werden: inferenzstatistische Absicherung und Beurteilung der internen Validität.

Der erste Sachverhalt bezieht sich auf die statistische Schlussfolgerung von der Stichprobe auf die eigentlich interessierende Population, für die die Kausalhypothese formuliert ist. Wie wir bereits im Rahmen des korrelativen Untersuchungsansatzes für den Stichprobenkennwert der Korrelation erörtert haben, handelt es sich auch bei dem Stichprobenkennwert *Mittelwertdifferenz* um eine Kennzahl, die lediglich unsere Stichprobe beschreibt. Da das Stichprobenergebnis einem zufälligen Stichprobenfehler unterliegt, kann es nicht direkt auf die Population übertragen werden. Im Rahmen der *inferenzstatistischen Auswertung* wird üblicherweise mit einem geeigneten statistischen Verfahren (hier *t*-Test für unabhängige Stichproben) ein *p*-Wert ermittelt. Analog zur Logik des korrelativen Ansatzes gilt auch hier: Es interessiert die bedingte Wahrscheinlichkeit, die konkret beobachtete (oder eine stärker gegen die H_0 sprechende) Differenz zwischen den Gruppenmittelwerten zu erhalten, wenn die Mittelwerte von EG und KG auf Populationsebene gleich wären oder der Mittelwert der EG auf Populationsebene kleiner als der der KG wäre (Nullhypothese, H_0). Ist diese bedingte Wahrscheinlichkeit kleiner oder gleich 0,05 ($p \leq 0,05$), kann die H_0 verworfen werden: Der Effekt ist statistisch bedeutsam (signifikant). Damit ist die erste Kausalitätsbedingung erfüllt. Neben der Kontrolle des α-Fehlers sollte jedoch auch der β-Fehler kontrolliert werden (s. Poweranalyse, S. 260).

Damit eine angemessene Aussage über eine Kausalhypothese gemacht werden kann, muss jedoch zweitens auch zeitliche Präzedenz gegeben sein und der Einfluss von systematischen Drittvariablen ausgeschlossen werden können (Absicherung der internen Validität). Die Manipulation der Ausprägungen der unabhängigen Variablen vor der Messung der Ausprägungen der abhängigen Variablen liefert eine wichtige Voraussetzung für die Sicherstellung der zeitlichen Vorgeordnetheit. Dabei handelt es sich jedoch nicht um eine hinreichende Voraussetzung, da der Unterschied zwischen den Bedingungsmittelwerten bereits vor der Manipulation hätte bestehen können. Erst durch die Kontrolle von systematischen personenbezogenen Störvariablen kann zeitliche Präzedenz gefolgert werden. Zudem können durch die Kontrolle dieser Störvariablen sowie systematischer situationsbezogener Störvariablen weitere Alternativerklärungen für den Zusammenhang ausgeschlossen werden.

Die Kontrolle von systematischen Störvariablen als notwendiger Bestandteil eines Experiments

Im Folgenden werden wir erörtern, was im Kontext von Experimenten mit systematischen Störvariablen gemeint ist und warum ihre Kontrolle so zentral ist. Abschließend wird das Vorgehen erläutert.

1. Systematische Störvariablen: personen- oder situationsbezogen

Das Konzept *systematischer* Störvariablen wurde bereits im Rahmen des korrelativen Untersuchungsansatzes eingeführt. Im Kontext von Experimenten handelt es sich dabei um solche Drittvariablen, die nicht in der Hypothese enthalten sind, jedoch sowohl mit der unabhängigen als auch mit der abhängigen Variablen in Beziehung stehen. Aufgrund dessen können sie das statistische Ergebnis – also den Unterschied zwischen den experimentellen Bedingungen – beeinflussen.

Wollen wir beispielsweise untersuchen, ob der Konsum gewalthaltiger Medien zu verstärkter Aggression führt, könnte es sein, dass die Variable Geschlecht sowohl mit der unabhängigen Variablen (z. B. der Anteil männlicher Personen ist in der Experimentalgruppe höher als in der Kontrollgruppe) als auch mit der abhängigen Variablen (männliche Personen haben auf dem verwendeten Instrument zur Messung der Aggression höhere Werte als Frauen) in Beziehung steht. Die Variable Geschlecht wäre dann eine systematische Störvariable, die eine Alternativerklärung für einen statistisch bedeutsamen Gruppenunterschied in der abhängigen Variablen liefert. Wir könnten also nicht sicher sein, dass der Unterschied zwischen Experimental- und Kontrollgruppe wirklich auf die Manipulation des Konsums gewalthaltiger Medien (vermutete Ursache) zurückgeht, denn zumindest partiell könnte es sich um das Resultat der nicht ausgeschlossenen systematischen Störvariablen Geschlecht handeln. Prinzipiell stellen alle Variablen, die sowohl mit der unabhängigen als auch mit der abhängigen Variablen zusammenhängen, als systematische Störvariablen eine Gefahr für die kausale Schlussfolgerung dar. Das

Untersuchungsergebnis kann dann zu Unrecht hypothesenkonform erscheinen (*gleichsinnige Konfundierung*). Umgekehrt können systematische Störvariablen aber auch dazu führen, dass das Resultat zu Unrecht nicht hypothesenkonform erscheint (*gegensinnige Konfundierung*). Bezogen auf unser Beispiel wäre dies der Fall, wenn der Anteil an Frauen, die ohnehin weniger aggressiv sind als Männer, in der Experimentalgruppe geringer als in der Kontrollgruppe wäre. Eine solche Konfundierung könnte dem Effekt der Manipulation entgegenwirken und ihn statistisch neutralisieren. Fälschlicherweise könnten daraus identische Mittelwerte für die Experimental- und die Kontrollgruppe resultieren, auch wenn der Konsum gewalthaltiger Medien tatsächlich die Aggression erhöht. Je nach Konstellation kann das Ergebnis sogar so aussehen, dass der Aggressionsmittelwert der Experimentalgruppe signifikant geringer als der der Kontrollgruppe ausfällt.

Unproblematisch sind dagegen solche nicht in der Hypothese enthaltenen Drittvariablen, die entweder nur mit der unabhängigen oder nur mit der abhängigen Variablen in Relation stehen. Sie können nicht für deren statistische Beziehung verantwortlich sein. Solche Variablen werden als *unsystematische Störvariablen* bezeichnet. Wenn es zum Beispiel gelingt zu verhindern, dass sich die Geschlechterverteilung zwischen der Experimental- und der Kontrollgruppe unterscheidet, Männer jedoch generell aggressiver sind, würde es sich bei der Variablen Geschlecht um eine unsystematische Störvariable handeln, die die kausale Schlussfolgerung nicht beeinträchtigt. Eine gegebene Variable ist also nicht generell eine (systematische oder unsystematische) Störvariable, sondern erhält diesen Status in Abhängigkeit von der konkreten Hypothese und Untersuchungsanordnung.

Beim experimentellen Forschungsansatz wird zwischen *personengebundenen* (oder organismischen, z. B. vorexperimentelle Ausprägungen in der abhängigen Variablen, Geschlecht, Alter oder Persönlichkeitseigenschaften) und *situationsgebundenen* Störvariablen unterschieden. Letztere beziehen sich darauf, ob sich die Untersuchungssituationen der experimentellen Gruppen in irgendeiner Art unterscheiden, die nichts mit der eigentlichen Manipulation zu tun hat, jedoch eine Auswirkung auf die abhängige Variable haben könnte. Beispielsweise könnte die Wartezeit vor Beginn der Untersuchung in einer Gruppe durchschnittlich länger ausfallen, eine Gruppe könnte öfter unter weiblicher Versuchsleitung getestet werden oder zu einer anderen Tageszeit untersucht werden. Experimente sind dadurch gekennzeichnet, dass beide Arten von Störvariablen kontrolliert werden, damit sie als mögliche Alternativerklärungen ausgeschlossen werden können. Angestrebt wird eine *Äquivalenz* der experimentellen Gruppen: Sie sollten sich lediglich in der manipulierten Ausprägung der unabhängigen Variablen (und der gemessenen Ausprägung der abhängigen Variablen) unterscheiden, aber nicht in personen- oder situationsgebundenen Störvariablen. Im Fall der Abwesenheit jeglicher systematischer Störvariablen kommen die Unterschiede in der Ausprägung der unabhängigen Variablen als einzige Ursache für einen Mittelwertsunterschied der experimentellen Bedingungen in der abhängigen Variablen infrage.

2. Die Kontrolle von Störvariablen

Der folgende Abschnitt beschäftigt sich mit der Frage, wie Störvariablen in Experimenten kontrolliert werden. Da sich die konkreten Methoden für personen- und situationsbezogene Variablen unterscheiden, werden sie getrennt beschrieben.

a) Kontrolle von personenbezogenen Störvariablen:
Ein wesentliches Merkmal von Experimenten gegenüber Quasi-Experimenten (s. S. 274) ist, dass die Zuweisung der Personen zu den experimentellen Bedingungen (also zu den Ausprägungen der unabhängigen Variablen) durch den Experimentator kontrolliert wird, sodass personenbezogene Störvariablen ausgeschlossen werden. Die kontrollierte Zuweisung ist dabei durch Randomisierung (Zufallszuweisung) oder Parallelisierung (Matching) der Personen vorzunehmen.

Der Begriff *Randomisierung* steht für eine zufallsbedingte Zuweisungsprozedur, bei der jede Person der Gesamtstichprobe die gleiche Chance hat, entweder der einen oder der anderen Bedingung zugewiesen zu werden. Beispielsweise kann die Zuordnung jeder Person durch Münzwurf oder Losziehung entschieden werden. Die Randomisierung maximiert die Wahrscheinlichkeit, dass sich *alle* personenbezogenen Variablen gleich auf die experimentellen Bedingungen verteilen und die Bedingungen somit hinsichtlich der Ausprägungen aller personenbezogenen Variablen vergleichbar sind. Ist dies der Fall, können personenbezogene Variablen nicht mehr den Status einer systematischen Störvariable erlangen und kommen folglich nicht mehr als Alternativerklärungen für einen Gruppenunterschied in der abhängigen Variable in Betracht.

Einschränkend ist zu erwähnen, dass Randomisierung nur bei hinreichend großen Stichproben effektiv ist. Dies ist unmittelbar nachvollziehbar: Besteht die Gesamtstichprobe beispielsweise nur aus 10 Personen (6 Frauen und 4 Männer), ist es eher unwahrscheinlich, dass eine randomisierte Zuweisung zu annähernd gleichen Geschlechterverhältnissen in den Bedingungen führt.

Gerade wenn die Stichprobe klein ist, bietet sich stattdessen vor der Manipulation eine *Parallelisierung (Matching)* der Personen nach einer oder mehreren Störvariablen an. Dabei wird die potenzielle personenbezogene Störvariable (z. B. vorexperimentelle Aggression) zunächst vor der experimentellen Manipulation gemessen. Anschließend werden die Personen gemäß ihrer Ausprägung in der

Störvariablen in eine Rangreihe gebracht. Beginnend mit der größten Merkmalsausprägung, werden nun Zweierpaare benachbarter Ausprägungen gebildet. Von den beiden Personen eines Paares wird dann *randomisiert* eine Person der einen Bedingung und die andere der anderen Bedingung zugewiesen. Mit dieser Vorgehensweise wird sichergestellt, dass sich die experimentellen Bedingungen zumindest hinsichtlich der berücksichtigten Störvariablen nicht mehr in starkem Ausmaß unterscheiden. Die hier geschilderte Prozedur ist auf mehr als zwei experimentelle Bedingungen erweiterbar, auch kann gleichzeitig nach mehreren Störvariablen parallelisiert werden (vgl. Gollwitzer & Jäger 2014). Ein Nachteil dieser Methode ist ihr erheblicher Aufwand.

b) Kontrolle von situationsbezogenen Störvariablen

Für die experimentelle Kontrolle von situationsbezogenen Störvariablen stehen folgende Techniken zur Verfügung: Elimination, Konstanthaltung, Ausbalancierung, Messung und Auspartialisierung. Zunächst kann eine situationsbezogene Störvariable *eliminiert*, also vollständig beseitigt werden. Dazu gehört zum Beispiel die Nutzung schalldichter Versuchsräume, mit denen von vornherein ausgeschlossen wird, dass Experimental- und Kontrollgruppe einem unterschiedlichen Maß an störendem Lärm ausgesetzt sind. Die Elimination der Störvariablen ist die beste Lösung zu ihrer Kontrolle.

Ist sie nicht umsetzbar, kommen die anderen Techniken infrage. Bei der *Konstanthaltung* wird die Ausprägung der Störvariablen für alle Versuchsteilnehmenden gleichgesetzt. So könnte die Untersuchung grundsätzlich nur vormittags durchgeführt werden, wenn befürchtet wird, dass die Untersuchung für die experimentellen Bedingungen durchschnittlich zu anderen Tageszeiten stattfindet und die Tageszeit mit der abhängigen Variablen in Verbindung steht. Auch sollte die Instruktion für die Versuchspersonen standardisiert in einer schriftlichen Form vorgegeben werden, um zu verhindern, dass sie sich in einer Art zwischen den experimentellen Bedingungen unterscheidet, die nicht mit der Manipulation an sich zusammenhängt, aber auch Einfluss auf die abhängige Variable nehmen könnte. Eine situationsbezogene Störvariable kann darüber hinaus *ausbalanciert* werden. Ihre Ausprägungen sind dann in den experimentellen Bedingungen mit derselben Häufigkeit vorhanden. Beispielsweise kann für die Variable Tageszeit der Erhebung dafür gesorgt werden, dass das Verhältnis von Erhebungen am Morgen zu Erhebungen am Mittag für die Experimental- und Kontrollgruppe gleich ist. Schließlich kann eine situationsbezogene Variable auch *gemessen* und anschließend statistisch *auspartialisiert* werden.

Weitere Aspekte

1. Zur internen Validität und Rolle von Erwartungseffekten

Ein Experiment dient der Sicherung der internen Validität. Experimente werden daher im Allgemeinen als Königsweg zur Testung von Kausalhypothesen angesehen. Dennoch ist die Vergabe des „Gütesiegels" Experiment *nicht* automatisch mit einer hinreichend gesicherten internen Validität gleichzusetzen. Die Beurteilung der internen Validität erfordert stets eine genaue Inspektion der spezifischen Untersuchung. Als Einschränkung könnte zum Beispiel eine ineffektive Randomisierung durch eine sehr kleine Stichprobe infrage kommen. Auch könnte es zu Unzulänglichkeiten bei der Kontrolle situationsbezogener Störvariablen gekommen sein. Zudem könnten die Ergebnisse durch *Erwartungseffekte* verzerrt sein. Diese können ihren Ursprung sowohl auf der Seite der Untersuchungsteilnehmer und Untersuchungsteilnehmerinnen als auch auf der Seite des Untersuchungsleiters oder der Untersuchungsleiterin haben.

Beispielsweise vermuten Forschende, dass vermehrtes Wissen über die Situation von Asylsuchenden zur Abnahme von Vorurteilen ihnen gegenüber führt. In ihrem Experiment weisen sie die Personen randomisiert einer von zwei Ausprägungen der unabhängigen Variablen zu: „Informationsgruppe" (z. B. Lesen eines Textes über die Situation von Asylsuchenden) oder „Kontrollgruppe" (z. B. Lesen eines Textes über Umweltschutz). Anschließend wird das Ausmaß der Vorurteile mit einem Fragebogen (Selbstbericht) gemessen. Die Untersuchungsanordnung enthält somit für die Informationsgruppe Hinweisreize darauf, welche Hypothese in der Untersuchung getestet wird und hat folglich einen hohen *Aufforderungscharakter (demand characteristics)*: Der Text über die Situation von Asylsuchenden beinhaltet die unterschwellige Aufforderung, auf Asylsuchende mit Verständnis und Rücksicht zu reagieren. Spätestens, wenn die Versuchspersonen nach ihren Vorurteilen gegenüber Asylsuchenden befragt werden, dürfte ihnen bewusst werden, was von ihnen erwartet wird, was verschiedene Auswirkungen auf das Antwortverhalten der Versuchspersonen haben kann. Nach Orne (1962) ist dabei u. a. zwischen „guten Versuchspersonen", die bewusst im Sinne der vermuteten Hypothese antworten, auch wenn das nicht ihren tatsächlichen Ansichten entspricht, und „schlechten Versuchspersonen", die gezielt gegen die Hypothese antworten, zu unterscheiden. Da die Untersuchung für die Kontrollgruppe derartige demand characteristics nicht (oder in deutlich geringerem Maße) bereitstellt, kann ein möglicher Vorurteilsunterschied zwischen Informations- und Kontrollgruppe lediglich eine Folge dieses differenziell vorhandenen Aufforderungscharakters sein. Mithin ist die interne Validität gefährdet. Besser wäre es beispielsweise, den Untersuchungszweck durch eine Cover Story und zwischengeschaltete Fülleraufgaben zu verschleiern und erst nach Abschluss der Erhebung über das wahre Untersuchungsziel aufzuklären. Zudem können (zusätzlich) intransparentere Verfahren zur Erfassung der abhängigen Variablen verwendet werden, wie der Implizite Assoziationstest (IAT).

Auch die Erwartungen der Untersuchenden können die interne Validität gefährden. Bekannt ist der Rosenthal-Effekt (bzw. Pygmalion-Effekt; Rosenthal & Jacobson 1966), wonach die Versuchsleitung durch subtile, nicht beabsichtigte Signale das Antwortverhalten der Personen in die intendierte Richtung lenkt. Gegenmaßnahmen sind beispielsweise eine automatisierte Versuchssteuerung oder eine „Verblindung" der Versuchsleitung hinsichtlich der Hypothese.

2. Die Konstruktvalidität der unabhängigen Variablen

Ein Experiment erfordert, dass die in der Untersuchung realisierten Ausprägungen der unabhängigen Variablen die in der Hypothese postulierte Ursache angemessen repräsentieren. Wenn angenommen wird, dass der Konsum gewalthaltiger Medien zu erhöhter Aggression führt, sollte die operationalisierte unabhängige Variable mindestens zwei Bedingungen umfassen, die sich nur hinsichtlich der Gewalthaltigkeit des Medieninhalts und nicht hinsichtlich anderer Variablen unterscheiden. So wäre die Konstruktvalidität beispielsweise eingeschränkt, wenn zwei Videogames nicht nur in ihrer Gewalthaltigkeit, sondern auch in der Schwierigkeit, im Aktivierungsgrad oder in der Länge voneinander abweichen würden. Ob die Operationalisierung der Ausprägungen der unabhängigen Variablen angemessen ist, sollte Gegenstand einer Voruntersuchung sein, in der Experten zur Vergleichbarkeit der Bedingungen befragt werden. Im Rahmen der Hauptuntersuchung sind zudem Manipulationskontrollen durchzuführen, beispielsweise indem die Personen am Ende der Untersuchung danach gefragt werden, wie gewalthaltig und schwierig das Videogame für sie war. In Bezug auf die Gewalthaltigkeit wäre ein Unterschied zwischen den beiden Gruppen zu erwarten, in Bezug auf die Schwierigkeit jedoch nicht.

3. Die externe Validität

Sozialpsychologischen Untersuchungen wird oft eine schwache externe Validität vorgeworfen, wenn sie mit anfallenden Stichproben (z.B. Studierende) durchgeführt werden, die nicht repräsentativ sind. Diesem Einwand liegt nicht selten ein falsches Verständnis des Konzepts der externen Validität zugrunde, denn es bezieht sich nicht darauf, ob die Stichprobe für die Gesamtpopulation repräsentativ ist, sondern ob der Effekt, der mit der herangezogenen Stichprobe gezeigt wurde, auch für andere Personengruppen der Population gilt. Zunächst ist dabei nicht generell anzunehmen, dass ein ermittelter Unterschied zwischen der Experimental- und der Kontrollgruppe nur für Studierende und nicht für andere Personengruppen der Population gilt. Beispielsweise könnten Forschende vermuten, dass Vorurteile durch eine neue Intervention reduziert werden können, die er oder sie nun an Studierenden testet. Wahrscheinlich haben Studierende generell weniger Vorurteile als andere Bevölkerungsgruppen, sodass die Gesamtstichprobe das Vorurteilsniveau der Gesamtbevölkerung nicht korrekt abbildet. Allerdings geht es in der Untersuchung um etwas anderes: Ist der Mittelwert der Experimentalgruppe kleiner als der der Kontrollgruppe, wird gezeigt, dass die Intervention Vorurteile reduziert. Der Effekt, um den es geht, ist der *Unterschied* zwischen den Bedingungen. Eine Kritik an der externen Validität muss nachvollziehbare Argumente dafür enthalten, dass der Effekt vermutlich nur für die verwendete Stichprobe erzielt werden kann (z. B., wenn die Inhalte der Intervention nur für Studierende verständlich sind). Die Absicherung der externen Validität wäre dann empirisch mit einer Untersuchung an einer anderen Stichprobe zu klären.

4. Quasi-Experimente

Mit dem Begriff *Quasi-Experiment* werden Untersuchungen bezeichnet, bei denen zwar die unabhängige Variable manipuliert wird, aber die Zuordnung der Personen zu den experimentellen Bedingungen nicht vom Versuchsleiter oder der Versuchsleiterin kontrolliert durch eine Randomisierung oder Parallelisierung vor der Manipulation erfolgt. Ein Beispiel: Die Leitung einer Schule entscheidet, welche Klassen ein Gewaltpräventionsprogramm erhalten sollen (Experimentalgruppe) und welche nicht (Kontrollgruppe). Hinterher könnte zur empirischen Untersuchung der Effektivität des Programms das Aggressionsniveau in den Klassen gemessen und verglichen werden. Es handelt es sich um ein Quasi-Experiment, da die Forschenden keinen Einfluss darauf haben, welche Schülerinnen und Schüler das Training erhalten. Eine kontrollierte Zuweisung der Personen kann auch aus ethischen Gründen ausgeschlossen sein, beispielsweise wenn eine belastende Therapie gegen eine lebensbedrohliche Krankheit überprüft werden soll. In diesem Fall müssen sich die betroffenen Personen selbst der Therapiegruppe oder der Kontrollgruppe (die die Therapie nicht erhält) zuweisen.

Im Kontext von Quasi-Experimenten wird auch von *nicht-äquivalenten Gruppen* gesprochen, womit kenntlich gemacht werden soll, dass sich Experimental- und Kontrollgruppe möglicherweise nicht nur – wie intendiert – hinsichtlich der manipulierten Ausprägungen der unabhängigen Variablen unterscheiden, sondern auch hinsichtlich des Ausgangsniveaus der abhängigen Variablen vor der Untersuchung und/oder in anderen Variablen (wie motivationale Aspekte oder Leidensdruck), die mit der abhängigen Variablen in Verbindung stehen könnten. Da unklar ist, inwiefern personenbezogene Störvariablen für das Ergebnis mitverantwortlich sind, muss die interne Validität von Quasi-Experimenten generell angezweifelt werden. Quasi-Experimente können jedoch so erweitert werden, dass sich die interne Validität erhöht. In der Regel wird dafür ein Pretest durchgeführt, d. h., die abhängige Variable wird in beiden Gruppen sowohl vor als auch nach der experimentellen Manipulation gemessen. Dadurch kann immerhin ein unterschiedliches Ausgangsniveau in den Bedingungen kontrolliert werden. Bei der Auswertung wird dann überprüft, ob die Veränderung vom ersten zum zweiten Messzeitpunkt in der Experimentalgruppe wünschenswerter als in der Kontrollgruppe ausfällt. Diese Erweiterung ist jedoch nicht ohne Probleme, so könnte der wiederholte Einsatz desselben Messinstrumentes aufgrund von Erinnerungs- oder „Übungseffekten" zu Verzerrungen führen. Die Verzerrungen wären jedoch nur dann eine Gefahr für die interne Validität, wenn sie für die beiden Gruppen unterschiedlich ausfallen. Eine ausführliche Diskussion der Erweiterungen ist Shadish, Cook und Campbell (2002) zu entnehmen.

5. Inter- und intraindividuelle Bedingungsvariation

Unsere bisherigen Ausführungen bezogen sich auf eine *inter*individuelle Bedingungsvariation („between subjects design"), denn wir sind davon ausgegangen, dass sich in den experimentellen Bedingungen jeweils andere Personen befinden. Die experimentellen Bedingungen können aber auch *intra*individuell variiert werden („within subjects design"). Soll beispielsweise untersucht werden, ob Menschen weniger Vorurteile äußern, wenn sie in guter Stimmung sind, würden zwei experimentelle Bedingungen (gute Stimmung, schlechte Stimmung) realisiert werden, die entweder inter- oder intraindividuell variieren. Bei intraindividueller Variation würden die Personen beide Bedingungen nacheinander durchlaufen. Nach jeder Manipulation würde die Stimmung gemessen werden. Um Positionseffekte (d. h. Stimmungsunterschiede zwischen den Bedingungen, die nur dadurch zustande kommen, dass eine Bedingung an erster und die andere an zweiter Position umgesetzt wurde) zu verhindern, würde der eine Teil der Personen die Bedingungen in der Sequenz „zunächst gute, dann schlechte Stimmung" durchlaufen, der andere Teil genau andersherum. Die Zuweisung sollte nach dem Zufallsprinzip erfolgen. Ein solches „within subjects" hat Vorteile: So werden weniger Versuchspersonen benötigt, und in der inferenzstatistischen Auswertung steht eine höhere Power zur Verfügung (vgl. Eid et al. 2015). Allerdings gibt es auch Nachteile: Intraindividuelle Bedingungsvariationen sind nicht immer anwendbar; außerdem kann es zu Ausstrahlungseffekten (Carry Over Effekte) einer Bedingung auf die andere kommen.

6. Untersuchungsort

Quantitative Untersuchungen werden auch nach dem Ort ihrer Durchführung klassifiziert, wobei üblicherweise zwischen Labor, Feld und Internet unterschieden wird. Laboruntersuchungen finden in einem speziellen Untersuchungsraum statt, in dem eine Vielzahl von Störvariablen und Abläufen kontrolliert werden können. Das Labor erlaubt also einen hohen Grad an Standardisierung und Kontrolle. Demgegenüber wird eine Felduntersuchung im natürlichen Lebensumfeld der Teilnehmenden durchgeführt, beispielsweise in der Schule oder am Arbeitsplatz. Bei einer Internetuntersuchung ist der gesamte Ablauf von der Begrüßung bis zur Verabschiedung programmiert, und es findet kein physischer Kontakt zwischen Versuchsleitung und Teilnehmenden statt. Ein großer Vorteil von Internetstudien ist die leichte Akquisition einer größeren Anzahl von Versuchspersonen. Dem steht jedoch eine geringe Kontrolle der Untersuchungssituation gegenüber.

Fazit

Quantitativ-sozialpsychologische Untersuchungen werden zur Testung zuvor formulierter wissenschaftlicher Hypothesen durchgeführt. Dabei sind Zusammenhangs- und Kausalhypothesen zu unterscheiden. Obwohl sich eine wissenschaftliche Hypothese auf eine Population bezieht, kann lediglich eine Stichprobe untersucht werden. Für die in der Hypothese enthaltenen Variablen sind geeignete Operationalisierungen zu finden. Es gibt korrelative und experimentelle Untersuchungsansätze: Für beide gliedert sich die statistische Auswertung der erhobenen Daten in eine deskriptive Analyse zur Beschreibung der Stichprobe und eine inferenzstatistische Analyse zur Testung der Hypothese. Bei quantitativ-sozialpsychologischen Studien ist auf die Sicherung der Konstruktvalidität, der externen Validität sowie der Validität der statistischen Schlussfolgerung zu achten; bei Kausalhypothesen zusätzlich auf die Sicherung der internen Validität.

Wir möchten an dieser Stelle auch darauf hinweisen, dass wir die Untersuchungsansätze bewusst an einfachen Fällen mit zwei Variablen illustriert haben. Bei der Schilderung des experimentellen Ansatzes haben wir uns darüber hinaus auf eine unabhängige Variable mit zwei Ausprägungen beschränkt. Die hier geschilderten Ansätze können selbstverständlich auf komplexere Fragestellungen übertragen werden. Auch „Mischformen" sind denkbar, bei denen sowohl eine experimentell manipulierte unabhängige Variable als auch eine lediglich gemessene unabhängige Variable (z. B. Geselligkeit) in einer Untersuchung berücksichtigt werden. In diesem Zusammenhang möchten wir erwähnen, dass Experimente im Allgemeinen zwar als Methode der Wahl zur Überprüfung von Kausalhypothesen angesehen werden können, jedoch nicht immer durchführbar sind; zum Beispiel kann eine als unabhängige Variable angenommene Persönlichkeitseigenschaft nicht experimentell manipuliert werden.

Verständnisfragen

- Warum müssen quantitative Untersuchungen in der Regel inferenzstatistisch ausgewertet werden? Worin besteht die Grundidee der inferenzstatistischen Auswertung?
- Was wird in der quantitativen Sozialpsychologie unter einem Experiment verstanden? Warum sind Experimente so wichtig für die Überprüfung von Kausalhypothesen? Stellen sie die interne Validität immer hinreichend sicher?
- Was würden Sie einem Kritiker der quantitativen Sozialpsychologie entgegnen, der der Meinung ist, dass diese Untersuchungen wertlos sind, da sie in der Regel mit Studierenden durchgeführt werden?

Literatur

Asendorpf, J. (1997). *Schüchternheits- und Geselligkeitsskalen für Erwachsene*. Berlin: Humboldt-Universität, Institut für Psychologie.
Bühl, A. (2014). *SPSS 22. Einführung in die moderne Datenanalyse* (13. Aufl.). Hallbergmoos: Pearson.
Campbell, D. T. (1957). Factors relevant to the validity of experiments in social settings. *Psychological Bulletin, 54*, 297–312.
Campbell, D. T. & Fiske, D. W. (1959). Convergent and discriminant validation by the multitrait-multimethod matrix. *Psychological Bulletin, 56*, 81–105.
Campbell, D. T. & Stanley, J. C. (1963). Experimental and quasi-experimental designs for research on teaching. In N. L. Gage (ed.), *Handbook of research on teaching* (pp. 171–246). Chicago, IL: Rand McNally.
Campbell, D. T. & Stanley, J. C. (1966). *Experimental and quasi-experimental designs for research*. Chicago, IL: Rand McNally.
Cohen, J. (1988). *Statistical power analysis for the behavioural sciences* (2nd ed.). Hillsdale, NJ: Erlbaum.
Cook, T. D. & Campbell, D. T. (1979). *Quasi-experimentation. Design and analysis issues for field settings*. Boston: Houghton Mifflin.

Eid, M. & Schmidt, K. (2014). *Testtheorie und Testkonstruktion*. Göttingen: Hogrefe.
Eid, M., Gollwitzer, M. & Schmitt, M. (2015). *Statistik und Forschungsmethoden* (4. Aufl.). Weinheim: Beltz.
Gollwitzer, M. & Jäger, R. S. (2014). *Evaluation – kompakt* (2. Aufl.). Weinheim: Beltz.
Greenwald, A. G., McGhee, D. E. & Schwartz, J. K. L. (1998). Measuring individual differences in implicit cognition. The implicit association test. *Journal of Personality and Social Psychology, 74,* 1464–1480.
Huber, O. (2013). *Das psychologische Experiment. Eine Einführung* (6. Aufl.). Bern: Huber.
Hussy, W. & Jain, A. (2002). *Experimentelle Hypothesenprüfung in der Psychologie*. Göttingen: Hogrefe.
Janoff-Bulman, R., Carnes, N. & Sheikh, S. (2014). Parenting and politics. Exploring early moral bases of political orientation. *Journal of Social and Political Psychology, 2,* 43–60.
Luhmann, M. (2015). *R für Einsteiger. Einführung in die Statistiksoftware für die Sozialwissenschaften* (4. Aufl.). Weinheim: Beltz.
Moosbrugger, H. & Kelava, A. (Hrsg.) (2012). *Testtheorie und Fragebogenkonstruktion* (2. Aufl.). Berlin: Springer.
Mummendey, H. D. & Grau, I. (2014). *Die Fragebogenmethode. Grundlagen und Anwendung in Persönlichkeits-, Einstellungs- und Selbstkonzeptforschung* (6., korr. Aufl.). Göttingen: Hogrefe.
Orne, M. T. (1962). On the social psychology of the psychological experiment. With particular reference to demand characteristics and their implications. *American Psychologist, 17,* 776–783.
Petermann, F. & Petermann, U. (2012). *Training mit aggressiven Kindern. Einzeltraining – Kindergruppe – Elternberatung* (13. Aufl.). Weinheim: Beltz.
Rammstedt, B. (ed.). (2014). *Grundlegende Kompetenzen Erwachsener im internationalen Vergleich. Ergebnisse von PIAAC 2012*. Münster: Waxmann.
Rosenthal, R. & Jacobson, L. (1966). Teachers' expectancies. Determinants of pupils' IQ gains. *Psychological Reports, 19,* 115–118.
Schmidt-Atzert, L. & Amelang, M. (2012). *Psychologische Diagnostik* (5. Aufl.). Heidelberg: Springer.
Schmitt, M. (2006). Conceptual, theoretical, and historical foundations of multimethod assessment. In M. Eid & E. Diener (eds.), *Handbook of multimethod measurement in psychology* (pp. 9–25). Washington, DC: American Psychological Association.
Schnell, R., Hill, P. B. & Esser, E. (2013). *Methoden der empirischen Sozialforschung* (10. Aufl.). München: Oldenbourg.
Shadish, W. R., Cook, T. D. & Campbell, D. T. (2002). *Experimental and quasi-experimental designs for generalized causal inference*. Boston, MA: Houghton-Mifflin.
Taylor, S. P. (1967). Aggressive behavior and physiological arousal as a function of provocation and the tendency to inhibit aggression. *Journal of Personality, 35,* 297–310.
Turner, R. N. & West, K. (2012). Behavioural consequences of imagining intergroup contact with stigmatized outgroups. *Group Processes Intergroup Relations, 15,* 193–202.
Weise, G. (1975). *Psychologische Leistungstests*. Göttingen: Hogrefe.

Weiterführende Literatur

Cohen, J., Cohen, P., West, S. G. & Aiken, L. S. (2003). *Applied multiple regression/correlation analysis for the behavioral sciences*. Mahwah, NJ: Lawrence Erlbaum.
Hayes, A. F. (2013). *Introduction to mediation, moderation, and conditional process analysis. A regression based approach*. New York, NY: Guilford Press.
Kirk, R. E. (2013). *Experimental design. Procedures for the behavioral sciences*. Thousand Oaks, CA: Sage.
Maxwell, S. E. & Delaney, H. D. (2003). *Designing experiments and analyzing data. A model comparison perspective*. Mahwah, NJ: Lawrence Erlbaum.
Shadish, W. R., Cook, T. D. & Campbell, D. T. (2002). *Experimental and quasi-experimental designs for generalized causal inference*. Boston, MA: Houghton-Mifflin.

Index

1968er 17, 23

A
ableitungslogisch 135
Abwehr 123, 131
Abwehrmechanismus 85, 113, 124ff., 135
Adoleszenz 125, 135
Adorno, Gretel 21
Adorno, Theodor W. 16f., 21ff., 126f., 130f., 137
affektiv 33, 123f., 128, 133ff., 177, 216
Aggression 19ff., 129ff., 133, 168, 174, 247ff., 256, 261f., 266ff., 271, 273
Akquisition 158, 163, 276
Aktivität, neuronale 191 ff., 197ff.
Alltagsreligion 25
Alterität 85
Alternativhypothese 259, 261
Althusser, Louis 137
Amygdala 194
Androzentrismus 78
Angst 21, 83, 85, 126, 128, 131, 193f., 200
Anonymisierung 237
Anpassung 37, 77, 108, 156, 168
Antisemitismus 25, 127, 133
Apathie, politische 131
Artefaktanalyse 208, 224

Asch, Salomon 143, 147
Assoziationstest, impliziter 183, 255, 273
Attributionstheorie 52
Auftretenswahrscheinlichkeit 160f.
Ausbeutung 14
Auschwitz 22, 26
Auslöseeffekt 164
Auswertung, deskriptivstatistische 257, 267
Auswertung, statistische 245, 256f., 276
Autoethnografie 222f.
Autopoiesis 48, 55
Autoritarismus 7, 21, 25, 127, 130
Autoritarismusforschung 130, 133
Autoritarismus, sekundärer 26
Autorität 18ff., 40, 83, 85, 130

B
Barbarei 13, 21
Beauvoir, Simone de 79
Becker-Schmidt, Regina 22f., 86, 134
Beck-Gernsheim, Elisabeth 80
Bedeutung 111, 113, 116ff.
Bedingtheitsdiskurs 114
Bedingung 113f., 116ff.
Bedrohungen 34, 85, 185
Begehren 83ff., 136

Begründungsdiskurs 114f.
Behaviorismus 93ff., 98, 143, 155f., 167
Belohnung 66f., 70, 72, 156, 160f., 164, 193ff., 199f.
Benjamin, Walter 17, 24f.
Beobachtung 7, 14, 20, 102, 156f., 162, 164, 175f., 206, 208, 219f., 223
Beobachtung, teilnehmende 5, 7, 206, 208, 219f.
Bereswill, Mechthild 81
Berkeley-Group 20
Bernfeld, Siegfried 17, 127
Bernoulli, Daniel 61
Berufspraxis 116
Bestimmtheit, objektive 109
Bestimmung, subjektive 109
Bewusstsein 21, 49, 54ff., 93, 95, 97f., 125, 132, 156
Bildung 26
Black Box 156f.
Blumer, Herbert 94, 99, 207
Bock, Ulla & Barbara Duden 80
Bock, Wolfgang 24
Bolte, Gerhard 24
Bosse, Hans 134
Brecht, Bertolt 15, 17
Brückner, Magrit 80
Brückner, Peter 128, 131f., 135

C
Charakter 19f., 125, 136
Charakter, autoritärer 19, 21, 24, 127, 130, 231
Charakter, sozialer 125
Cixous, Hélène 84
Claussen, Detlev 23, 25
Coleman, James S. 62, 64, 69
Connell, Robert W. 81

D
Dahmer, Helmut 128
Darwin, Charles 95
Datenanalyse, computergestützte qualitative 233
Datenschutz 237
demand characteristics 272
Desensibilisierung 159
Destruktion 21
Destruktivität 126
Desymbolisierung 132
Dialektik 14f., 22
Dialektik der Aufklärung 16f., 21
Dialektik, negative 17, 22
Diskriminierung 81, 88, 116, 255
Diskriminierung, soziale 185
Diskurs 32, 34, 114, 123, 141f., 145ff., 150, 224
Diskursanalyse 142, 208, 229f.
Dispositiv 32
Distinktheit 180, 186
doing gender 78
Dokumentenanalyse 206, 208, 224
doppelt belastet 131
doppelte Kontingenz 53
doppelte Vergesellschaftung 86f.
Dubiel, Helmut 24
Durchdringung der Gegensätze 15
Dynamik, autoritäre 19, 25

E
Effekt 34, 37f., 63, 83, 164, 176, 182, 248, 250, 261, 267, 269, 273ff.
Eigengruppe 126, 186
Eingedenken der Natur im Subjekt 21
Einstellung 20, 25, 70, 130, 155, 176, 178, 183, 185, 214, 256
Einwilligung, informierte 237
Emanzipation 7, 13, 16, 26, 79

Empathie 195, 197ff.
Empowerment 42
Entscheidung 57, 67, 70f., 178, 189, 192, 198ff.
Erfahrung, unreglementierte 25
Erklärungsansatz, individualistischer 62
Erkenntnisziele Sozialpsychologie 5f., 8
Ersatzbefriedigung, narzisstische 19
Erwartung 47, 51ff., 58, 63, 72, 100, 132, 156, 162, 164ff., 168, 195, 218, 273
Erwartungserwartung 47, 51f., 58
Erziehung 22, 26, 113, 133, 155
Es 39, 123ff.
Ethnografie 208, 219f., 222f.
Ethnohermeneutik 134
Ethnomethodologie 207f.
Ethnopsychoanalyse 128
Evolutionstheorie 93, 95
Experiment 5, 7, 36, 67, 71, 94, 99, 101, 105, 107, 109f., 114, 117f., 147, 157, 160, 163, 175f., 186, 198, 222, 265f., 268ff., 272f., 276
Experiment, qualitatives 222
Experteninterview 216
Extinktion 158, 161

F
Fallauswahl 205, 210f., 234
Fallrekonstruktion, biografische 232
Familie 19, 49, 86f., 125, 132, 135, 156, 219
Feind 130
feministisch 8, 78, 84, 133
Fenichel, Otto 127
Flaake, Karin 80
Flaschenpost 22f.
Forschung, partizipative 213
Forschungsethik 205, 237
Forschungsgruppe 20, 205, 217, 222, 232, 234, 236

Forschungsgruppe Lebensführung 116
Forschungstagebuch 220
Foucault, Michel 31ff., 83, 135, 230
Frauenfeindlichkeit 81, 86
Frau, Die friedfertige 133
Fremdenangst 126
Fremdenfeindlichkeit 85
Fremdgruppe 126, 186, 198
Freudomarxist 123, 127
Freud, Sigmund 3, 5ff., 13, 19, 21, 24, 39, 83ff., 113, 123f., 126f., 129, 134, 136, 185
Fromm, Erich 17ff., 25, 125ff., 130
Frustrations-Aggressions-Hypothese 174, 185

G
Garfinkel, Harold 207
Gedankenlesen 56
Gegenwart 24, 32, 123, 136, 200, 265
Geltung 117, 145, 147
Gender 77f., 228
Gender Studies 42
Genealogie 37ff., 42
Genus-Gruppe 80ff., 88
Gergen, Kenneth J. 141ff., 207
Geschichte 2, 7, 14f., 25
Geschlecht 77ff., 108, 219, 248f., 251, 262, 268f.
Geschlechterdifferenz 78
Geschlechterdifferenzierung 82
Geschlechterforschung 77ff., 81f., 86, 88, 133f.
Geschlechterordnung 80, 83, 133f.
Geschlechterverhältnis 82, 116, 270
Geschlechtscharakter 134
Geschlecht, soziales 78
Geschlechtssensibilität 78

Gesellschaft 2f., 5ff., 13ff., 21, 24ff., 37, 39, 42, 49, 55, 57, 64, 77, 79, 84, 95f., 101f., 108, 111, 113, 124f., 127, 131f., 135f., 142, 155
Gesetzmäßigkeit 7, 15, 18, 245
Gewalt 19, 22, 80f., 110, 132, 168
Gildemeister, Regine 81
Gildemeister & Robert 82
Glasersfeld, Ernst von 142
going native 220
Gouvernementalität 31ff., 39ff.
Gouvernementalitätsstudien 8, 26, 43
Grounded Theory 102, 227f.
Grounded-Theory-Methodologie 208, 210f., 225f.
Gruppe 33, 81, 95, 102f., 108, 124, 126, 130, 142, 155f., 163, 166ff., 173f., 178, 180, 184ff., 198, 207, 219, 224, 234, 245, 255, 269, 273ff.
Gruppendiskussion 130, 134, 208, 217ff., 221, 223f., 232
Gruppenexperiment 22, 127, 130
Gruschka, Andreas 23
Gütekriterium 205, 236, 245, 250f.

H
Habermas, Jürgen 7, 22f., 24
Hagemann-White, Carol 80
Hamburger Institut für Sozialforschung 24
Handeln, rationales 68
Handlungsfähigkeit 5, 40, 107, 112, 116
Handlungsforschung 118, 213
Handlungsmöglichkeit 31, 62, 65f., 72, 112f., 117f.
Handlungsrestriktion 64ff., 72f.
Hass 85, 126
Hegel, Friedrich 15
Hemmungseffekt 164

Hermeneutik, objektive 208, 230
hermeneutisch-verstehend 6
Hirnforschung 54
Hirnstruktur 191f., 194, 199f.
Hobbes, Thomas 62
Homo oeconomicus 38f.
Horkheimer, Max 13f., 16ff., 25f., 127
Horn, Klaus 128, 134
Hypothese 64, 114f., 147f., 209, 234, 245ff., 258f., 262, 264f., 267ff., 272f., 276

I
Ich 38ff., 97f., 123ff., 128f.
Ich-Entleerung 131
Ich-Ideal 129
Ideal 26, 85, 129, 131
Identifikation mit dem Aggressor 19
Identität 33, 37, 39, 67, 96f., 104, 115, 136, 185f., 212, 229
Identität, soziale 149, 185f., 220
Ideologie 7, 104, 123, 125ff., 129, 136f., 174
Imperativ 14, 22, 38
Individualismus, methodologischer 62
Individualismus, struktureller 62
Inferenzstatistik 249, 259f.
Ingroup 186
ingroup bias 186
Inhaltsanalyse, qualitative 208, 225
Institut für Sozialforschung 16f., 20, 127, 218
Interaktion 19, 57, 78, 81, 98, 103ff., 108, 118, 132, 144, 149, 155, 161, 165, 174, 192, 207ff., 221, 224, 229, 245
Interaktion, soziale 100, 108, 124, 155f., 168, 173f., 184f., 194f., 228f.
Interaktionismus, Symbolischer 8, 93ff., 98ff., 102, 104f., 207f.
Interaktionsform 132

Interdisziplinarität 16
Intergruppenbeziehung 185
Interpretationsgemeinschaft 234
Interview 7, 21, 130, 135, 206, 208, 212, 214, 216ff., 221, 223f., 232, 238
Interview, episodisches 216
Interview, fokussiertes 216
Interviewleitfaden 217
Interview, narrativ-biografisches, 214f., 229
Interview, narratives 214f., 232
Interview, problemzentriertes 215f.
Interview, themenzentriertes 216
Introspektion 94, 156, 222f.
Irigaray, Luce 84
irrational 51, 115

K
Kameraethnografie 221
Kämpfe, soziale 13, 26
Kapitalismus 3, 22, 131f.
Kategorisierung, bloße 186
Kategorisierung, soziale 184
Kausalattribution 155, 166, 179
Kausalhypothese 182, 247f., 261, 263ff., 272, 276f.
Kelly, George A. 142, 179
King, Vera 80
Klampen, Dietrich zu 24
Kluge, Alexander 22
Knapp, Gudrun-Axeli 86
Kognitionsforschung, soziale 173, 175, 177, 179ff., 184ff.
Kommunikation 25, 35, 52, 55ff., 94, 96ff., 100, 105, 178, 207, 209, 220, 229f.
Komplexität 47, 50f., 58, 105, 206, 233, 256
Konditionieren 157, 159

Konditionierung, klassische 94, 157ff., 167, 169, 193
Konditionierung, instrumentelle 159
Konditionierung, negative 193
Konditionierung, operante 155, 159ff., 163, 168
Konflikt 14, 18, 25f., 79, 85f., 126f., 132, 135f., 173, 186
Konfundierung 262, 269
Konfundierung, gegensinnige 269
Konfundierung, gleichsinnige 269
König, Hans-Dieter 134, 231
Konstruktionismus, sozialer 141f., 144, 146ff., 207
Konstruktion, soziale 78, 142, 148, 150
Konstruktivismus 99, 142, 208
Konstruktivismus, radikaler 142
Konstruktivismus, sozialer 143, 148
Konstruktvalidität 252ff., 264f., 267, 273, 276
Kontextualität 209
Kontrolle 83, 96, 103, 155, 162, 166ff., 185, 260, 265ff., 270ff., 276
Kontrollüberzeugung 166
Konversationsanalyse 208, 229
Körper 26, 32, 79f., 83
Korrelate, neurobiologische 189
Krise, wirtschaftliche 18
Kristeva, Julia 84f.
Kritik 1, 7, 13, 21f., 68ff., 109, 135, 143, 150, 274
Kritik der instrumentellen Vernunft 22
Kritik, emanzipative 7
Kritische Theorie 8, 13f., 16, 20, 23ff., 123, 128
kritische Theorie des Subjekts 128
Kulturanalyse, tiefenhermeneutische 129, 134, 231
Kybernetik 48

L

Lacan, Jacques 39, 136f.
Läsionsstudien 191, 200
Lauretis, Teresa de 84
Lebensführung 37, 39, 113
Leipziger „Mitte"-Studien zum Autoritarismus 25f.
Leitfadenentwicklung 217, 234
Leithäuser, Thomas 134, 219, 231f.
Lernen, bedeutungsvermitteltes 111
Lernen, lebenslanges 42
Lernen, soziales 155f., 165, 167
Lewin, Kurt 148, 213, 222, 233
Liebe 56f., 85, 132, 165, 173, 181
Linksfreudianer 17
Lorenzer, Alfred 128, 132ff., 136, 231

M

Macht 19, 32f., 35ff., 42, 83, 86, 103, 107f., 130, 181
Magnetresonanztomografie, funktionelle 192ff., 197f., 200
Mangel 131, 136
Manipulation, experimentelle 176, 266, 271, 275
Männlichkeitsforschung 134
Marcuse, Herbert 17, 127
Markt 18, 26, 41
Marktökonomie 14
Marxismus 18, 23,
Marx, Karl 6f., 13f., 111
Maschine-Körper-Verhältnis 15
Massenführer 129ff.
Massenpsychologie und Ich-Analyse 129
massenpsychologisch 126, 130, 136
Mead, George Herbert 37, 93ff., 104, 207
Mediatorhypothese 248
Medizin 25f., 54, 82f., 157
Mensch 6, 14, 41, 54, 97f., 112, 114, 197
Menschenopfer 25
Mensching, Günter 24
Messinstrument 250ff., 256f., 266, 275
Messverfahren, implizites 253, 255
Methode, dokumentarische 208, 232
Meuser, Michael 81, 216
Milgram-Experiment 222, 237
Milgram, Stanley 101, 148
Mitforschende 107f., 118, 213, 236
Mitscherlich, Alexander 127, 130f.
Mitscherlich, Margarete 128, 131, 133f.
Mixed Methods 211f.
Modelleffekt 164
modellierend 164
Moderatorhypothese 248
Moderne 17
Möglichkeitsverallgemeinerung 117f.
Montage 5, 25
Montagetechnik 17
Morgenroth, Christine 134
Morgenthaler, Fritz 128
Motivation 6, 64, 67, 70, 87, 102, 164, 175f., 178, 181, 186
Muslimfeindschaft 133

N

Nachträglichkeit 123f., 135
Narrationsanalyse 208, 226, 228f.
Narzissmus, kollektiver 123, 126
Nationalismus 126f., 133
Natur 21, 25
Natur des Menschen 37, 112f.
Natur, gesellschaftliche 37, 112
Naturverhältnis 26
Nazi-Deutschland 20
Negation 15f.,
Negation der Negation 15f.
Negt, Oskar 22f.
Neoliberalismus 41, 113

Netnography 221
Neue Soziale Bewegungen 128
Neurowissenschaft, Soziale 189f., 193, 195, 199f.
Nietzsche, Friedrich 21
Normen 19, 37, 62, 64, 66, 71, 73, 103, 129, 132f., 168, 173, 181, 185, 223, 253
Norm-Vp 109
Nucleus accumbens 194, 199

O
Objektivität 65, 107, 114, 146, 150, 167, 236, 251, 254
Öffentlichkeit 23f.
Operationalisierung 182, 250, 252, 258, 264, 266, 273, 276
Ordnung, symbolische 81, 136
Organisation 13, 57, 81, 130, 142, 224, 229, 233
Organismus 49, 54, 99, 175
Outgroup 186

P
Parallelisierung 266, 270, 274
Parin-Matthèy, Goldy 128
Parin, Paul 128
Partizipation 42, 213
performative turn 104
Persönlichkeit 19, 53, 125, 155, 163, 165, 231
Piaget, Jean 6f., 142
Plombe, narzisstische 26
Pohl, Rolf 81, 134
Pohrt, Wolfgang 24
Position 6, 15f., 96, 134, 275
Poststrukturalismus 136
Power (Teststärke) 260f., 275
Präferenz 62, 64ff., 70, 72f., 195, 199, 217
Pragmatismus 93, 95, 207

Praktik 32, 34, 38, 102, 207, 230
Prämisse 113ff., 117, 142
Prämissen-Gründe-Zusammenhang 114ff.
Praxeologie 104
Praxis, politische 26
Prinzip der Fremdheit 209
Prinzip der Kommunikation 209
Prinzip der Offenheit 209, 217
Produktion 14, 36, 58, 123, 230
Produktionsprozess 14, 164, 210
Produktion von Unbewusstheit 123
Projektion 85, 123, 126, 133
Pross, Helge 22, 80
Protest, antiautoritärer 132
Protokollieren, ethnografisches 220
Psychoanalyse 5, 13, 17, 19, 23, 26, 39, 84, 113, 123ff., 127f., 132ff., 137, 207, 208
Psychoanalyse, Relationale 136

Q
Quasi-Experiment 270, 274f.

R
Rassismus 116, 133
rassistisch 116, 126
Rational-Choice-Ansatz 61f., 73
Rational-Choice-Theorie 38, 61f., 64ff.
Rational-Choice-Theorie, enge Version 65
Rational-Choice-Theorie, Prüfbarkeit 70
Rational-Choice-Theorie, Tautologie 69
Rational-Choice-Theorie, weite Version 65
Rational-Choice-Theorie, Zusatzannahmen 65
Rational-Choice-Theorie, Zirkularität 69
Rationalität 31, 33f., 51, 68, 124
Rationalitätsannahme 61, 68

Reduktion von Komplexität 51, 105
Reemtsma, Jan-Philipp 24
Reflexivität 209f.
Registrierung von Verhaltensprodukten 255
Reich, Wilhelm 17, 127
Reiz, aversiver 161
Reiz-Reaktions-Lernen 111
Relationalität 81
Reliabilität 236, 251f.
Reliabilitätsquotient 252
Ressentiment 21
Revolution 18, 62f., 71, 73, 127, 143ff., 156

S
Sampling 210
Sampling, purposive 210
Sampling, theoretical 210
Sättigung, theoretische 211
Scheu, Ursula 79
Schiefheilung 126
Schiller, Hans-Ernst 24
Schmidt, Alfred 22
Schuld und Abwehr 130
Schuld- und Erinnerungsabwehr 131
Schweppenhäuser, Gerhard 24
Schweppenhäuser, Hermann 22, 24
Sekundäranalyse 212
Selbst 21, 37f., 40, 93, 97ff., 117, 133, 146, 185f.
Selbst, unternehmerisches 41f.
Selbstaufwertung 26
Selbstauskunft, fragebogenbasierte 253
Selbstbefreiung, Provokation und soziale Bewegungen 131
Selbstergänzungstheorie 115, 117
Selbstführung 31f., 36, 42
Selbstkategorisierung 185
Selbstorganisation 48

Selbststereotypisierung 185
Selbstwert 26, 185
Sex (Geschlecht) 78
Sex (Geschlechtsverkehr) 160
Shoah 16, 21, 23
Simmel, Ernst 127
Simmel, Georg 6, 19
Sinn 5, 32, 50f., 87, 99, 117, 208, 223, 232
Skinner, B. F. 94, 155, 159f.
Skinner-Box 160
Smith, Adam 61
Solidarität 109ff.
Sozialbehaviorismus 93f., 96
Sozialcharakterologie 125, 135
Sozialforschung, psychoanalytisch orientierte 231
Sozialisation 77, 86, 131f., 134, 155f.
Sozialisationsagent 19
Sozialisationstheorie 132
sozialkonstruktivistisch 8, 81, 88, 150
Sozialpsychologie des Kapitalismus 131
Sozialpsychologie, psychoanalytische 17, 79, 123ff., 127ff., 132ff., 137
Sozialpsychologie, psychologische 6, 173, 175
Sozialpsychologie, soziologische 6f.
Sozialverhalten, menschliches 181, 189, 200
Sozialwissenschaft, performative 235
Spätkapitalismus 23, 132
Spiegelneuronen 195, 197, 200
Spontanerholung 158
Spracherwerb 132
Sprung, qualitativer 15
Standpunkt des Subjekts 113
Stanford-Prison-Experiment 222
Stereotyp 134, 180, 182, 184f.
Stichprobe 20, 211, 245, 248ff., 252, 256ff., 265, 267, 270, 272ff., 276

Stichprobenfehler 259f., 267
Stichprobenkennwert 257, 259f., 267
Stimulus 157ff.
Störvariable, systematische 262f., 266, 268ff.
Störvariable, unsystematische 269
Studentenbewegung 23, 107f.
Studien zu Autorität und Familie 16ff., 20
Studien zum autoritären Charakter 24, 127, 130
Studies in Prejudice 130
Subjekt 21, 31ff., 37ff., 43, 79, 83, 97, 100, 108, 113, 117, 128, 136f., 207, 208, 210
Subjektivierung 26, 32f., 37ff., 42, 135
Subjektivierungsweise 31, 33f.
Subjektivität 17, 77, 94, 97, 114, 117, 124, 128, 156, 210, 230, 236
Subjektivität der Forschenden 128, 210
Subjektposition 37f.
subjektwissenschaftlich 107, 114, 116f.
Sündenbock 129
Symbolisierung 132
System 47ff., 53ff., 81f.
systematisch 159
System, physisches 54
System, psychisches 51, 54
System, soziales 54, 56f.
Systemtheorie 8, 47ff., 54f., 57f.
System und Umwelt 47, 49f.

T
Tautologie 69f.
Theorie, dialektische 13f.
Theory of Mind 195ff., 200
Tiedemann, Rolf 22
Tiefenhermeneutik 208, 231
Tiefenpsychologie 19
Tod 21, 23, 40, 55, 94
Transkription 223

Triangulation 206, 211
Trieb 124, 132
Triebaufschub 127
Triebtheorie 17, 113, 136
Türcke, Christoph 23ff.

U
Über-Ich 84, 123ff., 128
Umschlagen von Quantität in Qualität 15
Unbewusstes 39, 84, 86 115, 123f., 133
Ungleichheit 14, 82, 125
Unfähigkeit zu trauern, Die 131
Untersuchungsansatz, korrelativer 256f., 261, 263, 267, 268, 276
Unterwerfung 19, 21, 26, 31f., 40
Unzeit 24f.
Utopie 17, 36

V
Validität 236, 253, 264
Validität der statistischen Schlussfolgerung 264f., 276
Validität, externe 264f. 273f., 276
Validität, interne 264ff., 272f., 275f.
Variable, abhängige 248, 262ff., 266, 268ff., 273ff.
Variable, unabhängige 69, 248, 262ff., 266, 268ff., 272ff., 276f.
Vater 19, 85, 131, 162
vaterlose Gesellschaft, Die 131
Verallgemeinerung 117, 236
Verdrängung 85, 116, 124ff., 133f.
Verfahren, historisch-empirisches 111
Vergangenheit 24, 70, 130f., 165, 181
Vergegenwärtigung 24
Vergesellschaftung 19, 22, 26, 37, 86f.
Vergleichsgruppe 167, 176
Vergleich, sozialer 185
Verhalten, helfendes 198

Verhalten, prosoziales 109
Verhaltensbeobachtung 94, 254f.
Verhaltensmaß 253, 255f.
Verhaltenspotenzial 165
Verhältnisse, gesellschaftliche 108, 113, 118
Verinnerlichung 124
Vernunft 13, 21f., 41, 124
Vernunft, instrumentelle 21
Verstärkung 111, 159ff., 165ff.
Verstärkungswert 165
Videoethnografie 221
Videografie 221
Vietnam-Krieg 23
Villa, Paula-Irene 83
Volksgemeinschaft 130f.
Volmerg, Birgit 134, 219, 231f.
Vorurteil 7, 80, 127, 131, 184f., 222, 245, 254, 272, 274f.

W
Wahrnehmung von Personen 184
Ware 14
Watson, John B. 94ff., 155ff.
Weber, Max 3, 6, 18, 116
Wende, kognitive 143, 162, 174f., 184
Wetter, Angelika 81f.
Widerlegung der RCT 70f.
Widerspruch 14ff., 23, 40, 79, 87, 131
widerspruchsfrei 8, 14, 47, 50
Widerstand 35ff., 40, 77, 80, 108, 131
Wiederholungszwang, traumatischer 25
Wieland, Renate 24
Wirtschaft 26, 57
Wissenschaftler 14, 42, 108
Wittgenstein, Ludwig 145

X
Xenophobie 85

Z
Zeitschrift für Kritische Theorie 24
Zeitschrift für Sozialforschung 17
Zugang, sinnverstehender 207
Zusammenhangshypothese 247, 257, 261, 264
Zwang 14, 31, 35f., 80, 87
Zweigeschlechtlichkeit 81ff.

Die Autorinnen und Autoren

Prof. Dr. Regina Becker-Schmidt, geb. 1937, Studium der Soziologie, Philosophie und Sozialpsychologie an der Johann Wolfgang Goethe Universität, Frankfurt am Main, sowie an der *Sorbonne*, Paris. Wissenschaftliche Mitarbeiterin am Institut für Sozialforschung in Frankfurt am Main von 1964 bis 1970; Dozentin an der gesellschaftswissenschaftlichen Fakultät der Universität Frankfurt am Main von 1970 bis 1972. Von 1972 bis 2002 Professorin für Soziologie und Sozialpsychologie an der Universität Hannover. Lehr- und Forschungsschwerpunkte: Gesellschafts- und Subjekttheorie, psychoanalytisch orientierte Sozialpsychologie, Geschlechterforschung.

Stefan Beher, geb. 1978, Dipl.Psych./Dipl.Soz., arbeitet seit 2007 am Arbeitsbereich Soziologische Theorie der Universität Bielefeld und promoviert zum Thema professionelle Arbeit. Er war beteiligt an verschiedenen Publikationen zur „Wirksamkeit systemischer Familientherapie", auf deren Grundlage dieses Verfahren seit 2008 auch in Deutschland als wissenschaftlich anerkannt gilt.

Prof. Dr. Ulrich Bröckling, seit April 2011 Professor für Kultursoziologie an der Albert-Ludwigs-Universität Freiburg. Nach einem Fachhochschulstudium der Heilpädagogik Studium der Soziologie, Neueren Geschichte und Philosophie in Freiburg. Promotion 1996, Habilitation 2006 mit der Studie *Das unternehmerische Selbst. Soziologie einer Subjektivierungsform*. Von 1991 bis 1999 Tätigkeit als Verlagslektor, danach bis 2007 wissenschaftlicher Mitarbeiter an der Universität Konstanz. 2007 bis 2009 Professor für Ethik, Politik, Rhetorik am Institut für Politikwissenschaft der Universität Leipzig, 2009 bis 2011 Professor für Allgemeine Soziologie an der Martin-Luther-Universität Halle-Wittenberg.

Dr. Markus Brunner, Lehrbeauftragter und Co-Leiter des Masterstudienschwerpunktes „Sozialpsychologie und psychosoziale Praxis" an der Sigmund Freud PrivatUniversität in Wien; Mitherausgeber der Zeitschriften *Freie Assoziation* und *Psychologie und Gesellschaftskritik*; Vorstandsmitglied der Gesellschaft für psychoanalytische Sozialpsychologie (GfpS); Gründungsmitglied u. a. der AG Politische Psychologie, der Forschungswerkstatt Tiefenhermeneutik und der AG Kritische Sozialpsychologie. Zahlreiche Publikationen in den Bereichen Psychoanalyse, psychoanalytische Sozialpsychologie und Kritische Theorie.

PD Dr. Oliver Decker, Studium an der Freien Universität Berlin, seit 1997 wissenschaftlicher Angestellter an der Medizinischen Fakultät der Universität Leipzig, wo er den Forschungsbereich „Gesellschaftlicher und Medizinischer Wandel" in der Abteilung für Medizinische Psychologie und Medizinische Soziologie leitet. 2003 Promotion an der Universität Kassel, 2010 Habilitation und Privatdozent (*venia legendi* Sozialpsychologie) am Institut für Soziologie der Leibniz Universität Hannover. Seit 2013 Vorstandssprecher des Kompetenzzentrums für Rechtsextremismus- und Demokratieforschung an der Universität Leipzig. Auf Einladung der *School of Visual Arts*, New York, ging er 2015 als Visiting Professor an das dortige *Department for Critical Theory*.

Eric Fischer, geb. 1979, Dipl. Soz., arbeitet seit 2009 am Arbeitsbereich Soziologische Theorie der Universität Bielefeld und promoviert zum Thema Journalismus. Weitere Interessensgebiete sind Soziologische Theorie, Interaktionsforschung und Rechtssoziologie.

Prof. Dr. Wolfgang Frindte, geb. 1951, ist Kommunikationspsychologe am Institut für Kommunikationswissenschaft der Friedrich-Schiller-Universität Jena und lehrt darüber hinaus Kommunikationspsychologie an der Dresden International University. Zu seinen Forschungsschwerpunkten gehören die Terrorismusforschung, Fremdenfeindlichkeit, Antisemitismus, Rechtsextremismus, Digitale Medien und Gewalt und interkulturelle Kommunikation.

Prof. Dr. Immo Fritsche, Diplom in Psychologie im Jahr 1998 an der Universität Potsdam, 2002 Promotion an der Universität Magdeburg im Bereich Sozial- und Umweltpsychologie, 2009 Habilitation zu den Effekten von persönlicher Bedrohung auf Gruppenverhalten und soziale Identität an der Universität Jena. Seit 2011 Professor für Sozialpsychologie an der Universität Leipzig. Er forscht dort zu Gruppenprozessen und sozialer Identität, motivierter sozialer Kognition und der Psychologie der Umweltkrise.

Die Autorinnen und Autoren

Prof. Dr. Mario Gollwitzer, geb. 1973, ist Professor für Sozialpsychologie an der Ludwig-Maximilians-Universität München. Spezielle Fach- und Interessengebiete: Sozialpsychologische und persönlichkeitspsychologische Gerechtigkeitsforschung, Ungerechtigkeitssensibilität, Evaluationsforschung und Wissenschaftskommunikation.

Dr. Christian Gudehus ist Senior Researcher am Institut für Friedenssicherungsrecht und Humanitäres Völkerrecht und Permanent Fellow am Kilian-Köhler-Centrum für sozial und -kulturwissenschaftliche Psychologie und historische Anthropologie, beides an der Ruhr Universität Bochum. Ihn interessiert vor allem die Verbindung der Memory Studies und Gewaltforschung mit Zugängen sozialtheoretischer Natur und qualitativer Sozialforschung. In seiner Funktion als Editor in Chief von *Genocide Studies and Prevention* setzt er sich für eine disziplinübergreifende Forschung zu kollektiver Gewalt, ihrer Verhinderung und ihren Bearbeitungsprozessen ein.

Dr. Grit Hein, Psychologin, Neurowissenschaftlerin und Professorin für Translationale Soziale Neurowissenschaften an der Universität Würzburg. Schwerpunkte ihrer Forschung sind neuronale Grundlagen sozialer Motive und ihre Auswirkung auf Verhalten, das Zusammenspiel zwischen sozialer Motivation und Lernen sowie motivationale Defizite bei Patienten mit psychischen Störungen.

Dr. Susanne Jacob, geb. 1973, Studium der Psychologie und Philosophie in Leipzig. In ihrer Dissertation hat sie sich mit einem Vergleich des Sozialen Konstruktionismus und der Theorie Sozialer Repräsentationen beschäftigt. Sie arbeitet als stellvertretende Leiterin der Justizvollzugsanstalt Uelzen.

Dr. Gunnar Lemmer, geb. 1976, Studienrat im Hochschuldienst an der Philipps-Universität Marburg. Spezielle Fach- und Interessengebiete: Metaanalyse und Systematic Reviews, Evaluation, Intergruppenbeziehungen, Prävention von Vorurteilen, Aggression und Gewalt.

Dr. Jan Lohl, Dipl. Sozialwiss. und Supervisor (DGSv), wissenschaftlicher Mitarbeiter am Sigmund-Freud-Institut und Lehrbeauftragter an der Goethe-Universität Frankfurt. Jan Lohl ist Gründungsmitglied der Gesellschaft für psychoanalytische Sozialpsychologie. Schwerpunkte: psychoanalytische Sozialpsychologie; Rechtsextremismus-, Nationalismus- und Antisemitismusforschung; Psychoanalyse und qualitative Sozialforschung; Organisationsanalyse und Beratungsforschung.

Prof. Dr. Morus Markard, geb. 1948, Arbeitsgebiete: Theoretische und methodische Frage der Kritischen Psychologie in den Bereichen Sozialpsychologie, Praxisforschung und Pädagogische Psychologie. Institution: FU Berlin.

Prof. Dr. Günter Mey, Professor für Entwicklungspsychologie an der Hochschule Magdeburg-Stendal und Privatdozent an der Kulturwissenschaftlichen Fakultät der Universität Bayreuth sowie Leitung des Instituts für Qualitative Forschung in der Internationalen Akademie Berlin. Arbeitsschwerpunkte: Qualitative Forschung und performative Sozialwissenschaft sowie Biografie, Identität, Kultur, Transgenerationalität in den Themenfeldern zu Kindheit, Jugend und Alter. Er ist Mitherausgeber der internationalen Open-Access-Zeitschrift *FQS – Forum Qualitative Sozialforschung / Forum: Qualitative Social Research* und richtet die jährliche Veranstaltung Berliner Methodentreffen Qualitative Forschung aus.

Prof. Dr. Karl-Dieter Opp, geb. 1937, Professor Emeritus an der Universität Leipzig und seit 2007 *Affiliate Professor* an der *University of Washington* (Seattle). Forschungsschwerpunkte sind Soziologische Theorie (insbesondere Rational-Choice-Theorie), kollektives Handeln und politischer Protest, Normen und Institutionen und Methodologie der Sozialwissenschaften. Opp ist Mitglied der *European Academy of Sociology* und der *European Academy of Sciences and Arts*.

Prof. Dr. Rolf Pohl, Studium der Fächer Politikwissenschaft, Geschichte, Soziologie und Psychologie. Seit 1981 wissenschaftlicher Mitarbeiter am Institut für Sozialpsychologie und am Institut für Soziologie an der Leibniz Universität Hannover. 1986 Promotion und 1996 Habilitation an der Philosophischen Fakultät der Leibniz Universität Hannover. Von 2001 bis 2017 Verwaltung einer Professur für Sozialpsychologie am Institut für Soziologie. Mitbegründer und Koordinator der Arbeitsgemeinschaft Politische Psychologie in Hannover. Zahlreiche Publikationen in den beiden Arbeitsfeldern Politische Psychologie (mit den Schwerpunkten Antisemitismus, NS-Täter und Fremdenfeindlichkeit) und Geschlechterforschung (Schwerpunkte: Männlichkeit, sexuelle Gewalt, männliche Adoleszenz).

Sophie Roupetz, Studium der Psychologie an der Universität Wien, seit 2015 als wissenschaftliche Mitarbeiterin und Doktorandin im transnationalen EU-Förderprogramm H2020 Marie Curie Innovative Training Network (ITN) "Children Born of War – Past, Present, and Future" in der Abteilung für Medizinische Psychologie und Medizinische Soziologie an der Universität Leipzig tätig. Forschungs- und Interessensschwerpunkt ist die sexualisierte Kriegsgewalt und ihre Folgen. Ausbildung zur Klinischen und Gesundheitspsychologin 2014 an der Psychoonkologie am Allgemeinen Krankenhaus Wien und am Institut für angewandte Tiefenpsychologie in Wien. Ihre Diplomarbeit *Resilienz bei chronisch erkrankten Personen* wurde 2014 mit dem Forschungsförderpreis der Österreichischen Morbus Crohn und Colitis Ulcerosa Vereinigung ausgezeichnet.

Paul Sebastian Ruppel, wissenschaftlicher Mitarbeiter am Lehrstuhl für Sozialtheorie und Sozialpsychologie an der Fakultät für Sozialwissenschaft, Ruhr-Universität Bochum, und freier Mitarbeiter am Institut für Qualitative Forschung an der Internationalen Akademie Berlin. Forschungs- und Interessensschwerpunkte: Qualitative Forschung, Kulturpsychologie, Identitätsforschung, Klimawandel und Mobilität. Seit 2006 ist er Mitherausgeber des *Journals für Psychologie* und seit 2016 Associate Editor bei *Forum Qualitative Sozialforschung / Forum: Qualitative Social Research*.

Michael Schwandt, geboren 1971 in Berlin, 1990 Studium der Politikwissenschaft an der Freien Universität Berlin, 1998 Diplom mit einer Arbeit zu Adorno und Marcuse. Seitdem beruflich tätig im Feld der politischen Bildung (NS-Geschichte, gegenwärtiger Rechtsextremismus und Antisemitismus, politische Theorie) und in der Organisationsberatung und -entwicklung. Parallel gelegentliche gesellschaftstheoretische und wissenschaftliche Veröffentlichungen, zum Beispiel „Einführung in die Kritische Theorie" (2006) in der Reihe theorie.org.

Sebastian Wessels, geb. 1976, Dipl. Sozialwissenschaftler, MSc, hat in Hannover und Cardiff (Wales) Sozialwissenschaften sowie Nachhaltigkeit, Landschaftsplanung und Umweltpolitik studiert, war von 2009 bis 2013 wissenschaftlicher Mitarbeiter am Kulturwissenschaftlichen Institut Essen (KWI) und koordiniert seit Anfang 2014 die Internationalisierung der Stiftung FUTURZWEI in Berlin. Zu seinen Interessens- und Forschungsschwerpunkten gehören Gesellschaftstheorie, Wissenssoziologie und experimentelle Sozialpsychologie.

Dr. Sebastian Winter, Studium der Sozialpsychologie, Soziologie, Geschichte und Gender Studies an der Leibniz Universität Hannover. Zuletzt Inhaber der „Interdisziplinären Gastprofessur für kritische Gesellschaftstheorie" an der Justus-Liebig-Universität Gießen. Er ist Mitbegründer der AG Politische Psychologie, der Gesellschaft für psychoanalytische Sozialpsychologie und der Forschungswerkstatt Tiefenhermeneutik. Seine Forschungs- und Lehrschwerpunkte sind die geschlechtertheoretische Sozialisationstheorie, das affektive Erleben von Väterlichkeit, die nationalsozialistische Mentalität, ihre Nachwirkungen und die psychoanalytische Sozialpsychologie von Gemeinschafts- und Feindbildungsprozessen.

The manufacturer's authorised representative in the EU is Springer Nature Customer Service Centre GmbH, Europaplatz 3, 69115 Heidelberg, Germany. If you have any concerns regarding our products, please contact ProductSafety@springernature.com

Printed and bound by CPI Group (UK) Ltd, Croydon, CR0 4YY
25/03/2026
02078181-0006